KB039177

장인의
匠人
탄생

장원섭 저

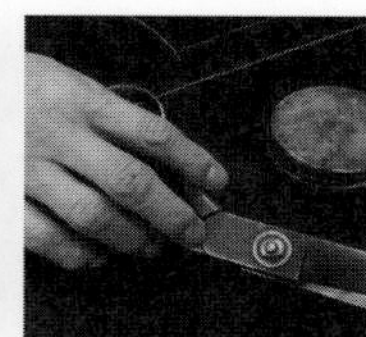

학지사

3

머리글: 왜 장인인가

5년 전에 나는 돈키호테 같은 생각을 했다. 돈키호테가 "이미 잊힌 기사도를 다시 소생시켜 세상에 되돌려" 주려고 했듯이(de Cervantes, 2014b: 80), 나는 오래전의 장인성을 되살려 내고 싶어졌다. 사회의 불의를 쳐부수고 불굴의 의지로 정의를 실현하려는 기사처럼, 일다운 일을 실천하는 장인을 회복하고 싶었다. "나는 'post tenebras spero lucem(빛으로 어둠을 몰아낸다)'이란 말이다!"라고 외친 돈키호테처럼(de Cervantes, 2014b: 830), 노동과 훈련의 어둠을 일과 배움의 빛으로 밝히고 싶었다. 요한 볼프강 폰 괴테(von Goethe, 1999b: 364)가 파우스트의 입을 통해 가장 아름다운 순간으로 묘사한 '용감하고 근면한 백성들이 쌓아올린 견고한 언덕'에서 '자유도 생명도 날마다 싸워서 얻는' '자유로운 백성'으로서 장인을 되살리고 싶었다. 그들은 일하는 사람의 전범(典範)이었다. 그리고 그 장인들은 흔히 말하는 장인 정신을 넘어선 무언가를 실천하고 있었다. 나는 단지 정신으로만 그쳐서는 안 되는 장인의 실천력을 밝혀서 구현해 내고 싶었다. 나는 그것을 장인성(匠人性)이라고 불렀다. 장인성이라는 새로운 개념이 나오기까지는 오랜 시행착오의 시간을 보냈다. 내가 생각했던 장인에 대한 고정관념과 편견, 오해들을 깨뜨려야 했다. 비계설정식 방법으로 연구를 진행했다. 내가 처음 가졌던 이론적 가설로서 설계도를 가지고 임시 비계를 설치했다. 그리고 그런 개념적 · 이론적 가설의 틀에 맞는 장인을 현실 세계에서 찾아보았다. 공학처럼 설계도에 꼭 맞는 공사가 한 번에 이루어지지는 않았다. 지금 이 땅에 살아서 일하는 전범으로서 장인들이 나의 무지를 일깨워주었다. 그럴 때마다 나의 설계도와 비계는 다시 그려지고 세워져야 했다. 비계 설치와 철거를 반복하는 과정을 거쳐, 그럼에도 불구하고 여전히 그것이 임시적인 것일지도 모르지만, 일하는 사람의 전범으로서 장인의 장인성을 찾아냈다. 장인 연구를 한 나의 의도와 내용, 방법에 대해 좀 더 상세히 설명해 보겠다.

왜 연구했나: 하필 지금, 한국에서, 무슨 이유로

장인은 누구인가? 장인은 어떻게 일하고 배워 성장하는가? 장인의 현대적 의의는 무엇인가? 이 책은 이 세 가지 질문에 대한 답을 구하고자 했다.

이런 문제를 제기한 이유는 궁극적으로 '일의 교육적 회복'을 위해서다(장원섭, 2006). 일(work)은 행위의 실체이며 본질로서 그 일에 대한 현실적 표출인 직업(occupation)과는 구분된다. 직업이 일의 껍데기 또는 경제사회적 포장이고 개인의 사회적 소유라는 특징을 갖는 반면, 일은 직업의 내적 본질로서 활동의 실체이고 인간 삶의 가치지향성을 내재하고 있다. 또한 일은 단순히 힘과 능력의 행사로서 생계를 위한 경제적 보상을 획득하려는 노동(labor) 개념과도 차이가 있다. 노동은 '소외되고 고통스러운' '반인간적인' '부정적이고 파괴적인'의 의미를 내포한다. 반면에, 일은 인간 활동의 의미를 통한 자기실현과 사회공동체 지향적 성격을 더 강하게 갖고 있다. 한마디로, 경제적 수단으로서 먹고 살기 위해 어쩔 수 없이 수행하는 직업 노동과는 달리, 일은 개인과 사회에 기여하는 활동으로 개념화할 수 있고 그 자체로서 인간과 사회에 본질적인 의미와 내재적인 가치를 가진다(장원섭, 2006).

우리나라의 경우 일의 의미와 가치는 더욱 문제시된다. 국제사회조사연합(International Social Survey Program: ISSP)의 근로관에 관한 설문조사 결과에 의하면, 우리나라는 일을 돈벌이 수단으로 간주하는 대표적 국가로 분류된다(최숙희, 강우란, 2008). 이런 상황에서 나는 일하는 사람의 전범인 장인을 통해 일의 의미와 가치를 찾아보고자 하였다.

행복하게 일하는 사람은 어떤 사람인가? 자기 일에 열정을 쏟고 보람을 느끼며 사회적으로도 존중을 받고 가치를 나누는 사람일 것이다. 알랭 드 보통은 2011년 우리나라를 방문하여 한 강연에서 다음과 같이 일갈했다(http://m.blog.naver.com/ssung0908/50122339119).

> 현대사회에서 '당신 일이 왜 싫었느냐'고 물어보면 '의미가 없다'고 대답한다. 의미라는 것이 대단히 중요하다. 그렇다면 그 의미란 건 무엇일까? 직업은 본인이 '타인의 행복을 증가시키거나 고통을 감퇴시킬 때' 의미가 있어진다. 사람들은 많은 이에게 베풀기 위해서 태어났다.

이런 사람이 일하는 사람의 이상적인 모습일 것이다. 앞서 언급했듯이, 나는 장인을 일하는 사람의 전범 또는 일터의 전범이라고 정의한다. 리처드 세넷(Sennett, 2010)이 단순히 '노동하는 동물(Animal Laborans)'이 아니라 이보다 더 이상적인 모습을 지닌 '제작하는 존재(Homo Faber)'로서 인간을 지향하면서 장인을 탐구하고 '생각하는 손'으로 장인을 형상화한 것과 같은 이치다.

장인은 일을 통하여 존재의 의의를 실현하는 사람이다. 그 어떤 이차적 보상에 대한 추구 동기에 의해서가 아닌 일 자체에서 삶의 목적과 존재의 의미를 발견한다. 자신의 일을 통해 공동체에 기여를 하고자 한다. 그건 학력의 고하를 막론하고, 일의 종류를 떠나서, 어느 일터에서나 일어난다. 한마디로, 장인은 한 분야의 일에 몸담고 최고의 숙련과 전문성을 형성하고, 끊임없이 새롭게 일을 창조하며, 이를 통하여 존재의 의의를 확장시켜 나가는 일터에서의 또는 일하는 사람의 전범이라고 할 수 있다.

더 나아가 나는 장인이 최고의 경지에 이르기까지 그리고 그 이후에도 어떻게 일하면서 배우는지를 살펴봄으로써 교육적 의의를 발견하고자 하였다. 이 책에도 담고 있듯이, 장인은 일터에서 부단히 배우는 고통스러운 노력 끝에 최고의 결과를 만들어 냈다. 이들은 친절하거나 체계적인 가르침을 받지 않고 어깨너머로 힘겹게 기술을 배우기 시작했으며 무수한 시행착오를 겪으면서 스스로 초기 숙련을 형성했다. 최고의 기술과 전문성을 갖추었음에도 불구하고, 거기에 안주하지 않고 일의 지평을 더 넓히기 위해 끊임없이 학습의 확장을 시도했다. 그런 장인의 길을 가는 동안에 자신의 정체성과 가치를 발견하고 자기를 실현할 수 있으며, 이것은 종국에 사회 공동체에 기여하는 길로 이어진다.

결국 장인의 삶은 일과 배움의 의미 그 자체다. 장인의 일과 배움은 일과 학습, 교양과 기술, 형식 학습과 무형식 학습, 숙련과 창의, 타고남과 노력, 구조와 행위 능력, 공동체와 개인 등의 이분법을 극복한다. 이 모든 것을 통합한 전형적인 이념형이다. 따라서 일하는 사람의 전범으로서 장인은 배움의 전범이기도 하다. 일과 배움의 전범으로서 장인은 일에 대한 본질적인 가치와 기능을 드러냄으로써 성장 세대와 성인의 직업의식 함양 및 일의 교육에 유의미한 시사점을 제공한다.

우리는 능력중심 사회를 만들자고 외친다. 이 구호는 수십 년 동안 계속되었다. 아직도 이루어지지 않았고 앞으로도 요원하다. 근래에 구체적인 대안이 제시되기는 하였다. 국가직무능력표준(National Competency Standards: NCS)이 그것이다. NCS는 박근혜 정부의 핵심 추진 사업이다. 이 사업을 위해 경제계뿐만 아니라 교육계까지 온 나라가 들썩인다. 일하는 데 필요한 역량을 재고 표준화하며, 그걸 기준으로 가르치겠다고 한다. 그러면 능력중심 사회가 될까? 우리 사회의 구조와 문화가 바뀌지 않고 직업과 진로 교육을 위한 비전이 없는데 말이다. 이것이 꿈과 희망이 있는 직업 · 진로교육을 하자고 이미 수십 년간 외쳤지만 실패한 이유이기도 하다.

나는 다른 접근법을 취한다. 그런 꿈과 비전을 보여 줄 수 있는 살아 있는 실제 사례들을 제시한다. 그것이 바로 장인이다. 장인이 잘 살고 대우받으면 능력중심 사회가 되지 말라고 해도 될 것이라고 확신한다. 불행하게도 아직 우리에게는 그런 경제 구조와 문화가 형성되어 있지 못하고 사회적 인식도 부족하다. 그러나 묵묵히, 꿋꿋이 잘 살아가는 장인들이 실제로 있다. 누가 뭐래도 자기 일에서 최고가 되기 위해 노력했고, 그렇게 되었고, 자부심을 가지고 살아가고 있다. 이들에 대한 경제적 · 사회적 대우도 괜찮다. 무엇보다 이들은 일의 보람과 가치를 누린다. 이들이야말로 일을 통한 행복한 삶을 살고 있다. 이런 일하는 사람의 이상적인 모습을 알리고자 이 책을 썼다. 그러면 '나도 장인이 되겠다는 비전과 희망을 가지는 사람들이 많아지겠지'라는 어쩌면 순진한 생각으로 말이다. 그러다가 '언젠가는 대한민국이 장인의 나라가 되겠지'라는 순수한 희망으로 말이다.

나의 장인 연구는 기존의 역량 연구와도 차별성을 갖는다. 무엇이 다른가? 솔직히 큰 차이가 아닐 수도 있다. 그러나 다음과 같은 근본적인 전제의 차이가 있다. 나의 연구는 기존의 역량 연구가 공통 역량을 추출하여 그것을 갖추면 성과를 낸다고 가정하는 것과는 다른 접근법을 취한다. 무엇보다 장인이라고 여겨지는 사람들의 일과 배움을 살펴보는 것, 그 자체에 관심을 가진다. 그것이 갖는 의미에 집중한다. 따라서 장인들이 보여 주는 행동 방식을 따르더라도 장인이 된다는 보장을 할 수는 없다. 한마디로, 결과 요인들이 똑같은 결과를 담보한다고 가정하지 않는다. 사람들이 처한 상황과 맥락이 미묘하게라도 다 다르기 때문이다. '그래서 어쩌냐(so what?)'고 묻는다면 나는 할 말이 적어진다. 다만 장인이라는 모범적으로 일하는 사람들을 보여 줌으로써 많은 사람에게 희망을 주고 그들이 장인으로 성장하겠다는 의지를 스스로 갖기를 바랄 뿐이다.

장인은 고숙련사회로 패러다임이 전환한 시대에 더욱 중요한 의미를 갖는다. 손끝 기술과 경험적이고 암묵적인 지식은 전통적 숙련에 해당한다. 이제는 기술과 산업의 변화에 대응하는 문제해결 능력과 공정 전체에 대한 이해, 그리고 사회적 기술과 이론적 기반, 첨단 기술에 대한 이해 등이 더욱 중요해지고 있다(조성재, 박준식, 전명숙, 전인, 김기웅, 2013). 더 나아가 현대 장인은 일에 대한 자부심, 공동체에 대한 책임감, 사회에 대한 기여 등을 주요한 특성으로 한다(장원섭, 김지영, 2013; 조성재 외, 2013). 따라서 현대 산업과 기술 그리고 사회적 요구에 부합하는 현대적 의미의 장인을 육성하는 것이 필요하다.

2014년 4월에 일어난 세월호 사건을 통해서도 장인이 가진 일의 의미와 가치가 얼마나 중요한지를 쉽게 공감할 수 있다. MBC 〈뉴스데스크〉는 2014년 6월 8일에 '돈만 쫓는 탐욕의 결과가 얼마나 위험하고 처참한지'를 경고했다. "장인의 삶은 직업윤리의 기본과 원칙을 다시금 생각해 볼 수 있게 한다."고 했다. 이 방송에서 이옥진 국수 장인은 "자기 힘에 넘치게 뭐든 일을 하면 자연히 그걸 소홀히 하게 돼요. 그러니까 힘에 닿는 데까지만 모든 일을 하면 누가 뭐래도 자신 있게 대답할 수 있는 그런 물건이 나올 수 있는 거야."라고 말했다(http://imnews.imbc.com/replay/2014/nwdesk/article/3473309_13490.html).

장인이 되기 위해서는 뛰어난 기술이 필수적이지만, 그것만으로 인정받지는 못한다. 어떤 경우에는 국가의 전략적인 지원이 필요하기도 하다. 조선일보의 한 기자는 2011년 10월 22일에 '짝퉁 명장을 위한 변명'을 했다.

> 명품 가방의 '특A급' 짝퉁을 만들다가 경찰에 잡힌 박모 씨는 "피의자가 아닌 가죽 기술자로 불러 달라."고 요구할 만큼 자존심이 강했다. 박 씨가 만든 짝퉁은 실제와 거의 구별이 되지 않는 '특A급'이다. 그만큼 기술이 좋다……. 그러나 한국에선 기술과 품질만으론 승부할 수 없다……. 이들의 뛰어난 기술력을 살리려면 정부가 적극적으로 지원해 브랜드로 만들어 가는 작업이 필요하다. 하지만 이들을 위한 정부 지원은 거의 없다시피 하다. 프랑스의 '가죽 장인 · 바느질 전문학교'나 스위스의 '시계 전문학교'처럼 국가 지원으로 기술자들이 안정적인 기반을 찾도록 하고, 브랜드를 육성하는 정책 도입이 시급하다. 그렇지 않으면 박 씨처럼 뛰어난 장인들이 계속 짝퉁을 만드는 범죄자로 전락할 수도 있다. 이미 한참 늦었는지도 모른다(김성민 기자).

나는 장인이라는 '구체적 보편(concrete universal)'(Achebe, 2011)을 제시하기 위해 이 연구를 했고 책을 썼다. 이 책에서 장인을 일과 배움의 이념형으로 재개념화했다. 장인은 일과 배움의 전범이다. 따라서 아무나는 아니지만 어느 누구나 장인이 될 수 있다는 시사점을 준다. 나는 일과 배움의 현실을 장인의 이상적인 상태에 비추어 보고 현실을 극복하고 이상을 지향하고자 의도했다. 그러나 이 책은 정책 보고서가 아니다. 따라서 구체적인 정책이나 행동 지침을 제시하기 위한 목적을 갖지 않는다. 해럴드 블룸(Bloom, 2008)이 『세계문학의 천재들』을 쓰면서 "나는 책을 읽는 방법이나 읽어야 할 작가에 대해 알려 주는 것이 아니라 모범적인 인간이 가장 창의적으로 살아가는 것에 대해 생각하는 방법을 알려 주려 한다."고 말했듯이 말이다. 나는 그저 이 책을 읽고 많은 사람이 부디 장인성을 스스로 획득해 나가서 결국 장인이 되기를 바랄 뿐이다. 한마디로, 나의 장인 연구는 모든 일하는 또는 일하고자 하는 사람들에 대한 롤 모델을 보여 준다는 의의를 갖는다.

우리 사회에는 당위적이고 추상적으로 '……해야 한다'는 주장들이 난무한다. 자라나는 세대를 위한 진로교육만 해도 그렇다. 수많은 책과 논문에서 청소년들이 마땅히 가야 할 길을 제시한다. 그러나 그것은 모두 하나의 텍스트(text)일 뿐이다. 그런 텍스트는 추상성만을 가질 뿐이다. 추상성에 길들여지면 콘텍스트(context)를 잃기 쉽다. 탈맥락화(decontextualization)는 구체성의 상실을 의미한다. 화석화를 뜻한다. 살아 있기 위해서 텍스트는 필연적으로 콘텍스트와 함께 가야 한다. 때로는 텍스트와 콘텍스트의 연속적인 순환과 교차의 과정이 필요할지도 모른다. 나의 장인 연구는 탈맥락화로 전락할 수 있는 진로교육에 구체적인 맥락을 보여 준다.

고은(2012: 460) 시인은 "내 변방은 어디 갔나."라고 탄식한다. 나의 장인 연구는 그 '변방'으로부터 '구체적 보편'을 찾아 나아가기 위한 것이다. 마치 정호웅(2002: 296)이 성석제의 소설에 대해 다음과 같이 평했듯이 말이다.

> 일상의 질서에 갇혀 사는 평범한 사람들과는 전혀 다른 괴한 인물인 것이다……. 이들 예외적인 존재들은 일반성과는 무관한 특수한 존재이기에 일반성을 담지한 개별자 곧 전형을 강조하는 리얼리즘의 규율에서는 금기시하는 인물들이다. 작가는 의도적으로 리얼리즘의 규율이 지배하는 우리 소설계를 야유하고 있는 것인지도 모른다.

무엇을 연구했나: 누구를, 어떤 질문들로, 어떻게 엮어서

이 책에서 다루는 장인의 범위는 넓다. 전통적으로 생각해 왔던 수공업 장인만이 아니라 다양한 분야의 장인들도 포함하였다. 장인을 일하는 사람의 전범으로 재개념화했기 때문이다. 그럼에도 불구하고 그들 모두에게서 장인성을 발견할 수 있었다. 이 책에서 다룬 우리나라의 장인들은 크게 다섯 부류로 나뉜다. 전통수공업 장인으로는 한복, 편물, 도자기 분야의 장인들을 포함하였다. 국가 공인 명장으로는 보일러, 주조, 자동차, 양복, 이용, 제과 분야의 장인들이 참여하였다. 전문직으로는 변호사와 의사를 연구했다. 또한 고숙련 신직업인으로 IT 프로그래머들을 인터뷰했다. 문화예술 분야에서는 조각가, 뮤지컬 배우가 이 연구에 참여했다.

이 책에서는 이렇게 다양한 분야에서 온 총 15명의 장인을 살펴보았다. 이들은 해당 분야에서 15년에서 40여 년간 일을 했고 최고의 위치에 있는 것으로 인정받는 사람들이었다. 이 가운데 2명만이 여성이고 13명이 남성이다. 이것은 어쩌면 그동안 우리나라가 남성 중심적 경제사회 구조를 가지고 있었다는 사실을 반영하는 것일지도 모른다.

장인의 일과 배움의 과정 그리고 삶의 모습을 탐구하기 위해서 주로 인터뷰의 방법을 사용했다. 물론 인터뷰 전에 그들과 관련한 자료들을 광범위하게 수집해서 검토했다. 일터를 방문하여 관찰하기도 했다. 앞서 언급했던 바대로, 연구 질문은 크게 세 가지였다. 장인은 누구인가? 장인은 어떻게 일하고 배워 성장하는가? 장인의 현대적 의의는 무엇인가? 이를 더 구체화한 인터뷰 질문들은 다음과 같다. 첫째, 일의 입문과 기능의 숙달에 관한 질문들이 있다. 처음 일을 접하게 된 혹은 시작하게 된 계기, 기술을 배우는 과정, 기술을 배우면서 특히 어려웠던 점과 역경을 극복한 방법, 업계에 관심 있었던 롤 모델 혹은 이루고자 하는 목표, 일을 계속하게 된 데 큰 도움을 준 사람 혹은 의미 있는 사건 등이 그것들이다. 둘째, 일에 관한 질문들이다. 여기에는 일의 과정에 대한 소개, 가장 중요한 요소 및 작업, 일을 하면서 특히 신경 쓰는 점, 본인만의 작업 노하우, 다른 사람과 경쟁함에 있어 가지고 있는 전략 방법 혹은 꾸준한 노력, 해당 일을 하는 사람이 갖추어야 할 요건으로서 태도, 심성, 지식, 기술, 일을 그만둬야겠다고 생각한 적이 있는지와 일하면서 가장 보람을 느낄 때 등을 포함했다. 셋째, 후학 양성과 봉사에 관한 질문들이다. 후학 양성을 위한 활동, 기술 전수를 위해 국가적 혹은 제도적으로 뒷받침되어야 할 일, 봉사활동을 시작하게 된 계기 등을 물었다. 끝으로, 본인에게 있어서 일이란 무엇인지를 질문했다. 구체적으로, 삶에서 일의 의미는 무엇이고, 장인정신이 무엇이라고 생각하는지, 좋은 생산품은 어떤 것이라고 생각하는지, 업계에 가지고 있는 앞으로의 바람 혹은 희망, 앞으로의 목표, 사회적 인정 또는 칭호가 본인의 삶 혹은 일에서 어떠한 의미인지, 자부심 혹은 그런 칭호를 얻기 이전과 이후의 삶의 변화가 있는지 등의 질문들이었다. 이런 기본 질문들을 바탕으로 2차, 3차 인터뷰를 통해 추가적인 심화 질문들을 했다.

나는 외국의 장인들도 연구했다. 장인 전통이 잘 이어져 내려오고 있는 나라로 알려진 일본과 독일의 장인들을 만났다. 일본에서는 염색과 그릇 장인을, 독일에서는 자동차, 가구, 악기 장인을 방문하여 인터뷰했다. 이들의 일과 학습에 관해 살펴봄으로써 우리나라의 장인 육성에 주는 시사점을 찾고자 했다.

결국 이 책은 15명의 우리나라 장인과 5명의 외국 장인을 연구한 결과를 담고 있다. 그들의 일과 배움 그리고 삶을 소개할 뿐만 아니라 면밀히 분석한 결과로 책을 구성하였다. 그것을 3부 14장으로 나누어 제시했다.

1부에서는 우리나라의 장인들을 소개한다. 분야별로 장을 나누어 그들의 이야기를 간단하게 서술하였다. 장인들의 이야기를 개인별로 에세이 식으로 썼다. 1장은 전통수공업 장인들로서 한복, 손뜨개, 도자기 장인의 삶을 살펴보았다. 2장은 대한민국 명장들로서 보일러, 주조, 자동차, 양복, 이용, 제과 명장의 이야기를 기술하였다. 3장은 전문직인 변호사와 의사의 이야기다. 4장은 IT 장인이라고 부를 수 있는 고숙련 소프트웨어 개발자 2명의 이야기다.

마지막으로 5장은 조각가, 뮤지컬 배우로서 장인 예술가를 다뤘다.

2부에서는 장인의 일과 배움의 과정을 분석한다. 장인들의 이야기를 해체하고 재조합하여 주제별로 다시 정리하였다. 장인들의 이야기를 가로지르고 엇질러서 장인성을 찾아 나갔다. 6장은 장인은 누구인지를 개념화하였다. 장인을 일과 배움의 전범으로 재개념화하였다. 이런 개념화를 통해 7장에서는 장인의 특성을 찾았다. 그것은 장인정신도 천재성도 아닌 장인성으로 귀결되었다. 8장은 장인으로의 길을 좇아가 보았다. 장인으로의 성장 과정은 비록 우연히 시작한 일일지라도 그것을 필연으로 만들어 가는 길이었다. 9장은 장인의 일을 살펴보았다. 그것은 창조와 해방을 특징으로 하였다. 10장은 장인의 배움을 다뤘다. 장인들은 배움의 넓힘과 베풂을 실천하고 있었다. 11장에서는 장인의 삶을 살폈다. 여기서는 정상을 경험한 장인들이 고원에서 고통스러운 삶을 살아가고 있는 모습을 보았다.

3부에서는 장인 사회를 향한 장인과 장인성의 현대적 시사점을 도출하고자 하였다. 12장은 장인성을 가진 장인으로 성장하기 위한 방향을 모색하였다. 13장에서는 외국 장인들의 이야기를 들어보았다. 일본의 염색 장인과 그릇 장인을 통해 전통의 창조적 계승에 대해 살펴보았고, 독일의 자동차, 가구, 현악기 장인들이 가진 자부심의 근거를 탐색하였다. 14장은 장인 육성을 위한 주요 논제를 논의하였다. 장인의 일과 장인 육성의 방식에 관해 살펴보았다. 그리고 장인에 관한 이론화의 가능성을 제시하였다.

어떻게 연구했나: 누가, 누구와 함께, 어떤 방법으로

이 책은 적어도 지금까지 나의 학문적 궤적의 최정상에 있다. 마치 장인이 그런 최정상의 '절정 경험'(Maslow, 2012)을 하는 것처럼 말이다. 이 연구의 근원은 멀게는 '일과 교육'을 연구하기 시작한 20여 년 전부터, '일의 교육학'을 제안하기 시작한 15년여 전부터, '일터 학습'을 연구하기 시작한 10여 년 전부터, 그리고 가깝게는 '장인 연구'로 구체화한 5년여 전부터 찾을 수 있다. 한마디로, 이 책은 나의 학문적 궤적을 따라 연구한 산물이다. 직접적으로 이 책은 2012년부터 2년에 걸쳐 한국연구재단의 지원을 받아 '장인의 일과 학습'을 주제로 연구한 결과다. 한국연구재단의 지원으로 나는 우리나라와 일본, 독일의 장인들을 찾아다니며 만날 수 있었다. 2014년에는 한국개발연구원(KDI)의 지원으로 '한국형 현대 장인 육성'의 비전을 제시할 수 있었다.

장인 연구와 그 결과물인 이 책은 나의 학문적 삶에 큰 의미를 갖는다. 적어도 다음과 같은 다섯 가지 측면에서 그렇다.

무엇보다 먼저, 장인 연구는 내가 2006년에 집필한『일의 교육학』이 구체화된 형태였다. 의도하지는 않았지만, 어쩌면 이 두 권의 책은 2부작이라고 할 만하다. 솔직히 나는『일의 교육학』에서 일과 배움의 관계를 개념적이고 이론적이며 당위적인 수준에서 제안했다는 점을 인정할 수밖에 없다. 장인은 그런 일과 배움의 개념, 이론, 당위의 살아 있는 실제 사례였다. 일의 교육의 이상을 생생한 사례들로 찾아낸 것이 나는 무척 기뻤다. 장인 연구는 탈맥락화로 전락할 수도 있었던 나의 '일의 교육학'에 구체적인 맥락을 제공했다. 장인의 성장 과정이 그랬듯이, 장인에 대한 깊은 탐구가 나의 연구의 또 다른 더 넓은 지평을 만들어 냈다. 한마디로, 이 책은 나의 '일의 교육학'의 살아 있는 표본이자 증거다.

둘째, 이 책은 나의 연구 지평이 세상을 향해 확장하는 하나의 발걸음이다. 나의 '일의 교육학'은 '손'으로 상징할 수 있다. '손'을 인간의 조건으로 삼는다. 그 최고의 실현을 위해 장인을 탐구하였다. 실제로, 장인은 무언가를 만들어 내는 '손'이다. 나의 또 다른 연구 관심은 그 '손'과 '손'의 연결이었다. '함께'란 다름 아닌 '손'을 내미는 행위다. 이것은 단순한 공동체 의식의 문제를 넘어선다. 나는 소통이란 결국 손을 내미는 활동들을 통해서 이루어질 수 있다고 본다. 이는 '사회물질론적 접근법(sociomaterial approach)'이다(Fenwick, 2010). 이런 점에서 손과 손을 잇는 또는 손에 손을 잡는 행위야말로 가장 확실한 연대와 협력의 방법이고 표상이다. 내가 2012년에 펴낸 『일터학습: 함께 배우기』는 '손'과 '손'이 '함께'하는 일터를 지향하였다. 손을 내밀어 맞잡는 일터를 바라면서 연구했다. '손'과 '손'의 만남을 통한 '함께 배우기'를 주창했다. 이제 나는 다시 그 '손'이 존재 의미를 찾고, '손'과 '손'이 '함께' 존재할 수 있는 사회를 구현하고 싶다. 연구가 연구로 그치는 것이 아니라 우리의 현실을 바꿀 수 있는 '선한 영향력'을 발휘하기를 원한다. 그런 차원에서 이 책이 인간이 손을 통해 자기를, 그리고 손을 내밀어 사회를 실현하는 데 조금이라도 도움이 되기를 바란다.

셋째, 이 책을 통해 나의 연구는 우리 현실에 더욱 근접하게 되었다. 나는 서구의 이론들에 익숙하다. 여태까지 그렇게 공부해 왔다. 지금의 나는 어쩌면 서구 이론의 수입상에 불과했을지도 모른다. 나는 장인 연구를 통해 서구의 눈으로 우리 현실을 바라보는 지금까지의 학문적 관행으로부터 벗어나고자 애썼다. 니코스 카잔차키스(Kazantzakis, 2009)의 『그리스인 조르바』의 한 구절을 빗대어 표현하면, 나의 장인 연구라는 긴 여행은 익숙한 서구 이론들과의 결별로부터 출발했다. 책이 아니라 그저 단순히 사람들 속에서부터 다시 시작했다. 장인을 장인 그 자체의 열정으로 바라보고자 했다. 그러다 보니 그 현실을 표현하고 설명할 새로운 개념이 필요했고 아직은 어설플지 모르지만 새로운 가설과 이론들을 찾았다. 그러면서도 동시에 그런 개념과 이론이 세계적으로도 통할 수 있을 것이라는 기대를 가졌다. 왜냐하면 나의 장인 연구는 우리의 현실을 근거로 한 것이지만, 장인은 전 세계 어디서나 찾을 수 있는 보편적인 현상이기도 하기 때문이다. 한마디로, 앞서 언급한 장인들은 한 사람 한 사람 모두 '구체적 보편'이었다. 나는 그 구체적인 보편을 개념화하고 이론화하고 싶었다.

넷째, 이 책이 나의 기대대로 읽힌다고 하더라도, 나의 연구는 이 책으로부터 더 나아가야 한다는 것을 나는 이 책을 통해 인식하고 있다. 앞으로 나는 장인을 육성하기 위한 '개입주의적(interventionist)' 접근과 더 나아가 장인이 육성될 수 있는 사회적 '공간 만들기(spatial approach)'를 하려고 한다. 사실 이 책은 장인 개개인에게 초점을 맞췄다. 이 책에서 소개하는 장인들은 개인적인 노력을 통해 구조적인 제약과 한계를 넘어선 사람들이다. 어쩌면 '신화(myth)'와 같은 사람들이다. 그런 점에서 사회 현실의 구조적인 측면들이 다소 간과될 수도 있음을 인정한다. 어쩌면 이 책이 장인이 되지 못한 '개인을 비난하는(blaming the victim)' 도구로 읽힐 수도 있다는 불안감마저 든다. 장인의 성장은 개인적인 노력에 기인한 바가 크지만, 그럼에도 불구하고 모든 것을 개인의 책임으로만 돌려서는 곤란하다. 실제로 이 책에서 다룬 장인들 역시 개인의 노력이 '우연(planned happenstance)'이나 '운(luck)'과 결합하면서 지금의 장인이 되었을 수도 있다. 그런 우연이나 운을 더 많은 사람이 가질 수 있도록 하려면 개인적 차원을 넘어서는 또 다른 노력이 필요하다. 그것은 장인을 육성할 수 있는 교육적 개입을 전개하고 장인이 육성될 수 있는 사회적 공간을 조성하는 것이다. 이 책에서 못다 한 이런 사회적인 공동의 노력 측면을 앞으로 나는 그리고 독자들은 더 고민하기를 바란다.

마지막으로, 이 책은 내 학문적 삶을 반추하게 하였다. 나는 장인들뿐만 아니라 나의 일과 배움도 되돌아보면서 이 연구를 진행하였다. 라이트 밀즈(Mills, 1978)의 『사회학적 상상력』은 내가 25년여 전에 학문의 세계에 처음 발을 디딜 때 감명 깊게 읽었던 책이다. 밀즈는 '지적 장인'으로서의 학자 상을 제시했다. 장인 연구를 하면서 나는 내가 '지적 장인'이 되리라 마음먹었던 그때를 다시 떠올리게 되었다. 나의 학자로서의 삶이 정말 장인의 삶이었는지를 반성하기도 했다. 특히 내가 만난 살아 있는 장인들의 삶에 비추어 볼 때 나 스스로가 부끄럽기도 했다. 그렇지만 내 삶 속에서 장인의 일과 배움의 모습이 드러나기도 하여 스스로 위안하기도 했다. 그 가운데 한 가지는 나의 연구 방식에 있었다. 나는 지난 20여 년간 연구자의 삶을 살면서 오랜 기간 손수 통계를 돌리거나 인터뷰를 하고 문헌을 분석하여 연구하고 글을 썼다. 장인 연구자로서의 위치에 오르기 전까지의 내 연구 방식은 주로 단독 연구였다. 지금도 나는 더 높고 더 넓게 나의 학문적 경지를 높이고 지평을 확장한다. 그래야만 한다. 그렇지 않고는 못 배긴다. 그러나 연구의 방식은 상당히 바뀌었다. 근래 들어서는 대학원생들에게 연구의 기능적인 부분들을 맡기고 지도하며 연구한다. 제자들을 학자로 키우기 위해서다. 나의 학문적 궤적은 어쩌면 나를 자연스럽게 함께 공부하고 연구하도록 만들었는지 모른다. 아무튼 지금은 제자들과의 공동 연구를 즐겨 한다. 공동 연구는 고단하고 위험하기도 하지만 즐겁고 보람된다. 학문 공동체를 형성하고 후학을 양성하기 위해 끊임없이 읽고 쓰고 연구하고 지도한다. 그러면서 배우고 또 가르친다. 이 책도 마찬가지로 그런 과정의 산물이다.

이 책은 2011년에 나의 연구 관심으로부터 시작하였다. 그렇지만 처음부터 제자들과 함께 공부하고 함께 연구했다. 2011년 2학기에는 대학원 수업으로 이 주제를 다루었다. 학생들과 함께 책과 논문들을 읽고 장인의 사례들을 찾아보기도 했다. 장인의 개념을 확고하게 규정하지 못한 상태에서 시행착오도 겪었다. 일의 의미와 도제 제도를 통한 암묵지의 전수도 주목하면서 살펴보았고 여러 학습 이론도 공부했다. 그렇지만 흡족하지는 않았다.

그러는 동안 한국연구재단에 연구 프로젝트를 제안하였고 중견연구자 지원 과제로 선정되었다. 2012년 5월부터는 지원을 받으면서 본격적으로 연구를 진행했다. 연구실의 대학원생들이 모두 참여한다는 원칙하에 함께 연구했다. 연구의 전 과정에 모두 다 참여하되 여러 측면에서 서로 역할을 분담했다. 첫째, 장인들을 분야별로 나누어 연구를 진행했다. 전통수공업 장인은 장인온, 신지아, 국가 공인 명장은 김지영, 바트토야, 전문직 장인은 구유정, 박지혜, IT 장인은 김재순, 강예지, 그리고 문화예술 장인은 이덕현, 진유림이 맡았다. 각 팀이 책임지고 장인에 관한 자료들을 모으고, 인터뷰할 일정을 조정하며, 그 결과를 정리했다. 각 팀은 연구 과정을 전체 회의에서 보고하고 토론했다. 둘째, 장인과 장인 전문가를 초청하여 특강을 듣고 대화를 나누었다. 이재실 박사는 박사학위 논문으로 연구한 장인의 평생학습에 대해 발표했다. 박동열 박사는 고숙련 근로자에 대한 연구를 공유하였다. 백애현 한복 장인도 와서 특강을 했다. 셋째, 장인 관련 이론을 연구했다. 김재순은 일의 의미와 역량 연구를, 이덕현은 학습 이론과 창의성 연구를, 구유정은 동서양 장인의 역사와 전문성 연구를, 그리고 김지영은 장인 관련 제도와 진로 이론을 각각 맡았다. 마지막으로, 이 모든 정보를 공유하기 위해 인터넷 카페를 만들었다.

2012년 가을과 2013년 봄은 장인을 인터뷰하여 데이터를 모으고 분석하는 데 온통 시간과 에너지를 쏟았다. 연구에 참여할 장인은 가설적으로 설정한 장인 개념의 기준에 따라 의도적 표집 방법을 통해 선정하였다. 파일럿 테스트를 진행하면서 장인을 다시 개념화하는 과정을 거쳐 최종 연구 참여자들을 확정했다. 나는 이 과정을 6장에서 비계설정식 개념화 방법론이라고 명명했다. 각 팀이 각자 맡은 인터뷰를 책임지고 진행하였지만 때때로 다른 팀의 인터뷰 과정에 참여하기도 하였다. 매주 전체 모임을 통해 연구 내용과 방향을 공유하고 토론하는 시간을 가졌다. 이것은 탐구와 성찰, 공유와 경계 가로지르기의 연속적 과정이었다.

나는 각 팀의 장인 인터뷰 과정에 거의 다 참여하여 인터뷰를 주도했다. 인터뷰는 2012년 8월부터 2013년 1월까지 약 6개월간 진행되었다. 서울뿐만 아니라 인천, 대전, 대구, 울산 등을 방문하여 인터뷰했다. 많은 수의 장인을 두세 차례씩 인터뷰하면서 몸이 힘들기도 하였다. 그럼에도 불구하고 매번 배우는 즐거운 인터뷰였다. 방문 전에 연구 참여자에 대한 자료와 수기 등을 수집하여 검토하였으며, 이를 통해 인터뷰에서 쉽게 친밀감을 형성하고 대화의 깊이를 심화할 수 있었다. 인터뷰가 진행됨에 따라 초기의 반구조화된 질문에 대한 답변에서, 점차 일화 형식의 이야기나 일대기를 돌아보는 형태의 이야기들로 발전하기도 하였다.

2013년 8월에는 일본 장인들을 만났고, 2014년 2월에는 독일 장인들을 만났다. 현지 한국인의 통역으로 인터뷰를 진행했다. 일본 장인은 손가연 선생이 소개도 하고 인터뷰한 내용을 검토도 해 주었다. 독일 장인은 유진영 교수와 김태환 선생이 알선해 주었다. 양숙형 박사는 인터뷰하면서 녹음한 내용을 다시 검토해 주었다.

국내외에서 인터뷰하면서 수집한 자료들은 전사를 통해 현장 노트와 비교하며 정리하였다. 연구의 타당성을 확보하기 위해 언론 보도 자료, 수기, 연구 일지 등 다양한 자료를 상호 보완적으로 활용하였다. 인터뷰 내용에 대해서는 전체 회의에서 함께 토론하며 해석에 대한 의견을 듣는 과정을 거쳤다.

2013년 가을에는 연구 결과를 논문으로 출간하기 시작했다. 장인온과 나는 '전통 수공업 장인의 학습 과정과 특성에 관한 질적 사례 연구'를 『직업교육연구』(2013. 8)에, 김지영과 나는 '명장의 길: 우연에서 필연으로'를 『진로교육연구』(2013. 9)에, 그리고 김재순, 강예지와 나는 '고숙련 소프트웨어 개발자의 일터에서의 성장과 학습에 대한 질적 사례연구'를 『직업교육연구』(2013. 10)에 각각 게재했다. 이 논문들의 내용은 이 책의 여기저기에서 볼 수 있다.

그 이후에도 나의 장인 연구는 계속되었다. 2014년 여름부터 가을까지 나는 김형만 박사와 함께 한국개발연구원(KDI)이 주도한 미래한국사회 전망 작업반에서 '한국형 현대 장인 육성 체제'를 제안했다. 그 글은 우천식 등

(2014)의 『미래한국사회 전망』(경제 · 인문사회연구회 미래사회 협동연구총서 14-52-01)에 수록되었고, 그 내용의 일부를 수정 · 보완하여 이 책에도 실었다. 2014년 겨울에는 글로벌숙련기술진흥원의 지원으로 '명장 보유 전수기술 기록 방안 및 시범 적용 사례 개발' 연구를 수행했다. 그리고 지금에 이르렀다. 장인 연구는 아직 끝나지 않았고 앞으로도 계속할 작정이다. 그럼에도 불구하고 일단락을 지으려고 이 책을 썼다.

나의 글쓰기는 참 게으르다. 한 주제에 대해 오랜 기간 몰두하면서 많은 생각을 하고 수많은 메모를 한다. 그러나 정작 구슬들을 꿰는 글쓰기는 한참이 지난 후에야 한다. 나의 게으름 탓이다. 그러나 이것이 진수를 남기는 방법이기도 하다. 시간은 나의 생각 가운데 버릴 것은 거르고 강렬한 것만을 남기기 때문이다. 그럼으로써 나의 글은 그 주제에 대한 나의 생각의 핵심과 본질에 집중할 수 있게 한다. '시간이 거르고 남은 진수를 쓴다'고 스스로 위안을 삼는다. 다행스럽게도 2014년 가을부터 1년 동안 나는 연구년을 맞았다. 장인 연구를 책으로 마무리하기를 더 이상 미룰 수가 없었다. 나는 매일 고통스러운 글쓰기를 하였다. 장인들에게서 배운 바대로 나도 장인처럼 글쓰기를 했다. 밀즈가 말한 학자의 삶을 살기 위해서라도 나는 연구하고 책을 쓰는 내내 '지적 장인'이 되고자 했다. 장인들의 이야기를 들으면서 나 자신을 되돌아보고 나 스스로 그들과 같은 장인이 되려고 다짐도 했다. 한 장인이 바쁘다며 전화나 화상으로 인터뷰하자고 했을 때도 직접 만나야 한다고 고집을 했던 기억이 난다. 그때 그 장인은 '이 사람도 나 같은 부류군' 하며 귀찮은 인터뷰 요청을 들어주었다고 했다. 인터뷰가 성사되어 기쁘기도 했지만, 그의 말에 더욱 신이 났다. 돈키호테가 "이유가 있어서 미친다면 감사할 일이 뭐가 있겠나. 핵심은 아무런 이유도 없이 미치는 데 있는 것이야."라고 말했듯이(de Cervantes, 2014a: 356), 나도 장인 연구에 미쳐서 몇 년을 지냈다. 그럼에도 불구하고 내가 이 책을 글쓰기의 장인인 최명희처럼,* 김승옥처럼** 썼는지 생각하면 스스로 반성한다. 내 책이 싸구려 '플라스틱'이 아니라 오래 '달구고' '벼린' 연장***이기를 바랄 뿐이다.

---

* 전주 한옥마을에 있는 '최명희 문학관'에는 다음과 같은 글귀가 있다. "원고를 쓸 때면 손가락으로 바위를 뚫어 글씨를 새기는 것만 같은 생각이 든다. 그것은 얼마나 어리석고도 간절한 일이랴. 날렵한 끌이나 기능 좋은 쇠붙이를 가지지 못한 나는 그저 온 마음을 사무지게 갈아서 손끝에 모으고 생애를 기울여 한 마디 한 마디 파 나가는 것이다."

** 김승옥(2004: 5)은 이렇게 말한다. "소설 쓰기란 나에게는 항상 직업 이상의 것이었기 때문이다. 소설을 쓰기 위해서 나는 오히려 생계 수단으로 다른 일을 하곤 했다. 소설 쓰기는 나에게는 신성한 것이었다."

*** 제 손으로 만들지 않고 / 한꺼번에 싸게 사서 / 마구 쓰다가 / 망가지면 내다 버리는 / 플라스틱 물건처럼 느껴질 때 / 나는 당장 버스에서 뛰어내리고 싶다 / 현대 아파트가 들어서며 / 홍은동 사거리에서 사라진 / 털보네 대장간을 찾아가고 싶다 / 풀무질로 이글거리는 불 속에 / 시우쇠처럼 나를 달구고 / 모루 위에서 벼리고 / 숫돌에 갈아 시퍼런 무쇠 낫으로 바꾸고 싶다 / 땀 흘리며 두들겨 하나씩 만들어 낸 / 꼬부랑 호미가 되어 / 소나무 자루에서 송진을 흘리면서 / 대장간 벽에 걸리고 싶다 /지금까지 살아온 인생이 / 온통 부끄러워지고 / 직지사 해우소 / 아득한 나락으로 떨어져 내리는 / 똥덩이처럼 느껴질 때 / 나는 가던 길을 멈추고 문득 / 어딘가 걸려 있고 싶다(김광규, '대장간의 유혹').

차 례

1부 장인들의 이야기

1부에서는 내가 연구한 우리나라 장인들을 소개한다. 모두 15명이다. 이들에 대한 간략한 설명은 다음 표에서 제시하였으며, 1장부터 5장까지 분야별로 나누어 이 장인들의 삶의 이야기를 썼다.

장인들에 대한 간단한 소개*

전통 수공업

백애현(여/57세)
- 분야: 한복 • 경력: 38년
- 주요 경력: 백애현 한복 연구소 대표 / 보석 한복, 애견 한복 제작 / 한미동맹50주년패션쇼 개최
2013: 국가공인 한복 일인자(노동부) / 2003: 대한민국 신지식인(행자부)

김영희(여/67세)
- 분야: 편물 • 경력: 42년
- 주요 경력: 김영희 니트연구소 대표 / 직인편물 대표 / 기능경기대회기계편물심사위원 / 2006: 대한민국명장

김진현(남/56세)
- 분야: 도자기 • 경력: 36년
- 주요 경력: 2대째 도자기 작업 / 심천도예연구소 / (사)장작가마보존협회회원 / 1990: 우수공예 기능인

대한민국 명장

성광호(남/62세)
- 분야: 보일러 • 경력: 36년
- 주요 경력: 2009: ㈜야쿠르트 생산기획 팀 기성 / 2008: 기능한국인 선정 / 2004: 보일러 기능장
2002: 대한민국 명장

임용환(남/53세)
- 분야: 주조 • 경력: 34년
- 주요 경력: ㈜현대자동차 울산공장 차장 / 2003: 고용노동부장관 표창 / 2002: 대한민국 명장
1995: 주조기능장 / 1977: 전국기능경기대회 주조 3위

박병일(남/56세)
- 분야: 자동차 • 경력: 39년
- 주요 경력: 123카텍 자동차 정비소 대표 / 2011: 은탑산업훈장 수상 / 2008: 기술사 취득
2006: 기능한국인 선정 / 2002: 대한민국 명장

백운현(남/59세)
- 분야: 양복 • 경력: 43년
- 주요 경력: 골드핸드양복점 대표 / 2007: 대한민국 명장
1979: 대한복장기술협회 10주년기념 창작발표회 금상 / 1975: 동탑산업훈장 수훈
1975: 제22회 스페인 국제기능올림픽대회 금메달 / 1972: 기능경기대회 금메달

대한민국 명장

최원희(남/57세)

- 분야: 이용 • 경력: 41년
- 주요 경력: 최원프리모 대표 / 2011: 산업포장 수훈 / 2008: 기능한국인 선정 / 2002: 대한민국 명장
2000: 국가기술이용기능장

안창현(남/52세)

- 분야: 제과 • 경력: 30년
- 주요 경력: 안스베이커리 대표 / 2009: 대한민국 명장 / 2008: 대통령 산업포장 수훈 / 1998: 한국제과기능장

전문직

김갑유(남/51세)

- 분야: 변호사(중재) • 경력: 25년
- 주요 경력: 법무법인 태평양 변호사 / 2010~ : 국제상사중재협회 사무총장 / 2009: 미국중재협회 상임위원
2002~2004: 국제한인변호사회 사무총장

심찬섭(남/63세)

- 분야: 의사(내과) • 경력: 37년
- 주요 경력: 건국대학교병원 소화기병센터 센터장 / 건국대학교병원 헬스케어센터 센터장
2010: 대한광역학회 회장 / 2004~2005: 순천향대학교병원 원장

IT/SW

이상선(남/44세)

- 분야: IT 개발 • 경력: 20년
- 주요 경력: 프리랜서 개발자 / Microsoft 근무

권찬영(남/36세)

- 분야: SW 개발 • 경력: 15년
- 주요 경력: SAP Korea Labs 근무 / NHN 근무

문화 예술

오광섭(남/50대)

- 분야: 조각가 • 경력: 약 30년
- 주요 경력: 이탈리아 및 한국에서 다수의 개인전 / 카라라 국제 조각 심포지움 1등상

이석준(남/40대)

- 분야: 뮤지컬 배우 • 경력: 약 20년
- 주요 경력: 제10회 한국뮤지컬대상 남우조연상 수상 / 드라마, 영화, 연극 등 다수 출연
뮤지컬 헤드윅 등 다수 출연

* 이 표에서 소개한 내용은 2013년을 기준으로 작성하였다.

1. 전통수공업 장인*

이 장에서는 전통수공업 분야의 장인으로 백애현 한복 장인, 김영희 편물 장인 그리고 김진현 도자기 장인을 소개한다. 이들은 우리나라의 전통 산업에 종사하는 수공업자다. 그런 점에서 전통적 의미의 장인이라고 볼 수 있다. 그럼에도 불구하고 이들은 자신의 일에 있어서 전통적 방식만을 고집하지 않는다. 오히려 전통을 새롭게 창조하고 있다.

* 이 장은 장인온과 장원섭이 같이 썼다.

한복의 재탄생, 그리고 남김 백애현 한복 장인

백애현의 이력은 화려하다. 그녀는 국가가 공인한 한복 일인자다. 우리나라를 넘어 한복을 세계에 알리기 위해 활발히 활동하고 있다. 새로운 작품들을 끊임없이 시도하는 동시에 한복과 관련한 책들도 집필하여 자신의 기능과 지식을 나누고 남긴다.

소속 백애현 한복 연구소

주요 경력 1981년: '백애현 한복' 개점
1997년: 한복 기능장 제1호 선정
1999년: 세계민속의상패션쇼 한국대표 참가 베스트드레서 선정
2003년: 한복신지식인 선정(행정자치부)
2003년: 한미동맹 50주년 기념행사 백애현 한복 패션쇼(뉴욕)
2003년: 미국 이민 100주년 기념행사 백애현 한복 패션쇼(워싱턴)
2007년: 『백애현의 아름다운 우리 옷』(기본/고급편) 2권 출간
2010년: 국내 최초 수의 서적 『환생의 날개』 출간
2012년: 세계장례문화 국제콘퍼런스 수의(壽衣) 발표
2013년: 국가공인 한복 일인자 선정(고용노동부)
2015년: 베니스비엔날레 수의 초청전시회

고운 한복에 대한 동경

백애현은 어린 시절 학교에서 돌아오면 자신을 반겨 주던 어머니의 모습을 아직도 생생하게 기억하고 있다. 단아하게 한복을 차려입고 언제나 깨끗한 하얀 앞치마를 두르고 계신 어머니의 모습은 그녀에게 늘 동경의 대상이었다. '우리 엄마가 제일 예쁘다'는 어린 시절 그녀의 자부심이 아마 지금 그녀를 있게 한 가장 큰 원동력인지도 모르겠다.

처음 만났을 때 백애현은 자신이 직접 만든 옥빛의 개량 한복을 입고 있었

다. 방 안 한 면이 모두 창가여서 따뜻한 봄 햇살을 뒤로한 채 앉아 있던 그녀의 모습은 참 단아하고 아름다웠다. 화려하지는 않지만 단아하고 기품 있는 모습이 왠지 그녀의 어머니 모습 또한 상상할 수 있게 해 주는 것 같았다.

백애현은 어려서부터 자신이 손재주가 좋았다고 기억하고 있다. 그래서 만들기를 워낙 좋아했고, 손놀림도 빨라서 당시 친구들과 바느질 내기 시합 등을 하면 지는 일이 없었다고 한다. 한번은 가정 시간에 방석 만들기 등을 배우게 됐는데 첫째 시간에 선생님이 샘플을 교탁에 놓아두었다고 한다. 그런데 그녀는 한 달 동안 단계에 따라 배워 가면서 완성해야 할 방석을 그날 밤새 바느질을 해서 그다음 시간에 가져갔다.

> 저희 집안 식구들이 모두 손재주가 좋았던 것 같아요. 딸이 다섯인데 언니들이 모두 자수랑 뭐 만드는 걸 좋아했어요. 우리 어머님도 우리 어려서 옷을 죄다 직접 만들어서 입히셨어요. 그리고 자매들끼리 모이면 서로 자수 놓고, 뭐 만들고…… 그러면서 수다 떨고, 뭐 이러면서 어린 시절을 보냈던 것 같아요.

백애현은 고등학교를 졸업하고는 자연스럽게 언니가 하는 수예점에서 시간을 보냈다. 수예점에서 이것저것 만들면서 가게를 돕고 한복도 만들기 시작했다. 한복을 만들 때 모르는 것은 어머니에게 물어보았다. 그럴 때마다 그녀의 어머니가 답을 해 주셨는데 그 가르침이 생각보다 대충대충이었다고 한다. "저고리 재단할 때는 손으로 이렇게 두 뼘, 동전 갈 때는 손가락으로 이렇게 세 마디……." 그렇게 말씀해 주셔도 그녀는 무슨 말인지 알고 문제를 해결할 수 있었다고 한다. 아마 어려서부터 어머니가 해 오던 바느질을 지켜보았고, 어머니를 잘 알기 때문에 가능했던 일이리라.

그녀는 스물다섯 살 되던 해인 1981년에 자신의 이름을 건 '백애현 한복'

이라는 한복 가게를 냈다. 어려서부터 바느질을 가까이한데다가 고등학교를 졸업한 이후에는 언니의 수예점에서 일하기 시작해서 어린 나이였지만 한복을 만들어 파는 데 문제가 없었다. 그녀의 솜씨는 서서히 입소문을 타기 시작했다.

가게를 내고 30대에 이르는 시기까지 백애현은 정신없이 일만 했다고 한다. 한창 기술을 익혀 가는 시기이기도 했고 일이 너무 재미있던 시기이기도 했다. 거기다가 젊고 건강하기까지 했으니, 일하면서 전혀 피곤한 줄도 몰랐다.

> 그때는 하루에 4시간 정도 잤던 것 같아요. 아침, 점심, 저녁 그리고 새벽에 일을 했으니까요. 그런데 전혀 피곤하지도 않아서 나한테 귀신이 들린 게 아닌가 해서 병원까지 가 본 적이 있어요. 수년 동안 그렇게 자고 피곤하지 않은 게 말이 안 되잖아요. 사람이 이럴 수 있나 싶을 정도로 11시에 자면 항상 딱 1시 반에 일어나고 억지로 조금 다시 눈 붙이고 일어나면 4시…… 그때 되면 눈이 딱 떠지는 거예요.

'지금도 그렇게 조금밖에 안 주무시냐'고 묻는 말에 새벽에 일어나 조용히 혼자 신문 보는 시간이 너무 좋다고 수줍게 대답한다. 그녀의 방은 정갈한 벽지 대신 여러 신문 조각이 스크랩되어 온 방을 뒤덮고 있었는데 10년이 넘은 것부터 지난주의 것까지 볼 수 있었다. 다른 사람에게 보일 일도 없는 그녀의 사적인 방이지만, 보이기 위해서라도 이렇게까지 하기는 힘들지 싶다.

한복 사랑

백애현의 한복에 대한 사랑과 열의는 많은 에피소드를 만들었다. 언젠가 백애현은 서울시에서 '자랑스러운 한국 음식점'을 선정한 것을 알게 되었다. 그런데 우연치 않게 평가 항목에 '의상'이 빠져 있는 것을 발견했다. 이왕 외국인들에게 소개할 자랑스러운 한국의 음식점이라면 손님을 맞는 이들이 우리 고유의 복장을 입으면 더 좋을 것 같다고 생각했다. '한복을 입고 서빙하는 것이 불편하지 않겠냐'는 질문에 그녀는 펄쩍 뛴다.

> 한복이 불편하다는 건 한복에 대해서 잘 모르고 하는 소리예요. 한복의 멋을 살리고 활동적이면서 실용성 있게 디자인하면 됩니다. 소매는 좁게 하고 치마는 폭을 알맞게 제작하면 되는데, 사람들이 이런 생각은 별로 해 보지도 않고 한복은 무조건 불편하다는 선입관을 가지고 있는 것 같아요.

그녀는 직접 서울시를 찾아가 의상이 평가 항목에 들어가야 한다고 민원을 넣었다. 그다음 해에 평가 항목의 기타 부분에 괄호 치고 의상이라는 항목이 들어갔는데 너무 뿌듯하다며 소녀 같은 웃음을 지었다.

또 어느 해인가 그녀는 국방부 군악대에서 국악을 연주하는 모습을 볼 기회가 있었다. 그런데 한복을 말쑥하게 차려입은 연주자들의 고름맨 모양새가 너무 제각각이었다. 어쩌면 당연한 일이다. 20대 초반의 성인 남자들 중에 한복 옷고름을 제대로 맬 줄 아는 사람이 얼마나 되겠는가. 더군다나 군대에 들어와서 연주하는 데 옷고름 매는 것을 챙겨 줄 사람이 있기도 힘들 것이다. 그런데 백애현은 그들이 연주하는 음악보다 한복의 옷고름에 더 주의가 갔던 모양이다. 제각각 삐뚤삐뚤하게 고름을 맨 모습이 그렇게 안타까웠다. 그녀는 군대 관계자에게 연락을 해서는 옷고름을 만들어 줄 테니 옷을 다 보내 달라고 했다. 그리고 수십 벌의 옷을 받아다 옷고름을 고정하고 그걸 똑딱 단추로 달아 다시 보내 주었다. 생각만 해도 번거로운 일이다. 돈이 들어오는 것도 아니고 남들이 알아주는 것도 아닌데도 한복에 대한 열의 하나 때문에 나서서 일을 한 것이다.

2002년에는 애완견에 한복을 만들어 입혔다. 월드컵 준비로 온 나라가 들썩이던 이때 프랑스의 한 여배우가 언론을 통해 우리나라의 보신탕 음식 문화에 대한 매우 비판적인 의견을 내놓으며 찬물을 끼얹었다. 백애현도 우리나라 국민 전체를 야만인 취급하는 것 같아 기분이 무척 나빴다. '어떻게 하면 그 여배우의 코를 납작하게 해 줄까' 고민하다가 애완견에게 한복을 만들어 입히면 좋겠다는 생각이 들었다. 지금이야 애완견들에게 옷을 만들어 입히는 것이 흔했지만 10여년 전에는 그렇지 않았다. 더군다나 한복이라니. 어쨌거나 그녀는 몇날 며칠을 노력한 끝에 애완견들에게 한복을 만들어 입혔다. 이는 영국 로이터 통신에도 소개되었고, 2003년에는 FCI 국제 도그쇼에서 애견 한복쇼를 개최하기도 했다.

보석과 가죽으로 만든 한복

백애현은 이런 열정을 바탕으로 한복 만드는 일을 하는 데 있어서도 남다른 면모를 보인다. 무엇보다 그녀는 우수한 기능을 가지고 있다. 보통 한복을 재단하기 위해 원단을 사러 가면 실제 필요한 것보다 넉넉하게 사기 마련이다. 하지만 그녀는 딱 필요한 만큼만 산다고 한다. 작업에 실수가 없고, 한복 만드는 전 과정을 머릿속에 체계적으로 담아 두기 때문에 가능한 일이다. 그녀는 60인치 세 마로 남자 두루마기를 재단하면 딱 얼굴 크기만한 원단만 남게 된다며 자랑하였다.

백애현이 직접 개발한 원단 염색기와 각종 염색 약품

시장에서 파는 원단의 색깔이 마음에 들지 않으면 그녀는 집에서 직접 원단에 색을 입히기도 한다. '한복 색깔이 다 거기서 거기지'라고 생각하는 일반인 입장에서 집 안에 원단 염색을 위한 기계까지 직접 만들어 놓은 그녀의 행동은 조금 과하다 싶기도 하다. 이 기계도 단순히 산 게 아니라 자신이 직접 개발한 것이다. 집에서 천연염색을 하다가 이마저도 성에 안 차면 직접 공장에 쫓아가서 자신이 원하는 색이 나올 때까지 그 옆에 붙어 있는단다. 화학약품 처리 규정으로 인해 정화 시설을 갖추지 않으면 집에서 작업이 불가능한 경우가 있기 때문이다.

백애현은 여기서 더 나아가 새로운 원단을 만드는 일에도 열중하였다. 바로 '보석 한복'이 그것이다. 그녀는 '보석으로 한복 웨딩드레스를 만들어 보면 어떨까' 하는 생각을 했다. 조금 더 화려하고 고급스럽게 보이기 위해 한복 원단에 옥가루를 넣어 새롭게 가공하였다. 물론 이러한 일이 한 번에 순조롭게 되는 것은 아니다. 옥가루가 원단에 다 번져서 한 필을 죄다 버리는 일이 다반사였다. 옥 값과 원단 값을 생각하면 이러한 그녀의 시도는 무모

디지털 프린팅 기법을 이용하여 만든 한복

해 보인다. 누가 시켜서 하는 일도 아닌 이런 일들에 그녀는 매우 적극적이다. 그녀의 '보석 한복'은 TV에 방영되기도 했다.

2003년 미국에서 개최한 패션쇼에서도 백애현은 새로운 작품들을 선보였다. 워싱턴에서의 미국 이민 100주년 기념행사와 뉴욕에서의 한미동맹 50주년 기념행사에서 그녀는 한복 패션쇼를 개최했다. 그 당시에는 어마어마하게 부담스러운 일이었지만 이를 통해 그녀는 자신이 민간 외교 사절의 역할을 할 수 있었다고 생각한다. 또한 이 패션쇼들을 통해 그녀는 다시 한 번 성장했다는 경험을 하게 된다.

그녀는 디지털 프린팅 기법을 이용해 패션쇼를 성황리에 개최하였고 이것을 계기로 행정자치부로부터 신지식인으로 선정되었다. 그 아이디어는 참신하였지만 실제로 실현해 내기는 쉽지 않았다. 처음에는 치마폭에 유명작가의 그림을 DTP 프린팅해 넣기만 하면 될 줄 알았다. 그런데 단순해 보였던 일이 막상 작업을 시작하니 전혀 그렇지가 않았다. 한복의 특성상 아래로 갈수록 넓게 벌어지는 치마 화폭에 어그러짐 없이 그림을 프린팅해 넣는 작

가죽으로 만든 한복

업이 녹록하지 않았던 것이다. 기계를 돌릴 때마다 수십만 원의 원단을 버리는 일이 부지기수였다. 이때 만약 작업을 포기했다면 자신이 지금보다는 조금 더 부자가 되어 있을 거라며 그녀는 웃는다. 하지만 그녀는 한복 원단에 여러 작가의 그림을 실어 넣는 일을 하면서, 또 다른 기쁨을 맞게 된다.

이 시기에 백애현의 창작 활동은 더욱 왕성해졌다. 일반적인 한복을 만드는 일과 더불어 가죽 한복을 만든다거나 한복에 보다 다양한 그림을 담으려 한다거나 하는 일들이 모두 이 시기에 이루어진다.

> 저에게 가죽 옷이 몇 벌 있는데요. 저는 왜 이 가죽 옷을 양장으로만 입어야 할까라는 생각을 한 거죠. 그래서 가죽 한복을 만들어 봐야겠다고 생각했어요. 가죽이요, 겨울에 입으면 보온성이 그야말로 최고예요. 그리고 왜 실크 한복은 앉았다 일어나면 구김이 가는데 가죽은 구김도 가지 않고요, 그 무게감 때문에 한복 고유의 멋스러움을 그대로 살릴 수가 있어요.

백애현은 지금도 한복의 대중화와 실용성을 위해 쉬지 않고 노력하고 있다. 한복에 첨단 과학기술인 디지털 텍스타일 프린팅 방식을 도입하고 보석과 가죽으로 한복을 만드는 등 단순히 한복을 만들어 파는 일 이외에도 그녀는 한복과 관련된 일에 있어 남들이 보이지 않는 열정을 쏟고 있다.

기능과 지식의 나눔과 남김

백애현에게도 콤플렉스가 있었다. 일찍 일을 시작하면서 대학에 다니지 못한 것이 그녀로 하여금 늘 가슴 한구석에 무언가 찜찜함을 남게 했다. 그녀가 학력 콤플렉스를 극복하기 위해 선택한 방법은 정면대결이었다. 처음에는 혼자 영어, 일어, 중국어를 독학하겠다고 결심했다. 일어 책이 너덜너덜해질 때까지 읽고 또 읽었다. 그러다가 어느 순간 '내가 콤플렉스 때문에 매달릴 것이 아니라 그냥 그걸 인정하고 다른 쪽으로 에너지를 돌리자'고 생각했다. 그녀 자신이 잘 아는 한복 만드는 법을 책으로 내고, 책을 내기 위해서 관련된 역사에 대해서도 공부하는 것이 그녀가 다시 선택한 방법이었다.

백애현은 『아름다운 우리 옷』 기본편과 고급편을 출간했다. 이후에 또 다른 집필 작업도 시작했는데, 그것은 수의에 관한 책이다. 전통 수의가 점차 사라져 가고 있는 것이 안타까워 손수 수의를 만드는 이 시대 마지막 사람들을 직접 찾아다니며 기록으로 남긴 것이다. 이 때문에 그녀는 6년 동안 주말마다 전국을 누비고 다녔다. 찾아간다고 해서 반겨 주는 사람들은 없었다. 오히려 이방인을 낯설게 보고 더 숨기려고 하는 것이 그들의 일반적인 태도였다. 현장 연구에 드는 비용 또한 만만치 않았다. 책이 나온다고 해도 그것을 돈 주고 사 볼 사람이 있을 거라는 기대도 하지 않았다. 그럼에도 그녀는 포기하지 않고 전국의 마지막 수의 장인들을 찾아가 그들의 작업하는 모습과 각 지방의 수의 특징 등을 기록해 『환상의 날개』를 책으로 남겼다.

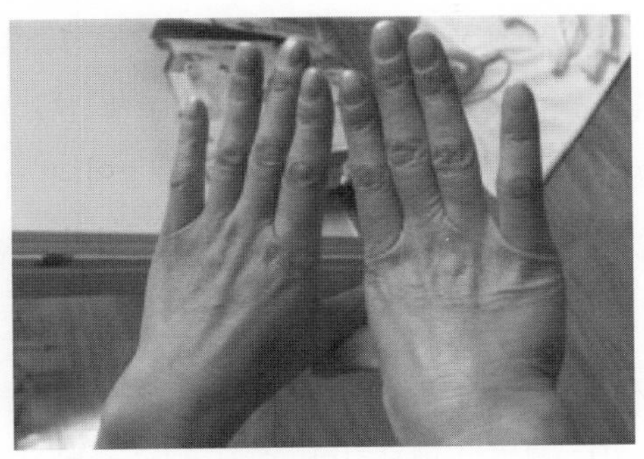

백애현의 손: 백애현은 자신의 손이 못났다고 한다. 그러나 아름답다.

그러고 나서 또다시 4년간 전국을 돌며 옛 양반가의 수의를 취재해 2013년에 두 번째 수의 책을 출간했다.

그녀의 작업실에서 본 수의는 그래서 놀라웠다. 하얀색의 뻣뻣한 삼베로 만들어진 수의가 아닌 너무도 고운 빛깔의 비단 수의는 전혀 상상하지 못했기 때문이다. 원래 우리 조상들은 저승에 갈 때도 좋은 옷을 입고 하늘로 돌아가는 사람을 축복해 주는 '밝은 장례 문화'를 가지고 있었다고 한다. 그녀는 삼베를 수의로 만드는 것이 일제의 잔재라고 했다. 그리고 자신이 하는 이런 작은 일들을 통해 우리나라가 본래의 밝은 분위기의 장례 문화를 회복할 수 있게 되기를 바란다고 했다. 자기가 하는 일을 통해 우리 사회가 조금이나마 나아졌으면 하는 것, 그것이 바로 그녀가 일을 계속하는 이유인 것 같다.

처음에 얘기했듯이, 백애현의 경력은 화려해만 보인다. 하지만 그녀는 아직도 한복 만들기를 처음 시작하였을 때 쓰던 가위를 사용하고 있다. 그 시절의 그 가위가 지금 나온 것들보다 약간 작은데 그게 자기한테 딱 맞기 때문이란다. 그녀의 보물 1호다. 그리고 그녀는 아직도 직접 재단을 하고 바느질을 한다. 백애현은 자신의 손이 두텁고 못났다고 말한다. 남자들이 얼굴

보고 쫓아왔다가 손잡아 보고 도망갈 거란 농담을 자연스럽게 던진다. 항상 원단과 가위, 바늘을 손에서 놓지 않고 살아온 인생이었다. 그래서 그녀의 손은 아름답기 그지없다.

백애현에게 슬쩍 은퇴 계획에 대해 물어보았다. 직장 생활을 했다면 이미 은퇴할 나이이기 때문이다. '지금부터가 진짜 시작이다'라는 대답이 돌아왔다. 지금은 자기가 하고 싶은 것을 할 수 있을 만큼의 여유가 있고, 한복이라는 세계에서 입김도 생겼기 때문이다. 오히려 '자기 자신이 현실에 안주할까 봐 겁난다'고 말한다. 일상 속에서 끊임없이 창작에 대한 새로운 영감을 얻고, 늘 하고 싶은 일이 많은 그녀에게 은퇴는 요원해 보였다.

실을 짜는 즐거운 삶 김영희 편물 장인

김영희는 편물 분야의 대한민국 명장이다. 다음 장에서 더 소개하겠지만, '대한민국 명장'은 대한민국 정부가 해당 분야의 최고의 장인으로 인정하여 수여하는 가장 명예로운 칭호다. 그 위치에 걸맞은 다양한 활동을 했음에 틀림없지만 그녀는 자신을 단지 '일하는 사람'일 뿐이라고 말한다. 그러면서 화려한 경력보다는 일한 이력만을 밝히기를 원했다. 일을 즐기는 그녀의 삶을 살펴보자.

소속 김영희 니트연구소 대표

주요 경력 1968~1971년: 현대편물 대표
1971~1990년: 적선편물 대표
1990년~현재: 김영희니트 대표
2006년: 대한민국명장 선정

누구나처럼 학원에 등록하다

지하철 3호선 경복궁역에서 통인동 쪽으로 나오면 '대한민국 명장의 집'이라는 간판과 함께 김영희의 니트 가게가 있다. 그리고 가게 안에서 뜨개질을 하고 있는 그녀의 모습이 보인다. 가게에 방문할 때마다 그녀는 늘 같은 자리에서 같은 모습으로 누군가를 위해 뜨개질을 하고 있었다.

김영희가 뜨개질을 시작한 지는 어느덧 40여 년의 세월을 훌쩍 넘었다. 그녀는 1970년대에 사설 학원에서 손뜨개 강좌를 수강하면서 지금의 일을 접하였다. 대단한 목표나 꿈이 있었던 것은 아니었다. 그 당시에는 많은 여성이 그 일을 했다. 그녀도 그냥 돈을 벌기 위한 기술을 익힐 목적이었다. 이렇다 할 만한 특이할 것도 없는 일의 시작이었다.

그녀는 학원 수강을 하면서 자신이 그 일에 소질이 있음을 알게 되었다. 일에 재미도 느꼈다. 손뜨개가 처음에는 쉬워 보이지만 무늬 넣기는 쉽지 않은 기술이다. 디자인뿐만 아니라 수학적 재능을 필요로 하기 때문이다. 처음에는 한 반에 40명 정도가 함께 수강하였으나 고급반에 가서는 몇 명 남지 않게 되었다. 김영희는 그 당시 배우는 것이 재미있었고 하루라도 빨

가게 앞에 붙어 있는 대한민국 명장 현판

리 자신의 가게를 내고 싶다는 생각을 하였다.

김영희는 어느 정도 기술을 습득한 후 곧바로 조그만 가게를 차렸다. 그 가게가 현재 경복궁 근처에 자리 잡고 있는 지금의 일터다. 이 가게에서 일한 지 40여 년이 되었다. 그녀의 가게 옆에 자리 잡은 던킨도너츠와 파리바게트, 스타벅스를 보면 그녀의 가게가 긴 세월을 견뎌 냈음을 알 수 있다.

세상에 하나뿐인 손뜨개 니트

처음 가게 문을 열고 일을 하게 되었을 때는 일어나서 잠들 때까지 일만 했다고 한다. 일을 하면 할수록 손뜨개 속도가 빨라지고 독특한 무늬를 더 쉽게 처리할 수 있게 되었다. 손뜨개 작업을 하는 데 있어 다른 사람들보다 빠른 일 처리는 그녀에게 큰 장점으로 작용하였다. 손뜨개로 니트를 만들면 이틀만에 한 작품이 나오기도 하였다. 그런 숙련은 그녀가 하루에 3시간 이상 자 본 적이 없을 정도로 매일 지독하게 많은 일을 했기 때문에 가능한 결과였다. 그녀는 '무조건 많이 해 봐야' 감을 익히고 숙달이 된다고 강조했다.

그럼에도 불구하고 손뜨개는 단순히 손으로만 하는 일이 아니다. 반복적인 일 같지만 일을 수행하기 위해서는 많은 수학적 계산이 요구된다. 또한 여러 사람이 나누어서 한 작품을 만들 수 없고 혼자서 다 해야 하는 것도 손뜨개만의 특징이라고 설명하였다. 예를 들어 양장 같은 경우, 그 작업 과정이 디자인, 가봉, 재단 등으로 구분될 수 있다. 반면에, 손뜨개는 한 사람이 처음부터 끝까지 관여하지 않으면 완성된 옷이 이미 손뜨개 작품 옷으로서 기능을 하지 못하게 된다. 아무리 고수들이 손뜨개 작업을 나눠서 한다고 해도 그들의 손맛이 다르기 때문이다.

그녀만의 손맛으로 인해 김영희의 작품은 사람들 사이에서 입소문을 타게 되었다. 손뜨개 치고는 독특한 무늬와 색감으로 주로 중장년층 여성들에

가게 안에는 김영희가 디자인하고 제작한 니트들이 가지런히 걸려 있다.

게 옷이 잘 팔렸다. 또한 좋은 실을 고집하니까 손뜨개 옷은 시간이 지나면 옷이 바랜다거나 따뜻함이 줄어든다는 편견도 없앨 수 있었다. 그 대신 김영희가 만든 옷의 가격은 일반 시장에서 살 수 있는 옷처럼 저렴하지 않다. 남자 스웨터나 니트 같은 경우는 300만 원을 호가하는 제품도 있다고 한다.

> 십 몇 년 전에 옷을 해 갔던 손님도 옷이 그냥 새거잖아요. 또 와서 해 가고 하죠……. 중요한 자리에만 입고 나간다고 하는데 모르는 사람이 보면 한국 거인 줄 모르고 샤넬인 줄 안다고 그러더라고요……. 모르는 사람들은 뭐……더 젊어 보이는 디자인을 해 달라고 하는데…… 아주 하이패션은요, 젊어 보이는 디자인은 없습니다. 또 타깃이 이거는 젊은 사람들이 경제적으로 소화하기 어렵기도 하고 하니까…… 또 만드는 데 내용이 있기 때문에…… 쉽게 만드는 그런 옷은 아닙니다. 스웨터가 손으로 직접 뜨는 거는요, 70만 원 부터 300만 원까지가 있어요. 기간도 20일에서 한 달 이상…… 원하는 게 뭔지 손님이 직접 와서 샘플을 보고 이런 식으로 해 달라

고 하면 치수를 재서 맞춰서 해 주는 거죠……. 디자인이 다 한 개 씩밖에 여기 매장에는 없어요…….

그래서 그녀는 모든 사람이 자기의 고객은 아니라는 생각을 가지고 있었다. 처음에는 비싸다고 생각할지 모르지만 그녀만의 디자인과 좋은 실, 손재주를 알아봐 주는 사람이 있을 것이라는 확신이 있었다. 그리고 자기 옷을 입는 사람들의 독특한 분위기에 대해서도 자부심을 가지고 있었다.

기계 니트의 도입

손뜨개 옷이 성행하다가 1980년대에 들어서면서 이 분야에서도 기계가 일을 대신하기 시작하였다. 기계는 훨씬 빠르게 다양한 니트 옷을 만들어 낼 수 있었다. 기계로 만든 옷은 내구성 면에서도 탁월하였다. 이러한 위협 가운데 그녀는 독일에 있는 한 직물 기계 영업사원을 우연히 알게 되었다. 그래서 자신의 독특한 디자인을 손뜨개 니트뿐만 아니라 기계 니트로도 표현할 수 있으면 좋겠다는 생각을 하게 되었다.

하지만 그녀의 생각을 지지해 주는 사람은 아무도 없었다. 왜냐하면 혼자서 운영하는 가게에 기계, 그것도 독일제 비싼 기계를 들여 니트를 짜내는 것은 누가 봐도 비효율적인 일이었기 때문이다. 그 당시에 그 기계 값이면 집 두 채를 살 수 있었다고 한다. 사람들이 '김영희는 미쳤다'거나 '돈이 남아돌아 돈지랄한다'고 손가락질 해댔다. 그래도 그녀는 그 기계를 들여 놓았고 자신의 손뜨개 디자인을 그대로 기계 니트로 구현하는 작업을 하였다.

김영희는 2006년에 대한민국 명장에 선정되었다. 기존 바느질 명장들은 나이가 여든을 바라보는 분들이었다. 그분들은 바느질 기술 자체를 높이 평가받아 명장 자리에 올랐다. 이와는 달리 김영희는 손뜨개 기술을 기계에

김영희의 니트 작품

접목한 창의력을 인정받아서 명장이 되었다. 그녀는 자신이 명장 칭호를 받게 된 것을 매우 자랑스럽게 여겼다. 자신이 혼자서 일해 오던 걸 나라가 인정해 주었다는 기쁨을 서슴없이 밝혔다. 2011년에 열린 명장대전에서 자신의 손뜨개 작품이 명장협회장상을 받은 것에 대해서도 자랑스러워했다.

명장이 된 이후 김영희는 일에 대한 자부심이 더 커졌다고 한다. 명장으로 선정된 것은 그녀에게 신분 상승의 의미로까지 다가오는 듯했다. 스스로가 명장이라고 생각하니 말이나 행동에서 좀 더 명장다워야 한다는 일종의 사명감을 느꼈다. 명장 모임에도 빠지지 않고 나간다. 각 분야에서 최고의 위치에 있는 다른 명장들을 보면서 배울 것들이 많다고 한다. 스스로 최고의 장인임을 자처하게 됨으로써 사회적 위신과 장인정신에 대해서 더 고민하는 계기를 가지게 된 것이다.

일을 즐기는 삶

김영희는 일 자체를 즐기고 있었다. 일이 곧 그녀의 삶이고 기쁨이었다. 옷이 잘 팔리고 돈을 더 많이 벌게 되었을 때보다도 좋은 작품 하나가 완성되었을 때 가장 큰 희열을 느낀다. 환갑이 넘은 지금도 일을 더 오래할 수 있게 몸을 관리하는 것이 그녀의 목표가 되었다. 그녀에게 일은 자신의 삶의 일부이자 어려운 시기를 함께 겪어 낸 고마운 친구 같은 존재이기도 하다.

김영희에게 예전과 비교해서 달라진 것이 있다면 일의 흐름을 몸에 맡긴다는 것이다. 몸이 원하지 않으면 뜨개질을 멈추고 청소를 하거나 설거지를 하거나 다른 일을 한다. 이렇게 함으로써 정신과 몸을 분산시킬 줄 알게 된 것이 젊었을 때와는 다른 일의 수행 방식이라고 하였다. 또한 여러 작품을 동시에 시작하는 것도 변화된 일의 모습이다. 예전에는 하나의 작품을 한 번에 끝내는 방식을 취했는데, 일정 궤도에 오른 이후에는 동시에 여러 작품을 시작할 수 있게 되었다. 그래서 그날그날의 컨디션에 따라 작품을 선택해서 한다고 하였다. 또한 그녀는 더 이상 손뜨개 옷을 고객 맞춤으로 작업하지 않는다. 그럴 경우 일정과 날짜에 쫓겨 스트레스를 받고 그러다 보면 옷이 더 안 만들어지기 때문이다. 이제는 뜨개질을 해 놓고 그 옷의 크기가 맞는 고객에게 옷이 팔릴 때까지 기다린다. 그러다 보니 1년이 지나서 팔리는 옷이 있고 5년이 지나서 팔리는 옷도 있다. 그러면 자식을 떠나보내는

가게에 내붙은 손뜨개 수강생 모집 광고

느낌이 들다가도 자기가 만든 옷이 언젠가는 그 가치를 알아봐 주는 사람을 만나게 된다는 생각이 들어 기쁘다고 한다.

이제 그녀는 후학 양성에 대한 기대가 있다. 자신이 가지고 있는 손 기능과 독특한 패턴 구사 방법을 누군가에게는 물려주고 싶어 한다. 그래서 혹시나 하는 마음에 손뜨개 교실을 열고 있다. 그렇지만 매번 실망을 한다. 사람들은 손뜨개를 단순히 취미로만 여기고 그녀 자신이 그랬던 것처럼 생계 수단이자 자신의 모든 것을 바칠 삶으로까지는 생각하지 않고 있음을 느꼈기 때문이다.

자연으로 빚은 세월의 혼 김진현 도자기 장인

김진현은 심천 2대 도자기 장인이다. 심천(深泉)은 깊은 샘을 일컫는다. 깊은 샘은 흔들림이 없고 변하지 않는다. 이는 좌로도 우로도 치우치지 않고 원칙을 지키며 살았던 아버지의 삶을 반영한 모습이기도 하다. 김진현은 아버지의 허락을 받아 이 호를 2대째 사용하고 있다. 그 역시 자연의 원리를 따라 도자기를 빚고 있다.

주요 경력 1978년: 도예 입문
1985년: 선친이자 심천요 개설도예가인 고 김경종 선생에게 사사
1988년: 한양미술작가 협회 국제예술대회전 출품 금상 및 특선 수상 외 다수
1990년: 우수공예 기능인 지정 및 업체 지정
1997년: 한국전승 도자전 전시회(러시아)
2001년: 대한민국 무형문화재 전통공예 거장 작품전(일본 오사카)
2002년: 도자 초대전(프랑스 파리 주불한국문화원)
2005년: 한국도자명인 명장전(경기도, 경인일본 주최)
2007년: 심천 2대 김진현 전통도자전(한국문화재보호 재단)
2008년: 심천 2대 김진현 작품전, 당대국제도예전(중국경덕진)
2009년: 한중 도자명인 100인전(한국두자문화협회 주관)

기타 (사)장작가마보존협회 회원, (사)전승 도예 협회 회원, 이천문화원 회원, 한국중요무형문화재기능보존협회 회원, (사)정부조달문화상품협회 이사

대를 이어 도자기 일을 시작하다

김진현은 심천 1대였던 고 김경종의 4남 1녀 중 둘째로 태어났다. 그는 어려서부터 형제들 중에서도 유독 흙을 좋아했다. 아버지가 도자기나 가마 작업을 할 때면 늘 옆에서 구경을 하곤 했다. 그럴 때면 아버지는 불의 색깔을 보고 불의 온도 등을 가르쳐 주셨다. 그렇지만 막상 그가 도예가의 길을 걷겠다고 했을 때 그의 아버지는 전통 가마 방식만큼은 절대로 전수하지 않겠다고 하셨다고 한다. 1978년에 그가 도예에 입문할 당시에는 대부분이 전통 가마 방식을 포기하고 가스 가마 방식으로 갈아타는 분위기였다. 한평생 전통 가마 방식을 고수해 오셨던 아버지가 왜 아들에게는 그것을 그토록 만류하셨을까. 전통 가마는 가스 가마보다 제작 과정이 힘들고 비용이 많이 든다. 아버지는 자식이 자신처럼 힘겨운 길을 가지 않기를 바라셨던 것이다.

1985년에 아버지는 위암으로 1년의 시한부 판정을 받았다. 시간이 많이 남지 않았다는 초조함이 김진현과 아버지를 모두 간절하게 만들었다. 김진현은 편찮으신 아버지에게 전통 가마 방식을 전수해 달라고 졸랐다. 아버지도 시간이 부족하다는 것을 그 누구보다 잘 알고 있었을 것이다. 이러한 이유로 예전처럼 막연하게 반대만 할 수는 없었고, 결국 아들에게 세 번에 걸쳐 전통 가마 방식을 전수하였다.

처음 두 번의 작업에서는 아버지가 하나하나 다 설명해 주었다. 자신이 알고 있는 것을 모두 전수해 주어야 한다는 심정으로 소소한 것 하나까지 놓치지 않으려는 마음이 그대로 전달된 듯했다고 김진현은 말한다. “나무를 넣을 때는 힘을 빼야 한다……. 그렇게 하면 2m 들어가야 하는 나무가 1m 60cm밖에 들어가지 않는다……. 손목과 팔에 힘을 빼야 한다…….” 김진현

은 30여 년이 지난 지금도 그때 아버지의 말씀 하나하나를 생생하게 기억하고 있었다.

가마를 전수받는 두 번째 과정에서 그는 1,300도가 넘는 열기에 시력을 잃을 뻔한 고비를 맞기도 했다. 그의 어머니는 '아들까지 이 고생을 시켜야 하냐'면서 펄펄 뛰며 가마 전수를 반대하셨다. 하지만 이왕 시작하기로 작정한 김진현과 그의 아버지의 고집을 꺾지는 못했다. 세 번째는 김진현이 혼자 작업을 하였는데, 마지막 가마 작업하던 그날 저녁 아버지는 어머니에게 '이제 진현이가 혼자서도 제 밥그릇은 챙길 수 있을 것 같다'고 말씀하시며 흐뭇해 하셨다고 한다. 그러곤 50여 일 만에 아버지가 세상을 떠났다. 아들이 혼자 작업을 수행해 내는 모습을 보고 마음이 편해져서 그랬으리라. 김진현에게는 그때 아버지를 재촉해 전수를 받은 것에 대해 약간의 죄책감이 있는 듯 보이기도 했다. 만약 아버지가 그렇게 갑자기 병을 얻지 않으셨다면 김진현의 인생은 지금과 같은 모습이었을까.

> '(전통 가마 방식을 고수하며 도예 작업을 하는) 지금 제 모습을 하늘에서 보시면 아버지가 과연 좋아하실까?'라는 생각을 가끔 해 보게 돼요. 제가 하도 졸라서 가르쳐 주시기는 하셨는데 유언으로도 제발 가스 가마를 사용해 달라고 부탁하셨죠. 가시는 길에 복잡한 마음이 드셨던 것 같아요. 자랑스럽기도 하면서 혹여 제가 힘들까 걱정이 되셨던 거겠죠.

김진현은 하루의 대부분을 이천에 자리한 그의 일터에서 보낸다. 슬하에 문하생은 없고, 그 대신 그의 부인이 늘 함께한다.

자연에 충실한 도자기 굽기

김진현은 흙을 고르고 땔감을 찾는 일까지 직접 해내고 있다. 가마 작업을 할 때 사용할 나무를 구하기 위해 전국을 돌아다닌다. 강화도에 송이버섯 나는 산이 있는데, 한동안은 거기 소나무만 가져다 썼다. 그런데 한 번 가마 작업을 할 때 들어가는 나무의 양이 어마어마하다 보니 전국에서 연락이 오더란다. 그때마다 직접 가서 나무를 보고 그 나무를 통째로 가지고 온다. 여기서 '통째로'라고 함은 절대 잘라서 가지고 올라오지 않는다는 말이다. 통째로 가져온 나무들은 이천 작업장에서 하나하나 도끼질해서 마련한다. 물론 큰 나무는 전기톱을 이용하지만 그걸 작게 만드는 것은 모두 식구의 몫이라고 한다. 그의 작업실에는 그의 아내와 함께 처형, 외조카가 상주하고 있다.

전통 가마는 준비하는 데 소요되는 시간이 길고 날씨 등의 영향을 받기 때문에 아무리 많아야 1년에 4번을 채우기가 힘들다. 그는 가마에 들어가면 타고 없어질 장작에 묻어 있는 먼지 하나하나를 모두 정갈하게 하는 작업도 손수 챙긴다. 장작에 있던 먼지 하나가 튀어서 도자기 표면을 망칠 수도 있

가마 앞에서 불을 지피고 있는 김진현

김진현의 도자기 작품들

기 때문이란다. 가마 작업할 때가 다가오면 그는 그토록 예민해질 수 없다고 한다. 함께 인터뷰에 참여했던 그의 조카는 그래서 김진현에게 제자가 없는지도 모른다고 농을 친다. 생각해 보라, 자신의 키보다도 높은 장작더미가 수십 미터 늘어져 있는데 그 하나하나에 묻어 있는 먼지를 떼어 내는 광경을.

마침 인터뷰하던 날이 가마 작업을 하기 3일 전이었는데 그의 작업실 뒤편에는 먼지를 떼어 내고 가지런하게 정리된 장작들이 하나 가득 비닐로 포장되어 있었다. 가마 작업이 있는 때에는 그의 가족이 모두 출동된다. 전통 가마 작업은 손이 많이 가는 일이다. 아버지의 전통을 잇고 있는 그에게 그의 가족들은 바쁜 일정을 뒤로하고 이렇게 아낌없는 지원을 하고 있다. 그날은 온 가족이 함께 모여 아버지를 추억하는 축제의 날이기도 했다.

가스 가마와 다르게 전통 가마로 만들어진 도자기는 무엇이 다를까? 김진현의 작품 중 눈에 띄는 것은 진사다. 그의 진사는 붉은색은 물론 여러 가지 빛깔을 띠는 것이 특징이다. 그의 대표작 중 하나인 표주박형 진사를 보면 한꺼번에 여덟 가지 이상의 색깔이 보인다. 이것을 절대 인공적으로 조절하지 않는다는 사실이 놀라울 따름이다. 남들이 쓰는 유약과 남들이 쓰는 재료로 똑같이 작업을 해도 전통 가마 방식으로 작업을 하기 때문에 표현할 수 있는 도자기의 아름다움이라고 한다.

도자기 만드는 사람일 뿐이다

김진현은 명장이나 무형문화재와 같은 칭호에 대해 약간의 거부감을 가지고 있었다. 전통의 것을 그대로 복원하거나 서류로 만들어진 심사 기준에 얽매이기 싫다는 것이 그 이유다. 그는 자기 자신이 '도자기 만드는 사람'이라고 소개되기를 원했다. 그리고 사람들이 찾아주는 도자기를 만들고 싶다고 했다. 신기하게도 매우 한국적인 전통 속성을 가지고 있는 그의 도자기는 국내에서보다 오히려 해외에서 더 유명하다.

김진현의 외조카가 운영하고 있는 페이스북에서 그를 따르는 이른바 '친구'는 2012년에 4천여 명에 이르렀다. 이 중 대다수가 외국에서 그의 작품을 좋아하고 있는 이들이다. 국제적으로 도자기가 유명한 일본에서도 그를 깍듯이 모신다. 미국은 물론 전 세계의 도예 매니아들에게 감동을 주는 우리나라의 큰 자부심이라고 할 수 있다.

김진현은 2010년 G20 정상회담의 우리나라 문화를 소개하는 자리에서 도자기 부분 대표로 선정되었다. 정부에서 나와 그의 전통 가마 방식을 70여 시간 분량의 DVD에 담아갔다고 한다. 명장도 아니고 무형문화재도 아닌, 소위 화려한 '스펙'이 없는 그에게 이것은 매우 가슴 벅찬 일이었다. 그냥 자신의 길을 뚜벅뚜벅 걷고 있는데 이제서야 우리나라에서도 인정을 받는 것 같은 느낌이었다고 한다. 자신만의 방식을 고집한 쾌거인 것이다.

김진현은 앞으로 자신이 도공으로 전력투구할 수 있는 시간을 길어봐야 10~15년으로 보고 있다. 매년 운이 좋아 4번씩 가마 작업을 한다고 가정했을 때 그가 할 수 있는 가마 작업은 50여 번 남짓 남았다. 그러니 그에게 지금부터 한 번 한 번의 가마 작업은 더욱더 소중할 수밖에 없다.

> 그래도 전 운이 좋은 편이에요. 생각해 보면 지금까지 작업하며 특별히 어려움이 없었거든요. 머릿속으로 생각하면 한 번에 늘 그렇게 되어 왔던 것 같아요. 그래서 사실 거만해질 수도 있었는데 그때마다 아버님이 하신 말씀이 생각나요. 도자기 만드는 일은 네가 천 번을 성공했다고 해서 천 한 번째 성공을 보장해 주지 않는다고요……. 그래도 지금까지는 실수 없이 잘해 온 편인 것 같아요.

전통을 잇고 나누고 싶은 소망

김진현에게 전통 가마의 맥이 끊긴다면 서운하지 않겠냐고 슬쩍 물었다. 그에게는 슬하에 1남 1녀의 자녀가 있는데 할아버지와 아버지를 닮아 도예에 소질이 있어 보이는 자식에게 심천 3대가 되어 주었으면 하는 바람이 있다고 말한다. 하지만 강요하지는 않는다. 그는 앞으로 4년만 더 기다릴 작정이라고 한다. 3년 후에도 이들이 뜻이 없을 경우에는 다른 제자를 받아들일 생각이다. 김진현에게는 점차 사라져 가는 전통 가마 방식에 대한 자부심이 매우 크다. 그래서 그의 기술을 누군가는 꼭 전수받았으면 하는 소망을 가지고 있다.

그는 한 대기업으로부터 전통 가마 방식을 '프로그램화'하자는 제안을 받은 적이 있다고 한다. 하지만 이를 프로그램화하는 것은 불가능하다고 한다. 왜냐하면 실제 불의 색깔을 보고 온도가 어떤지, 불꽃들이 피어오르는 모습을 보고 나무를 얼마만큼 깊이로 더 넣어야 할지와 같은 것을 가늠해야 하는데 이런 것들을 모두 정형화하기에는 무리가 있기 때문이다. 그때그때 상황에 맞춰서 대응해야 하기 때문에, 아버지가 그에게 직접 전수를 해 주었던 것처럼 김진현도 누군가에게 직접 전수해 주어야 한단다.

김진현이 일하고 있는 이천은 도자기 마을임에도 불구하고 계속 개발되고 있다. 전통 가마 방식을 고수할 경우에 환경 문제 등이 발생할 소지가 있다. 이 때문에 몇 년 후에는 더 시골로 이사를 가게 될 것이라는 어렴풋한 계획을 한다.

김진현에게 일은 삶이다. 잘 하려고만 했던 예전과는 달리 이제는 잘하고 못하고를 떠나 모든 작품을 떠안는 여유가 그에게는 생겼다. 어느덧 그에게 도자기는 물건이 아니라 하나의 인격을 가진 생명체가 되어 있었다.

> 예전에는 만족스럽지 않은 작품들은 제가 다 깨 버렸어요. 가마 작업을 한 번 하면 10% 정도만 작품으로 나와요. 남은 것들은 그냥 저에게는 깨 부셔야 하는 것들이었죠. 그런데 이제는 작품 안 되는 것들도 다 따로 모아 두고 있어요. '그래, 너네도 나와 함께하는 나의 인생이다'라는 생각이 어느 순간 들더라고요. 나중에 제가 좀 더 시골로 옮겨 가야 하면, 그때 이 작품들을 다 깨서 가마를 꾸미고 싶어요. 가마를 가마에서 나온, 그렇지만 세상의 빛을 받지는 못했던 이것들로 장식하는 거죠. 그래서 저는 걔네들이 소중해요. 걔네들은 저와 함께할 애들이에요.

김진현은 도자기가 좀 더 대중에게 친근하게 다가가기를 바라고 있다. 우리나라에서는 도자기가 자칫 사치품으로 인식되고 있기 때문이기도 하다. 그래서 그는 작품 활동과 더불어 생활 자기 만드는 일도 놓지 않고 있다.

요즘에는 간단한 도자기 만드는 방법을 백화점이나 지자체의 문화센터에서도 배울 수 있는 기회가 많아졌다. 발걸음이 더디지만 도자기도 어느 정도 대중화되어 가고 있는 것이다. 김진현은 이런 발걸음을 통해 전문가뿐만 아니라 대중도 우리나라 도자기의 가치를 제대로 볼 수 있도록 의식 수준이 높아졌으면 하는 바람을 가지고 있다.

이천 작업실에 전시되어 있는 생활 자기

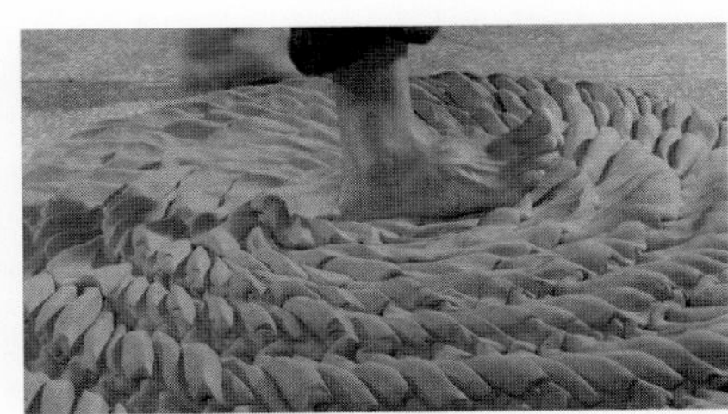

김진현의 일하는 손과 발

2. 대한민국 명장*

대한민국 명장은 국가가 공인한 최고 수준의 숙련 기술인이다. 고용노동부와 한국산업인력공단은 「숙련기술장려법」에 따라 명장을 선정한다. 그 분야는 전통수공업뿐만 아니라 제조업과 일부 서비스업 등을 포함한다. 대한민국 명장 제도에 대해서는 14장에서 상세히 다룬다. 이 장에서는 보일러, 주조, 자동차, 양복, 이용, 제과 명장의 삶의 이야기를 듣는다.

* 이 장은 김지영과 장원섭이 같이 썼다.

성실함으로 일군 에너지 절약 성광호 보일러 명장

한국야쿠르트 최단기간 모범근로자상, 최초이자 최다 최우수 제안상, 여섯 번의 장관상, 그 밖에 50여 회가 넘는 수상을 기록한 자가 있다. 그는 불우한 어린 시절을 극복하고 평범한 회사원에서 성실함으로 우리나라 최고의 보일러 기술자가 되었다. 평생에 걸쳐 숙련한 보일러 기술을 기반으로 지금은 에너지 절약을 위한 사회봉사 활동을 실천한다. 대한민국 보일러 명장 성광호의 삶을 뒤따라가 보자.

주요 경력 1978년: ㈜한국야쿠르트 입사
1980년: 최단기간 모범근로자상 수상
1989년: 최우수사원상(1993, 1994, 1996 최초, 최다 최우수 제안상)
2002년: 대한민국 명장
2004년: 보일러 기능장
2008년: 기능한국인 선정
2009년: ㈜야쿠르트 생산기획팀 기성
현재: 에너지절약 컨설턴트

자격과 수상 열관리기능사, 환경기사(대기분야), 가스기사, 산업안전기사 등 6개 부문의 자격증을 취득했다. 생산부 사원으로는 첫 최단 시일 모범근로자상 수상을 시작으로 생산부서 최초로 최우수사원으로 선정됐고, 회사 6개 공장 중 한 명을 뽑는 최우수사원에 처음으로 뽑혔다. 생산부 최다 제안상과 최우수 제안상을 수상했으며, 특별공로상을 두 번 받은 것도 그가 처음이었다. 전체 직원 중 대내외에서 가장 많은 상을 받은 직원으로도 이름을 올린 그는 한국야쿠르트 최초의 기성에 오른 데 이어 정년퇴직 이후에도 6개 사업장의 보일러 설비를 총괄하는 기술자문위원을 맡으면서 '최초의 정년 연장 직원'이라는 타이틀을 갖게 됐다. 그 밖에도 동력자원부장관 표창, 환경부장관 표창, 행정안전부장관 표창, 대한민국 환경관리장 금장을 수상했다. 에너지 절감과 환경 개선에 이바지하는 기술 향상에 크게 기여해 노동부장관 표창, 대전·충청인 기술인상, 산업포장 등 모두 30회가 넘는 표창을 받았다.

우연히 보일러를 알게 되다

성광호의 어릴 적 꿈은 대통령 경호 실장이었다. 그는 태권도 5단이었다.

그러나 어린 시절에 사고로 오른쪽 한 손가락을 잃으면서 그 꿈이 좌절되었다. 운동밖에 모르던 그는 서울에 올라와 친구 소개로 태권도장에서 사범 일을 시작하였다. 아무 연고도 없었던 서울에서의 생활은 열악했다. 태권도장에서 숙식을 해결해야 했다. 그는 차가운 태권도장 바닥을 피해 아래층에 위치한 대중목욕탕 탈의실에서 잠을 청하곤 했다.

그곳에서 우연히 한 보일러 기관장을 만났다. 당시 그 보일러 기관장은 위험물 취급 국가기술자격증 준비를 하고 있었다. 성광호는 그의 공부를 도와주면서 어깨너머로 처음 보일러에 대해 접하게 되었다. 가벼운 생각으로 국가기술자격 시험을 봤는데 덜컥 합격을 했다. 이때부터 보일러 일을 시작하게 되었다. 목욕탕에 취직을 했지만 실제로 보일러를 다뤄 본 경험이 없던 그에게 일은 쉽지 않았다. 그는 틈만 나면 건설 현장으로 가서 보일러 배관, 시공, 설비 일을 직접 하고, 밤에 와서 노트에 그날 익힌 것을 모두 기록하고 정리했다. 한두 달 정도 배우니까 작업에 대한 아이디어가 생겨났는데, 그럴 때마다 꼼꼼히 메모했다. 그 덕분에 일도 다른 사람들보다 빨리 익혀 1년 만에 감독을 할 수 있는 위치에까지 올랐다.

이론도 알고 실무도 경험하면서 이왕이면 산업용 큰 보일러를 다뤄 보고 싶은 생각이 들었다. 1978년 4월 7일은 성광호가 아직도 선명하게 기억하는 날이다. 그는 아는 사람의 소개로 한국야쿠르트에 특채로 취직했다.

피곤할 틈도 없는 삶

인문계 고등학교 출신인 성광호에게 회사 생활은 녹록치 않았다. 당시 회사의 규정이나 제도상으로 인문계를 졸업하고 기술직에서 일하는 사람은 공고를 나온 사람보다 진급 등에서 불리하였다. 그는 누구보다 열심히 일했지만 첫 진급까지 12년이라는 긴 시간이 걸렸다.

그럼에도 불구하고 성광호는 한결같이 노력했다. 배고프고 힘든 사람에게는 피곤할 틈이 없다고 했던가. 넉넉하지 않았던 시절, 경기도 평택에 위치한 야쿠르트 공장에서 근무하던 성광호는 출퇴근을 하면서도 동네에서 보일러를 설치 시공하는 아르바이트를 병행했다. 그리고 밤에는 국가기술 자격증을 취득하기 위해 공부했다.

> 제가 공부를 못 한 사람이에요, 원래가. 소질이 없는 사람인데. 먹고 살기 위해서 할 수 없이 공부를 하는 거예요. 하니까 적극적으로 공부하고, 긍정적으로 공부하고 또 밤새도록 공부하고, 또 그날 와 가지고 이제 또 하고 나면은 일주일 야근하고 하면 목요일 날, 금요일 날이 되면 다리가 흔들흔들하고 진짜 고생하면서 안전사고 날 정도로 힘들었어요. 그래서 그런 일이 매일 있는 것도 아니지만 그렇게 살아왔잖아요. 피곤했죠. 회사에서는 매일 야근하고 돌아오면 아르바이트 하고 새벽에는 자격증 공부까지 했으니까. 하지만 하고자 하는 목표가 있고 꿈이 있으니 피곤할 틈이 없죠.

성광호의 성실함과 우직함은 그의 삶 면면에서도 드러난다. 회사 생활을 하면서 그는 계속해서 보일러 업무와 관련한 자격증들을 취득했다. 자격증이 하나라도 더 있어서 최소한 갖출 자격은 갖춰야 하지 않겠냐는 생각에서 시작했다. 인문계 고등학교를 나왔다는 불리한 조건을 극복하기 위해서라도 더 열심히 해야 했다. 다른 사람들이 한 번 할 때 그는 두 번 세 번 하거나 남들보다 먼저 해야 따라갈 수 있다고 생각했다. 대기환경 자격증은 세 번 도전한 끝에 취득하였다. 자격증 공부를 하면서 3개월 동안 2시간 이상 잠을 잔 적이 없었다.

성광호의 이런 태도는 회사 생활에서도 그대로 나타났다. 그는 더디지만 꾸준했으며, 누구보다 열심히 일했다. 이러한 그의 노력과 도전정신은 최단 기간 '모범근로자상' 수상이라는 보람으로 되돌아왔다.

묵묵히 일한 좋은 결과

성광호는 회사 일에 밤낮으로 매달렸으나 진급이 되지 않았다. 다른 사람들이 진급할 때 그는 뒤에서 많은 눈물을 흘렸다. 남몰래 눈물을 삼켜야 했지만 그는 묵묵히 자기 길을 갈 뿐이었다. 회사에서 '최우수 사원'으로 선정되는 등 작게나마 주어진 보상들을 위안으로 삼았다.

성광호는 늘 궁금해했다. 기름 한 방울 나지 않는 우리나라에서 보일러 기술을 배우고 실천하면서 에너지 절약에 대한 문제의식을 갖게 되었다. 그는 회사에서 시키지 않아도 야근을 하면서 밤새도록 실험과 연구를 지속하였다. 여러 아이디어를 제안했는데 그것이 채택되면서 회사 내에서 '최다 제

성광호가 받은 상패와 트로피

성광호의 아이디어 노트

안자' '최우수 제안자'가 되었다.

그러던 그에게도 기회가 찾아왔다. 1990년 걸프전의 영향으로 제3차 석유파동을 우려하면서 우리 사회가 절치부심하던 시기였다. 각 회사의 공장들은 1년에 한 번씩 에너지 사용 실적과 내역을 정부에 보고하도록 되어 있었다. 이때 평소 에너지 절약에 관심이 많았던 성광호는 회사에 여러 아이디어를 제안하였고 그와 관련해서 공적을 많이 쌓았다. 물론 다른 많은 공장에서도 에너지 절약을 실시하고 있었지만, 그가 일하는 공장은 다른 회사에 비해 획기적이었다. 성광호는 공적을 인정받아 에너지관리공단의 추천으로 동력자원부장관상을 수상하였다. 장관상을 수상하였기에 그는 말단 사원이었음에도 불구하고 회사 전체에서 인정받게 되었다. 그는 자신의 일에 대한 자부심으로 즐겁기도 하지만 일에 대한 책임감도 느꼈다. 이제는 국가적 차원의 사명감까지 갖게 되었다.

> 야쿠르트에서 근무한 지 32년 정도 되었는데 그중에서 한 16년, 절반 정도는 소외당하고 많이 힘들었어요. 그래도 꾹 참고 자기 할 일

일하고 있는 성광호의 모습

출처: 월간 내일(2009. 2).

> 하고, 자기 일에 최선을 다하면 결국 그 결과가 회사에도 좋지만 나에게도 좋은 결과로 돌아오더라고요.

이런 좋은 결과들은 그의 일에 대한 열의에서 비롯되었다고 해도 과언이 아니다. 성광호는 관심이 있으면 문제의식이 생기고 생각하게 된다고 강조하였다. 그는 항상 노트를 가지고 다니면서 아이디어가 떠오를 때마다 기록했다. 그가 보여 준 수많은 노트와 수첩에는 아이디어가 빼곡히 채워져 있었다.

> 모든 일에 재미, 흥미를 붙이고 이를 반복하면 공적이 되고 노하우가 되는 거예요. 사실 직장이 월급만 받고 다니는 직장이라고 생각하면 굉장히 지루하고 힘들죠. 하지만 무엇이든 관심을 가지고 개선해 가면서 성취감을 느끼면 직장에 대한 즐거움이 생긴다는 것이에요. 그래서 저는 무언가 떠오르면 바로 노트에 메모하고 또 메모

한 것을 가지고 계속 생각해요. 그러다가 확신이 생기면 자연히 빨리 회사에 가고 싶어지죠.

성광호는 처음에는 누구도 알아주지 않았지만 하나씩 공적을 쌓아가는 과정이 매우 보람 있고 기뻤다고 말한다. 그러면서 자신의 일에 대한 자부심도 강해지고 욕심도 생겼다. 공적을 쌓는 것이 상을 타기 위함은 아니었다. 열심히 일을 하다 보니까 주변에서 언제부터인가 상을 주었다고 한다. 그런 인정을 받으니까 오히려 모든 일에 더 심사숙고하게 되었다. 단순히 지칠 수 있는 문제에 대해서도 그는 개선의식을 가지고 많은 생각을 했다. 깊게 생각하고 고민한 후에 실행에 옮겼다. 문제를 개선해 가면서 성취감을 얻고 재미와 흥미를 느끼게 되었다. 이러한 것들이 반복되다 보니 공적이 되었다. 사실 적당히 일해도 뭐라고 할 사람은 없었다. 그럼에도 불구하고 자신의 일을 조금 더 잘 해내려는 열의와 성실함이 그를 지금의 자리로 이끈 원동력이 되었다.

에너지 절약을 위한 나눔

30년 넘게 한 회사에서 일한 성광호는 공동체에 대한 책임감이 남달랐다. 그는 조직에서 개개인마다 부여된 임무가 있기 때문에 누가 알아주지 않더라도 각자가 최선을 다할 때 공동체의 목표가 달성된다고 강조한다. 그 역시 자신의 자리에서 최선을 다해 노력한 결과로 조직과 자신을 위한 성과가 나타났다고 한다.

성광호는 자신이 배우고 숙련한 것을 후배들에게 나누어 주었다. 자신이 롤 모델이 되어 그들 또한 일의 과정에서 재미와 보람을 느낄 수 있도록 동기를 부여했다. 자신만의 노하우를 알려 주고 보여 주며 후배들을 육성했다. 그 결과로 후배들도 자격증을 취득하고 상도 많이 타게 되었다고 한다.

성광호는 어릴 적에 한 손가락을 잃었다. 그러나 그는 대한민국 명장이 되었다.

그런 모습을 보면서 그는 큰 기쁨과 보람을 느꼈다.

회사에서 정년 퇴직한 성광호는 이제는 전국에 있는 기업들을 돌아다니며 자신이 가지고 있는 기술과 노하우를 전수하고 있다. 에너지 진단을 통해 에너지 절약 전략을 컨설팅해 주고 있다. 전국적으로 다니면서 컨설팅하기 때문에 체력 소모가 크지만, 이 일을 통해서 또 다른 보람과 자부심을 느낀다. '편안하게 안주하기보다는 기술 전수를 하면서 사회에 봉사하는 것이 국가에 대한 예우가 아니겠는가'라는 그의 말 속에서 진정한 공동체의 의미를 다시 한 번 생각하게 된다.

> 기업이 5년에 한 번씩 진단을 하게끔 되어 있어요. 하나의 기술적인 컨설팅을 하는 거죠. 다니면서 에너지 전략에 대한 처방도 해 주고, 더불어서 보일러에 관련된 실무자 후배들이 있지 않습니까. 그분들이 보면 보일러를 관리하는 방법에 대해서 천차만별 다 달라요. 제가 갖고 있는 노하우를 갖고는 아무것도 아닌데 굉장히 어렵

고 한참 오래 걸리고 또 기술적으로 한참 낭비하고 해서 그런 얘기를 해 주면 한참 좋아해요. 저는 지금 이해하는 것은 월급받고 이러는 것보다는 하나의 기술적 봉사 차원에서 보람을 느낍니다.

성광호는 지금도 자신의 일에 대한 열정과 자부심으로 가득 차 있었다. 그는 무척 행복해 보였다. 그에게는 일이 삶 그 자체였다. 멈추지 않는 그의 성실한 노력은 앞으로도 계속 이어질 것이다. 그렇기에 그의 삶은 여전히 기대와 설렘으로 찬란히 빛나고 있다.

좀이 쑤시는 단지 '쟁이'일 뿐…… 임용환 주조 명장

임용환은 35년간 단지 '쟁이'로 살아왔다고 스스로 얘기한다. 그의 겸손함 뒤에는 다수의 특허, 기능장과 기술사, 대한민국 명장 같은 수많은 명예와 칭호가 숨어 있다. 지금도 새로운 분야에 도전하며 자신의 영역을 확장하고 있는 그의 일에 대한 열정을 살펴본다.

주요 경력 1976년: 주조 기능사
1977년: 전국기능경기 대회 주조직종 3위
1995년: 주조 기능장
1996년: 금속가공 기술사
2002년: 주조 분야 대한민국 명장
2003년: 고용노동부장관 표창 '직업능력개발 공로'
2005년: 현대자동차 대표이사 현장경영상 '신지식인' '리더상'

특허 특허 제10-0621906호 '직류전기를 이용한 함침장치' 〈단독〉
특허 제0427316호 '실린더헤드 주조방법' 〈공동〉
특허 제0405700호 '중공캠축의 주조방법' 〈공동〉

작은 습관 하나하나가 쌓여서 큰 차이를 만든다

임용환의 하루는 새벽 5시 30분에 울리는 모닝콜로 시작한다. 한 시간 일찍 출근한 지 벌써 30년이 지났다. 남들보다 미리 조금씩 더 준비하려던 생각이 이제는 습관이 되었다. 6시 30분이면 회사에서 이메일을 확인하고, 회의를 준비하며, 하루 계획을 세운다. 다른 사람들보다 하루에 딱 한 시간 빠른 것이다. 매일의 한 시간, 그 한 시간의 차이가 쌓여 지금의 큰 차이를 만들었다.

> 아침에 5시 30분 되면 모닝콜해서 일어나요. 이런 습관이 30년 되었어요. 30년을 똑같이 1시간씩 일찍 출근한다고 생각해 보세요. 그렇게 아낀 시간이 정말 큰 거예요. 메일이 하루에 30~40개 정도 오는데, 다른 사람들은 출근한 후에 이메일 확인하면 1시간 정도씩 걸리는데 저는 이미 다른 사람들보다 1시간 이상의 시간이 생기고 업무 시작도 빠르게 되는 것이죠.

임용환에게 '대충'이라는 말은 통하지 않는다. 사소하고 당연한 것처럼 보이는 일도 철저하게 준비한다. 회사 생활에서 회의는 일상과 같이 반복되지만 그는 소홀히 지나치는 법이 없다. 작은 것 하나도 놓치지 않고 정성을 들인다.

> 업무를 하거나 회의를 하면 항상 생각할 수 있는 여지를 자기 스스로가 만들어야 한다고 생각합니다. 예를 들어, 내일 업무 회의가 있다면 회의 주제에 대한 자료를 미리 찾아본다든지, 관련자에게 확인 작업을 통해 회의 중에 항상 나올 수 있는 모든 경우의 수를 생각해 봅니다. 이전에 미리 준비해가지고 회의에 참석하는 사람과 회의하는 시간에 가서 확인하는 사람하고는 차이가 나겠지요.

타고난 성격일까? 그는 습관이라고 이야기한다. 작은 사건이나 업무까지도 모두 기록하는 습관을 들인 지도 벌써 20년이 되어 간다. 그는 책을 읽으면서도 줄을 그어 가며 중요하다고 판단되는 것들을 노트에 적었다. 일상 업무들도 조금씩 정리하고 기록했다. 사진을 찍거나 화면을 캡처해 놓기도 했다. 이런 일들이 그에게는 그저 늘 하는 일상사가 되었다. 지금 당장은 도움이 안 될 것 같은 자료들마저 쌓이고 쌓여서 언젠가는 업무나 삶에 큰 도움이 되었다.

주조에서 플라스틱 사출로

임용환은 일하는 데 있어서 능동적이고 적극적이었다. 그의 사고와 행동은 회사 내에서 고정된 업무 틀로부터 유연했다. 그는 자신만의 역량을 가지고 있다면 누구에 의해서가 아니라 자기의 일과 역할을 스스로 판단해서 얼마든지 주도적으로 일을 할 수 있다고 말한다. 임용환은 그런 과정 속에서 일의 재미를 느꼈다. 그는 자신의 업무와 남의 업무를 딱히 구분 짓지 않았다. 자신의 역량이 된다면 모든 것이 '나의 일'이 되었다. 없던 일도 찾아서 했다. 자발적으로 일을 더 많이 맡으면서 더 많이 배웠다. 이러한 과정에서 임용환은 한 단계 더 나아갈 수 있었다.

임용환의 주요 기술 분야는 금속을 원료로 한 주조다. 그럼에도 불구하고 다양한 기술 분야를 넘나들면서 일의 범위는 점점 더 확장되었다. 금속 분야가 다양화되면서 금속 제조 분야까지 관여해서 업무를 맡았다. 이제는 완전히 새로운 플라스틱 사출에 관심을 가지고 있다. 근래에는 자동차에 플라스틱이 많이 쓰이기 때문이다. 이렇게 그는 자동차와 관련한 기술 분야들을 섭렵해 나가는 과정에서 자신이 이미 가지고 있는 기술과의 유사성을 기반으로 점차 배움을 넓혀 나갔다.

임용환은 확장적으로 학습할 수 있는 좋은 환경에서 일하고 있다. 회사에는 대부분의 기술에 대한 방대한 자료가 축적되어 있다. 그는 회사 내 연구소 사이트나 정보 시스템을 활용하기도 했다. 협력사를 통해서도 정보를 쉽게 얻을 수 있었다. 이러한 자료들을 참고해서 벤치마킹을 하기도 하고 아이디어를 보태서 문제를 해결하기도 했다.

> 제일 먼저 접근하는 곳이, 저희 연구소 사이트를 보면 기술 자료를 이용하는 데이터베이스가 있습니다. 거기에 접속해서 확인합니다. 그다음은 관련 학회 내지는 협회 등을 이용합니다. 자료가 매우 정리가 잘 되어 있습니다. 사실 이렇게 다른 분야의 자료를 모으고 습득하는 것이 시간이 상당히 많이 걸립니다. 하지만 하나씩 알아가는 것이죠. 결국은 저한테도 꼭 필요한 것이고 이렇게 하나씩 알아 가면 언젠가는 또 그 분야의 전문가가 되는 것이고, 이렇게 생각합니다.

작업복을 입은 임용환의 모습

출처: 시사뉴스(2011. 1. 26).

누군가가 강요하지도 요구하지도 않았음에도 불구하고, 임용환은 스스로 영역을 확장해 나가는 데 몰두했다. 일을 통해 계속해서 새로운 것을 배웠다. 할 수 있는 일의 범위가 점차 커져 갔다. 일이 많아져서 더 바빠지기는 했지만, 새로운 공부를 하는 것은 늘 재미있다고 말한다.

그런 결과로 임용환은 다양한 특허와 실용신안을 취득했다. 업무 성과에서도 두각을 나타냈다. 그는 일에 대한 '몰입'을 강조한다. 일을 함에 있어서 열정을 가지고 몰입했을 때 새로운 아이디어도 떠오르고 문제해결의 실마리도 찾을 수 있었다. 최선의 노력으로 최상의 결과를 이끌어 낸 것이다.

'당신의 꿈은 무엇입니까?'

임용환은 직업훈련원에서 별다른 생각 없이 금속 분야를 전공하고 주조 자격증을 따서 현대자동차에 입사했다. 처음에는 단순 기능직으로 일하는 것에 싫증도 나고 일의 의미를 찾지 못해서 방황도 했다. 그러다가 독자 엔진 개발 프로젝트에 참여하면서부터 일에 흥미를 느끼고 일에 대한 목표도 생겼다고 한다. 이때부터 비로소 자신의 꿈을 가지게 되었다.

명장의 지위까지 오른 임용환의 꿈은 자기 자신이 누군가의 롤 모델이 되는 것이다. 그는 다른 사람들에게도 일하면서 배우고 성장할 수 있는 기회를 주고 싶어 한다. 일하면서 공부하는 환경을 마련해 주기 위해 애쓰고 있다. 더욱 중요하게는 기능직 근로자라고 할지라도 꿈을 가지기를 바란다. 그는 끊임없이 질문한다. '당신의 꿈은 무엇입니까?'라고.

임용환은 지금도 여전히 새로운 일을 찾고 그 일에 몰두하고 지속적으로 배운다. 하지 않아도 될 고민을 하지만 오히려 즐겁다고 한다. 굳이 왜냐고 묻자, 그는 한마디로 대답한다. "좀이 쑤시잖아요."

'못 고치는 차 고쳐 드립니다' 박병일 자동차 명장

한국 최초의 자동차 명장 1호, 노동부 선정 기능한국인, 기술사 등 자동차 관련 국가기술자격 15개, 세계 최초로 자동차 급발진 문제 분석과 재현 성공 등등, 40여 년간 자동차 기술 업무에 종사하면서 소위 그랜드슬램을 달성한 박병일에게 따라붙는 화려한 수식어들이다. 그는 최고의 기술인이지만 지금도 끊임없이 배우고 새로운 도전을 하고 있다. 이와 동시에 기술 장인을 넘어 인간 장인을 꿈꾼다. 박병일의 일과 삶의 모습을 엿보자.

주요 경력 1978년: 자동차 정비 기능사 1급 취득
1979년: 자동차 검사 1급, 중기 정비 1급, 중기 검사 1급 자격증 취득
1994년: 자동차 정비 기능장 선정
1999년: 자동차 급발진 현상의 원인 세계 최초 규명
2002년: 자동차 명장 선정(1호)
2005년: 직업능력개발의 달 기념 유공정보포상 산업포장(정비업계 최초)
2006년: 기능한국인 선정
2008년: 기능장려논문 최우수상 수상
2011년: 은탑산업훈장 수상

기타 이 밖에도 '자동 변속기 오일온도 자동유도 장치' 등 총 9건의 실용신안 특허를 획득하였다. 또한 자동차, 중장비, 검사면허, 전기, 샤시, 엔진, 교사 등 17개의 국가기술자격을 보유하고 있다. 『자동차 전자제어 오토매틱』을 비롯해 37권의 저서를 집필하였고, 20여 년간 칼럼니스트로서 현장 기술 사례를 언론 매체인 월간『카테크』에 기고하였다. 그리고 1990년도부터는 20만 명에게 무료 기술 교육을 하였다. 현재 초·중·고등학교 진로지도 전문 강사, 국민대학교 자동차공학부 겸임교수, CAR123TEC 대표, 한국마이스터 연합회 회장으로 활동 중이다.

호기심에서 시작한 자동차 정비

어린 시절 박병일의 꿈은 화가였다. 재능이 있었지만 어려운 집안 형편 때문에 포기했다. 장남으로서 그는 일찍 사회로 뛰어들어야 했다. 화가가

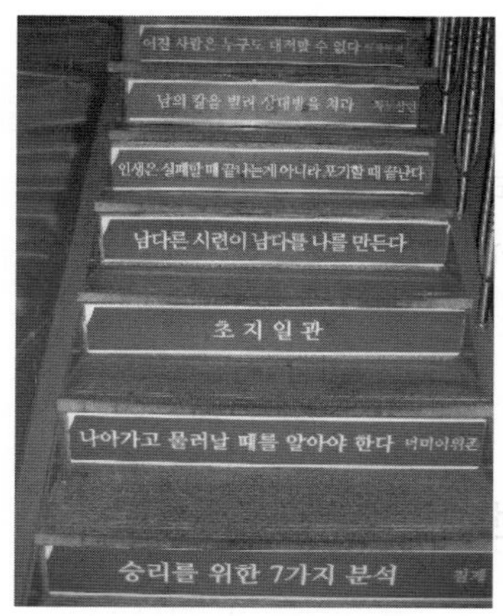

박병일은 자동차 아카데미 계단에 꿈과 용기를 주는 명언들을 적어 두었다.

되겠다는 욕심을 접고 기술을 배우겠다고 결심했던 중학교 1학년 때였다. 학교와 집 사이를 오가던 길목에 자리 잡은 버스 정비 공장이 그의 눈에 들어오기 시작했다. 시꺼먼 기계와 부품들이 어느새 조화를 이뤄 시동이 걸리는 그 무언가에 쾌감을 느꼈다. 움직이는 자동차가 그저 신기하고 재미있을 것 같았다. 그런 호기심이 박병일을 자동차 정비의 세계로 이끌었다.

어린 나이에 찾아간 정비 공장에서는 그를 쉽게 받아 주지 않았다. 그럼에도 불구하고 기술을 배우고 싶다는 열망이 더 컸다. 박병일은 3개월 동안 공장장을 매일 찾아가서 설득한 끝에 1년 무급 조건으로 일을 시작하게 되었다. 처음 배우는 정비소 일은 중학생이었던 그에게 녹록지 않았다. 어린 나이에 접하게 된 낯선 환경에 부모님을 원망하기도 했다. 힘들 때마다 책을 읽으며 마음을 다잡았다. 비록 화가는 못됐지만 자동차에서 일인자가 되겠다는 마음을 갖기 시작했다.

당시는 아무것도 없던 시절이었다. 우리나라는 자동차 기술의 불모지였고, 일터는 제일 낮은 기술을 취급한다는 버스 정비소였다. 게다가 박병일은 중학교 1학년 중퇴일 뿐인 어린아이에 불과했다. 누군가가 들으면 어리석은 꿈이었을지 모른다. 하지만 그는 언제나 긍정적으로 생각하려고 애썼다. 부모님으로부터 물려받은 긍정 유전자에 감사했다. 그는 냉혹한 현실을 그대로 받아들이면서 가슴속에서는 자신만의 꿈을 키워 나갔다. 길고도 힘겨운 시간을 묵묵히 이겨 나갔다. 그의 도전이 시작된 것이다.

자동차 분야에서 그랜드슬램을 달성하다

누구도 박병일에게 기술을 가르쳐 주려고 하지 않았다. 대한민국은커녕 작은 정비 회사에서조차 최고 기술자가 되기는 힘들었다. 어깨너머로 배우는 것조차 허락되지 않았다. 그러자 그는 자동차 이론을 책으로 먼저 공부하였다. 청계천 책방을 뒤지며 자동차 관련 책을 모조리 구해서 읽고 또 읽었다. 이론을 터득한 후에 선배 기술자들과 작업 정보를 교환하는 방식으로 현장 기술을 배워 나가기 시작했다.

박병일의 20대는 더욱 치열했다. 오로지 자동차에만 미쳐 있던 시간들이었다. 책을 보면서 그리고 일을 하면서 자신만의 방식을 구축해 나갔다. 자기가 맡은 일이 아니라도 스스로 고생을 자처하며 문제가 있는 차들을 찾아다녔다. 그러면서 그 문제와 해결 방안을 정리했다. 버스 정비를 마스터한 다음에는 승용차를 공부했다. 전자학원에도 다녔다. 자신보다 기술이 뛰어난 우리나라 최고의 기술자들을 일일이 찾아다니면서 배웠다. 그러면서 점차 자신만의 자동차 정비 방법을 터득하게 되었다.

박병일은 힘들게 얻은 기술을 남들에게 쉽게 알려 주었다. 보통은 자신만의 비법을 공개하거나 공유하기를 꺼리는 게 일반적이다. 선배 기술자들도 그에게 그렇게 했다. 하지만 박병일에게 있어서 노하우의 개념은 남달랐다. 그는 '내가 30년 넘게 걸려서 알게 된 것이 있으면 다른 사람은 같은 것을 3시간 걸려서 알 수 있게 하는 것'이 진짜 노하우라고 하였다. 그는 자신의 노하우를 아낌없이 나누어 주었다. 자동차 관련 책을 37권이나 저술했고, 20년 이상 신문이나 잡지 등에 자동차 정비 노하우에 대한 글을 기고하고 있다. 또한 자신이 운영하는 정비소에 아카데미를 설립하고 교육 프로그램을 만들어 기술을 가르쳐 주고 있다. 그는 이렇게 노하우를 나누는 것이 다른 사람을 위한 것이기도 하지만, 그래야만 자신도 기존의 지식에 안주하지 않고 새로운 것을 더 배울 수 있게 된다고 한다.

박병일은 이제 명실상부하게 자동차 정비 분야에서 최고의 기술인으로 인정받고 있다. 기능장, 기술사, 명장, 기능한국인, 은탑산업훈장 등 국가 공인 자격증을 취득하고 각종 수상을 한 것이 그것을 증명한다. 그는 자신이 자동차 분야에서 그랜드 슬램을 달성했다고 스스로 자부한다.

최고 기술인이 될 수 있었던 원동력

박병일을 지금의 자리에 오르게 한 원동력은 과연 무엇일까? 그는 오로지 자동차 하나만 생각하며 달려왔다고 한다. 좀 더 상세하게 살펴보자.

첫째, 박병일은 끊임없는 탐구정신을 가졌다. 그는 모든 기술자는 현상에 대해 늘 궁금히 여겨야 한다고 강조한다. 남들과는 다른 시각과 관점으로 의문을 품을 수 있어야 하며, 누구나 당연하다고 믿는 어떤 것에도 반문할 수 있어야 한다. 궁금증을 풀기 위해 여러 기술자에게 자문을 구하고, 관련 책을 읽고, 고민하고, 확인하면서 자신만의 데이터를 만들 수 있는 기술자는 좋은 기술자라 할 수 있다. 그는 기술자이지만 '절대 몸으로부터 먼저 일을 하지 않는다'고 말한다. 그는 논리적으로 생각하고 깊게 분석한 다음에 행동으로 옮긴다.

둘째, 박병일은 철저히 준비한다. 그는 새로운 기술에 대비해 남들보다 미리 준비하고, 먼저 공부한 덕에 시대의 흐름에 뒤처지지 않고 지금까지도 자동차 정비 분야의 최고의 위치에 우뚝 서 있다. 자동차 기술은 빠르게 변화한다. 기계식 수동 시스템에서 전자식 컴퓨터 시스템으로 갑자기 바뀌던 때 그는 이미 전자 공부를 하고 있었다. 그 덕분에 박병일의 카센터는 문전성시를 이루었다. 근래에는 하이브리드 차를 3대 구입해서 타 보기도 하고 분해해 보기도 하며 공부를 끝냈다고 한다. 이처럼 그는 과거의 기술에 안주하지 않고 미래를 준비하면서 변화에 유연하게 대처한다. 그는 새로운 시대와 기술의 변화에 있어 늘 준비된 사람이었다.

> 준비되어 있으니까 언제든지 물어봐라 하는 자신감. 사람들은 역시 명장이라며, 명장이기 때문에 모두 다 안다고 생각하겠지만, 나도 준비한 거예요, 미리. 그 차이예요. 미리 준비하고 있으면 언젠가 기회는 나에게 오기 마련이거든요.

자동차 부품과 정비 도구에 대해 설명하는 박병일

셋째는 집중과 몰입이다. 박병일은 아직까지 다른 생각을 해 본 적이 없고 오로지 자동차만을 생각해 왔다고 말한다. 남들은 돈이 생기면 땅을 사고 집을 살 때에도 그는 자동차와 관련된 각종 장비들을 사들이며 온통 자동차에 대한 생각으로 가득했다. 그가 지금까지 못 고친 차는 단 한 대도 없다고 자부한다. 그만큼 자신감이 있었다. 무엇보다 일을 즐기고 있었다. 일이라고 생각하면 힘들었을 수도 있었겠지만, 단 한 번도 그저 일이라고 생각한 적이 없었다. 자동차에 대한 끊임없는 열정과 일에 대한 쉼 없는 생각 및 몰입이 있었기에 지금의 박병일이 있다. 그는 지금도 꾸준히 그리고 묵묵히 자신의 길을 걷고 있다.

기술 명장을 넘어 인간 명장으로

박병일 명장은 늘 바쁘다. 그에게서 활기찬 에너지가 느껴진다. 무엇인가 일을 하고 있는 자신에게서 살아 있음을 느낀다고 말한다. 아직도 할 일이 많을까 싶었다. 이미 최고의 자리에 오른 그였기에 이제는 내려놓고 쉬어도 좋지 않을까. 하지만 예상은 보기 좋게 빗나갔다. 그는 여전히 분주하게 또 다른 새로운 도전을 하고 있었다.

> 사실 명장을 받고서도 여러 가지 분야에 계속 도전하고 있는 이유는, 벽을 허물고 싶었어요. 내가 이렇게 벽을 허물면 다른 사람들도 그 벽에 도전할 것이고, 내 자신을 위한 것이기도 하지만 사람들에게 확신을 심어 주고 싶었어요. 그래서 지금도 이것저것 안 해 본 것을 계속 하고자 합니다. 지금은 정비일도 하지만 강연도 많이 다니고 있어서 현재는 신문을 7개 정도 보고 있어요. 신문에 내가 원하는 문구가 나왔을 때 스크랩을 하고, 또 계속 업그레이드하고. 아

마 지금까지 직업 진로 관련 강의를 600번 정도 수정하고 업그레이드했을 거예요.

박병일은 진정한 장인이란 자신만의 기술을 사람들에게 나누어 줄 수 있고, 다양한 활동을 통해 개인의 발전을 넘어 사회와 국가의 발전에 기여할 수 있는 사람이라고 본다. 그러기 위해서는 멈춰 있으면 안 된다. 끊임없이 연구하고 노력해서 새로운 길을 창조해 낼 수 있어야 한다. 단순한 기술 명장이 아닌 인간 명장이 되겠다는 그의 말에서 강한 힘이 느껴졌다.

좋은 옷의 명맥을 고수하다 백운현 양복 명장

백운현은 전통과 현대, 한국적인 것과 세계적인 것, 실리와 명분 사이에서 외롭게 줄타기를 하고 있다. 위기의 양복업계에서 묵묵히 맞춤 양복을 고수하고 있다. 한국산 맞춤 양복의 선두주자인 그는 오늘도 세계적인 명품 양복을 만들기 위해 한 땀의 바느질에 정성을 다한다. 그의 이야기에 귀를 기울여 본다.

주요 경력 1972년: 기능경기대회 금메달
1975년: 제22회 스페인 국제기능올림픽대회 금메달, 동탑산업훈장 수훈
1979년: 대한복장기술협회 10주년 기념 창작발표회 금상
1989년: 한국맞춤 양복 패션쇼 작품발표
2000년: 서울 양재동에 골드핸드양복점 오픈
2005년: 31회 독일베를린 세계주문복연맹 총회 작품발표
2006년: 21회 아시아주문복연맹 총회 창조 디자인 대상
2007년: 대한민국 섬유 부분 양복 명장 선정, 기능한국인 선정

기타 940여 명의 정확한 인체 측정으로 한국인 체형에 맞는 기본 패턴 제작, 국가기술자격검정 출제위원, 전국 기능경기대회 심사장 심사위원, 한국남성패션문화협회 기술 · 패턴 부회장, 대한민국 명장회 총무와 부회장 역임

먹고살기 위해 시작한 양복 일

그 시절 대부분의 사람이 그랬듯이 백운현의 어린 시절도 넉넉하지 않았다. 6남매 중 장남이었던 그는 학교를 중퇴하고 기술을 배워야 했다. 하고 싶어서가 아닌 먹고살기 위해서 일을 배웠고 그것이 직업이 되었다. 따라서 왜 굳이 양복 일을 시작했고, 어떻게 기술을 배우게 되었는지에 대한 질문이 그에게는 대답하기 곤란한 것이었을지도 모르겠다.

백운현이 살던 동네에는 미군이 많아서 그들을 고객으로 하는 양복점이 성행했다. 마침 양복 일을 하는 사람이 서울에서 잠시 내려와 옆방에 세 들어 살았다. 어머니의 부탁으로 그분을 따라가 심부름을 하며 기술을 배우게 되었다.

처음 일을 가르쳐 주던 선생님이 서울로 올라간 뒤에도 백운현은 살던 곳에서 계속 양복점을 다니며 기술을 더 익혔다. 기초적인 과정을 건너뛰며 어설프게 배우긴 했지만 그저 열심히 일만 하던 시기였다. 그러던 중 친구들과 무작정 서울에 올라가 작업장에서 먹고 자면서 일을 계속하였다.

좋은 옷을 만드는 명맥을 잇다

백운현은 훌륭한 스승들을 만난 덕분에 오늘 이 자리에 올 수 있었다고 회상한다. 좋은 스승들을 만나 그들로부터 기술을 사사받은 것을 자랑스럽게 생각했다. 그 과정에서 좋은 옷이 어떤 건지에 대해서도 깨닫게 되었다. 그는 지금도 스승들에게 전수받은 기술의 명맥을 이어 가려고 애쓴다.

> 맨 처음에 용주골에서 그렇게 배우다가 선생님께서 다시 서울을 가셨고 저도 기지촌에서 기술을 배우다가 무작정 서울로 상경한 것이

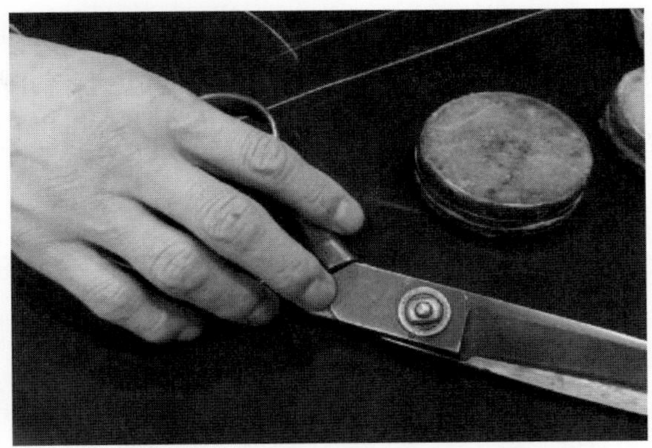

백운현의 굳은살 박힌 손과 오래된 가위

> 죠. 그래서 그 선생님을 다시 찾아갔고 선생님께서 다른 분을 소개해 주셨어요. 모선기 선생님이란 분인데 그분께서 기능대회에 나가 보라고 권유해 주셔가지고 처음으로 그런 대회에 나갔습니다. ……(중략)…… 지금은 돌아가신 고경표 선생님은 부산에서 아주 유명하신 분이셨는데, 아직도 기억이 나요. 너는 분명히 성공할 수 있을 것이라고, 열심히 끝까지 해 보라고 ……(중략)…… 또 이성호 선생님이 계신데 기능대회 나갈 수 있도록 처음 힘써 주신 분이에요. 선생님 사비로 국제기능대회 나갈 수 있었습니다. 그 뒤로는 국가에서 지원받고 다닐 수 있었고요 ……(중략)…… 지금도 항상 자랑해요. 좋은 스승님 만나서 짧은 시간 안에 기능대회 다녀온 것을……. 그리고 지금 제가 양복협회 부회장을 맡고는 있지만 우리 선생님들이 만든 틀은 그대로 유지하고 지켜 나가려고 하고 있습니다.

양복 만드는 일은 도제식이었다. 허드렛일을 하면서 선생님을 통해 어깨너머 기술을 보고 배웠다. 선생님이 하나하나 친절하게 가르쳐 주는 것이 아니라 혼자 옷을 망치고 다시 만드는 끊임없는 반복 속에서 기술을 습득했다. 백운현은 잘 하고 싶었던 마음에 항상 새벽 3~4시까지 일했다. 잠도 제대로 못 자고 밥까지 때때로 굶는 열악한 환경 속에서도 기술을 연마했지만 이를 당연하게 여겼다.

기성복이 보편화된 시대에 몸에 딱 맞는 옷을 찾기란 쉽지 않다. 어떻게 보면 옷에 내 몸을 맞춘다는 말이 더 맞는 표현일지도 모르겠다. 하지만 맞춤 양복에는 한 사람의 고객에게 딱 맞는 편안함을 주기 위해 수많은 정성과 노력이 들어간다. 좋은 옷을 만들기 위해 사람들의 체형에 대해 공부하고, 옷의 소재에 대한 연구도 끊임없이 해야 한다. 생활 패턴에 따라 그리고 나이에 따라 옷을 달리 만들어야 한다. 이것은 기계가 할 수 없는 일이다. 옷맵시는 기술자의 손끝에서 탄생한다. 핸드메이드에 있어서 똑같은 옷은 존재하지 않는다.

위기의 맞춤 양복 업계에서

기성복 시장이 커지면서 맞춤 양복 업계는 위기를 맞았다. 기능올림픽에서도 양복 직종은 전국대회와 세계대회에서 빠졌다. 양복 일을 배우는 사람도 없다. 한때 백운현은 재소자들을 대상으로 봉사하며 양복 일을 가르쳤다. 동영상 CD도 만들어 주고 책도 만들어 주며 재소자 교육에 보람을 가지기도 했지만 기능대회가 없어지자 그 과정도 모두 사라졌다.

> 지금 우리나라는 그런 힘든 일을 안 하잖아요. 그러니 양복도 협회 차원에서 그런 걸 지원해야 되는데, 그러지도 못하고. 그래서 지금 어떻게 하면 좋을지 고민만 하고 있는 상태예요. 근데 기존의 기술자들은 수입이 안 되니까 자꾸 빠져나가는 거지. 세탁소로 가고 다

백운현의 모습

출처: 연합뉴스(2013. 8. 2).

> 나가 버리는 거예요. 우리 업계도 이제 비상이 걸렸어요. 그러면 남은 기술자라도 뭔가 우리 이분들한테 어떻게 대우를 해 주고 잡아 놓아야 되지 않겠냐…….

업계의 어려움은 고스란히 백운현의 고민으로 남게 되었다. 직면한 현실은 녹록지 않다. 어려운 현실에서 그는 맞춤 양복을 포기하고 돈을 벌려는 유혹에 빠지기도 한다.

> 우리 지금 그런 심각한 상황에 처해 있어요. 그래서 저는 아까 말씀하신 대로 그런 방법을 이제 어떻게 해야 될까? 내가 어차피 양복을 했지만 내가 돈을 보고 장사를 할 것인가, 아님 기술자로 남아야 되냐? 고민을 많이 했죠. 제가 진짜 돈을 벌었을라면 벌써 로드샵으로 바꿔서 다른 걸로 했어야 되는데 그래도 스승님의 제자고, 양복협회 기술회장을 맡고 있어서 그냥 해 오고 있는데 올해 경기가 작년

> 에서부터 너무 나빠진 거지. 양복 업계가. 진짜 나빠졌어요. 그래가지고 한 달에 양복을 한 벌도 못한 데가 많아요. 심각한 거잖아요.

그럼에도 불구하고 백운현에게는 대한민국 명장으로서의 사명감이 있다. 그에게는 아직 해야 할 일이 많이 남아 있다. 영국, 이탈리아 등의 명품 브랜드의 옷처럼 정말 좋은 옷을 만들어 세계적인 국가 브랜드를 만들고 싶은 꿈이 있다. 물론 이를 위해서는 자신뿐만 아니라 우리나라 기술자들이 함께 노력도 해야 하고 국가적인 투자와 지원도 필요하다. 그는 명품을 만들기 위해 지금도 작업실에서 고군분투하고 있다. 분명 혼자서는 어려운 일이다. 쉽지 않은 일이기에 많은 사람의 관심과 노력이 요구된다. 하지만 하나의 작은 움직임들이 모여 큰 변화를 만들어 낼 것이다. 백운현의 노력에 박수를 보내고 좋은 옷을 만드는 장인의 기술과 혼이 명맥을 이어 나가기를 기대한다.

'진정한 이발사라면 머리카락 없는 사람도……' 최원희 이용 명장

최원희는 대한민국 이용 명장이다. 그러나 가발 업계의 최고 기술자로 불린다. 그는 평범한 이용사로 일을 시작했지만 가발 업계로 영역을 확장하여 가발 회사의 대표가 되었다. 지금은 토털 헤어 케어를 모색하고 있다. '진정한 이용사라면 머리카락 있는 사람들의 헤어스타일은 물론이고, 머리카락 없는 사람도 좀 나름대로 헤어스타일을 만들어 주는 게' 그의 소신이다. 이용기술 기능장, 이용 명장에서 멈추지 않고 탈모인 그리고 모든 이의 머리카락을 아름답게 지키기 위해 끊임없이 기술과 제품 개발에 매진하고 있는 그의 삶을 되짚어 보자.

주요 경력 1979년: 이용사 자격증 취득
1984년: 서울고등기술학교 입학
1995년: 서울직업전문학교 최고경영자과정 졸업, 기술 강사 시험 합격
1996년: 최원가발 설립
2000년: 국가기술 이용기능장 취득, 미국 HDC사와 기술제휴
2002년: 이용부문 명장 선정
2006년: 국무총리상 수상
2008년: 기능한국인 선정
2011년: 산업포장 수훈

기타 이 밖에도 2002년 9월 게르마늄 성분을 특수 가공법으로 처리, 가발을 쓴 채 땀을 흘리더라도 습기와 냄새를 제거하는 것은 물론 항균, 전자파 차단 등 신진대사 촉진, 질병 예방, 피로 회복 등 건강 증진을 촉진하는 '건강 가발(게르마늄 가발)'을 개발하여 특허청에 실용신안 등록을 했다. 2004년 '인성작용 형상기억가발의 제조방법'(가발모를 약품과 뜨거운 열로 특수 처리, 사용자의 취향과 특성에 맞는 본래의 형상을 기억하게 하여 세척 후 빗질만으로도 사용자가 원하는 스타일을 반영구적으로 지속시킬 수 있는 기법), '부착이 용이한 가발 및 그 부착방법' 등으로 특허를 획득했다. 단독 개발한 이용 기술로 '증모가 간편한 모발 부착구' '극세사 망을 이용한 가발' 등 실용신안 2건, 서비스표 등록 10건, 상표등록 9건을 취득했다.

알음알음으로 이용에 발을 내딛다

알음알음 알아가던 시절이었다. 이발에 대해 알지도 못했고 특별한 관심이 있었던 것도 아니었다. 그저 이발병이 좋을 것 같다는 작은아버지의 말 한마디와 때마침 일할 사람이 필요했던 이발관의 소식을 전하는 친구의 얘기를 들었을 뿐이었다. 우연히 듣고, 우연히 알고, 우연히 일하게 되었다. 최원희는 그렇게 이발소에 견습생으로 들어가 기술을 배우기 시작했다. 이용병으로 군대를 가기 위해서였다.

당시에 양복점에 다니는 친구가 이발하러 갔는데, 이발관에서 '아는 친구 있냐'며 요구를 했고, 친구는 인제, "너 나올래?"하고 얘기

> 도 했고, 그래가지고 그게 딱 맞아 들어갔던 거지. 다 그런 알음이었죠. 그 당시에는.

점차 제대로 이용을 해 보고 싶다는 생각이 들었다 그렇지만 현장에서 기술을 체계적으로 배우기는 어려웠다. 어깨너머로 배우기 때문에 시간도 많이 걸렸다. 그래서 그는 고등기술학원을 다니기 시작했다. 학원을 다니면서 이용 기술에 대해 더 공부하면서 이용뿐만 아니라 미용 자격증도 취득했다.

이용 인생의 터닝포인트

최원희는 40 대 1의 경쟁을 뚫고 그렇게 원하던 2군 사령관 전속 이용병으로 군 생활을 했다. 제대 이후에는 한때 일에 대한 목표를 잃어 슬럼프를 겪었다. 일 년여를 방황한 끝에 다시 한 번 일을 제대로 해 보겠다는 마음으로 이발소를 개업했다. 처음에는 사업이 잘 되는 듯 싶었지만, 기술자인 그가 이발소를 경영하는 건 쉽지 않았다.

고등기술학교 연구과정에 입학하여 공부하면서 생각을 거듭한 끝에 초심으로 돌아가 다시 작은 이발소를 개업했다. 그렇게 다시 시작한 이발소는 날로 번창했다. 이와 동시에 방탕한 생활이 시작됐다. 한동안 잘 나갔지만 그리 오래가지 못했다. 그러던 중에 발생한 교통사고는 그의 인생을 송두리째 바꿔 놓았다.

> 한동안에, 잘 나갔는데 그게 보니까 어떤 운명이라 할까, 그런 거 같더라고요. 그저 돈이 또 잘 벌리고 술을 먹게 되고⋯⋯ 그때 교통사고를 당해요. 그게 운명인 것 같아. 난 원래 그렇지 않거든요. 전에 술 먹고 방탕한 생활하고 이러진 않았는데. 그때는 그렇게 되더

> 라고. 그렇게 교통사고를 당해서 내가 장애가 6급입니다. 그리고 그때 생각을 또 많이 했죠. 장애가 엄청 불편하다, 진짜 불편하다. 그러면서 장애인들에 대해서, 남을 배려하는 것에 대해 많은 생각을 하게 됐죠.

최원희는 건강이 회복된 이후에 중증 장애인 시설과 보육원을 방문하여 무료 이발을 해 주었다. 한 달에 10회 이상 5~6년간 봉사활동을 꾸준히 했다. 이용사 협회에서도 회장을 하면서 열심히 봉사했다. 당시에는 오로지 이용 일에만 전념했다. 그러다 보니 다시 기술을 개발하고자 하는 의지가 강해졌다. 이용사들의 기술을 개발시켜 주고 싶다는 생각도 하게 되었다. 기술 강사 시험을 통과하면서 전국을 다니며 신기술 개발자로 시범도 보여 주고 강의도 하면서 많은 제자를 길러 냈다.

> 기술 개발에 전념을 했죠. 오로지 그때는, 기술 개발. 그때 생각했던 게 '경영보다도 기술이 우선이다' 생각을 해가지고, '우리 동종업에 있는 이용사들 기술을 한 단계 업그레이드해 줘야겠다.' 이런 꿈을 가졌지.

이용에서 가발로

1980년대 초반에 이발소를 운영하면서 만났던 한 탈모 고객의 하소연은 최원희가 이용에서 가발로 관심 영역을 확대하는 계기가 되었다. 그는 수많은 맞선에도 번번이 퇴짜를 맞는다는 그 고객에게 도움을 주기 위해 고민하기 시작했다. 그러나 곧바로 실행에 옮기지는 못했다. 시간이 지나면서 더 많은 탈모 고객을 만났고, 더군다나 자기 자신도 탈모가 진행되면서 본격적

최원희의 모습

출처: (위) 뉴스채널(2014. 11), (아래) 오마이뉴스(2006. 2. 14).

으로 가발에 관심을 갖게 되었다.

최원희는 시중에 나와 있는 기성 가발을 구입해서 착용했지만 잘 맞지 않았다. 자신에게 맞도록 가위로 자르고 꿰매고 개조해서 사용했다. 이를 본 고객들의 요청이 들어오기 시작했다. 그러나 사람들마다 머리카락이 자라는 각도와 두상이 제각각 다른 탓에 쉽지 않았다. 일률적으로 가발이 만들어지는 것에 대한 문제를 인식한 최원희는 가발에 대해 연구하기 시작했다.

이발소를 운영하면서 동시에 가발 연구에 매진했다. 전국에 있는 가발 공장들뿐만 아니라 일본과 프랑스 등 해외 공장까지 직접 찾아다니면서 배웠다. 가발을 만드는 과정에 대해서는 어느 정도 익힐 수 있었지만 기술을 정확히 알 수는 없었다. 무수한 시행착오를 겪으며 스스로 터득할 수밖에 없었다. 그럼에도 불구하고 그가 이미 이용 기술의 숙련자였기 때문에 가발 기술도 빠르게 습득할 수 있었다.

> 처음 가면 잘 만나 주지도 않는다고. 몇 차례 가서 한 번 보고, 퍼뜩 나와가 이래 메모해 가지고, 연습해 보고. 그래 인제 기술이 발전된 거지. 이게 정확하게 잘 나올 수 있었던 게, 머리를 했기 때문에 일반인하고는 다르게 좀 빠르게 습득이 가능했고. 아, 이거는 이래 하면 안 되는데 하는 걸 빨리 알 수가 있었고.

생각의 차이가 기술력의 차이를 만든다

최원희는 이용과 가발 기술에서 최고의 자리에 올랐다. 지금의 그를 만든 것은 그가 남들보다 더 많이 배웠거나 뛰어난 재능을 가졌기 때문이 아니다. 그는 모든 것이 '생각의 차이'에서 비롯된다고 단언한다. 더 나은 기술에 대한 고민은 그를 계속 성장하게 한 원동력이었다.

최원희는 지금도 다양한 시도와 연구를 통해 명품 가발을 제작하려고 도전한다. 그뿐만 아니라 헤어 전반으로 사업 영역을 확장하여 탈모에 관한 토털 브랜드 개발에 힘쓰고 있다. 그는 머리카락의 구조, 성질부터 이용 및 미용 기술에 대해 끊임없이 공부하고 고민한다. 이러한 노력은 그가 이용에서 가발로, 그리고 토털 헤어 케어로 일을 확장할 수 있게 하는 기반이 되었다.

최원희는 자신의 일에 대한 책임감과 자부심을 강하게 가지고 있었다. 지금까지 일 하나만을 바라보고 살아왔다고 고백한다. 그것은 자신을 위한 일을 넘어 고객으로, 동종 업계로, 그리고 기술 분야 전체로 넓어졌다. 정작 자신은 어렵게 기술을 터득하고 새로운 기술을 개발했지만, 그는 각종 세미나나 아카데미를 개설하여 많은 사람에게 기술을 전수하고 있다. 굳이 왜 그럴까 하는 의문이 들었지만 그의 말에서 답을 찾을 수 있었다.

> 상생하는 거죠. 선의의 경쟁을 하면 기술이 더 향상되고, 기술이 더 좋아지면 고객들이 더 자주 이용하겠죠. 그러면 이 업계가 더 튼튼한 직업군이 된다고 생각합니다. 다 같이 커 가는 것이 더 존경받을 수 있고, 롱런하는 방법이라 생각합니다. 또한 업계뿐만이 아니라 제 자신에게도 좋은 일이라고 생각합니다. 이발사로서의 사명과 보람이라고 할까요? 사람들을 조금이라도 도와줌으로써 우리 사회가 조금이라도 더 밝아질 수 있으면 거기에서 보람을 느끼는 것 같습니다.

요즘은 이발소를 찾아 보기가 쉽지 않다. 이용사라는 단어조차도 어색하게 느껴진다. 이용 일과 이용 업계에 대해서 관심을 갖고 있는 사람은 드물다. 그렇지만 최원희는 이용업의 발전을 위해 노력하고 있었다. 변화를 꿈꾸고 있다. 이용의 영역을 확장하고 있다. 그의 삶의 여정은 '진정한 이발사'에 대해 다시 생각해 보게 한다. 최원희에게서 새로운 기술인의 모습을 엿볼 수 있었다.

대형 프랜차이즈를 이긴 동네 빵집 안창현 제과 명장

거대한 프랜차이즈 빵집의 공세에도 끄떡없는 동네 빵집이 있다. 1989년 창업한 이래 인천과 서울 지역에서 꾸준히 성장하고 있는 '안스베이커리'가 그곳이다. 안창현 대한민국 제과 명장이 일구어 낸 성과다. '하루라도 빵 냄새를 안 맡으면 참을 수가 없다'는 그의 일과 삶으로 들어가 보자.

주요 경력 1997년: 서울국제빵과제경진대회 최우수상(특수빵 분야)
1998년: 한국제과기능장 획득
2003년: 세계제과월드컵 한국대표 선수
2005년: 핀란드 헬싱키 국제기능올림픽 심사위원
2006년: 미국 월드페이스트리팀 챔피언십 세계대회 심사위원
2007년: 일본 시즈오카 국제기능 올림픽 심사위원
2008년: 대통령 산업포장 수훈
2009년: 대한민국 기능명장(※제과업계 최연소 명장)

기타 현재 안스베이커리 기술상무로 재직하고 있다. 국제대회 심사위원, 국제대회 선수를 역임하며 기술 발전에 도모하였다. 장애인을 위한 봉사와 기부를 10년 이상 꾸준히 실천했다. 지역 제과 기술 격차를 해소하기 위해 '월간 베이커리'에 3년간 신제품을 연재했다. 100회 이상 세미나를 여는 등 제품 개발에 끊임없는 노력을 하고 있다. 대한제과협회에서 기술지도위원장과 분과위원장을 역임하였고, 지금은 대한제과협회 인천광역시지회 지회장을 연임하면서 제과 업계를 위해 지속적으로 활동하고 있다. 『안창현의 빵 이야기』를 출간하였고, 수원여자대학의 겸임교수로 활동하고 있다.

빵 만드는 데 최고가 되겠다

안창현은 어려운 가정 형편 때문에 일찍이 생계를 걱정해야만 했다. 그래서 남들보다 일찍 일을 시작하였다. 먹고살기 위해 기술을 배워야 했다. 같은 집 아래층에 사는 친구가 제과 기술을 배우고 있었다. 작은아버지도 가내수공업으로 과자나 사탕 만드는 일을 했다. 가까이서 눈여겨봤고 자연스럽게 제과 기술을 배우기로 결심하였다.

안창현은 한국 제과학교를 졸업한 후 고려당에서 본격적으로 일을 시작했다. 하루에 18시간에서 20시간씩 매일 일하였다. 지독하게 힘들었던 시간이었지만 꿈이 있었기에 가능했다. 비록 먹고살기 위해 기술을 배우기 시작했지만 돈을 벌겠다기보다는 최고가 되겠다는 마음이 어느새 자리 잡고 있었다.

> 사람이 꿈이 없다는 것은 정신적으로 죽은 것이나 마찬가지라고 생각해요. 저도 꿈이 있었으니 그 당시에 그렇게까지 자발적으로 할 수 있었다고 생각합니다. 주변에서는 잘한다고 하지만 내가 스스로 판단하기에는 더 욕심이 생기고 하니까 그렇게 계속 일을 하고, 남들보다 남달랐다는 것보다는 열정이 많았다고 생각해요.

일을 하면 할수록 잘하고 싶은 욕심이 생겼다. 당시에는 우리나라보다 일본의 제과 기술이 앞서 있었기 때문에 그는 독학으로 일본어까지 공부하면서 제과에 대한 지식을 습득했다. 쉬는 시간 없이 끊임없이 일하고 공부하던 시절이었다. 그의 젊은 시절은 그렇게 열정으로 가득 차 있었다. 선후배간의 위계질서가 엄격하던 곳이었지만 남들보다 빨리 그리고 많은 기술을 배울 수 있었다. 고려당에 있다가 군대를 다녀온 이후에는 동네의 작은 빵집에서 책임자로 일했다. 일하면서도 계속 배우고 싶은 욕심에 학원 강사로 3년간 일하다가 평소 꿈꾸었던 일본 유학을 결심하였다. 일본에 가서 고급

빵을 만드는 안창현

기술과 새로운 지식들을 배우고 싶었다. 그래서 서른 살에 과감히 일본으로 유학을 떠났다.

길지는 않았지만 일본에서의 경험들은 안창현에게 큰 영향을 미쳤다. 일본 유학을 가서도 돈이 없어 일본의 빵집에서 일을 하였다. 같이 빵을 만들던 스승으로부터 잔재주가 아닌 기능인으로서 그리고 제과인으로서의 자세를 깨닫게 되었다. 스승은 일본에서 기술적으로 사회적으로 성공한 분이었는데, 그분이 하는 것을 보고 배우면서 안창현도 한층 더 성장했다.

몸에 좋은 빵 만들기

안창현은 빵을 만드는 일이 자신에게는 즐겁고 행복하고 좋다고 한다. 하루하루 빵 냄새를 안 맡으면 못 견딜 정도로. 그의 목소리에서 일에 대한 자부심이 느껴졌다. 빵을 만드는 일은 고되다. 하나하나 손으로 준비해야 하고 그 과정에서 깊은 정성까지 더해져야 진정한 빵이 탄생한다. 그는 아직도 이 일을 직접 하고 있다.

빵을 만들 때 안창현이 가장 중요하게 생각하는 것은 원칙을 지키는 것이다. 모든 일은 하루아침에 이루어지지 않는다. 수년간 축적되고 쌓였기 때문에 단단해지는 것이다. 빵 만들기를 쉽게 생각하는 사람도 많지만, 자신만의 원칙과 철학이 바로 서야 소비자들에게 사랑을 받는 좋은 빵이 나올 수 있다. 그는 천연 효모로 몸에 좋은 빵을 만들겠다는 원칙을 고수하고 있었다.

> 기술을 배울 때 존경하는 것에는 다 이유가 있습니다. 제과 일을 하면서 자기만의 원칙을 철저히 지켜 나간다는 것이죠. 단순히 빵을 만드는 기술자지만, 원칙을 지켜 나가는 것을 배우고, 또한 그렇게 되고 싶다고 생각하고. 내가 기술자 시절에도 그랬지만, 기술을 익

히면서 어떠한 철학을 가져야겠다고 생각하고 있습니다. 원칙을 지키는 것이 많은 시간과 공정 과정이 소요되더라도 '천연 효모'로 빵을 만들겠노라는 저의 생각이고 지금까지 그 원칙을 지켜오고 있어요. 빵 만드는 일을 직업으로 가지려면 자신들이 세운 원칙이나 노하우는 지켜 나가야 한다고 배웠어요. 그래서 제가 지금도 그렇게 하고 있고, 그것이 천연 효모를 10년 넘게 하고 있는 이유입니다.

이런 원칙과 철학을 지킨 결과로 안창현의 안스베이커리는 대형 프랜차이즈 제과점의 공세에도 밀리지 않았다. 근래 들어 동네 빵집들이 위기에 처해 있음에도 불구하고, 안스베이커리는 지점을 늘리는 성과를 거두고 있다. 좋은 빵을 만들기 위해 천연 효모를 개발하고, 즉석으로 반죽하며, 계란과 소금 같은 원재료도 깐깐하게 고집한 것이 지금 빛을 발하고 있다. 그는 제빵 산업이 호황이든 불황이든 묵묵히 원칙을 지키고 자신만의 노하우를 유지 · 개발하는 것이야말로 오래도록 살아남을 수 있는 비결이라고 강조한다.

계속 배움을 통한 변화의 모색

안창현은 자신의 원칙을 고수하면서도 끊임없는 변화를 시도하고 있었다. 제과 업계에서는 손꼽히는 기술자이지만 지금도 그는 배움을 게을리하지 않는다. 새로운 아이디어를 얻기 위해서 꾸준히 벤치마킹을 했다. 새로운 제품, 재료, 기술에 대한 정보를 얻기 위해 책도 많이 보지만 제과 기술이 앞선 다른 나라의 장인들과 교류하기도 한다. 주로 기술이 앞서 있다는 일본을 자주 방문해서 새로운 재료나 소재를 탐색하고 이를 제품 개발에 활용한다. 안창현은 새로운 트렌드에 맞는 빵을 개발하기 위해 끊임없이 지식을 탐구하고 있다. 심지어는 지방의 작은 동네 빵집들도 찾아가서 기꺼이 배워 온다.

안스베이커리의 다양한 빵

물론 새로운 제품을 만들기 위한 시도에는 실패가 뒤따르기 마련이다. 그 역시 천연 효모종을 만드는 기술을 몇 번의 시도 끝에 터득할 수 있었다. 새로운 재료를 활용해서 빵을 개발할 때도 실패하는 경우가 많았다. 그러나 안창현은 남들이 하지 않는 방법을 자신이 시도하는 것 자체에 대해 뿌듯함을 느끼고 있었다.

그 밖에도 안창현은 변화하는 소비자들의 까다로운 입맛과 요구에 부응하기 위해 재투자를 감행했다. 정기적으로 매장 분위기도 바꿔 주고, 위생설비도 더 갖추고, 전통의 맛을 살리기 위해 옛것을 고수하면서도 새로운 것을 접목하여 발전시키는 쪽으로 노력해 왔다. 고맙게도 소비자는 그 차이를 알아봤다.

제과제빵을 위한 새로운 시작

안창현은 제과제빵 분야의 발전을 위해 다방면으로 활동하고 있었다. 지역 내 영세한 제과점에 찾아가서 기술 지도를 하고, 직업학교에서 강의를 하며, 지역 소외계층을 위한 봉사활동을 하였다. 그에게는 또 다른 꿈이 있다. 그가 만든 천연 효모가 백 년, 천 년을 가고, 자신의 빵집이 오랫동안 남기를 바라는 소망을 가지고 있다. 좋은 빵 만들기를 계속 이어 가기 위한 꿈을 위해 그는 끊임없이 노력하고 있다.

안창현은 또한 자신이 대한민국 명장으로서 갖는 사회적 책임감과 사명감을 피력한다. 그는 자신이 명장의 자리에 오른 것이 '끝이 아닌 새로운 시작'이라고 말한다. 빵을 쉽게 만들려면 천연 효모를 안 쓰고 첨가제를 넣어 얼마든지 만들 수 있다. 그러나 자신이 그런 방법으로 만든다면 최고의 기능인인 명장으로서 떳떳할 수 없을 것이라고 한다. 자기 자신을 넘어 제과업계 전체를 위해서, 그리고 후배들을 위해서라도 자신의 기술과 원칙을 널리 알리고 있다.

안창현은 명장이기에 누구보다도 더 열심히 기술 수준을 높이고 제과제빵 기술인의 위상을 제고하기 위해서 노력하고 있다. 지금까지 해 온 일보다 앞으로 해야 할 가치 있는 일들이 너무도 많다고 한다. 좋은 빵을 만들기 위해 자신의 기술과 원칙을 고수하고 나누는 데 힘을 쏟고 있는 그에게서 자신감이 느껴진다.

3. 전문직 장인*

전문직(profession) 종사자들은 전통적으로 장인이라고 불리지 않았다. 그들은 손보다는 머리로 일을 하는 사람들이었다. 그럼에도 불구하고 이 책에서 나는 장인을 일과 배움의 전범으로 정의하고 현대적 의미로 재개념화하였다. 이런 의미에서, 머리글에서도 언급했듯이 나는 '지적 장인'이라는 라이트 밀즈(Mills, 1978)의 용어도 인용하였다. 더군다나 전문직은 최고 수준으로의 전문성을 개발하기 위해서 장기간의 의도적이고 '집중적인 실천(deliberate practice)'이 필요하다는 점에서 장인 숙련적인 특성을 공유하고 있다(Ericsson, 2008). 물론 내 연구에는 에릭슨(Ericsson, 2008)의 이론과는 다른 측면들도 있다. 이에 대해서는 8장에서 좀 더 검토한다. 아무튼 전문직 장인들뿐만 아니라 다음 장들에서 살펴볼 IT와 문화예술 분야의 장인들까지 포함하였다. 이들에게서 장인의 주요한 특성들이 발견되기 때문이다.

---

* 이 장은 구유정과 장원섭이 같이 썼다.

세계와 겨루는 국제 중재 재판 김갑유 변호사

김갑유는 우리나라 최고의 국제 중재 전문 변호사다. 전문 분야에서도 짐작할 수 있고 그의 이력에서도 보듯이 그는 세계적으로 활동하고 있다. 그는 법조계에서 생소했던 국제 중재 분야를 배우면서 개척해 나갔고 지금은 세계적으로 그 위상을 높이고 있다. 그의 법조인으로서의 삶을 따라가 보자.

소속 법무법인 태평양

주요 경력 1984년: 제26회 사법시험 합격
1995년: 미국 뉴욕 주 변호사시험 합격
2002~2004년: 국제한인변호사회 사무총장
2009년: 미국중재협회 상임위원
2010년: 국제상사중재협회 사무총장
2012년: 국제 중재실무회 회장

수상 2009년: 로펌평가지 Chambers Global 스타변호사 선정
2010년: 대한중재인협회 중재인 대상
2011년: 지식경제부장관 표창

변호사가 되기로 했다

김갑유를 처음 만났을 때 그는 말쑥한 정장 차림이었고 우리를 환한 얼굴로 맞았다. 전형적인 변호사의 이미지와 겸손함이 함께 느껴졌다. 그런 그의 모습을 보니 번듯한 직업만큼이나 좋은 집안에서 태어나 풍족하게 지냈으리라 생각되었다.

그러나 김갑유의 어린 시절이 평탄했던 것만은 아니었다. 고등학교 1학년 때 건강하던 아버지가 갑작스럽게 세상을 떠났다. 아직 어린 그가 당시 받았던 스트레스는 이루 말할 수 없었다. 아버지의 죽음은 가족을 잃은 상실감과 경제적 부담감을 넘어서 그의 가치관에까지 심한 혼란을 초래했다. 성

김갑유의 모습

실하고 착하게 살면 복을 받는다는 인생의 진리는 아버지의 죽음과 함께 사라졌다. 선함과 명분 따위는 이제 중요하지 않고 출세하고 돈 버는 것이 제일이라고 생각하기도 했다.

하지만 이후 서울에서 한 유학 생활 중에 많은 일을 겪으면서 김갑유는 올바른 일을 하는 것이 여전히 중요하다는 것을 알게 되었다. 어떤 일이든 명분이 중요하다는 것을 깨달았다. 또한 다양한 사람과 부딪히고 생활하면서 사람에 대한 이해의 폭도 넓어졌다.

그는 사법고시를 합격하고 곧바로 연수원에 들어가는 대신 대학원에 진학하였다. 대학원을 다니며 아르바이트를 했는데 그 과정에서 로펌과 국제 업무에 대해 알게 되었다. 그는 국제 업무를 하기 위한 변호사의 길을 선택하였다. 당시에 주변의 많은 사람은 우수한 성적으로 사법고시를 합격한 그가 판사가 아닌 변호사를 선택하는 것을 이해하지 못했다. 그의 어머니 또한 마찬가지였다. 그는 판사가 사건을 판단하는 반면에 변호사는 사건을 만들어 내고 구성한다는 점에서 더욱 창의성이 발휘되는 직업이라고 생각했다. 어렸을 적부터 돌아다니는 것을 좋아하고 새로운 것에 대한 관심도 많았던 그로서는 막연하게 '무조건 국제 업무를 해야겠다'는 생각에 사로잡혔다. 국제 업무를 하기 위하여 변호사가 되기로 결정한 것이다.

'운' 좋은 경력의 조각들

김갑유가 국제 중재 분야에 입문하기까지의 과정이 계획대로 순조롭지만은 않았다. 그는 그 과정을 되돌아보며 '운이 좋았다'고 여러 번 말했다. 전문 분야나 직장이 바뀔 때마다 그 당시에는 좌절을 느꼈지만 결국에는 그것이 국제 중재를 하기에 가장 적합한 조건들을 갖추어 가는 과정이었던 것이다.

변호사로서 그가 처음 뛰어든 분야는 국제 업무였다. 국제 업무는 기업 간의 계약 업무를 도와주는 전형적인 자문 업무에 속하면서 영어를 사용해야 한다는 특징을 갖는다. 2년 남짓 국제 업무를 담당하던 김갑유에게 어느 날 우연히 해상 분쟁 사건이 맡겨졌다. 분쟁은 처음부터 하고 싶지 않았던 일이었다. 그런데 막상 사건을 맡고 보니 '분쟁이라는 게 참 재미있구나'라고 느끼게 되었다. 해상 분쟁은 특히 국제적인 성격을 갖고 있으면서 당시에 수입성이 좋은 분야였기 때문에 매력적으로 다가왔다. 그는 해상 전문가가 되기로 하고 해상 관련 논문으로 하버드 로스쿨에서 LLM 과정도 마쳤다. 앞으로 이 분야에서 열심히 전문성을 키워 나가기만 하면 될 것 같았다.

하지만 김갑유는 뜻하지 않게 이직을 하게 되면서 새로운 좌절의 산을 넘어야 했다. 게다가 1997년 IMF 외환 위기가 발생하면서 5년 넘게 몸담아 온 해상 분쟁 분야가 거의 사장되다시피 하고 기업 인수합병(M&A)이라는 새로운 분야를 맡게 된 것이다. 나라의 경제 상황이 바뀌면서 해상 분쟁 시장은 점점 줄어드는 반면, M&A에 관한 자문 업무의 수요는 크게 증가했다. 10년의 경력과 영어 구사 능력이 있던 그는 결국 자의반 타의반으로 분야를 바꾸게 된다. 당시에는 매우 큰 허탈감을 느꼈고, 그동안 쌓아 온 해상 경력이 필요 없어졌다는 생각에 왜 자신에게 그러한 일이 일어났을까 생각했다. 오랜 시간 투자하여 가지게 된 그의 전문성을 모두 잃는 것 같았다.

그러던 중에 김갑유에게 새로운 기회가 찾아왔다. M&A에 관한 어떤 분쟁이 일어났는데 이는 중재라는 제도를 통해 해결해야 했다. 중재는 M&A에 관한 것이면서 자문이 아닌 분쟁 업무이고, 그 성격상 영어로 이루어지는 새로운 유형의 사건이었다. M&A라는 내용을 알고 있고 소송을 해 보았으면서 영어가 가능한 적임자를 찾다 보니 그가 있었다고 한다. 그의 다양한 경력의 조합이 국제 중재라는 새로운 기회의 문을 열어 준 것이다. 김갑유는 이를 '운'이라고 말했다.

오페라 같은 중재 업무, 하면서 배운 거다

막상 중재에 뛰어들었지만, 당시 중재 업무는 미국에서도, 영국에서도 정립되지 않은 상태였다. 물론 국내에서도 배울 수 있는 곳이 없었다. 엎친 데 덮친 격으로 김갑유가 처음 맡은 중재 사건의 상대 변호사는 세계적인 로펌 출신이고 중재를 전문으로 하는 사람이었다. 해보나 마나 이기기 어려운 싸움이었다. 하지만 오히려 중재에 관해 배울 대상이 없었던 그는 상대방 변호사와 중재인을 학습의 자원으로 삼았다. 그는 그런 상대를 만나서 배운 것도 자신의 운이라고 말했다. 그들이 어떻게 말을 하는지 귀담아 듣고 어떻게 행동하는지 세밀히 관찰했다. 중재에 관한 영어 또한 현장에서 직접 부딪히며 배울 수밖에 없었다. 게다가 그는 그 유명한 변호사를 상대로 첫 중재 사건을 이기기까지 했다.

이후로도 김갑유는 다른 사람을 보고 따라 하며 배우는 것을 두려워하지 않는다. 그가 변호사라는 직업을 얻기까지는 정규 교육에 의존했지만, 법률 업무를 익히는 데 있어서 경험만큼 좋은 학습 과정은 없었다. 특히 팀워크를 중요시한 그는 혼자 공부하고 일하는 데 익숙한 팀원 변호사들에게 '함께 일하기(work together)'를 강조했다. 그가 이끈 팀은 현장에서 쓰는 용어, 행동, 중재의 절차, 일하는 방식 등을 상대방 변호사나 중재인으로부터 자연스럽게 습득했다. 하루 8시간씩 진행되는 '히어링'이라는 중재 절차에 최선을 다하여 임하는 과정 자체가 가장 의미 있는 배움의 과정이었다. 그와 그의 팀에게 일터는 학습의 공간이기도 했다.

이제 김갑유는 테크닉을 넘어서 상상력과 직관으로 일하는 수준에 이르렀다. 그러한 업무 수행은 그야말로 경험을 통해서 배우는 것이라고 강조한다. 그에게 변호사로서의 소송 업무는 마치 오페라를 기획하는 것과 같다. 오페라는 고정된 음악과 스토리일지라도 누구를 캐스팅하고 어떻게 연출하는지에 따라 180도 다른 느낌과 감동을 준다. 좋은 오페라를 기획하기 위해서는 상상력과 직관력이 동원되어야 한다. 소송 업무도 이와 마찬가지로 이미 지나간 고정된 사실에 대한 전달력의 문제인 것이다. 이는 정규 교육을 통해 배울 수 있는 내용이 아니다. 그는 배움의 자세로 경험을 쌓아 가며 그러한 내공을 발휘할 수 있게 되었다.

정의 실현에 일조한다는 것

"당신은 좋은 변호사인가요?(Are you a good lawyer?)"

"나는 훌륭한 변호사입니다(I'm an excellent lawyer)"

"무엇이 당신을 훌륭한 변호사로 만드나요?
(What makes you an excellent lawyer?)"

"나는 법을 사랑합니다……. 왜냐하면 나는 그렇게 하면서 정의 실현의 일부가 되어 가기 때문이지요.

(I love the law…… because I get to be a part of justice being done)”

— 영화 〈필라델피아〉의 대사 중

김갑유에게 일이란 무엇이기에 그리도 성실히 끊임없이 배우는 자세로 임했던 것일까? 그는 영화 〈필라델피아〉의 대사를 얘기한다. 그것이 그가 하는 일의 의미를 잘 대변하고 있다. 그는 일을 함으로써 돈을 벌지만 그보다 더 중요한 가치로 ‘명분’을 말한다. 세상의 모든 정의가 실현될 수는 없겠지만, 정의 실현의 일부가 되었을 때 그는 기쁨을 느낀다. 옳다고 생각하는 일을 위해 열심히 준비하고 그 결과가 나왔을 때 희열을 느끼는 것이다. 이 때문에 그는 종종 주변에서 말리는 사건을 맡기도 한다. 물론 주변에서 말리는 사건이라 함은 이길 확률이 적은 사건이라는 것이다. 그럼에도 김갑유는 이런 사건들에서 자주 이겼다.

> ‘사건이 이길 거다’라는 것보다는 저는 ‘사건에서 이 명분이 뭐냐’를 생각하는데. 사건은 나중에 결론이 어떻게 나든지 간에 내가 객관적으로 봤을 때 이 결과가 맞다고 생각이 되면 그 일을 하는 데 후회가 없는 것 같아요. 열심히 일할 수 있고, 뭐 밤에 잠 좀 안 자도 억울하지 않고, 그게 변호사가 밤새고 일하는 이유잖아요. 그것이 큰 동인인 것 같아요. 그리고 그걸 외국 변호사에게 의존하지 않고 우리나라 변호사들이 한다는 것, 중재인에게 보여 주는 우리나라 변호사의 수준, 이런 것들을 생각하면 되게 하고 싶죠.

이러한 김갑유의 의지를 잘 보여 주는 두 가지의 사건이 있었다. 한 사례는 그가 1심에서 이겼으나 2심에서 패소한 해상 사건이었다. 그는 1심을 이기고 나서 그 사건을 다른 로펌에 넘겼다. 그런데 그는 2심 패소 소식을 접하곤 무언가 잘못되었다고 생각하고, 더 이상 자신의 사건이 아님에도 불구하고 나서서 돕기 시작했다. 서류를 다시 검토하고, 공항에 가서 그 사건과 관련된 일을 관찰하고, 현장 관계자들을 직접 만나 보았다. 대법원 재판연구원도 찾아 직접 설명까지 했다. 이 과정에서 점점 더 결과가 잘못되었다는 확신을 가지게 되었다. 그럼에도 불구하고 판결이 바뀌지 않았다. 그는 '분쟁이라는 게 무엇인가'에 대한 깊은 고민에 빠지기도 했다. 다행히 이후로 비슷한 사건이 여러 차례 일어나면서 결국 이전의 그의 주장이 맞았다는 것이 드러났다고 한다.

다른 사례는 대기업을 상대로 한 중재 사건이었다. 이 사건은 국내 A그룹이 B를 매각하는 과정에서 일어난 일의 진위 여부를 밝히는 것이었다. 국가적으로도 중요하고 규모도 큰 사건이었다. 이때 김갑유는 대형 그룹사를 상대로 유죄를 입증하기 위해 노력했다. 그런데 기적적으로 명확한 증거를 찾았음에도 그 사건은 상대 측인 A그룹의 무죄로 종결되었다. 그가 또 한 번 법률 시스템 전체에 대해서 회의를 갖게 되는 순간이었다. 그에게 있어서 이 경험은 영화 〈도가니〉와 〈부러진 화살〉과 같은 충격이었다고 한다. 물론 정직한 일을 하려는 법조인들에게 이 영화로 인해 쏟아진 법조인 전체에 대한 비판은 억울해했다. 그 당시 김갑유는 '법조인으로 계속 살아야 하는가?'라는 생각과 함께 며칠 동안 밥도 못 먹을 정도로 충격이 컸다고 한다. 하지만 그는 그 사건을 다시 맡게 되더라도 상대방의 편에 서지는 않을 것이고 당시 B를 대변했던 것에 대해 다행이었다고 회고한다.

변호사에게는 사건을 많이 이기는 것이 좋은 경력과 평판을 유지하는 데 유리하다. 따라서 사건을 맡을 때 이길 승산을 따지는 것이 자연스럽다. 그렇지만 그는 '변호사는 이기기도 하고 지기도 하는 것'이라고 말한다. 그에게는 이길 확률보다 명분을 유지하는 것이 더 중요했다.

오늘도 꿈을 향하여

김갑유는 가끔 강의를 나가서 학생들에게 계획이 아닌 꿈이 무엇인지를 생각해야 한다고 강조한다. 그에 따르면 꿈은 현실성을 고려한 계획과는 달리 아주 황당한 것이어야 한다. 김갑유의 꿈은 무엇일까? 그것은 아시아 법률 시장에서 한국인이 중심이 되어 우리의 법률 관례가 글로벌 스탠다드가 되는 것이다. 그는 이것을 자신에게 주어진 사명이자 소명이라고 생각한다.

막연하게 마음에 품고만 있던 그의 꿈은 우연히 중재 업무에 뛰어들고 순탄치만은 않았던 여러 경험을 하면서 점점 구체화되었다. 이미 10년차가 넘어가는 잘나가는 한국 변호사가 외국 변호사와 중재인들 앞에서 중재 절차에 익숙하지 못해 허둥대고 서툰 영어에 말을 더듬는 장면을 생각해 보라. 처음 중재 일을 시작할 때 그는 자존심이 상하기도 했고 그만두고 싶기도 했다. 그럼에도 불구하고 힘든 과정을 이겨 내게 해 준 두 가지가 있었다고 한다. 국익 보호라는 사명감과 한국 변호사들의 우수성에 대한 자신감이 그것이다.

김갑유는 우리나라 기업들이 세계 시장에서 보유하고 있는 지적 자산과 기술을 빼앗기지 않기 위해서 한국 법조인들이 책임감과 사명감을 갖고 나서야 한다고 강조한다. 국제 중재란 서로 다른 국가에 속한 기업 간의 분쟁을 해결하는 과정이다. 비즈니스를 잘 한다는 것은 좋은 아이디어를 내서 장사를 잘 하는 것뿐만 아니라 분쟁 등의 위험을 잘 관리하는 것까지 포함한다. 삼성과 애플의 싸움처럼 국제 분쟁에 휘말렸을 때 우리나라 기업은 우리나라 변호사가 도와주어야 하는 것 아닌가라고 반문한다. 그럼에도 불구하고 국제 중재의 불모지였던 한국 기업들은 그간 외국의 변호사들을 고용해 왔다. 의뢰인과 변호인의 국적이 다른 경우 문화, 언어, 법 체계 등의 차이에서 오는 소통의 한계를 낳는다. 김갑유는 여러 차례의 분쟁을 해결하면서 이를 감지하고 한국 기업은 한국 변호사가 도와주어야 되겠다고 느꼈다.

김갑유는 우리나라 변호사들의 우수성을 믿는다. 그 자신도 맡은 사건들에서 계속 승소했다. 국제 중재를 전문으로 한다고 하면 우선 영어부터 잘해야 한다는 생각을 할 수도 있다. 이에 대해 그는 중재는 언어의 문제가 아닌 논리와 내용의 문제라고 말한다. 내용과 논리의 싸움에서 이기면서 그는 세계 시장에서 '나'의 우수성이 아닌 '한국 변호사'의 우수성과 경쟁력에 대해 알게 되었다. 황당해 보이는 그의 꿈을 이룰 수 있을 것이라는 가능성을 발견한 것이다.

> 지금 우리가 국제 중재 센터, 아시아의 국제 중재 센터가 된다는 것, 아시아 법률 분쟁에서 허브 역할을 한다는 것은 단기적으로 가능한 일입니다. 우리가 할 수 있다 생각만 하면 됩니다. 한국과 국내 변호사들은 가능성이 있습니다. 다만 우리에게 그런 가능성이 있다는 것을 아직 모르는 것 같습니다. 우리(국내 법조계와 법조인들)가 그런 역할을 좀 했으면 좋겠습니다. 우리가 아시아 법률 시장에서 중심이 되는 것, 우리가 운영하는 법률 프랙티스가 글로벌 스탠다드가 되는 것이 제 꿈입니다. 이게 내가 프랙티스 하는 동안에 됐으면 좋겠다 하고 생각합니다.

김갑유는 이미 매일 이 꿈에 한 발짝씩 다가가고 있다. 국내에서는 국제 중재 시장을 넓히기 위해 국내 경쟁자들, 동료들에게 모두 중재를 할 것을 권했다고 한다. 중재를 하는 사람들이 많아지면서 자기 자신은 일을 조금 잃기도 했지만, 국내에도 중재 시장이 생겼고 해외에 나가서 한국 변호사들이 인정받는 일도 늘어났다. 최근에는 국제 중재의 불모지였던 한국에서 '국제 중재의 날' 행사를 유치시키는 등 작은 결실들이 맺어지고 있다.

그뿐만 아니라 중재 시장에서의 국제적 위상과 리더십을 확보하기 위해 김갑유는 국제 중재기구 위원으로 적극적인 활동을 펼치고 있다. 2007년부터 2011년 사이에 그는 국내외의 많은 직책을 맡게 되었다. 다른 사람들이 타이틀을 모으냐고 말할 정도지만, 그 직책 중에서는 돈을 받고 하는 일이 하나도 없다고 한다. 그는 세계 시장에서 한국 변호사가 인정받기 위해서 해야 하는 일이라고 말한다. 시장에서 불이익을 받지 않고 공정한 게임을 하기 위해서는 리더십을 키워야 한다는 것이다. 이는 싸움에서 이기기 위함이 아니라 불공정함이 있다면 드러내고 바꾸기 위함이다.

김갑유는 여러 국제 중재기구의 위원으로 활약하고 있으며 최근에는 국내 변호사 최초로 세계적인 법률전문지인 『챔버스(Chambers)』가 주는 올해의 최우수공헌상(Outstanding Contribution Award)를 수상하기도 했다. 이쯤 되면 예전처럼 전력을 다하여 일하지 않아도 될 것 같다. 그럼에도 불구하고 그는 여전히 꿈을 품고 열심히 일한다.

환자의 삶의 질을 높이는 의술 심찬섭 의사

심찬섭은 건국대학교병원 소화기병센터 교수다. 순천향대학교병원장과 대한광역학회장 등을 지낸 거물급 의사다. 내시경을 스텐트*에 얹는 기술을 최초로 개발하고 이를 체내에 삽입하여 각종 질환을 치료한 내시경 분야의 세계적 권위자다. 그럼에도 불구하고 그는 지금도 직접 환자를 진료하고 수술한다. 그의 의사이자 교수로서의 삶을 엿보자.

* 스텐트란 의료 목적으로 몸 안으로 삽입하는 가느다란 튜브를 말한다.

소속 건국대학교 소화기병센터 교수

주요 경력 2004~2005년: 순천향대학교병원 원장
건국대학교 헬스케어센터 센터장 겸 소화기병센터 센터장
2010년: 대한광역학회 회장

수상 1998년: 대한소화기내시경학회 학술상
2000년: 제60회 일본소화기내시경학회 학회상 수상
2006년: The American Society for Gastrointestinal Endoscopy 2006 Audiovisual Award 수상

EBS 프로그램 〈직업의 세계: 일인자〉를 촬영할 때 PD가 심찬섭에게 물었다. "육십이 넘은 나이인데도 왜 그렇게 일을 열심히 하십니까?" 그가 거창한 대답을 하리라고 기대했다. 그런데 의외로 심찬섭은 이 질문에 바로 답을 하지 못하였다. 평소에 생각을 해 보지 않았던 문제였다. 심찬섭에게 일은 곧 삶 자체이기 때문이다. 그의 지난 세월을 들여다보면 그럴 만도 하다는 생각이 들었다.

'해를 등지고 퇴근하면 교수가 아니다'

심찬섭은 대학 진학을 위해 재수를 하던 중 의사가 되어 사회봉사를 하고 싶다는 막연한 생각을 갖게 되었다. 실제로 그는 의대에 진학하고 의사가 되었다. 그런데 그에게 대학병원 교수 제의가 들어왔다. 이를 받아들이는 것은 결코 쉽지 않은 결정이었다. 대학병원 교수가 되는 것이 자신이 본래 가지고 있던 사회봉사의 길에서 멀어지는 것처럼 느껴졌다. 교수직을 선택한 이후에 죄책감마저 들었다. 하지만 그는 교수가 되어 의학 발전을 위해 노력하는 것 또한 봉사가 될 수 있다고 스스로 되뇌었다. 그러면서 자신이 교수로서의 자질을 잃거나 게을러지는 순간에는 교수의 길을 접을 것을 다짐했다.

심찬섭이 처음 병원에 들어갔을 때는 학회 활동을 하거나 자신을 이끌어 줄 수 있는 선배가 없었다. 어쩌면 도와주는 이가 없는 것은 간섭하는 이도 없었다는 것을 의미했다. 오히려 그는 자유롭고 뚝심 있게 자신이 원하는 것을 찾아 나갈 수 있었다. 이때 일본에서 연수받을 기회를 얻게 되었다. 일본에서의 공부, 국제 활동 경험, 나카지마 선생과의 만남은 의사로서 심찬섭이 견문을 넓히는 가장 중요한 기회가 되었다.

일본의 교수들은 밤 11시가 넘도록 퇴근을 하지 않았다. 밤늦게까지 연구실에서 무엇을 하냐는 질문에 이들은 환자를 보느라 하지 못했던 연구 활동을 그때서야 하는 것이라고 답하였다. 일본에서는 '5시나 6시에 해를 등지고 퇴근하면 교수가 아니다'는 말이 있다. 일본 의대 교수들의 열정은 심찬섭이 자신의 책무와 신념을 세우는 본보기가 되었다.

환갑이 넘으면 대부분의 의사는 일선에서 물러난다. 진료가 아닌 치료나 수술을 하는 의사의 경우에는 더욱 그렇다. 그러나 심찬섭은 지금도 스텐트 개발을 위해 공부하고 연구한다. 그는 제자와 후배들에게 치료만이 아니라 의학을 탐구하고 의술을 개발하는 의사가 될 것을 강조한다. 이에 대한 의지가 없고 돈을 벌고 싶어 하는 의사는 개인병원을 차리라고 충고한다. 심찬섭은 또한 자신을 찾아온 환자들을 직접 시술한다. 실제로 여전히 그에게 치료받기 위해 찾아오는 환자들이 많다. 자신들에게 시술 기회를 넘겨 주지 않는다고 불평하는 제자들도 더러 있기도 하다. 그는 보는 것이 더욱 중요한 공부라고 대답한다. 직접 손으로 시도하기 전에 환자의 몸 정확한 곳에 스텐트를 삽입할 수 있도록 끊임없이 관찰하는 것이 선행되어야 한다는 것이다. 물론 그 이후의 손 기술 숙련을 위해서는 몇 천 번, 몇 만 번의 지속적인 반복이 필요하다. 이와 동시에 심찬섭은 의학 서적을 집필하기 위한 노력을 하고 있다. 이는 독학으로 의술을 공부하는 후배 의사들에게 그가 줄 수 있는 최고의 선물이 될 것이다. 이와 같은 일에 대한 엄격한 잣대와 열정으로 심찬섭은 예순이 넘은 나이까지 대학병원에서 떳떳하게 자신의 자리를 확고히 하고 있다.

일본에서 만난 멘토

일본 유학 시절 심찬섭은 나카지마 교수를 만났다. 나카지마 교수는 그에게 선생님이자 멘토이며 학문을 함께 공부하는 동료다. 그 당시 일본은 우리나라보다 의료 기술이 앞서 있었다. 유학하고 난 후에도 틈틈이 일본의 나카지마 교수를 찾아가서 배웠다. 배운 것을 우리나라에 가지고 와서 소개하면 늘 국내에서 앞서가는 의사가 될 수 있었다. 그 당시는 정보통신이 발달하지 않은 때여서 외국에서 소개된 기술을 국내로 들여오는 데 2~3년이라는 긴 시간이 걸렸는데 심찬섭은 발전된 기술을 직접 배워 오니까 다른 동료들보다 빠를 수밖에 없었다.

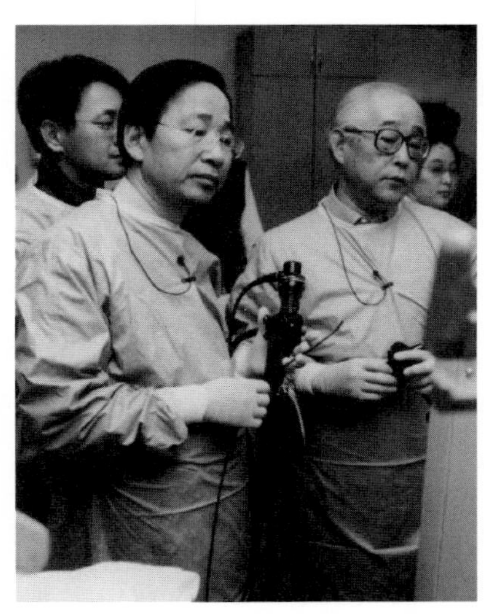

심찬섭(왼쪽)과 그의 멘토인 나카지마 교수(오른쪽)

심찬섭이 국내에서 원하는 스텐트를 개발하기는 쉽지 않았다. 스텐트를 만드는 기술이 발전하지 못한 상태여서 자신의 요구에 맞게 정확하게 구현할 수 없었다. 종종 한국에서 환자를 치료하며 갑작스럽게 스텐트나 시술기구가 필요한 경우가 있었는데 이때마다 나카지마 교수는 필요한 물품들을 보내 주었다.

물론 심찬섭은 나카지마 교수에게뿐만 아니라 해외에 직접 가서 보고 배워 왔다. 이런 그의 부지런함은 큰 무기가 되었다.

> 제가 심찬섭 교수를 처음 알게 된 사연은 아주 재미있습니다. 제가 독일의 함부르크에서 7년 동안 소엔드라 교수 지도하에 연수를 받을 때였습니다. 당시 병원에 자주 방문하는 한 한국인 의사가 있었고, 그 의사가 바로 심찬섭이었습니다. 그는 방문할 때마다 시술들을 직접 보고, 떠날 땐 항상 두 손 가득히 시술에 쓰이는 도구들을 사들고 갔습니다.
>
> — 케네스 빌몰러 교수(미국 샌프란시스코 A병원 소화기병센터장), 〈EBS 직업의 세계: 일인자〉에서 인용

삶의 질에 대한 깊은 고민과 스텐트 개발

심찬섭의 일과 삶은 스텐트 개발을 빼놓고는 이야기할 수 없다. 그가 처음 스텐트 개발에 관심을 갖게 된 것은 환자와 대화하면서였다. 식도암에 걸린 환자가 그에게 죽어도 좋으니 일주일만 먹고 싶은 것을 실컷 먹었으면 좋겠다고 하소연했다. 의학적으로 환자의 기대 수명은 3~4개월밖에 되지 않았기 때문에 다른 의사들은 곧 죽을 환자의 바람을 귀담아 듣지 않았다. 하지만 심찬섭은 머릿속에서 환자의 말이 떠나지가 않았다. 그는 이때 삶의

질(quality of life)에 대한 개념 정의가 다시 이루어져야 한다고 생각했다. 환자의 삶의 질을 높이는 것이란 무엇인가? 살아 있는 동안 일상생활을 가능하게 도와주는 것이 아닐까? 심찬섭은 스텐트가 그 역할을 할 수 있다고 생각했다. 그래서 그는 국내에서는 찾기 어려운 스텐트를 구하기 위해 암스테르담에 다녀왔다. 심찬섭은 내시경에 스텐트를 얹어 환자의 몸으로 집어넣었고 환자는 이를 통해 음식을 먹을 수 있게 되었다. 고심 끝에 처음 시도한 시술이 성공했다는 사실을 확인했을 때의 기분은 말로 다 표현할 수 없을 정도로 좋았다. 그 환자는 이후로 오래 살지는 못했다. 그렇지만 분명 환자의 남은 삶의 질은 높아졌을 것이다. 그리고 그것이 심찬섭이 지금까지 꾸준히 스텐트 개발을 하게 된 중요한 계기가 되었다.

또 다른 잊지 못할 사례도 있었다. 어떤 환자가 배가 동산만큼 부른 채로 심찬섭을 찾아왔다. 직장에 암이 생겨 숨쉬기도 힘들고 변을 못 본 탓이었다. 당시 수술을 해서 인공 항문을 만드는 방법이 있었지만 심찬섭은 식도에 넣는 스텐트를 아래로 넣으면 어떨까 생각했다. 방법은 효과적이었지만 이틀 후 환자는 스텐트가 빠져 버렸다고 가지고 왔다. 식도와는 반대 방향으로 삽입했던 스텐트가 고정되지 못한 탓이었다. 심찬섭은 이 내용을 유럽 학회에서 발표했다. 당시 유럽의 다른 학자들은 수술을 하면 간단한 것을 왜 그렇게 했냐고 공격했다. 심찬섭의 방법에 동의하는 학자도 있었다. 그럼에도 불구하고 누가 제대로 된 스텐트를 개발할 수 있겠느냐는 질문을 던졌다. 그로부터 7년 후 심찬섭은 내시경을 이용해 아래로 넣는 스텐트를 개발하였다. 학술지 발표를 통해 그의 방법이 알려졌고 이는 전 세계적으로 인정받게 되었다. 심찬섭은 이 모든 것이 환자의 삶의 질을 높여 주기 위한 과정이었다고 말한다. 스텐트는 근본적인 암의 치료를 가능하게 하지는 않는다. 그렇지만 살아 있는 동안 삶의 질을 높이는 데 큰 역할을 한다고 그는 확신한다.

심찬섭이 처음 스텐트를 개발할 때만 해도 우리나라의 기술이 크게 발전하지 못한 상태였다. 기술이 부족한 탓에 스텐트 개발 업체들은 그의 요구를 모두 충족해 주지는 못했다. 그래서 일본의 스텐트 업체에 찾아가서 만들어 달라고 부탁하기도 했다. 지금은 상황이 변했다. 우리나라의 스텐트는 세계적으로 인정받는다.

국제 학회의 국내 개최

심찬섭은 국내 활동뿐만 아니라 국제 활동에 대한 욕심이 생기기 시작했다. 국제 학회에 참석하여 교류를 넓히고 의료 기술의 우수성을 인정받았다. 그것은 한국 의사로서의 자부심과 자신감을 낳았다. 우리나라 의사들의 국제 학회 활동에 자극제이자 기폭제가 되었다.

국제 학회 활동을 하며 심찬섭은 실시간 시연(live demonstration)에 대한 중요성을 절실히 느꼈다. 이것은 후진 양성을 위한 중요한 교육 방법이 되는데, 시술을 생중계하는 방식으로 이루어진다. 심찬섭은 국내에서 실시간 시연을 하기 위한 자료를 모으고 공부하기 시작하였다. 첫 시연은 국내가 아닌 이라크에서 이루어졌다. 당시는 이라크 전쟁이 나기 전이었는데, 전쟁의 위험이 도사리고 있는 이라크에서 의사들은 심찬섭에게 스텐트 시술에 대한 실시간 시연을 부탁하였다. 위험한 지역이라는 생각 때문에 주변에서 모두 말렸지만 심찬섭은 그럴 수 없었다. 이라크는 좋은 장비를 많이 갖추고 있었지만 시술할 의료진이 없었다. 그는 식도암 환자와 담도암 환자에게 스텐트를 넣는 시술을 보여 주었다.

심찬섭의 소망 가운데는 국내에서 국제 학회를 여는 것이 있었다. 일본에서 국제 학회를 처음 경험한 순간부터 늘 품어 왔던 꿈이었다. 그 과정이 참 어려웠지만 그는 마침내 이를 이루어냈다. 국제 학회에는 세계적인 석학들이 한자리에 모인다. 그러나 한국이라는 나라를 잘 알지 못하는 세계 석학들은 한국에서 여는 학회에 와 달라는 초청에 응하지 않았다. 심찬섭은 학회를 통해 알게 된 독일의 소엔드라 교수를 삼고초려하여 초청할 수 있었다. 그에게 한국 학회가 경험이 없다는 점을 설명하며 다른 석학들을 초청해 줄 것을 부탁했다. 또한 홍콩의 피터 코튼 교수에게 국제 학회와 관련하여 상의하기도 했다. 피터 코튼 교수는 영국에서 유학을 한 세계적인 교수로 국제 학회의 매니저 역할을 하며 전 세계적인 워크숍을 여는 데 공헌한 인물이었다. 피터 코튼 교수는 심찬섭에게 여러 조언을 해 주었다. 이들의 도움으로 국내에서 처음으로 국제 학회를 열었다. 해외의 유명한 석학을 몇 명 초청하여 시작한 이 학회는 세계적인 권위자를 포함해 150명이 참석할 정도로 그 규모가 점점 커졌다.

국제 학회를 주최한 경험이 없었던 심찬섭이 어떻게 이 일을 이룰 수 있었을까? 심찬섭은 국제 학회에 참석할 때마다 받은 초청장을 모으고, 행사장에 무엇이 마련되었는지, 이름표는 어떻게 준비하는지를 낱낱이 적고, 사진으로 찍고, 기억했다. 국제 학회에 대비하여 후배, 제자 의사들에게 영어 공부를 시키기도 하였다. 한마디로, 오랜 기간 동안 철저한 준비를 한 셈이다.

국제 학회 활동을 하고 국내에서 국제 학회를 성공적으로 개최한 것은 단순히 심찬섭 개인의 꿈을 이룬 것만이 아니었다. 이는 전 세계에 우리나라의 우수한 의료 기술과 의료진을 알리는 계기가 되었다. 우리나라가 스텐트 개발에 앞서가는 국가로 인정받기 시작하였다.

자선 모금 연주회

인터뷰를 하던 도중 그는 11월 셋째 주에 연주회가 있다고 말하였다. 의학과 환자들에 대해 이야기할 때와는 사뭇 다른 부드러운 표정이었다. 이

음악회는 심찬섭이 동료 의사들과 통기타 연주를 하는 자선 음악회다. 학교에 다닐 당시 후배들과 만든 모임이 현재는 자선 음악회를 하는 모임으로 발전되었다. 매일 밤 술로 마무리되는 모임보다는 의미 있는 자리를 갖기 원해서 만들었는데 그것이 연주회였다. 그는 자선 음악회라는 명분으로 프로들을 동원하고 기업의 후원을 받았다. 시간이 날 때마다 연습하고 준비하여 병원 로비에서 연주회를 열었고, 이는 병원 직원들과 환자들의 환호로 끝이 나곤 했다. 그런 모임이 벌써 수년째 지속되고 있다. 통기타를 치는 것이 일하며 받은 스트레스를 푸는 좋은 취미가 되겠다는 말에 심찬섭은 고개를 흔들며 잘 치지 못해 오히려 스트레스를 받는다고 말한다. 그럼에도 불구하고 환자들을 위한 기금을 마련하고 환자들에게 잠시나마 기분 좋은 에너지를 전해 줄 수 있는 이 일에 늘 기쁜 마음이라고 한다.

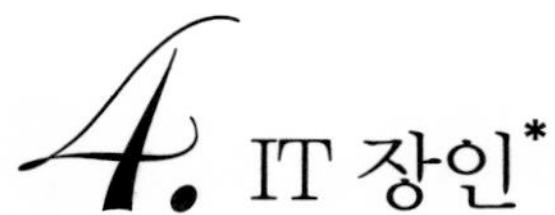

4. IT 장인*

이 장에서는 고숙련 소프트웨어 개발자들을 다룬다. IT(정보통신) 분야는 최첨단의 신직업 분야다. 그럼에도 불구하고 토발즈, 히매넌, 카스텔스(Torvalds, Himanen, & Castells, 2002)가 컴퓨터 해커를 '디지털 시대의 장인'이라고 보았듯이, 이 분야에서 일하는 사람들에게는 장인적 특성이 두드러지게 나타난다. 이에 대해서는 7장에서 상세히 설명하겠다. 이 장에서는 현대 장인으로서 장인성을 새롭게 펼치고 있는 IT 또는 SW(소프트웨어) 개발자 두 명의 이야기를 들어보자.

---

* 이 장은 김재순, 강예지와 장원섭이 같이 썼다.

좋은 IT 개발자란 이상선 IT 개발자

소속 프리랜서 개발자

주요 학력 및 경력 대학에서 수학 전공, 전산 부전공
미국 마이크로소프트사 근무

IT 개발자가 되기까지

이상선은 자신을 'IT 컨설턴트이자 소프트웨어 및 서비스 개발자'라고 소개한다. 그는 경력 20년차 개발자다. 대학에서 수학을 전공했고, 전산을 부전공했다. 그는 어릴 때부터 프로그래밍에 관심을 갖고 취미로 작업을 하곤 했다. 그러나 본격적으로 개발자의 길을 걷게 된 것은 대학 졸업 후 병역 특례로 프로그래밍을 배우면서부터다. 이때부터 다양한 프로젝트를 접했고, 이런저런 아르바이트도 하면서 시작된 일을 지금까지 꾸준히 해 오고 있다.

이상선은 어렸을 때부터 매사에 궁금한 것이 많은 호기심 많은 아이였다. 일례로 중학교 2학년 때 수학 수업을 듣던 이상선은 '$\sqrt{2}$가 왜 무리수인지' 심각하게 고민했던 적이 있다. 선생님의 설명에 의문을 품었고, 어린 소년은 잠이 안 올 정도로 심각하게 고민했다. 고등학교 때는 원에 접선이 지나가면 한 점이 생긴다는 점에 대해 '점이 여러 개 있는 것이 아닐까' 하는 궁금증을 가졌다. 이렇듯 수학 시간마다 그는 선생님의 설명에 의문을 가졌고, 이러한 호기심 때문에 수학과에 입학하였다. 수학을 전공한 덕분에 논리적 사고력을 키울 수 있었다. 이것도 개발자가 되는 데 많은 도움이 됐다.

이상선은 자신의 초등학교 시절이야말로 현재 고숙련 개발자가 될 수 있었던 자양분이 된 소중한 시간들이었다고 말한다. 그는 당시의 자신을 '아마추어 개발자'로 부르고 싶어 한다.

> 최초에 '개발'이라는 걸 했던 때는 초등학교 때부터예요. 1980년도예요. 주로 책을 많이 봤어요. 그 당시에는 한국에 컴퓨터 관련 잡지들이 많이 없었고, 있어도 굉장히 귀했어요. 그걸 보면서 머릿속으로 돌려 보는 거죠. 기회가 되면 친구 집이나 컴퓨터 있는 곳에 가서 살짝살짝씩 해 보고…….

그는 일명 '마소지'라고 불리던 컴퓨터와 프로그래밍에 관한 잡지 『마이크로 소프트웨어』를 읽으며 꿈을 키웠다. 운이 좋게도, 그가 다닌 고등학교가 당시로서는 드물게 컴퓨터실이 잘 갖춰져 있었고 학생들이 자유롭게 컴퓨터를 쓸 수 있었던 좋은 환경이었다. 그래서 그는 입시 공부하는 중에도 틈틈이 간단한 프로그램을 짜면서 기쁨을 느낄 수 있었다. 대학 입학 후에는 관심 분야에 더욱 몰입하는 시간을 가질 수 있었다. 컴퓨터를 마음껏 쓸 수 있는 좋은 개발 환경을 누렸다. 각종 자료가 넘치는 도서관에서 '마소지' 10년치를 다 읽을 만큼 열정을 쏟기도 하였다.

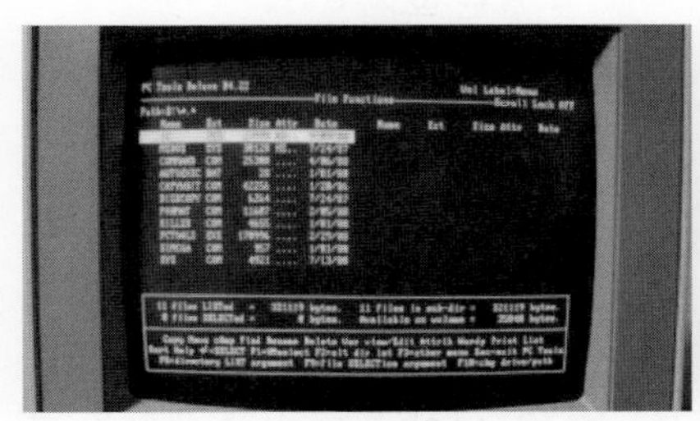

그 당시의 컴퓨터와 '마소지'

IT 개발자의 일과 역량

이상선은 IT 개발자로서 자신의 성향을 몇 가지 키워드로 정리한다. 그것들은 집요함, 담대함 그리고 호기심이다. 그는 문제가 주어졌을 때 그것을 해결하는 데 그치지 않고 더 나은 방법을 고민하는 집요함을 가졌다. 남에게 비판받을 것을 두려워하지 않는 담대함도 있다. 무엇보다, 항상 새로운 것을 배우고자 하는 학습 욕구와 지적 호기심이야말로 그를 이끄는 성장 동력으로 작용했다.

이상선은 좋은 IT 개발자가 되기 위해서 컴퓨터 활용 능력은 부수적인 것이라고 말한다. 오히려 정보를 처리하는 분류 감각, 영어로 된 자료를 읽고 이해하는 능력, 그리고 개발 작업을 성실하게 할 수 있는 지구력이 지금의 그를 가능하게 했던 요소들이라고 한다.

> 어렸을 때부터 저는 책상 정리하고, 노트 필기 정리하고 분류하고 그런 걸 좋아했어요. 그런 사람이 정보 시스템을 잘 만들어요. 컴퓨터하고는 아무 관련이 없어요. 극단적으로 말하면 공대 나와서 컴퓨터 잘하는 사람보다는 차라리 영문학과 나와서 어떤 도큐멘트(문서)를 던져 주든지 잘 이해하고 거기서 논리적인 추론을 할 수 있고 분석할 수 있는 사람들을 데려다가 한 달간 훈련시키는 게 더 나아요.

이상선은 미국 마이크로소프트사에서 소프트웨어 개발자로 일하면서 크고 작은 프로젝트에 참여했다. 이 경력은 그가 세계적인 IT 업계의 흐름을 읽는 데 많은 도움을 주었다. 그러나 그는 몇 년 전 안정된 직장 생활을 접고 독립된 회사를 만들었다. 자신이 뜻한 바를 실천하기 위함이었다. 그는 자신과 같이 시장을 잘 아는 사람이 같은 업종에 종사하는 다른 사람들에게 전문적인 도움을 줄 필요가 있다고 느꼈다. 이 때문에 IT 컨설팅을 하는 회사를 만들었다.

틀에 박힌 지식이 싫었습니다. 하나의 지식은 열 개의 창의성을 포기하는 거라고 생각해요. 일반적인 봉급 받고 기업에 있는 게 싫었거든요. 그래서 제가 나와서 창업을 했어요.

이상선은 소프트웨어 개발자를 '예술가'라고 표현한다. 새로운 것을 창작하고 만들어 내는 행위가 예술가의 그것과 많이 닮아 있기 때문이다. 실제로 그는 업계의 선두에서 완전히 새로운 것을 개발하는 일이 많았다. 사실 IT 개발은 고된 일이다. 그럼에도 불구하고 '자신의 일에 만족하냐'는 질문에 그는 지체 없이 '재밌다'고 대답했다. 몰랐던 지식을 습득하거나 어려운 문제를 풀 때의 쾌감은 그가 일터에서 계속 학습하고 성장하게 만든다.

IT 업계에서 멘토가 되고 싶은 마음

최근 들어 이상선은 힘들었던 지난날을 자주 회고한다. 그는 이제는 일에 대해 노하우나 암묵지가 생긴 것 같다고 말한다. 앞으로도 이 분야에서 영향력 있는 사람으로서 책임감 있게 일하고 싶어 한다. 그는 과거에 'IT'나 '개발'이라는 단어조차 생소했던 시절에 친절하게 안내해 주는 멘토도 없이 혼자서 배우고 습득했던 기억들을 떠올렸다. 이것은 오늘날 그가 더욱 후배들을 양성하고 싶은 마음을 키우게 했다.

이상선은 실제로 멘토가 되어 후배 육성을 실천하고 있다. 자율적이고 느슨한 모임을 만들어서 서로 도움을 주고받는 형식으로 일도 하고 후배도 키우고 있다. 그는 오늘도 IT 컨설턴트로서 그리고 소프트웨어 개발자로서의 자존심을 지키며 IT 산업과 우리나라의 발전에 기여하고자 노력하고 있다.

'계속 개발자로 살고 싶습니다' 권찬영 SW 개발자

소속 블루클라우드 기술이사(공동설립자)

주요 학력 및 경력 2004년: 서울대학교 언어학과(부전공: 철학) 졸업
2004~2006년: NHN에서 서버 개발
2006~2010년: SAP Labs Korea에서 DB커널 개발
2013년: 젠트리 대표이사

자격증 2001년 정보처리기사

SW 개발자로의 길

권찬영은 경력 15년의 소프트웨어 개발자다. 현재는 최근 창업하여 한 회사의 대표이사를 맡고 있지만 늘 자신을 '개발자(developer)'라고 소개한다. 그 이유는 자신이 이 분야에 처음 발을 들여놓은 순간부터 지금까지 '개발자'로 성공하기 위해 가졌던 초심을 잃지 않기 위해서다.

지금은 소프트웨어 개발자로 성공했지만, 그가 소프트웨어 개발자라는

권찬영의 모습

목표를 이른 나이부터 생각하면서 체계적으로 준비해 왔던 것은 아니었다. 권찬영은 학창시절부터 최선을 다하는 근성 있는 학생이었다. 고향이 대구이지만 서울의 특목고로 일종의 유학을 결심했다. 특목고 재학 중에도 상위권 성적을 놓치지 않았던 그는 서울대학교 언어학과에 입학했다.

권찬영은 자신이 새로운 것에 흥미를 느끼고 도전하는 것을 즐기는 편이라고 했다. 그 이유에서였을까? 대학 재학 중에도 그는 학업뿐만 아니라 아르바이트 등의 다양한 학내 활동을 병행했다. 그는 우연한 기회에 학내 연구소에서 컴퓨터 언어 처리 작업을 하는 아르바이트를 하게 되었다. 자신이 평소에 관심이 있던 언어학의 한 분야인 컴퓨터 언어학(computational linguistics)과 관련이 있기도 했다. 그러나 그보다 더, 권찬영은 그 자체로 신기하고 새로운 컴퓨터 언어의 세계에 강하게 이끌렸다. 그 연구소가 병역특례 업체로 지정되면서 그는 병역 특례 혜택을 받게 되었다. 이때부터 그는 꾸준히 컴퓨터 언어 처리 작업을 배울 수 있었다. 그러던 도중 연구소의 경영 악화로 인해 진행되던 프로젝트가 무산되게 되었다. 그는 자신의 전공인 언어학과 컴퓨터 개발자의 직업에 대해 다음과 같이 이야기한다.

> 굉장히 특이한 케이스인 건 확실해요. 그런데 안을 들여다보면 굉장히 자연스럽다고 볼 수 있어요. 언어학과라고 하면 보통은 '어떤 언어 할 수 있냐?' 이런 식이죠. 그런데 언어학은 모든 언어의 특징들을 다 공부하고, 언어의 본질에 대해서 공부하는 거거든요. 컴퓨터 언어도 마찬가지예요. 컴퓨터 언어는 구조주의 언어학에서 기원이 된 거고, 언어를 디자인하는 응용언어학. 자연언어(사람들이 직접 쓰는 언어)를 전산 처리(그것을 전산으로 어떻게 처리할 것인가)에 관한 것. 그리고 번역기를 만드는 분야가 또 언어학에 연관되죠.

권찬영은 국내 한 이동통신 회사로 이직하여 소프트웨어 개발 일을 계속 하였다. 이 회사에서 일했던 시간이야말로 그가 본격적으로 소프트웨어 개발자의 길을 걷기 시작했던 시간이었다. 그 당시 주요 업무는 회사 내부의 경영 시스템(MIS)을 만드는 일이었다. 그 전까지 언어학 전공을 살려 간단한 컴퓨터 언어를 처리하는 정도였다면, 이 회사에서는 더욱 전문적인 지식과 기술을 요구했다는 점에서 상당히 높은 수준의 일을 했다고 볼 수 있다. 그곳에서 각종 서비스 외에도 서버, 데이터베이스와 같은 소프트웨어 분야 전반의 기술을 습득할 수 있었다.

완전히 새로운 분야에서 일을 한다는 것은 권찬영에게 그만큼의 시간과 노력을 요구했다. '자신의 전공을 살려 편안한 길을 갈 수도 있지 않았냐'는 질문에 그는 '우연한 계기로 쌓은 경험에 의해서 알게 된 소프트웨어 분야가 자기 내부에 존재했던 도전정신과 근성을 깨웠다'고 대답했다. 대학 시절 용돈을 벌기 위해 했던 아르바이트와 병역 이행을 위해 일했던 경험들은 자연스럽게 그가 소프트웨어 개발의 길로 들어서도록 했고, 이동통신 회사에서의 도전적인 업무들은 그가 소프트웨어 개발자로 성장하도록 한 셈이다.

> 그 전(연구소에서)까지는 컴퓨터 데이터를 처리하는 정도에 머물렀던 일을 했죠. 그런데 회사에서는 완전히 하드웨어적인 일을 하게 된 거예요. 맨땅에 헤딩하면서요.

전문가로 인정받게 한 파이선

권찬영은 소프트웨어 개발자로 성장하고자 하는 욕구가 매우 강했다. 그는 자신이 하는 일에 적응하면서 느끼는 일터의 안락한 감정들에 대해 늘 경계를 늦추지 않았다. 그러한 안락함은 곧 자신이 정체되어 있다는 것을 말해 주기 때문이었다. 그는 두 곳의 회사를 더 경험했다. 국내 유명 인터넷 포털 회사에서 데이터베이스 설계 및 관리를 맡았다. 그 후에는 외국계 SI 회사에서 빅데이터 관련 소프트웨어를 개발하였다. 새로운 일터는 늘 그에게 도전적인 과업을 주었다. 그때마다 그는 긴장감을 가지고 자신의 학습 능력을 유지했다.

권찬영은 처음 SI 회사에 들어갔을 때 처음으로 소프트웨어 개발자로서의 한계를 느꼈다. 그런 위기의 순간을 극복할 수 있었던 것은 문제 상황을 극복하기 위한 꾸준한 독학이었다. 또한 자신만의 분야를 개척하여 전문성을 기르는 것이었다. 파이선(Python)이라는 프로그래밍 언어를 습득한 것은 그가 조직 내부에서 전문가로 인정받는 데 큰 몫을 하였다. 권찬영은 이 회사에 입사하기 전에 근무하던 포털 회사에서 인터넷을 통해 우연히 파이선의 쓰임새와 장점을 알고 있었다. 그 이후부터 당시 국내에서는 잘 사용하지 않는 파이선을 독학하기 위해서 업무 외 시간을 투자했다.

> 파이선이 쓰기에 좋은 (컴퓨터) 언어라는 걸 인터넷을 통해서 발견했고 독학을 했어요. 혼자 공부해서 매료가 된 거죠. 그 이후에 쓸 일은 별로 없었지만 계속 독학해서 공부했어요. 전 회사에서도 혼자 공부하면서 강의 콘퍼런스 같은 것도 했고. SI 회사로 옮기고 나서도 계속 공부하고 있었는데, 여기서도 사실상 쓸 일은 없었어요.

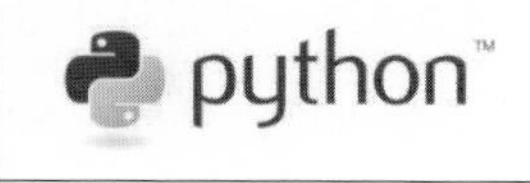

파이선 로고

일터에서 실제로 요구하는 기술이 아니었지만, 그는 자신의 호기심을 바탕으로 업무 외 시간을 투자하여 공부하였다. 자비를 들여서 유럽에서 개최되는 관련 콘퍼런스나 학회를 다녀오기도 했다. 2012년에는 싱가포르에서 열린 파이선 학회에서 직접 발표를 하기도 했다.

창업을 통한 새로운 도전

권찬영은 최근 자신의 회사를 창업했다. IT 분야에서 자신의 능력과 영향력을 펼쳐 보고 싶은 그의 직업적 열망을 반영한 결정이었다. 외국계 대기업이라는 안정적인 조직에서 개발자로 일하다가 스스로 회사를 운영하는 것은 쉬운 일이 아니다. 그것은 또 다른 분야를 향한 도전이었다. 그럼에도 불구하고 그는 항상 자신이 개발자라는 정체성을 잃고 싶지는 않다고 강조한다. 그래서인지 권찬영은 아직까지도 현장에서 후배들과 함께 소프트웨어 개발에 참여하고 있다. 이와 더불어 그 길을 목표로 삼는 후배들에게 도움을 주는 롤 모델이 되어 주고 있다.

> 계속 개발자로 살고 싶습니다. 제 자신이 지금 경영을 하고 있지만, '경영자'보다는 '아키텍터(architecter, 설계자)'가 된 것이라고 생각합니다. 그동안 코더 내지는 개발자였다면, 이제는 아키텍터가 된 거죠. 전체 구조를 잡고 어느 부분은 누가 하라고 이야기하는 거죠. 우리나라 소프트웨어 산업에는 이런 문화가 있어요. 보통의 대기업 같이 지위가 올라가면 직접 개발은 안하고 오더만 내리게 되는 풍토가 있어요. 이러다 보니 조직의 하부 구조가 튼튼하지 못한 거죠. 우리나라에서 소프트웨어로는 탁월한 게 많이 안 나오고 있잖아요. 하드웨어만 나오고…….

그는 일터를 함께 배우는 공간이라 일컫는다. 컴퓨터 관련 직업에서는 으레 혼자 일을 완성해 나간다고 생각하기 쉽지만, 소프트웨어는 한 사람이 해 놓은 것을 다음 사람이 이어받는 식으로 완성되기 때문이다. 권찬영은 이 분야에서 고숙련 직업인으로 성장하기 위해서는 타인과의 의사소통을 기반으로 하고, 그들과 함께 하고자 하는 일과 사람에 대한 열정이 필요하다고 강조한다.

권찬영은 지금 새로운 도전을 하고 있다. 2012년에 파이선 및 오픈소스 전문 회사를 창업하여 열 명 남짓 되는 직원들과 함께 일하고 있다. 비록 규모는 작지만 업계에서 그 전문성을 인정받아 여러 대기업과 공공기관의 중요한 소프트웨어 개발 프로젝트를 맡아 수행하고 있다. 소프트웨어 개발 업무는 그 특성상 야근도 많고 일이 고되다. 하지만 권찬영과 직원들의 눈에는 열정이 가득하다. 이 분야에서 최고의 전문성을 가진, 그리고 구성원들이 함께 배우고 발전하며 오랫동안 그들이 좋아하는 소프트웨어를 개발할 수 있는 회사를 만들고 싶기 때문이다.

5. 문화예술 장인*

이 장에서는 장인 예술가라고 할 만한 두 사람의 이야기를 듣는다. 오광섭 조각가와 이석준 뮤지컬 배우가 그들이다. 이들 문화예술 분야의 장인들은 전문성을 숙련하기 위해 오랜 시간을 소요하고 독립적으로 일하는 경향이 강하다. 또한 자신의 일에 몰입하기 쉬운 분야의 특성을 갖는다 (Csikszentmihalyi, 2010). 더군다나 김윤아(2010)는 예술가들에게서 발견되는 장인적인 특성으로서 '장인-작가성'을 언급하였다. 이에 대해서는 6장과 7장 등에서 더 다룬다. 이 장에서는 세 사람이 예술가가 되어 가고 예술가로서 살아간 여정을 살펴보면서 이들의 장인적인 특성을 찾아보자.

* 이 장은 이덕현과 장원섭이 같이 썼다.

무한한 '너머'의 세계를 꿈꾸며 오광섭 조각가

오광섭은 예술적 소질과 촉감에 대한 애정을 토대로 조각을 시작하였다. 대학에서 미술을 전공한 후 예술에 대한 갈망을 충족하기 위해 이탈리아 유학을 했다. 이탈리아에서 조각에 사용되는 재료뿐만 아니라 다양한 예술적 측면에 상당한 영향을 받았다. 늘 새로운 재료와 형식에 목말라하던 그는 이탈리아에서 매우 정밀한 표현이 가능한 밀랍이라는 재료를 만났고 지금까지도 밀랍을 주 재료로 하여 주물 작업을 하고 있다. 우리나라에 돌아와 경제적 어려움을 겪기도 했지만 한 신부님과의 인연을 통해 성당 예술을 하면서 넘어설 수 있었다. 그는 여전히 순수예술 분야를 지키고 있다. 오광섭은 모든 예술 작품이 독창성을 가질 수 있도록 끊임없이 '너머'의 무한한 세계를 추구해야 한다고 말한다. '너머'의 세계에 대한 절정 경험은 그가 끊임없이 창조력을 발휘할 수 있게 하는 원동력이 되었다. 그는 새롭고 독창적인 작품을 위해 작품을 깨고 다시 작업하기를 반복한다. 그의 이러한 예술가로서의 정신과 조각에 대한 열망은 최근 건축으로도 확장되었다. 그는 건축물을 '사람이 거주하는 거대한 조각'이라고 보고 일의 지평을 넓혀 가고 있는 것이다.

'오직 땀 흘리는 노동과 시간, 모든 것을 정직하게 쏟아부은 작품'을 강조하는 오광섭의 삶은 점점 더 빠르고 가벼운 것을 추구하는 현대 일의 세계에 많은 질문을 던진다. 막연히 손으로 만지고 만드는 촉감이 좋았던 어린 시절에 그는 고독한 예술의 길을 선택하였고, 지금까지 묵묵히 자신만의 길을 걸어왔다. 그 원동력은 '너머의 세계', 즉 무한한 예술 세계의 체험이었다. 그는 새롭고 독창적인 작품을 위해 늘 너머의 세계를 동경하였고, 그 체험은 평생 그에게 '쟁이'로서의 삶을 살아가게 하였다. 그의 예술 세계는 끊임없는 창작의 열정과 탐구로 점차 확대되고 있다. 지금은 조각을 넘어 '사람이 거주하는 거대한 조각'이라는 건축의 세계까지 자신의 예술 세계를 지속적으로 넓혀 가고 있다.

영감의 근원이 된 유년 시절

조각과의 만남은 어린 시절부터 아주 자연스럽게 이루어졌다. 오광섭은

오광섭 조각가

막연히 손으로 만지고 만드는 촉감을 좋아했다. 지금도 그때 그 흙의 촉감을 잊을 수가 없다. 그의 유년 시절 동심의 세계와 평화로운 기억들은 현재의 작업에도 영향을 주고 있다. 그의 물활론적이고 정령적인 작품은 이러한 기억들을 드러내면서 비인간화된 삶과 세상에 대한 비판을 담아내고 있다.

오광섭은 아버지의 사업 실패로 고등학교를 중퇴하고 검정고시를 준비하였다. 사춘기를 지나던 시절에 가졌던 혼자가 된 느낌과 막연한 고독감은 그에게 예술에 대한 숙명을 확인하게 하였다고 한다. 그는 홍익대학교 조소과에 진학하였다. 그러나 그의 갈증은 끝나지 않았다. 3학년 때 이미 테크닉은 수준 이상에 도달했으며, 더 이상 배울 것이 없는 학교에 남아 있을 이유를 느끼지 못했다. 우리나라 미술계에 대한 회의와 더 큰 예술적 갈증도 그가 유학을 선택하게 한 이유가 되었다.

허무한 관념으로 마치 차원 높은 논리나 철학이 있는 양 삶과 유리

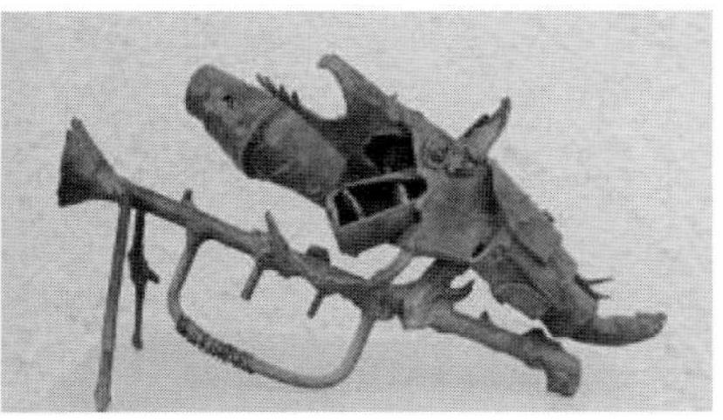

오광섭의 작품들: 〈새〉 〈숨쉬고, 노래하고, 벌고〉

> 된 모호한 유희(遊戲)의 추상미술은 뜨거운 내 가슴을 덥히지 못했고, 작업실에서나 끝낼 습작 같은 것을 시리즈물로 전시장에 걸어놓고 척하는 빈한한 모습들도 내가 바라는 모습이 아니었다. 그렇다고 평범한 구상은 이미 남들이 해 놓은 것을 답습하는 듯해서 아마추어 같고 진부한 느낌이 들어 더더욱 싫었다. 내 스스로가 감흥을 못 받고 교감을 불러일으키지 못하는 이런 흔적들을 좇기에는 정말 너무 허기졌었다.
>
> — 오광섭 작가 수기 중에서

밀랍과의 만남

이탈리아 유학 시절은 그에게 값진 배움의 시간들이었다. 토스카나 지방의 카라라 미술학교에서 새로운 경험을 할 수 있었으며, 많은 롤 모델을 통해 작가정신을 일깨울 수 있었다. 작가는 형식부터 내용까지 끊임없이 새로운 것을 창조해 내야 한다는 귀중한 깨달음도 얻을 수 있었다. 오광섭은 스튜디오와 주물 공장, 돌 공장 등을 찾아다니며 끊임없이 배우고 또 배웠다.

> 이탈리아는 완전히 달랐어요. 많은 충격을 느꼈죠. 그 시절에

> 는…… 밖에서는 어떻게 하고 있을까 궁금하면서도 잘 알 수가 없던 시대거든요. 해방 이후 1970~1980년대 조각이라는 장르가 막 활성화되기 시작했는데, 그 당시는 해외 소식이나 작품을 볼 기회가 거의 없었어요. 그러니까 밖에선 어떻게 하고 있을지 궁금함이 많을 수밖에 없었죠……. 토스카나 지방 자체가 우리나라와는 환경이 달랐기 때문에 재료부터 완전히 달랐죠. 유럽에선 정말 다양하고 새로운 것들을 시도하고 있었어요. 그리고 어느 날 밀랍 주조 방식을 보고 엄청난 충격을 느꼈죠. 정밀한 작업을 가능하게 하는 완전히 새로운 재료였어요. 완전히 빠져들었죠. 저걸 배워 가야겠다.

특히 밀랍이라는 재료와의 운명적인 만남은 새로운 돌파구가 되었다. 밀랍 주조는 완전히 새로운 공법이었고, 밀랍은 세세한 표현까지 정밀한 작업을 가능하게 하는 고마운 재료였다. 이렇게 그는 밀랍이라는 재료에 빠져들게 되었고, 이 재료와의 인연은 지금까지 이어지고 있다.

어려운 시기에 시작한 성당 예술

오광섭이 우리나라로 돌아와 작가로서의 삶을 이어 가고자 한 1990년대 후반은 사회 전체가 경제적으로 매우 어려운 시기였다. 그로 인해 그는 예술가로서의 길을 가는 데 장애물들을 경험하였다. 예술을 한다는 것 자체가 사치로 느껴질 수 있는 시기에 순수예술로 생활비를 마련한다는 것은 매우 힘든 일이었다. 하지만 작가로서의 정체성을 유지하며 살아가고자 노력한 시간들은 점차 자부심이 되었고 예술의 의미도 새롭게 깨달을 수 있었다.

이때 작가의 길을 계속 걸어갈 수 있도록 도와준 고마운 인연을 만났다. 성물 제조 등을 하며 생활비를 마련하도록 도와준 신부님과의 만남은 그가

성당 작품: 〈묵주기도의 성모〉(돈암동 성당), 〈묵주 조명등〉(아현동 성당)

새로운 길을 모색할 수 있도록 해 주었다. 종교적 깨달음 역시 겸손하고 포용력 있는 자아로 그가 성장하도록 하였다. 그는 본격적인 작가 생활을 시작하였고, 작가정신과 함께 그의 예술 세계는 점차 확장되어 갔다.

너머의 세계를 엿보다

오광섭이 예술가로 살아가며 끊임없이 새로움을 추구할 수 있게 한 원동력은 일종의 초월 경험이었다. 유한한 현실의 세계 너머에는 예술적 무한의 세계가 존재했으며 그 너머의 세계에는 무한한 예술적 아이디어들이 숨 쉬고 있었다. 그 무한의 세계, 그 우주를 알고 경험한 이후로는 그 맛을 끊을 수 없었다. 하지만 이 세계는 모든 열정과 집념을 바쳐 직면해야 넘어설 수 있는 세계였다. 이에 그는 현실적 세계의 문제들을 뒤로할 수밖에 없었다. 한번 예술적 완성을 이루고 난 낡은 스타일과는 과감히 결별하고 재료부터 다시 시작하였다. 그리고 다시 한 번, 또다시 한 번, 그 세계로 넘어서고자 하였다. 이러한 원동력은 그로 하여금 극심한 어려움을 인내하고 작가로서 살아가게 하였다.

이렇듯 그는 누구보다 강한 작가정신으로 무장하고 작품에 엄격한 기준을 적용한다. 천년을 가는 작품이기에 작품의 처음과 끝은 반드시 자신이 책임을 져야 한다. 기준에 부합하지 않는 잉여 작품들은 용해시키거나 10년 동안 수정을 가하기도 한다. 무언가를 이루었으면 재료부터 처음으로 다시 돌아와서 시작하는 용기와 근성, 예술가로서의 자부심과 작가정신을 지키고자 하는 의지, 자신의 작품에 책임을 지려는 정신이 무엇보다 중요하다. 무엇보다 그는 땀을 흘리는 노동과 시간, 작가의 모든 것을 정직하게 쏟아부어야만 작품이 만들어진다고 주장한다. 시간은 노동의 양에 의해 부피화되며 체취가 느껴지는데 이것이 감동의 근원이기 때문이다.

> 시리즈물처럼 하나의 소재를 상상의 세계, 우주의 세계에서 끌어내면 그것을 '재탕, 삼탕'하는 작가들이 있어요. 나는 다르게 가급적이면 모든 것을 버리고 또다시 새롭게 그 세계로 들어가고자 해요. '하나로서. 그냥 나왔으니까 됐다. 또다시 들어가서 새로운 것을 하자' 이런 거죠. 한 번 예술적 완성을 이루고 난 낡은 스타일과는 결별하고 재료부터 다시 찾는 거죠……. 기준에 부합하지 않는 작품들은 용해시키거나 10년 동안 수정을 가하기도 해요. 사람은 죽어도 작품은 남기에 어떤 작품 하나 헛되이 할 수가 없어요. 그리고 이렇게 소중한 작품인데 다른 사람에게 기능적인 부분을 맡겨서는 마음에 들 수가 없죠. 천년을 가는 작품이기 때문에 작품의 처음과 끝은 반드시 책임을 져야 해요.

오광섭은 정치적이거나 자신의 주장이 함몰되는 예술보다는 그 작가만의 철저한 에고(ego)가 담겨야 하는 순수예술의 세계를 지향한다. 이를 위해서

오광섭의 작품: 〈여왕개미－놀이터〉 〈공명(共鳴)〉

는 자신만의 것을 찾기 위한 철저한 노력이 필요하다. 다른 작가들에게서 자극받은 작품은 용해시켜 버리고 자신만의 것을 찾기 위해 노력해야 한다. 이러한 독창성에 대한 끝없는 추구는 그의 작품 세계에도 여실히 드러난다. 그가 작가로서의 효능감을 이어 갈 수 있는 것은 이러한 작가정신의 실천에서 오는 자부심과 작가로서 작품을 팔아 생활할 수 있다는 긍지 때문이다.

오광섭은 하루라도 작품을 만지지 않으면 갈증이 생겼다. 다른 작가의 전시회를 다녀오면 잠을 이루지 못했다. 밤새 뒤척이면서 자신만의 예술 세계를 꿈꾸었다. 이러한 끊임없는 욕구와 탐구는 지금의 그를 존재하게 한 원동력이 되었다.

그는 늘 주변에 있는 컵이나 가구들을 만지고 사려 깊게 살펴본다. 이유를 묻자 '관심과 흥미가 온통 이런 데 있으니까' 라고 대답하였다. 이렇듯 그는 온통 이런 것밖에 모르는 자신을 '쟁이'라고 표현한다. 밀랍에서 광섬유, 건축에 이르기까지 그의 관심은 쉬지 않는다. 높은 수준의 경지에 이르렀음에도 끊임없이 배우고 창의적으로 일하며 자신의 분야를 새롭게 확장해 나가고 있었다. 이렇게 오광섭의 작품 세계는 오늘도 더 넓어지고 있다.

이제 그의 관심은 자신의 작품뿐만 아니라 예술 세계 전반으로도 이어진다. 이것은 마음 한구석에 미루어 두었던 후배들에 대한 책임감과 미안함 때문이기도 하다. 그는 스튜디오를 정비한 후 후배들을 위한 워크숍을 계획하고 있다.

오광섭은 작가로 계속 활동할 것이다. 그는 여전히 변화와 성장 중이다. 느끼고, 기억하고, 땀 흘리고, 생각하며, 창조하는 손을 가진 그는 오늘도 묵묵히 자신만의 작품 세계를 이어 가고 있다.

인생보다 더 진실한 뮤지컬 세계 이석준 배우

이석준은 어린 시절 길을 걷다 뮤지컬 무료 티켓을 받고 뮤지컬 배우를 꿈꾸게 되었다. 그는 대학에서 연극을 전공하면서 강도 높은 훈련과 노력을 통해 뮤지컬 배우로서의 테크닉을 갖추었다. 그러나 테크닉만으로는 진정한 연기를 할 수 없으며 배우의 삶이 담겨진 연기가 진짜 연기라는 것을 깨닫는다. 그 이후 삶을 극에 담아 무대에 생명력을 불어넣고 관객과 교감하는 진정한 배우가 되기 위해, 그리고 무대 위에서 관객과 호흡하기 위해 지금도 끊임없이 고민하고 노력하고 있다. 그는 뮤지컬 마지막 회까지 계속 변화하고 성숙한다고 한다. 지금은 배우로뿐만 아니라 기획자로도 활동하고 있다. 뮤지컬계의 확장과 후배들의 양성을 위해 뮤지컬 이야기가 담긴 프로그램을 기획하여 진행하고 있으며, 우리나라 뮤지컬계의 발전을 위해 창작극을 연출하고자 하는 소망도 가지고 있다. 이러한 시도들이 우리나라 뮤지컬계에 작은 흔적이라도 남기기를 바라고, 이것이 궁극적으로 뮤지컬계의 확장과 세상의 가치에 기여하기를 꿈꾸고 있다.

한 사람의 인생은 그가 속하고 선택한 실천을 통해 완성되어 가는 시간의 예술이다. 우연한 만남의 순간부터 친구로, 사랑으로 우리나라 뮤지컬과 함께 성장해 온 이석준의 삶은 일하고 살아가는 모든 사람의 귀감이 된다. 뮤지컬이라는 이름조차 낯설던 시절에 길거리에서 나누어 주던 무료 티켓을 우연히 받아든 어린 소년 이석준은 열정의 시간을 거쳐 진정한 배우로 성장하였다. 이제는 자신과 함께 커 온 뮤지컬 세계를 진심으로 걱정하고 돌보면서 자신만의 꿈이 아닌 모두의 꿈을 위해 함께 꿈꾸기를 실천하고 있다.

공짜 티켓, 뮤지컬 배우의 꿈을 꾸다

아주 우연한 기회였다. 지금은 사라진 한 소극장 앞에서 누군가 당시에는 이름도 낯선 뮤지컬 무료 관람 티켓을 나누어 주고 있었다. 그때는 길거리에서 무료 티켓을 나누어 주는 경우가 종종 있었다. 그 대신 공연을 보러 온 사람들에게 팸플릿을 팔아 수익을 창출하곤 했다. 이 시기에 우리나라의 뮤지컬은 로열티도 지불하지 않은 흉내내기식 뮤지컬에 불과하였다. 테이프가 아닌 배우의 육성으로 뮤지컬 공연이 진행된 것도 1980년대 〈아가씨와 건달들〉이 최초였다. 이 티켓 한 장은 어린 소년 이석준을 꿈꾸게 하기에 충분했다. 처음으로 보러 간 뮤지컬 공연은 그에게 큰 충격을 안겨 주었다.

> 한 공연 안에 이렇게 멋진 노래와 춤 그리고 연기가 어우러질 수 있다니…….

그는 '아가씨'와 '건달들', 그리고 다른 관객들이 모두 사라진 후에도 자리에서 일어날 수 없었다. 객석에 혼자 남아 뮤지컬 배우가 되기 위한 방법을 고민하고 또 고민했다. 단 한 번의 관람에 사로잡힌 이석준은 평생 그 길을 걷게 되었다. 그렇게 '심장은 미래를 탄생시킨다'(심보선, 2011: 61).

어린 시절부터 부모님의 권유로 사람들 앞에서 노래를 부르거나 춤을 추고 박수를 받으며 끼를 키워 왔지만 막연하기만 했던 꿈이 뮤지컬 배우라는 구체적이고 강한 목표로 변하게 된 것이다. 대학에 뮤지컬 프로그램이 흔하지 않던 시절에 이석준은 오로지 뮤지컬을 배울 수 있다는 지인의 말을 듣고 주저 없이 서울예술전문대학 연극과에 진학했다.

수증기로 가득 채운 연습실

서울예술전문대학의 운동장에서는 어김없이 학생들의 자유로운 동아리 활동이 펼쳐졌다. 연극과, 방송연예과, 영화과, 문예창작과, 실용음악과 등등. 그렇게 다양한 학생이 만나 예술적으로 교감할 수 있는 공간을 그들은 '마당'이라고 불렀다. 정문에서 친구의 이름을 부르면 그 친구가 나올 수 있다는 말이 있을 정도로 좁은 학교 공간은 오히려 모두가 모여 다양하게 배울 수 있는 환경을 제공하였다. 학교 어느 곳에 있든 저마다 노래하고 연기하고 글을 썼다. 다른 전공 수업의 청강도 자유로웠기에 일찍부터 총체 예술을 접할 수 있었다.

뮤지컬 학과가 없었음에도 그가 뮤지컬 배우로서 소양을 갖추게 된 데는 이런 학교 문화가 큰 영향을 미쳤다. 또한 뮤지컬계 전문가인 교수님의 존재는 자연스럽게 뮤지컬에 접근할 수 있는 환경을 제공하였다. 교수님이 직접 연출한 〈그날이 오면〉은 또 다른 충격으로 다가왔다. 한국적인 이야기와 한국적인 음악으로 탄생한 그 뮤지컬은 당시 브로드웨이를 흉내만 내던 뮤지컬계에 파장을 일으켰다. 기립 문화가 없던 당시 그와 그의 친구들을 기립하게 할 정도였다. 이 순간은 그가 한국적이고 독창적인 뮤지컬이라는 새로운 비전을 더하게 된 계기가 되었다.

교수들은 늘 기본을 강조하였다. 뮤지컬 배우가 되기 위해서는 연극이 기본이 되어야 하고, '배우의 신체적인 조건을 갖추지 않으면 뮤지컬을 할 수 없다'고 하였다. 뮤지컬은 총체 예술이기 때문에 뮤지컬에 등장하는 모든 장르와 연출까지도 할 수 있어야 창조적으로 움직일 수 있다는 가르침도 주었다. 조명, 음악, 분장 그리고 연출까지 경험해 본 배우만이 무대 위의 모든 상황을 계산하고 연기할 수 있다는 것이다. 배우가 연출적인 시선으로 작품을 바라보고 연기할 때 보다 창조적인 움직임이 가능하다는 소중한 깨달음을 일찍이 얻을 수 있었다.

이러한 깨달음에는 대가가 따랐다. 한 작품을 준비하기 위해서 몇 개월씩 밤샘 준비가 필요했다. 수업과 연습이 반복되었다. 이석준은 당시 배워야 할 것이 너무나도 많았다고 회상한다. 추운 겨울날이면 땀이 증발하여 만든 수증기 때문에 연습실 전면 거울에 뿌옇게 성에가 끼었다. 거울에 낀 성에를 닦아내는 시간이 유일한 휴식 시간이었다. 여름에도 마찬가지였다. 땀에 절은 옷을 짜고 바닥에 고인 땀 닦기를 반복하며 하루에 세 벌의 옷을 갈아입었다. 그렇게 극단에서의 훈련과 연습은 열정적이고도 혹독했다. 한국무용, 현대무용, 발레, 탭 댄스, 무술, 아크로바틱, 성악, 판소리, 장구 등 연습의 종류도 다양했다. 아침 10시부터 밤 10시까지 연습은 계속되었다. 하나의 장면을 위해 모든 사람이 무술을 배우고 춤을 배우고 노래를 연습했다. 뮤지컬은 연극과는 달리 새로운 장르들이 계속 유입되기에 흐름에 따라 필요한 장르들을 계속하여 배우고 연습했다. 뮤지컬은 그만큼 어려우면서도 매혹적인 분야였다.

【13】 第21464號

뮤지컬로 성공한 독창적무대

「그날이 오면」공연을 보고 李 相 日 〈성대교수·연극평론〉

뮤지컬 〈그날이 오면〉 관련 기사

출처: 동아일보(1991. 5. 6).

이석준은 그 시기를 캐스팅을 위해 연습에만 몰두했던 고된 시간이었다고 회상한다. 하지만 하루하루 배우고 연습하는 과정은 즐거웠다고 말한다. 엄청난 연습량은 체력적으로 지치게 하였지만, 내면의 포만감을 느끼게 하였고 지금의 그를 있게 한 원동력이 되었다.

테크닉을 넘어 무한한 감정의 공간으로

그토록 힘든 뮤지컬이지만 이석준은 이 뮤지컬에 빠져들 수밖에 없는 매력을 느낀다. 연기는 그 '끝을 볼 수 없는 무한한 세계'이고 무한대의 '감정의 공간'이기 때문이다. 그 세계에서 그는 절정의 감정을 체험하였다. 하나의 작품을 하더라도 그 작품은 언제나 열려 있다. 시대별로 다른 언어가 그 작품에 담기기에 같은 배역과 행동이라 하더라도 해석과 연기에는 끝이 존재하지 않는다. 관객들은 계속하여 새로운 작품을 볼 수 있는 것이다. 그는 이러한 깨달음을 선배들을 관찰하며, 또한 스스로 시행착오를 경험하며 어렵게 얻을 수 있었다.

배우로 입문할 당시에 그는 고된 훈련의 시간을 거쳐 완벽에 가까운 테크닉을 갖추고 있었다. 모든 장르에 몸이 반응할 수 있었고, 무대 위에서도 연출가적 시각으로 움직이고 연기하였다. 그런 그에게도 테크닉으로는 넘어설 수 없는 벽이 있음을 깨닫는 순간이 찾아왔다. 100m 달리기를 할 때 인간이 아무리 빨리 뛰어도 일정 기록 이상은 낼 수 없는데 이것은 테크닉에 비유할 수 있다. 그는 실제 연기를 경험하며 테크닉이 완벽한 사람은 연기를 잘하는 로봇일 뿐이지 배우는 아니라고 말한다. 주입식의 테크닉만으로는 진짜 연기를 할 수 없었다.

선배들의 연기는 '진짜 연기'에 대한 깨달음을 주었다. 그들이 보여 주는 축적된 삶의 노하우와 희로애락이 담긴 연기는 그를 무너뜨렸다. 예를 들면, 매우 기본적인 테크닉은 가슴을 들고 허리를 낮추어 연기하는 것이었지만 선배들은 할아버지처럼 허리를 구부정하게 굽히고 있었다. 그 모습은 그가 배운 것과는 달라 의아했다. 그러나 더 인간적이고 실제처럼 다가왔다. 그리고 어딘가 응시하고 있는 모습은 그의 시선도 사로잡아 버렸다. 이러한 선배들의 모습을 통해 그는 테크닉에서 이성으로, 그리고 이성에서 더 나아가 감성으로 연기하는 배우가 될 수 있었다.

배우는 대본에서 그것이 의미하는 것을 찾는다. 그 대사에 숨겨진 뒷이야기를 발견하고 그 대사에 어떤 행동을 입힐 것인가를 고민한다. 그리고 그 의미를 전달하기 위해 연기한다. 이석준은 인간이 시대에 따라 계속 변화하기 때문에 그 시대에 맞는 언어가 입혀져야 하는데, 시대를 막론하고 인간이 고민해야 하는 문제의 가치는 존재한다고 말한다. 그 문제를 현재를 살아가는 사람들의 언어로 풀어 가야 하기에 연기에는 끝이 없다고 본다. 그는 이미 많은 배역을 연기했고, 많은 갈채를 받아 왔다. 하지만 그가 30대에 연기했던 〈헤드윅〉과 50대에 연기하는 〈헤드윅〉은 같은 대본임에도 불구하고 다른 감정과 의미를 생성하여 관객들에게 전달될 것이다. 이에 그는 미래에 맡게 될 배역에 대해 늘 새로운 기대와 설렘을 안고 있다.

이석준의 작품 활동
1997 연극 〈바람과 함께 사라지다〉
1998 뮤지컬 〈지저스 크라이스트 수퍼스타〉-빌라도 역
뮤지컬 〈장보고의 꿈〉
뮤지컬 〈뮤지컬 라이프〉-바비 역
1999 뮤지컬 〈이집트 왕자 요셉〉-요셉 역
뮤지컬 〈안녕 비틀즈〉-김양욱 역
2001 뮤지컬 〈알라딘의 요술램프〉-알라딘 역
뮤지컬 〈들풀의 노래〉-만석 역
2002 뮤지컬 〈젊은 베르테르의 슬픔〉-알베르트 역
뮤지컬 〈카르멘〉-돈 호세 역
2003 뮤지컬 〈나무를 심은 사람〉-산림관리원 역 외
뮤지컬 〈서동요〉-서동왕자 역
뮤지컬 〈젊은 베르테르의 슬픔〉-알베르트 역
2004 뮤지컬 〈불러드 브라더스〉-나레이터
뮤지컬 〈노틀담의 꼽추〉-클로팽 역
2005 뮤지컬 〈틱틱붐〉-조나단 역
뮤지컬 〈아이다〉-라다메스 역
2006 연극 〈이아고와 오셀로〉-캐시오 역
뮤지컬 〈헤드윅〉-헤드윅 역 (~2007)
2007 연극 〈썸걸즈〉-강진우 역
2008 뮤지컬 〈헤드윅〉-헤드윅 역
2009 뮤지컬 〈헤드윅〉-헤드윅 역

연극 〈39계단〉-리챠드 해니 역
뮤지컬 〈형제는 용감했다〉-이석봉 역
뮤지컬 〈건메탈블루스〉-샘갈라하드 역
2010 연극 〈욕망이라는 이름의 전차〉-스탠리 역
뮤지컬 〈스토리오브마이라이프〉-앨빈 역
2011 연극 〈디너〉-탐 역
음악극 〈미드썸머〉-밥 역
뮤지컬 〈톡식히어로〉-멜빈, 톡시 역
뮤지컬 〈스토리오브마이라이프〉-앨빈 역
2012 뮤지컬 〈스토리오브마이라이프〉-앨빈 역
연극 〈벚꽃동산〉-로파힌 역
2004~2007 〈뮤지컬 이야기쇼 이석준과 함께〉 – 진행자
2011 ~ 〈뮤지컬 이야기쇼 이석준과 함께〉 시즌2 – 진행자

진정성 있는 배우로 거듭나다

진짜 연기에 대한 고민은 그 자신의 정체성에 대한 고민과도 연결되어 있었다. 배우 생활에서 슬럼프를 경험하며 위기와 기회는 동시에 찾아왔다. 한 명의 배우가 아닌 자기 자신으로서 자존감을 가지고 스스로의 존재에 대해 고찰하며, 연기하는 인물에 대한 신뢰를 갖기까지는 오랜 시간이 걸린 셈이다.

이석준은 조금은 늦은 나이인 서른한 살 때 처음으로 자존감이라는 의미를 생각해 보게 되었다고 한다. 그 계기를 마련해 준 사람은 그의 아내였다. 〈젊은 베르테르의 슬픔〉이라는 공연에서 처음 그녀를 만날 당시, 그는 테크닉에 있어서는 누구에게도 지지 않을 자신이 있었다. 어느 날 그녀는 '정말 잘하는데 뭔가 위축되어 있는 것 같고 뿜어져 나오는 것이 없다. 자존감이 낮아 보인다'라는 이야기를 건넸다. 흘려들을 수 있는 말이었지만 그는 그 말의 의미를 심각하게 고민했다. 그때까지 '배우 이석준'이라는 이름으로 무대에 섰을 때에 대한 고민이 없었다는 것을 깨달았다.

그날 이후 그는 배우 이석준으로서 연기하는 법을 찾고자 했다. 그러고

이석준의 수상 모습

나서 이전과는 달라진 연기를 경험했다. 계산과는 다르게 힘이 더 들어가기도 하고 자신도 모르게 더 슬퍼지기도 하는 과정들을 통해 이성이 아닌 감정으로 하는 연기를 맛볼 수 있었다. 자신과 마주하고 자신이 어떤 사람인지, 어떻게 살아왔는지를 감안하여 무대에 생명력을 불어넣을 수 있는 사람, 살아오면서 갖게 된 자신의 트라우마, 아픈 기억과 즐거웠던 기억을 무대에서 표현할 수 있는 사람, 자신의 감정과 연기의 조우를 이루어 내는 사람이야말로 진짜 연기를 할 수 있는 배우였다.

이러한 거듭남의 과정을 통해 훌륭한 배우가 되어 왔지만, 이석준은 아직도 끊임없이 배우고 성장한다. 한 작품이 끝날 때마다 실력이 향상되는 것을 느끼며 같은 작품을 하더라도 매회 변화한다. 마지막까지 한 지점을 향해 계속 걸어가고 있는 것이다. 뮤지컬은 관객과 소통하는 장르이기에 TV로는 그 에너지를 느낄 수 없다. 실제로 경험하고 느끼며 연습하는 방법밖에는 없다. 하지만 연기를 하고 있지 않을 때에도 그는 끊임없이 진짜 연기를 고민한다. 모든 배우는 그의 스승이고 진짜 연기에 대한 고민은 그를 끊임없이 성장시킨다.

이석준은 자신의 인생의 정점이 매일 기록 갱신을 하고 있다고 말한다. 경험하는 배역과 연기마다 점점 더 자신을 넘어서고 있다. 이러한 정점이 계속될 것 같다는 행복감을 느낀다. 이러한 행복감은 자신을 넘어 뮤지컬 세계에 대한 책임감으로, 사회에 대한 기여로 점점 더 확장되고 있다.

'뮤지컬 이야기쇼'와 사회적 기여

이석준은 혼자만의 꿈을 모두의 꿈으로 변화시켜 가고 있다. 이야기쇼와 우리 뮤지컬에 대한 비전은 그가 단순히 한 사람의 배우를 넘어서 뮤지컬 분야를 진심으로 걱정하고 돌보는 존재로서의 모습을 보여 준다.

그는 2004년부터 '뮤지컬 이야기쇼'를 진행하고 있다. 뮤지컬의 부흥과 팬들의 행복을 위해서다. 이야기쇼는 한겨울에 꽃 한 송이를 들고 다른 배우를 떨면서 기다리고 있던 팬을 보며 팬들과 배우를 연결해 주는 역할을 하고 싶다는 생각에서 시작하였다. 이야기쇼는 팬과 배우가 만나는 장일 뿐만 아니라 뮤지컬을 부흥시키는 역할도 하였다. 그는 신인 배우가 무대에 설 수 있는 기회를 마련해 주었다. 관객들은 몰랐던 공연들에 다양하게 관심을 갖게 되었다. 이야기쇼는 투자금을 제외한 수익을 전액 기부하는 것을 원칙으로 하고 있다. 그는 기부를 받은 사람이 희망을 가지고 살면 그 사람이 뮤지컬의 관객이 될 수도 있고 배우가 될 수도 있다는 소신과 철학을 가지고 있다. 따라서 기부를 먼 미래를 향한 투자라고 생각한다.

이석준은 오래전부터 가슴에 품어 온 우리 뮤지컬에 대한 비전이 있었다. 그것은 비록 뮤지컬이 외국에서 유입된 장르지만, 우리 색깔을 입힌 독창적 뮤지컬을 만들어 해외로 수출하는 것이다. 그는 연출가로서 세계적 작품들

뮤지컬 이야기쇼 홍보 포스터

과 어깨를 나란히 할 수 있는 우리의 작품을 연출하고 싶어 한다. 뮤지컬 세계에 대한 의무감과 책임감으로 후배들을 위해 그들의 영역을 넓혀 주고자 한다.

그가 바라본 지금의 뮤지컬 산업은 한정된 땅에 고층건물만을 올리는 모습이다. 그는 외국 작품으로는 더 이상 우리나라 뮤지컬의 발전을 가져오기 어렵다고 생각한다. 우리의 콘텐츠를 만들고 내실을 갖추어야 하는데 상업적인 부분에만 초점을 맞추는 점이 안타깝기만 하다. 우리나라 뮤지컬계에도 〈쉬리〉나 〈서편제〉와 같은 작품이 나와서 경쟁력을 갖출 수 있어야 한다고 말한다.

우리나라 뮤지컬이 브로드웨이에서 성공한 사례는 아직 없다. 그렇지만 그 시도들을 실패한 것이라 볼 수만은 없다. 그는 브로드웨이에서의 성공을 위한 틈새를 만드는 데 일조했다는 점에서 매우 의미 있는 시도라고 본다. 계속하여 '스크래치'를 내다 보면 그 틈새로 계속하여 다른 작품들이 들어가서 틈새를 더 벌릴 것이기 때문이다. 그 작은 흔적이 도랑이 되고 강이 되어 자연스러운 길이 될 것이라는 믿음을 가지고 있다. 그의 노력도 그 흔적이 되어 후배들에게 도움을 줄 것이라 기대한다. 비록 자신의 시도가 실패하더라도, 이석준은 그 시도가 후배 뮤지컬 배우들이 좋은 조건에서 뮤지컬을 할 수 있고 우리나라 뮤지컬 산업을 발전시키는 데 조금이나마 도움이 될 수 있을 것이라는 믿음을 가지고 있다.

2부 장인과 장인성

장인은 누구인가? 2부에서는 이 문제를 다룬다. 6장은 장인을 (재)개념화하고 7장부터는 장인의 특성을 찾는다. 7장에서는 장인성을 개관한다. 8장부터 11장까지는 새 개념으로서 장인의 장인성을 하나하나 살펴본다. 8장은 장인의 길이다. 장인의 지위에 오르기까지 장인이 걸어온 필연적 경로를 추적한다. 9장은 장인의 일이다. 그들의 일은 해방과 창조의 과정이었다. 10장은 장인의 배움이다. 장인들이 배움을 넓히고 베푸는 방식을 볼 수 있다. 11장은 장인의 삶이다. 장인이 오른 정상과 그들이 거주하는 높은 고원에서의 고된 삶을 살펴본다. 이것을 시각적으로 요약하면 다음과 같이 그릴 수 있다.

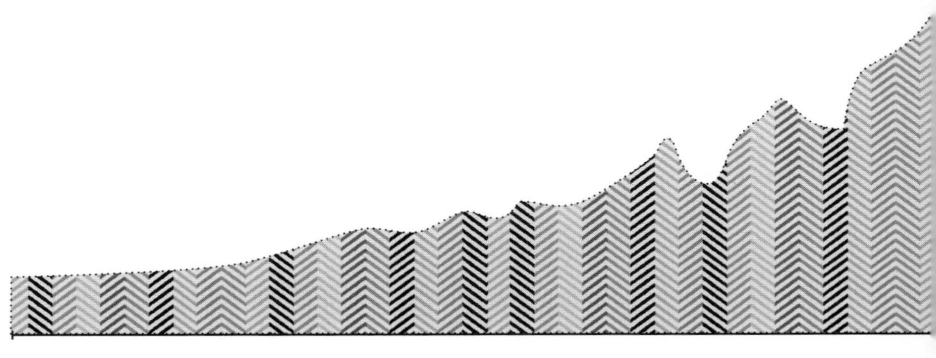

• 장인의 길 – 필연으로의 길

〈장인의 길과 삶, 그리고 일과 배움〉

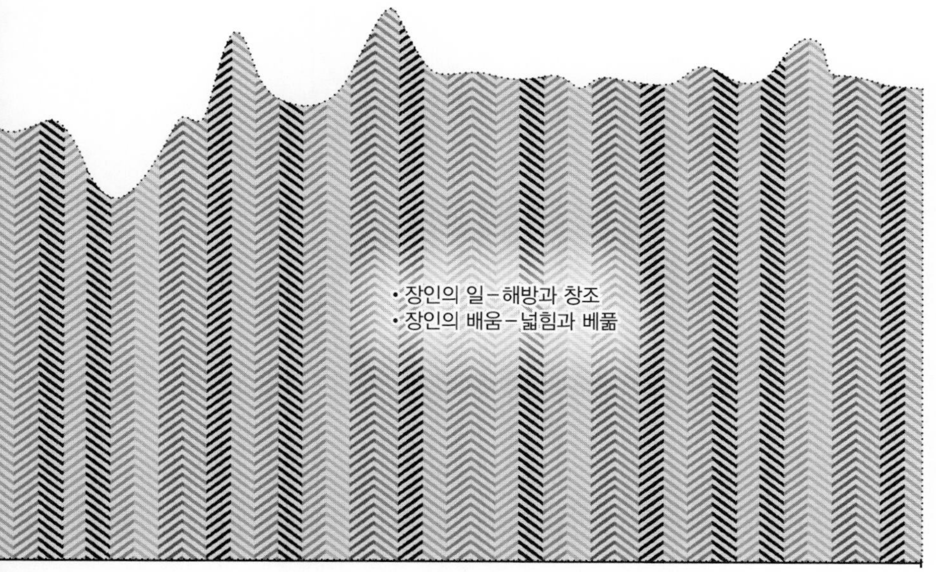

• 장인의 삶–고원에서의 삶

6. 장인의 재개념화: 일하는 사람의 전범

누구나 될 수 있지만, 아무나 될 수는 없는 장인

장인 개념의 범용성

우리는 일상적으로 '장인(匠人)'이라는 단어를 많이 사용한다. 어떤 경우에 사용하는가? 장인이라는 단어의 쓰임새는 어떠한가?

사전에서 장인은 ① "손으로 물건을 만드는 일에 종사하던 사람", ② "예술 작품을 만드는 사람을 비유적으로 이르는 말"로 정의된다(DAUM 한국어사전). 첫 번째 정의에서 장인은 수공업자인 손 기술자를 일컫는다. 더군다나 이 정의에서는 '종사하던'이라는 과거형을 사용한다. 이것은 두 가지 의미로 해석할 수 있다. 장인이 과거에 사용하던 단어이므로 더 이상 쓰이지 않는다는 것이다. 또는 이제는 이런 용어가 더 이상 수공업자에게만 적용되지는 않는다는 의미다. 그러나 장인은 우리가 일상에서 여전히 사용하고 있는 용어이기 때문에 후자의 의미로 해석하는 것이 타당하다. 이와 동시에 두 번째 사전 정의에서 장인은 단순히 손기술자만을 일컫지 않는다. 특히 예술 작품처럼 높은 수준의 훌륭한 생산품을 만드는 사람까지 통칭한다. 게다가 그런 사람을 비유적으로 일컫는다는 점에서 장인은 매우 좋은 품질의 결과물을 생산하거나 제공하는 모든 사람에게 적용할 수 있는 용어라고 볼 수 있다. 한마디로, 모든 일하는 사람이 장인이라고 불릴 수도 있는 것이다.

많은 문헌에서는 장인을 주로 전통수공업에서 대를 이어 종사하는 사람으로 인식하고 있다(김헌선, 1997; 박영희, 2007; 박태순, 2009). 전통적 장인의 개념은 한 가지의 일을 업으로 삼아 훌륭한 기술과 열정을 가지고 일을 하는 수공업에 종사하는 사람으로 정의된다. 장인은 무엇인가를 만드는 일에 남다른 재주가 있어서 뛰어난 솜씨를 발휘하면서 이를 직업으로 삼는 사람이다(김영애, 2010). 또는 '손재간꾼'으로 전통사회에서 실제 생활에 소용되는 연장이나 도구, 공예품을 만드는 물질적 기반에 근거한 예술을 창조하는 인물을 일컬었다(김헌선, 1997).

현대적 장인은 주로 '숙련'의 관점에서 정의되고 있다. 국가가 인정한 장인이라고 볼 수 있는 '대한민국 명장' 역시 「숙련기술장려법」에 의해 정의되었다. 여기서 장인은 일반적으로 한 분야에서 고도의 '숙련' 수준을 가진 자를 말한다. 즉, 도제를 양성할 수 있는 수준에 이르렀으며, 투철한 '직업정신'을 가진 사람을 의미한다. 그런데 '숙련'이라는 개념과 '직업정신'이라는 말은 일의 세계와 함께 변화해 왔다. 경제사회의 변화에 따라 일을 하는 방식은 달라졌다. 일을 잘 한다고 인정받는 사람들의 특성과 기준 역시 천차만별이다. 상품과 서비스 전반에 대한 사회적 요구와 기준이 변화해 왔기 때문이다. 이에 따라 현대의 장인에게 필요한 역량으로는 창의성과 다기능이 중요하게 고려되고 있다. 과거의 고숙련은 반복적인 숙달과 체력, 손재주 같은 육체적 노동과 관련성이 높았지만, 현대의 고숙련은 지적 노동, 즉 지적 고숙련을 더욱 요구하기 때문이다. 과거에는 기술의 재생산과 전수가 중요했다면, 기술 변화와 발전이 빠른 현대사회에서는 이를 확대하고 창조하는 노력이 더 인정받고 있다. 결국 현대적 장인의 모습은 더 이상 전통 기술을 고수하고 전수하는 역할만을 하는 것이 아니다. 그보다는 높은 숙련도를 가지고 있는데도 끊임없이 배우고, 그럼으로써 지식과 기술을 지속적으로 혁신하여 창조적으로 일하는 모습이라 할 수 있다.

그렇다면 우리는 누구를 장인이라고 부르는가? 또는 누구를 장인이라고 부를 수 있는가? 앞의 질문은 우리가 일상적으로 장인이라는 단어를 어떻게 사용하고 있는지를 묻는 것이고, 뒤의 질문은 이상적인(ideal) 장인의 모습은 어떠해야 하는지를 묻는 것이다. 그러나 앞의 경우조차 이상적인 장인상을 상정하여 사용하는 경향이 있다. 이는 장인과 관련한 여러 문헌을 살펴보면 여실히 드러난다. 이 절에서는 일단 장인이라는 낱말의 쓰임새만을 살펴보자.

머리글에서도 언급했듯이, 이미 1975년에 출판된 『사회학적 상상력』에서 라이트 밀즈(Mills)는 진정한 학자 상을 표현하기 위해 '지적 장인'이라는 용어를 사용했다. 그가 주창한 지적 장인으로서의 학자는 관료적이고 의례적인 연구자 또는 연구기술자를 넘어서는 사람을 일컬었다. 근래 발간되어 장인을 다루고 있는 많은 문헌을 보면 장인이 전통수공업을 포함하여 모든 직업에 널리 통용되는 단어라는 사실을 알 수 있다. 여러 책의 제목만 보아도 '목공 장인'(林黛羚, 詹雅蘭, 2013)뿐만 아니라 '식품 장인'(행복이 가득한 집 편집부, 2011), '스피커 장인'(박성제, 2014), '영화 장인'(주성철, 2013)과 같은 말을 쓰기도 한다. 전승 공예나 수공업 분야의 무형문화재 같은 전통 장인(박태순, 2009; 서주희, 2013; 서진영, 2010)을 주로 다루는가 하면, 제조업 분야의 산업 장인들로서 기업 내 기술자들(황선명, 2000)을 다루거나 또는 성우나 만화가를 장인으로 칭하며(배한성, 2006; 이현세, 2006) 다룬 책들도 있다. 토발즈, 히매넌과 카스텔스(Torvalds, Himanen, & Castells, 2002)는 컴퓨터 해커를 디지털 시대의 장인이라고 지칭했고, 유홍준 등(2010)은 패션 디자이너, 사진가, 건축가 등으로까지 장인의 범위를 확장했다. 김종찬(2012)은 장인을 그들이 수행하는 일의 분야를 가리지 않고 어떤 분야에서든 자신의 일에서 최고의 수준에 오른 '일인자'라고 간주했다. 이에 따라 예술가, 방송인, 건축가, 사학자, 번역가, 사회운동가 등을 장인으로 포함하였다. 나는 장인을 일인자라고 정의하는 것에 동의하지는 않는다. 장인이 자신의 분야에서 최고의 위치에 있는 것은 맞지만, 모든 일인자가 곧 장인은 아닐 수 있기 때문이다. 이 문제에 대해서는 다음에 더 상세히 다루겠다.

장인이라는 말은 일상적으로도 널리 쓰인다. 특이한 몇 가지 예를 찾아보자. 한 신문 보도에 의하면 봄여름가을겨울이라는 대중가요 그룹이 '장인정신'을 가지고 공연을 했다고 한다(스포츠서울, 2015. 3. 12, www.sportsseoul.com/?c=v&m=n&i=184734). 국세청에서는 국세행정 발전에 기여한 '국세장인'을 선정하였다. 세정 서비스의 질적 향상을 위한 전문성과 국민들에게 신뢰를 주는 모범적인 공직 자세를 갖춘 직원들이 존중 · 우대받는 문화를 정착시키기 위해서였다(세정신문, 2014. 2. 18, www.taxtimes.co.kr/hous01.htm?r_id=186785).

앞서의 문헌 자료들을 종합하여 볼 때, 장인이라는 단어에 대한 두 가지 사실이 분명하게 드러난다. 첫째는 장인이 수공업자만을 지칭하지는 않는다는 사실이고, 둘째는 장인이 일반적인 직업인보다 더 높은 수준에서 일하는 사람이라는 사실이다. 결국 사전적으로뿐만 아니라 문헌들에서 드러난 쓰임새를 볼 때도 장인은 손기술을 사용하는 수공업자나 기능인에게만 사용하는 개념이 아니다. 다양한 분야에서 장인이라는 칭호를 붙일 수 있다. 한마디로, 장인은 일하는 사람 누구에게나 적용할 수 있는 용어다. 그렇다고 해서 장인이 모든 직업인을 의미하는 것은 아니다. 장인이라는 단어에 대해 발견할 수 있는 두 번째 사실로부터 유추할 때, 장인은 보통 수준의 사람들과는 차별화되어 수준이 더욱 높은 경지에서 일하는 사람이다. 이런 점에서 나는 장인을 일하는 사람의 전범(典範)이라고 본다. 다음 절로 넘어가서 더 상세하게 살펴보자.

일하는 사람의 전범으로서 장인

일(work)은 행위의 실체이며 본질로서 그 일에 대한 현실적 표출인 직업(occupation)과는 구분된다. 직업이 일의 현실적 껍데기 또는 경제사회적 포장이고 개인의 사회적 소유라는 특징을 갖는 반면, 일은 직업의 내적 본질로서 직업 활동의 실체이고 인간 삶의 가치 지향성을 내재하고 있다. 또한 일은 단순히 힘과 능력의 행사로서 생계를 위한 경제적 보상을 획득하려는 노동(labor) 개념과도 차이가 있다. 노동은 소외되고 고통스러운 반인간적인, 부정적이고 파괴적인 의미를 내포한 개념인 반면, 일은 인간 활동의 의미를 통한 자기실현과 사회 공동체 지향적 성격을 더 강하게 갖고 있다. 한마디로, 경제적 수단으로서 하기 싫지만 먹고 살기 위해 어쩔 수 없이 수행하는 직업노동과는 달리, 일은 개인과 사회에 기여하는 활동으로 개념화할 수 있으며, 그 자체로서 인간과 사회에 본질적인 의미와 내재적인 가치를 가진다(장원섭, 2006).

일은 인간 삶의 기초이고 중심이다. 일을 통해 인간은 존재성과 유의미성을 확인한다. 이런 점에서 일의 교육적 회복은 일의 본질적 의미와 가치를 발견하고 실현하는 것이며, 일다운 일은 인간 성장의 기초가 된다. 일다운 일이란 신으로부터 부여받은 소명으로서의 직업(vocation)도 아니고, 안정되고 보수가 많은 일자리도 아니다. 일다운 일이란 삶의 의미를 발견하고, 공동체성을 회복하며, 인간 성장을 위한 토대가 되는 일을 말한다. 그것은 일을 함으로써 일하는 인간의 본성을 다시 발견하고 그 가능성을 충분하게 실현하는 과정이다. 인간은 일을 통해 효능감, 소속감과 같은 다양한 사회·심리적 욕구도 충족한다. 결국 일은 인간에게 존재성과 유의미성을 확인시켜 주고, 삶의 의미를 발견하게 하며, 공동체성을 회복하고, 인간 성장을 위한 토대를 마련해 줄 수 있다(장원섭, 2006).

오늘날의 일은 생계 문제와 결부된 경제적 이익 추구를 위한 하나의 수단으로 전락했다. 그럼으로써 일의 의미와 가치는 희석되었다. 특히 우리나라에서 일은 그 퇴락의 정도가 심각하다. 국제사회조사연합(International Social Survey Program: ISSP)은 한국, 스페인, 미국, 일본, 프랑스 등 주요 국가의 근로자를 대상으로 근로관에 관한 설문조사를 실시하였다. 그 결과, 우리나라는 돈벌이 수단으로서 일을 생각하는 생계수단형 범주에 속하는 대표적 국가였다(최숙희, 강우란, 2008). 이것은 다른 나라들이 일을 자아실현을 위한 수단으로 보거나 일의 흥미와 발전 가능성을 중시하는 유형으로 분류된 것과 대조된다.

일은 단순한 생계 유지 수단을 넘어선다. 카트라이트와 홈스(Cartwright & Holmes, 2006)는 일터에서 일과 직업에 대한 냉소주의가 널리 확산되고 있는 현대적 현상에 주목하였다. 그들은 이를 타파하고 구성원들의 일 몰입도를 높이기 위해서는 지금까지와는 완전히 다른 동기부여 방식을 찾아야 한다고 주장한다. 일의 경제적 측면만 강조하는 것에서 벗어나 일의 사회적 · 교육적 · 영적 측면을 회복하여야 진정한 동기부여가 가능하다고 말한다. 라탐과 언스트(Latham & Ernst, 2006) 역시 미래 인력의 동기부여를 위해서는 일의 본질적 의미에 더 밀접하게 닿아 있는 요소들이 더 주요한 수단이 될 것이라고 한다. 로소, 데카스와 브제스니에프스키(Rosso, Dekas, & Wrzesniewski, 2010)는 자아, 타인, 일의 맥락, 영적인 삶이 일의 의미의 원천이라고 본다. 이것들이 자기효능감, 자아존중감, 소속감, 진정성, 목적성 등을 높이고, 이를 통해 일에 의미를 부여한다고 주장했다. 이런 상황에서 일하는 사람의 전범으로서 장인은 일의 의미와 가치를 보여 줄 수 있는 좋은 사례가 될 수 있다.

장인은 자신의 일에 전념하고 그 결과로 뛰어난 성취를 이룬 사람을 일컫는다. 일반적인 수준의 기술자나 직업인에게 장인이라는 명칭을 부여하지는 않는다. 앞 절에서 살펴보았듯이, 장인은 일하는 사람의 이상적인 모습으로 그려진다. 좀 더 구체적으로 보면, 장인은 소위 '장인정신'*이 투철할 뿐만 아니라 자기 분야에서 최고의 수준에 오른 사람인 셈이다. 그런데 문제는 일인자가 모두 장인정신을 가졌다고 보기는 어렵다는 것이다. 오히려 장인은 장인정신이 투철하다는 전제 조건이 더 중요하게 강조되면서 사용되어 왔다. 실제로 우리는 이렇게 포괄적으로 장인이라는 용어를 사용하고 의미화한다.

리처드 세넷(Sennett, 2010)에 의하면, 장인은 단순히 '노동하는 동물(Animal Laborans)'이 아니다. 이보다 더 이상적인 모습의 '제작하는 존재(Homo Faber)'로서 인간의 지향점이다. 더군다나 전통수공업 장인이라 할지라도 그들은 손으로 일하면서 머리를 쓰는 '생각하는 손'으로 표상된다. 이런 점에서 장인은 달인 개념과는 다르고 달인을 넘어설 수 있다. 따라서 현대 장인은 수공업자가 머리를 함께 쓰는 것뿐만 아니라 정신노동자가 머리로만 일하는 것을 넘어서고 입으로만 관리하는 것을 지양한다. 그 대신 육체와 정신, 손노동과 입노동의 통합을 지향한다. 그렇기 때문에 장인은 모든 일의 과정을 세세하게 챙기고 책임지는 방향으로 일한다. 따라서 장인의 '손'은 하나의 메타포로 이해되어야 한다. 그것은 육체노동이든 정신노동이든 간에 '손수' 일하는 사람을 가리킨다. 장인이 일하는 사람의 전범이고 자신의 분야에서 최고의 경지에 오른 사람인 것은 어쩌면 그들이 이렇게 '손수' 수고하여 일한 당연한 결과라고 볼 수 있다.

결국 장인은 일터의 또는 일하는 사람의 전범(典範, archetype)으로 일다운 일을 하는 사람이다. 장인은 일을 통하여 존재의 의의를 실현하는 사람

---

* 나는 이 책에서 장인정신 대신 장인성을 주창한다. 그 이유에 대해서는 7장에서 논의하겠다. 그럼에도 불구하고 장인정신을 언급한 이유는 그동안 장인정신을 장인의 가장 본질적이고 핵심적인 특성이라고 여겼기 때문이다. 여기서는 그런 쓰임새만을 고려하였다.

을 의미한다. 그 어떤 이차적 보상에 대한 추구 동기보다는 일 자체에서 삶의 목적과 존재의 의미를 발견하며, 그 일을 통해 공동체에 기여하고자 하는 사람이다. 한마디로, 장인은 자신의 일의 분야에서 깊숙이 몸담으며, 자신이 속한 일의 세계에서 끊임없이 새로운 영감을 발견하고, 이를 통하여 능동적으로 자기 존재의 의의와 일의 깊이를 확장시켜 나가는 일하는 사람의 전범이라 불릴 수 있다.

장인 개념 찾아가기

비계설정식 개념화 방법론

더 나가기 전에 여기서 풀어야 할 한 가지 문제가 있다. 그것은 장인과 장인정신 사이의 순환 모순 문제다. 장인은 누구인가? 많은 이가 '장인은 장인정신을 가진 자'라고 규정한다. 그렇다면 장인정신은 무엇인가? 이것은 다시 '장인이 가진 소명의식 등의 정신'으로 본다. 결국 장인은 장인정신을 가진 자이고, 장인정신은 장인이 가진 정신이라는 순환 모순을 낳는다. 이 문제를 어떻게 해소할 것인가가 장인을 개념화하기 위한 또 다른 과제가 된다.

나는 장인과 장인정신 사이의 순환 논리를 비계설정식(scaffolding) 개념화 방법을 통해 극복하려고 했다. 내가 말하는 비계설정식 개념화 방법은 임시 가설물을 설치하고 건물을 만들어 가는 것과 같다. 산에 오르기 위해 임시 계단을 설치하여 오르고 아래 계단을 빼서 다시 위에 설치하는 방식이다. 다시 말해서, 그것은 개념적 비계를 설정하고 실제 현장과의 끊임없는 대결을 통해 이념형적 개념을 구성해 나가는 점진적인 변증법적 방법론이다. 이것은 장인이 누구인지 이념형적 개념화가 완성되지 않은 상태에서 내가 누구를 장인으로 선정하여 연구할 것인지를 찾아가는 가장 좋은 방법이었다.

이 방법은 미리 가설을 설정하거나 이론에 근거하여 이에 대한 검증을 하는 실증주의 연구 방법이나 실재론적 과학철학도 아니고(Keat & Urry, 1975), 사전에 어떤 기준을 설정하지 않고 아무런 전제도 없이 연구 현장에 참여하는 민족지(ethnography)나 인류학적 방법론도 아니다(Spradley, 1979). 건축 설계에서 상정한 이념형은 완성된 건물이 되겠지만, 인문사회과학은 자연과학과는 상이하다. 이념형이라고 보이는 현상조차도 지속적으로 다시 만들어져 가기 때문이다. 어쩌면 절충주의적이라고 볼 수도 있다. 그러나 비계설정식 방법은 더 정확하게는 그 특성상 구성주의적 관점을 견지한다. 이런 접근법은 비고츠키가 아동의 학습을 위한 비계설정을 강조하는 교육 방법에서 힌트를 얻은 것이다. 그의 교육론 용어를 차용하고 그 의미를 연구 방법에 응용하여 내가 새롭게 시도한 교육학 또는 사회과학 연구 방법론이다. 나는 장인 연구를 통해 일과 학습에 관한 새로운 개념과 이론적 틀을 개발하는 것을 주요한 목적으로 삼았지만, 그 과정에서 연구 방법론도 그에 적합한 독특한 접근법을 만들었다고 생각한다.

나는 최대한 선입견을 배제하고 장인들의 삶과 일과 배움의 과정에 몰입하려 노력했다. 그럼으로써 그들을 이해하고 주제의 본질에 접근하고자 하였다. 그러고 나서 성찰의 과정을 통해 기존 인식과의 간극 또는 불일치 자체를 다루려 하였다. 이 과정에서 지속적으로 연구의 문제와 내용, 범위와 초점은 변화해 갔다. 나의 인식과 경험은 연구에 참여한 장인들의 이야기, 일의 세계의 현실과 문제 등과 만나고 협상되는 지점에서 확장의 계기를 맞았다. 한마디로, 확장학습의 과정이었다(Engeström, 2001). 다양한 모순을 극복하기 위해 여러 문제를 제기하는 과정에서 이전 관념보다 더 넓은 가능성을 포함하는 재개념화가 일어났다.

한 예로, 다음 장에서 상세히 다루겠지만, 비계설정식 방법을 통해 나는 장인정신에서 장인성(匠人性)으로 나아갈 수 있었다. 처음에 장인정신으로 출발한 장인의 특성은 장인들을 만나고 연구하는 과정에서 그것이 단순히 정신만의 문제가 아니라는 생각으로 발전했다. 장인은 정신 세계가 아닌 현실 세계의 존재였다. 따라서 실재적이고 어쩌면 물질적인 장인성으로 보아야 한다고 결론을 내렸다.

또한 처음 연구 대상을 선정할 때 이론적 개념이라는 비계만으로 장인을 선택하는 데는 한계가 있었다. 일단은 눈에 보이는 결과, 즉 사회적 인지도와 시장에서의 성과에 근거해서 장인 연구의 대상을 선정할 수밖에 없었다. 그러나 예비 인터뷰 과정에서 그들의 경제사회적 성취가 아무리 뛰어나더라도 장인으로 인정할 만한 특성을 갖추었다고 보기 어려운 사람들도 있었다. 그런 경우에는 연구 대상에서 탈락시켰다. 그렇기 때문에 또다시 새로운 개념적 비계를 설정하여야 했다.

장인 대상 선정에서의 이런 구성적 정당화의 과정에도 불구하고, 여전히 한계는 남아 있다. 장인으로 인정할 만한데도 성과가 잘 알려지지 않은 수많은 장인은 연구 대상에서 제외될 수밖에 없었기 때문이다. 눈에 띄는 자들 중에 장인으로 인정할 만한 사람만이 최종적인 연구 대상이 되었다. 사회적으로 두드러지지 않은 숨어 있는 장인은 연구에서 배제되었다. 그들이 어떤 사람이고 왜 눈에 띄지 않았는지는 더 연구해 봐야 한다. 그럼에도 불구하고 나의 연구가 장인으로 인정할 만한 사람들이 가진 일과 배움의 과정 및 그 특성을 찾는 것이기 때문에 찾아진 장인만으로도 이 연구의 목적은 달성할 수 있었다.

비계설정식 방법을 통해 장인 개념에 대한 편견들도 제거해 나갈 수 있었다. 장인에 대해 우리가 일반적으로 가지는 편견들이 있다. 나도 그랬다. 그래서 처음에는 그런 일반적 통념들 속에서 연구를 시작했다. 예를 들어, 장인은 도제 제도를 통해서 기술과 태도를 전수하면서 온전히 길러질 수 있다는 편견이 있다. 그러나 내가 만난 장인들의 사례들로 볼 때 확실히 그런 것만은 아니었다. 특히 우리나라에서 장인 전통이 무너지고 새로운 산업화가 이루어지는 과정에서 도제 제도는 거의 없어졌고 지금도 별로 없다. 우리가 장인이라고 일컬을 만한 사람들이 배우고 성장한 과정은 다른 양태를 보였다. 도제식의 기술 전수와 태도 형성 과정이라기보다는 오히려 스스로 배우고 익히면서 새로운 기술을 만들어 가는 창조적이고 확장적인 순환의 과정이었다. 이렇게 장인들을 만나고 연구하면서 장인에 대한 편견들을 깨는 새로운 발견을 했다. 이를 통해 장인에 대한 재개념화(reconceptualization)가 가능했다. 장인에 대한 편견들을 계속 가지고 있었다면 장인에 대한 재개념화는 불가능했을 것이다. 한마디로, 비계설정식 개념화 방법은 장인 개념을 구성하고 재구성하는 재개념화의 과정으로서 매우 적합한 방법이었다.

이러한 재개념화의 과정을 거치면서 연구의 목적과 주제, 범위와 초점 등은 지속적으로 진화해 갔다. 연구 초기에는 장인이라는 인물 자체에 초점을 두고 이들이 어떠한 숙련과 성장의 과정을 거쳤는지, 그리고 개인적으로 어떠한 특성을 가지고 있는지 밝히는 데 관심을 가졌다. 앞서도 잠깐 언급했듯이, 이들과 소통하는 과정에서 점차 일과 일하는 사람의 본질로서 장인성에 추가적인 관심을 갖게 되었다. 이들에게서 새롭게 발견한 일과 배움의 과정뿐만 아니라 그 과정에서 드러난 일에 대한 태도와 가치관, 활동 양상 등은 내가 가졌던 선이해와 충돌하기도 했다. 기존의 이론과 연구들로는 설명되지 않는 부분이 발생하기도 하였다. 이를 통해 나의 선입견과 사회적 통념에 대한 선이해는 현대적 장인과 장인성의 이해라는 새로운 국면으로 이행할 수 있었다. 나는 현대적 의미의 장인과 장인성의 양상을 새롭게 발견하고 이를 통해 일과 교육의 본질적 의미를 찾으려는 목표를 재설정하기도 했다.

이 연구를 마무리하면서 최종적으로 갖게 된, 이마저도 언제나 잠정적일 수밖에 없겠지만, 나의 장인 개념으로 이 절을 마치려 한다. 나는 연구에 참여한 장인들의 사례에 기초하여 기존의 장인 용어의 쓰임새들이 갖는 공통점과 차이점, 본질과 오류 등을 찾아내서 정리하였다. 다시 말하지만, 비계설정식 개념화 방법론을 통해 장인을 재정의했다. 재개념화를 위한 마지막 단계에서는 막스 베버(Max Weber)의 '이념형(ideal type)'을 차용했다. 마치 베버가 전문가의 이념형을 제시한 것처럼, 나는 장인 또는 장인성의 이념형을 구성하고자 했다. 내가 연구한 장인들은 개인마다 다소간의 편차가 있기는 했지만 나는 그들로부터 일과 배움의 이상적인 모습들을 보았다. 따라서 그들로부터 일이란 무엇인가에 대한 일의 이념형과 배움이란 무엇인가에 대한 배움의 이념형을 구성했다. 결국 장인의 개념을 일과 배움의 이념형으로 재개념화했다. 한마디로, 장인은 일과 배움의 전범(典範, archetype)이었다.

달인, 프로, 일인자, 예술가와는 다른 장인

장인과 흔히 혼용되는 다른 명칭들이 있다. 앞서도 나는 장인이 일인자와는 다르다거나 달인을 넘어선다고 말했다. 그럼에도 불구하고 '저 사람은 달인이다'라든가 '그분은 정말 프로다'라는 말을 할 때 우리는 일하는 사람의 이상적 모습을 떠올리며 장인과 혼동한다. 장인은 달인이나 프로 또는 일인자와 어떤 점에서 다를까?

장인은 달인을 넘어선다. 달인은 특수한 한 분야에서 기능의 숙련도가 뛰어난 사람을 말한다. 〈생활의 달인〉이라는 TV 프로그램에서는 자전거를 타고 신문을 배달하면서 한 부씩 던져서 정확하게 집 안에 넣는다거나 밥알의 갯수가 항상 똑같은 초밥을 만드는 달인을 소개하곤 한다. 이들은 자신의 일에 숙달하여 기능적으로 탁월한 숙련도를 보이는 사람들이다. 내가 연구한 장인 가운데 안창현 제과 명장도 한 TV 프로그램에서 밀가루 반죽을 하고 정확하게 그 무게를 일치시키는 기능을 선보이기도 했다. 이런 기능의 숙달이라는 측면에서 달인은 장인과 같은 특성을 갖는다. 이런 경지는 어쩌면 '1만 시간'의 연습을 통해 이뤄진 것일 수 있다(Gladwell, 2009; 이상훈, 2010). 한 가지 일에 오랜 시간 종사하다 보면 저절로 그런 숙련도를 보일 수 있다.

그러나 달인은 일의 아주 세부적인 특정 기능에 숙달된 숙련자 또는 기능인일 뿐이다. 반면에, 장인은 그런 숙련도를 기반으로 하지만 세부 기능에만 한정하지 않고 자신의 일을 더 넓은 범위로 확장한다. 일의 확장은 창조적인 일의 활동을 의미하고, 그 확장의 과정에서 또 다른 배움을 추구한다. 이런 점에서 장인은 달인을 넘어서는 일과 배움의 모습을 보인다.

프로 역시 장인과는 다르다. 사실 프로는 프로페셔널을 줄인 말로 전문가를 일컫는다. 전문직 또는 전문성과 관련한 논의는 다른 장들에서 다루었다. 여기서는 프로라는 용어를 사용하는 방식을 살펴보고 이를 장인과 비교하고자 한다. 고미야 가즈요시(小宮一慶, 2013)는 프로란 "자신의 이름을 걸고 일할 수 있는 사람"이라고 규정했다. 그만큼 일의 결과에 자신이 있고, 그러기 위해서 일을 잘 수행한다는 말이다. 이런 점에서 프로는 장인과 유사하다. 그러나 프로는 전문적 직업인을 일컫는다는 점에서 장인과는 다른 측면이 더 부각된다. 운동경기에서 프로는 철저히 일의 대가를 지불받는다. 따라서 돈을 준 고객을 우선적으로 중시하며 일한다. 일의 수행도 철저하게 고객의 리듬에 따른다. 한마디로, 프로는 수고의 대가로 돈을 받고 일을 하는 직업인인데, 그런 직업인 가운데 특별히 그 돈의 값어치를 잘 해내는 사람을 지칭할 때 쓰인다. '저 사람이 무슨 프로야'라는 말은 전문 직업인이지만 지불한 대가만큼 노력을 기울이지 않거나 기대한 결과를 산출하지 못할 때 하는 말이다. 따라서 프로는 돈 값, 즉 돈의 대가와 연관되어 쓰이는 용어다.

반면에, 내가 연구한 장인들은 직업인이기는 하지만 고객의 요구나 돈보다는 일 자체와 그 성취의 보람 및 가치에 더 중점을 둔다. 돈을 더 벌기 위한 남들과의 경쟁보다는 일의 본질과 정직한 리듬을 우선시한다. 일 자체를 더 높은 경지로 올려놓기 위해 자신과의 경쟁을 한다. 프로가 다른 사람의 만족을 더욱 고려하는 반면에 장인은 일 자체와 그 일의 완성도를 높이기 위해 지향성을 갖는다. 그러고 나서 장인은 그 일의 성취를 공동체를 위한 가치를 추구하는 데 기꺼이 나누고 세상과 공유한다. 이런 가치를 달성하기 위해 일과 배움을 끊임없이 추구한다는 점에서 장인은 프로의 한계를 뛰어넘는다.

〈K-POP 스타〉라는 TV 프로그램은 신인 가수를 선발하기 위한 경연 무대다. 몇 년 전 여기에 출전한 한 가수 지망생은 '더 이상 잘 부를 수 없을 정도로 완벽하게 열창'했음에도 불구하고 심사위원들로부터 혹평을 받았다. 한 심사위원은 "감동이 안 온다. 애초에 음악을 잘 부르기 위해 시작한 분 같다. 여기서 뭔가 할 말이 있어서 노래를 시작한 사람이 아니고 노래를 잘하기 위해 부르는 것 같은 느낌을 받았다."고 말했다. 또 다른 심사위원 역시 "호텔에서 10년 동안 건반 치며 노래 부르는 아저씨를 보는 듯했다. 너무 잘하는데 직업이니까 하는 거 같다."고 했다(뉴스엔, 2013. 2. 11, http://www.newsen.com/news_view.php?uid=201302101741041110). 이런 심사평에서도 그저 맡겨진 일을 그만큼 잘 해내는 프로와는 다른 장인의 특성을 엿볼 수 있다.

장인은 일인자나 전문가와도 구분된다. 일인자는 일의 성과가 최고인 사람을 일컫는다. 성과(performance)는 겉으로 드러난 일의 결과를 의미한다. 일인자는 아니더라도 전문가(expert) 역시 업무를 탁월하게 잘 수행하는 사람이다. 이런 점에서 관찰 가능한 개인의 수행(performance)에 초점을 맞춘다. 그들은 특정한 분야에서 자신의 업무에 대한 지식, 경험, 문제해결력 등과 같은 개인의 인지적 요소들이 뛰어나다. 일인자나 전문가는 이런 능력에 기초하여 일을 매우 잘 수행하고 탁월한 업무 성과를 낳는다.

장인은 업무 성과뿐만 아니라 더 넓은 일의 의미와 가치를 추구한다. 이것은 내가 성과 패러다임과 가치 패러다임을 구분한 것과 같은 이치다(장원섭, 2011). 성과와는 달리 가치의 개념은 눈에 보이는 또는 보이지 않는 다양한 요소를 포함한다. 외재적인 동시에 내재적인 측면까지 포괄한다. 개인적 수준부터 조직의 수준까지 다차원적인 의의를 가진다. 단기적인 측면뿐만 아니라 장기적이고 미래적인 측면에서의 중요성을 강조한다. 성과의 개념이 외부의 요구나 의도에 맞는 행동의 결과를 의미하면서 목표를 달성할 때까지 내재적 가치를 연기하는 특성을 갖는 데 비해, 가치는 과정 속에서 지속적으로 실현되어야 하고 그 결과로도 반영되는 것이어야 한다. 지금 당장의 가시적인 성과보다는 눈에는 잘 보이지 않지만 미래에 발현할 잠재력으로서 가치는 중요한 의의를 갖는다. 실제로 외적 필요와 성과는 한계가 있다. 일의 의미를 발견하고 자기가 하는 일을 가치 있게 만드는 것이 더 중요하다. 일의 가치가 크게 올라가는 것은 자기 일에 정성을 쏟아부어 거기서 남다른 의미를 이끌어 낼 수 있을 때 가능하다. 업무의 가치와 의미는 직무 수칙에 규정된 수준 이상으로 생각을 하고 그 일에 몰입과 헌신을 할 때 얻어질 수 있다. 결국 가치는 눈에 보이는 경제적 성과뿐만 아니라 눈에는 잘 띄지 않지만 더 중요한 사회적 · 인간적 유의미성을 포함한다. 이런 일의 유의미성과 가치는 앞의 가수 경연 프로그램의 심사평에서도 찾아볼 수 있었다. 결국 장인은 자신의 분야에서 일인자이거나 전문가임에 틀림없지만, 모든 일인자나 전문가가 장인인 것은 아니다.

장인은 예술가와 비견되기도 한다. 예술은 기술과 같은 어원을 가지고 있다. "예술에 해당하는 그리스어 테크네(technē), 라틴어 아르스(ars), 영어 아트(art), 독일어 쿤스트(Kunst), 프랑스어 아르(art) 등도 일반적으로 일정한 과제를 해결해 낼 수 있는 숙련된 능력 또는 활동으로서의 '기술'을 의미하던 말로서, 오늘날 미적(美的) 의미에서의 예술이라는 뜻과 함께 '수공(手工)' 또는 '효용적 기술'의 의미를 포괄한 말이었다."(두산백과, http://www.doopedia.co.kr/doopedia/master/master.do?_method=view&MAS_IDX=101013000729709). 실제로, 르네상스 이전까지 예술가는 기술을 연마하고 활용하여 이미 존재하는 이데아를 모방한다는 점에서 장인과 같은 존재였다(Sennett, 2010).

그렇다고 해서 지금도 장인과 예술가를 같다고 보아서는 곤란하다. 예술가는 고대와 중세 시대의 수공기술자에서 르네상스 이후에 본격적으로 창조자로 지위를 높였다(Krieger, 2010). 예술가는 "이름을 드러내는 작품을 창조"(Krieger, 2010)한다는 점에서 달인을 넘어선 장인과 유사하다. 장인은 단순한 기능을 발휘하는 것을 넘어서 예술적 경지의 물건을 만들어 낼 수 있다. 그러나 예술가와는 달리 장인은 기본적으로 직업인이다. 직업인으로서 작품이라기보다는 상품을 만든다. 작품 같은 상품일지라도 장인은 자신이 만든 상품을 팔고 경제적 수익을 창출한다. 한마디로, 장인과 예술가의 활동의 결과물은 상품과 작품이라는 차이가 있다.

그럼에도 불구하고 장인이 작품을 만들고 예술가가 상품을 만드는 시대이기도 하다(永六輔, 2005). 예를 들어, 앤디 워홀은 작품을 다시 상품으로 통합하였다(Krieger, 2010). 또한 예술가가 노동자라는 주장에도 귀 기울일 만하다. 흔히 '스스로와의 고독한 싸움 끝에 창작물을 만들어 내는' 이들로 인식되는 예술인들이, 얼핏 생각하기에 장르도 다르고 사고방식도 다르리라 생각되는 이들이 노조 설립에 나선 이유는 뭘까 ……(중략)…… 그러나 그는 "예술가는 자신이 속한 사회와 사실상 고용관계를 가진다."고 설명했다(나도원 대중음악평론가; 프레시안, 2012. 8. 26., http://www.pressian.com/article/article.asp?article_num=30120824152126).

더군다나 예술가는 시간과 노력을 몸소 들여 작품을 만들어 내는 장인의 정신을 가져야 한다는 점에서 '장인-작가성'도 주장된다(김윤아, 2010). 장인-작가성은 호모 파베르인 동시에 호모 크레아토르서의 성격을 지닌다. 김윤아(2010)는 '사유하는 손'과 '몸'으로서의 노력, 즉 장인정신과 이에 그치지 않고 독창적인 작가 세계를 펼치고자 노력하는 작가정신을 함양하고 있는 예술가를 진정한 예술가로 보았다. 장인-작가성을 지닌 예술가는 육체노동을 통한 숙련의 결과 획득한 기술적 능력 및 고유한 작업 방식을 가지며, 장인적 방식을 통해 독특하게 개성을 표현할 수 있어야 한다. 또한 내적 의미와 심미적 감동이 형식으로 발현되어 관객의 정서를 환기하고 감동을 줄 수 있어야 한다.

결국 장인도 창작을, 예술가도 장인성을 공유한다. 여기에서 현대 장인의 새로운 지향점을 찾을 수 있다. 그렇다고 해서 장인이 곧 예술가도, 예술가가 곧 장인도 아니다. 앞서도 언급했듯이, 장인은 일하는 사람이라는 본질적 특성을 갖는다. 장인은 물품을 생산하거나 서비스를 제공하는 것을 기본적인 활동으로 삼는다. 이런 점에서 장인은 수공업자만이 아니라 예술가를 포함한 모든 일하는 사람에게 적용될 수 있는 개념이다.

지금까지의 논의를 요약하면 다음과 같다. 장인은 일하는 사람의 이상적 모습을 표현하는 명칭으로서 일하는 사람의 전범이다. 달인은 기능적 숙련도에서, 프로는 일에 대한 성실성에서, 일인자 또는 전문가는 일의 수행과 성과의 탁월함에서, 그리고 예술가는 작품의 창조라는 점에서 장인과 유사한 측면이 있다. 그러나 그 특성 가운데 일부만을 공유하고 있다. 장인은 수공업자도, 달인도, 프로도, 일인자도, 예술가만도 아니다. 장인은 일하는 데 있어서 그들이 가진 특성들을 포괄하는 또 다른 독특한 모습을 지닌다. 그것은 장인이 일하는 사람의 전범이라는 데서 찾아진다.

장인의 현대적 의미

현대 개념으로서 장인

나는 앞서 누구나 장인이 될 수 있지만 아무나 장인이라고 부르지는 않는다고 했다. 특히 장인을 수공업자이거나 손노동을 하는 사람이라는 좁은 범위로 정의하는 것은 더 이상 적절하지 않다고 보았다. 이렇게 말한 이유는 일하는 사람이라는 의미가 시대에 따라 달라져 왔다는 데서 찾아볼 수 있었다.

전통사회로부터 근대사회로 넘어오면서 일하는 사람의 부류에 대한 인식이 바뀌었다. 전통사회에서 일하는 사람으로서 장인은 노예였고 천민이었다. 또한 장인을 비롯한 일하는 사람은 누구나 손 또는 육체를 쓰는 사람이었다. 정신적 활동을 하는 사람은 일하는 자로 간주되지 않았다. 그들은 귀족이거나 양반이었고 근로자나 노동자라고 지칭하지 않았다. 따라서 장인은 수공업자이면서 그 가운데는 가장 높은 위치에 있는 사람을 일컬었다.

산업화가 이루어진 후 누구나 일하는 사회가 되었다. 일하지 않는 것이 더 가치롭게 간주되던 시대에서 '일하지 않으면 먹지도 말라'는 말이 미덕으로 간주되는 시대로 넘어갔다. 산업(industry)이라는 단어의 어원인 '인두스트리아(industria)'는 근면함을 의미한다. 한마디로, 계급과 신분 제도가 공식적으로 철폐된 근대 이후 사회에서는 모든 이가 일하는 사람이 되었다. 그리고 일은 육체노동뿐만 아니라 정신노동까지를 모두 포함하게 되었다.

이렇게 변화한 상황에서 굳이 장인을 전통사회에서 일하는 사람의 전형이었던 손노동자 또는 수공업자로만 국한하여 생각할 필요는 없다. 장인이라는 말이 처음 사용되었던 전통사회에서는 손을 써서 하는 일밖에는 없었지만 지금은 거의 모든 사람이 매우 다양한 방식으로 일이라는 활동에 참여하고 있기 때문이다. 앞서 언급했듯이, 일은 육체노동뿐만 아니라 정신노동을 포함하고, 생계를 유지하기 위한 임금노동이나 취업노동뿐만 아니라 공익을 위한 시민노동 또는 사회적 노동까지도 포괄하는 다채로운 활동이 되었다(장원섭, 2006; Beck, 1999).

따라서 장인이라는 용어가 지금도 여전히 유효하게 사용되는 상황에서, 장인은 모든 일하는 사람 가운데 최고의 위치에 있는 자가 된다. 이때 일하는 사람의 범위가 과거에 비해 훨씬 더 넓어졌을 뿐이다. 다시 말해서, 전통사회에서 사용되었던 장인이라는 명칭을 지금도 사용하려면 현대사회에서의 일이 이루어지는 상황에 맞게 그 의미를 확대하여 적용하여야 한다. 이럴 경우, 장인은 일하거나 일하려는, 따라서 모든 사람에게 적용될 수 있는 용어다. 단지 수공업자에게 한정하여 사용되었던 과거에 비해 그 의미가 훨씬 더 큰 개념이 되었다.

현대사회 변화와 장인

이 시대에 장인이 중요한 이유는 그 용어의 적용 범위가 확대된 것에만 있지 않다. 후기산업사회로의 이행에 따른 고숙련화와 지식산업화가 더욱 요청되는 현실에서 장인은 큰 의의를 갖는다. 손끝 기술과 경험적이고 암묵적인 지식은 전통적으로 장인이 갖고 있던 숙련이었다. 산업사회에서 대규모 공장의 도입과 기계화, 자동화가 이루어지면서 탈숙련화가 촉진되었고, 대량생산과 분업 체제에 따라 단순기능공이 필요하게 되면서 장인 전통은 크게 위축되었다. 잘게 나누어진 일의 분업 체제는 장인의 일을 대체했다. 달인 같은 단순 기능 인력이 더 많이 필요하였다. 그러나 다시 탈산업화와 다품종 소량생산 또는 맞춤형 생산의 요구가 증대되었다. 현재는 이에 대응할 수 있는 다기능 기술자와 고숙련 인력의 수요가 증가하고 있다. 지식정보산업화에 따라 통섭형 지식과 창의적인 인재가 요구되고 있다. 이렇게 변화한 새로운 산업 사회에서 장인은 다시 한 번 주목을 받을 수밖에 없다.

숙련의 내용은 산업 구조의 변화에 따라 달라져 왔다. 숙련 개념은 전통적으로 '육체적인 작동의 성과'에 초점이 맞춰져 있었다. 전통적 숙련이 경험적이고 암묵적인 지식으로 구성되어 있다면, 새로운 숙련의 개념은 인지적 숙련을 기반으로 하여 변화하는 생산 방식에 유연하게 대응하는 것으로 바뀌고 있다. 박동열, 조은상, 윤형한, 이용길(2011)은 숙련 기술인을 특정 분야에 대해 일정 수준 이상의 경험과 전문 지식을 갖추고 탁월한 기술을 보유한 자로서 정의한다. 새로운 고숙련 개념은 손기술이나 기계 조작 기능뿐만 아니라 지식을 활용하고 창출하는 지식산업의 차원에서 접근하여야 한다. 기술 및 산업의 변화에 따라 문제해결 능력과 공정 전체에 대한 이해, 그리고 사회적 숙련과 이론적 기반, IT 기술에 대한 이해 등이 더욱 중요해지고 있다(조성재, 박준식, 전명숙, 전인, 김기웅, 2013). 우리나라에서 최고 수준의 숙련 기술자로 일컬어지는 명장의 숙련 내용은 1980년대 중반부터 내부노동시장화가 진행되면서 전통적인 것에서 보다 이론적 기반을 갖춘 것으로, 그리고 사회적 숙련과 문제해결 능력에 초점을 두는 것으로 변화해 가면서 기업 특수적 성격이 강화되어 갔다. 전통적인 도제 제도 형식과는 무관한 새로운 숙련이 형성되기 시작하였다. 특히 자동화 기계의 도입을 오히려 새로운 세대들이 주도함으로써 숙련의 진화가 이루어졌다(조성재 외, 2013). 여기에서 더 나아가 일에 대한 자부심, 공동체에 대한 책임감, 사회에 대한 기여 등과 같은 장인으로서의 인재가 요구된다. 이러한 내용들은 일하는 사람이 갖추어야 할 변화한 또는 변하지 않는 능력과 덕목이다. 내가 연구하고 이 책에서 소개한 장인들이 이런 모습을 갖추고 있었다. 그런 점에서도 장인은 현대사회에서 일하는 사람의 전범임이 확인되었다.

장인은 일의 가치 차원에서도 그 의의를 더한다. 현대는 '천박한 기계주

산업사회와 정보사회의 일 비교

구분	산업사회의 일	정보사회의 일
직업윤리	프로테스탄티즘: 소명, 의무, 돈	해커윤리: 오락, 열정
삶의 리듬	철창: 금요일 지향, 고통으로부터 벗어나기, 시간의 리듬에 따라 노동	자물쇠: 일요일 지향, 안식을 이용, 여가=열정, 시간으로부터 자유로움
일하는 이유	개인: 이윤동기, 자본주의 정신	사회적 관계: 사회적 욕구, 동료인정, 돈은 수단
학습	교육의 폐쇄모델, 관료주의	아카데미 공개모델, 학습=개발
핵심어	돈, 노동, 최적화, 유동성, 안전성, 확정성, 결과책임	열정, 자유, 사회적 가치, 공개성, 활동성, 배려, 창조성

출처: Torvalds et al. (2002)에서 요약하여 재구성함.

의'(Spengler, 1998)가 지배하는 '테크노폴리'(Postman, 2001)의 시대다. 장인의 일과 삶은 이를 극복하는 새로운 전형적 모습을 보여 준다. 이런 변화의 흐름을 다음과 같은 논의를 통해 구체적으로 살펴보자.

벤처 소프트웨어 분야는 현대판 장인들이 일할 가능성이 큰 분야다. 내 연구 대상인 IT 및 소프트웨어 개발자들에게서도 그런 특징들이 발견되었다. 토발즈, 히매넌과 카스텔스(Torvalds, Himanen, & Castells, 2002) 역시 해커를 "디지털 시대의 장인"이라고 보았다. 그들은 새로운 장인인 해커를 통해 산업사회의 노동과는 다른 정보사회의 일의 특징을 도출하였다.

토발즈 등(2002)에 의하면, 산업사회의 노동은 베버의 프로테스탄트 윤리에 근거하여 신으로부터 부여받은 직업적 소명의식과 의무를 따르면서 이를 금전적인 보상으로 확인하였다. 반면, 정보사회의 일은 해커들의 윤리처럼 오락과 열정을 기반으로 한다.

산업사회에서 일하는 사람들의 삶의 리듬은 철창과 같은 조직에서 그리고 고통스러운 노동으로부터 벗어나려는 지향점을 갖는다. 금요일만을 바라보며 정해진 시간에 따라 노동할 뿐이다. 반면에, 정보사회의 해커들은 자신이 스스로 자물쇠를 열고 닫으며 일을 통제하고 삶을 열정적으로 살아간다. 항상 일요일 같은 여유와 안식을 일과 통합한다. 이들에게 여가 중심주의는 노동 중심주의만큼 바람직하지 않을 수 있다. 뭔가 중요한 일을 하고 싶어 하기 때문이다. 무관심하게 여가를 보내는 일요일은 금요일만큼이나 견디기 힘들다. 삶의 의미는 노동이나 여가에서 발견되는 것이 아니라 행동 그 자체의 본질로부터 나온다. 그것은 열정으로부터, 사회적 가치로부터, 그리고 창조성으로부터 나오는 것이다. 이들은 충실하게 살아가는 현재의 삶의 시간을 중시한다. 결국 시간으로부터 해방되어 자유롭게 자기 자신의 리듬에 맞추어 일한다.

따라서 일의 이유도 다르다. 산업사회에서는 개인의 이윤 추구 동기에 맞추어 설명할 수 있다. 그것이 자본주의 정신이기도 하다. 반면, 해커들은 사회적 관계를 추구한다. 그들은 결코 반사회적이지 않다. 사회적 욕구를 강하게 가지고 있으며 동료의 인정으로부터 자극을 받는다. 돈은 단지 수단일 뿐이다. 돈벌이가 주요한 목적이라면 자신의 진정한 관심이 무엇인지 또 자신이 타인으로부터 어떤 식으로 인정받고 싶어 하는지 종종 잊어버릴 수 있기 때문이다.

산업사회의 교육은 학교를 중심으로 한 폐쇄 모델이었다. 관료주의가 강하게 내재된 공장 모형이었다. 학습은 투입된 훈련의 양에 따라 결정되었다. 반면에, 해커들은 혼자서 문제를 설정하고 그 문제의 해결 방안을 스스로 찾아내는 경향이 있다. 그럼에도 불구하고 오로지 혼자 힘으로 모든 것을 배우는 것은 아니다. 실제로 정보사회는 아카데미 공개 모델로서 넷 아카데미가 가능하다.

정리하면, 산업사회는 돈, 노동, 최적화, 유동성, 안전성, 확정성, 결과 책임으로, 정보사회는 열정, 자유, 사회적 가치, 공개성, 활동성, 배려, 창조성으로 일하는 삶을 특징지을 수 있다. 결국 장인은 기능적으로 볼 때 현대사회의 요구에 필요한 존재다. 특히, 앞서 언급했듯이 천박한 기계주의나 테크노폴리의 시대에서 장인은 이를 극복할 수 있는 중요한 단초를 제공한다는 점에서 큰 의의를 갖는다.

그렇다면 장인은 누구인가

이 장에서는 장인이 과연 누구인지를 여러 측면에서 탐구했다. 나는 장인이, 한마디로 일하는 사람의 이상형이자 일터의 전범이라고 보았다. 그것은 전통사회에서도 그랬고 또 지금도 그렇다. 장인은 일하는 최고의 경지에 이른 상태에 있는 사람을 일컫기 때문이다.

이 장에서는 또한 장인 개념이 내포하고 있는 일의 의미를 살펴보았다. 일은 경제적 가치, 사회적 인정, 개인적 존재 측면으로 설명될 수 있다. 장인은 경제적으로 단순히 재화나 용역을 제공하는 것을 넘어서 최대의 가치를 창출한다. 그럼으로써 사회적으로 세속적인 높은 지위를 획득하는 것을 넘어서 공동체로부터 최상의 명예를 얻는다. 개인적으로는 생계 유지를 넘어서 최고의 숙련과 혼신의 몰입을 통해 자기 존재를 실현한다. 일을 통한 자기 존재의 실현이라는 장인 일의 과정은 경제적 보상과 사회적 존중이라는 일의 결과로 나타난다.

장인의 의미를 좀 더 명확히 하기 위해서 장인과 혼동하기 쉬운 여러 다른 유사 용어를 검토하였다. 무형문화재는 전통을 계승하기는 하지만 경제적 부가가치를 창출하기는 어렵다. 달인은 부분적인 기능을 숙달할 뿐이다. 프로는 시장경제의 측면이 강하게 부각된다. 일인자는 사회적 인정을 강조하는 용어다. 이들은 장인의 특성들을 공유하고 있지만, 그런 특성들의 일부만을 가지고 있을 뿐이다. 따라서 장인은 아니다.

물론 현실에 장인의 이상형은 존재하기 어렵다. 특히 아무리 장인이라고 인정받는 사람이라고 할지라도 현실 존재로서 장인은 소유와 존재 사이의 아슬아슬한 줄타기를 할 수밖에 없다. 생계와 경제적 부의 압박, 일과 삶의 조화, 조직 또는 고객 요구의 억압 등이 상존하기 때문이다. 장인이 이런 문제들을 어떻게 해결하고 극복해 나가는지는 다음 장들에서 살펴볼 것이다.

이 장에서는 장인 개념의 외연도 생각해 보았다. 이와 관련하여 가장 중요한 단서가 되는 개념은 숙련(skill)이다. 숙련은 전통적으로 수공업자와 그들의 손노동에 적용된 용어였다. 전통적인 장인은 이들을 지칭했다. 그러나 이제는 숙련 또는 기술이 모든 일하는 사람에게 적용되는 필수적인 개념이 되었다. 따라서 모든 일하는 사람 가운데 장인이라고 일컬어질 수 있는 사람을 찾아볼 수 있다.

전통사회의 장인도 다른 사람에게 물건을 만들어 팔았다. 장인은 그 상품을 사는 고객들로부터 최고 품질의 물건을 만드는 사람으로 평가받는다. 그런 고객의 평가 없이 최고의 품질을 확보하기는 어렵다. 이런 점은 과거나 지금이나 마찬가지다. 따라서 계속적인 전문성의 대중화, 상품화, 고객으로부터의 인정을 위한 끊임없는 갱신이 필요하다. 한마디로, 장인은 고품질인 동시에 창조적인 상품을 생산하거나 제공한다. 여기서 편견을 가지면 안 된다. 장인의 일과 기능이 전수된다는 오해 말이다. 계속 창조하지 않으면 더 이상 장인으로 남아 있을 수 없기 때문이다. 이에 대해서는 9장에서 더 상세히 다룬다.

장인은 객관적 기준 또는 주관적 기준에 따라 구분할 수 있다. 간주관적인 기준까지 추가할 수도 있다. 이 세 가지 기준의 내용을 살펴보자.

첫째, 장인임을 확인할 수 있는 객관적 기준은 국가 자격이나 공인이 있다. '대한민국 명장'이라는 타이틀이 그 한 예다. 이것은 국가가 인정하는 가장 권위 있는 판단 기준이 된다. 그러나 이렇게 자격을 부여하는 것도 사람이 하는 일일 뿐이다. 더군다나 관료행정의 한계를 드러내기도 한다. 실제로, 고용노동부 산업인력공단이나 농림축산식품부에서 조리 분야 명장과 명인 제도를 시행하지만 품격이 낮고 검증이 안 된 명장과 명인이 너무 많다는 지적이 있기도 했다(조선일보, 2014. 6. 8., http://news.chosun.com/site/data/html_dir/2014/06/04/2014060402787.html).

두 번째로 장인을 판단하는 준거는 주관적 기준이다. 장인은 자기 스스로 최고라는 자부심을 갖는다. 누구에게도 부끄럽지 않고 자랑할 만한 기술을 가지고 있을 뿐만 아니라 일의 결과물에 대한 자신감도 있다. 이와 동시에 일하는 과정에서도 스스로 부끄럽지 않게 열심히 정성을 다하였다고 자부할 것이다. 이런 일에 대한 자긍심과 태도는 본받을 만하다. 그럼에도 불구하고 이런 일의 과정과 그 결과를 아무도 알아주지 않는다면, 그들을 장인이라고 보기 어려울 수 있다. 장인은 현실 세계에서 다른 사람들과 같이 일하고 함께 살아가기 때문이다. 또한 그런 사회로부터 인정을 받는 존재이기 때문이다.

이런 점에서 세 번째의 간주관적 기준이 중요하다. 그것은 타인 또는 공동체로부터의 인정을 말한다. 그런 인정은 공식적일 수도 있고 비공식적일 수도 있다. 만약 해당 분야에서 일하는 누구나가 최고라고 인정하여 고개를 끄덕인다면 그 사람은 적어도 그 분야의 전범이라고 볼 수 있다. 같은 분야에서 일하는 사람들이 기술이나 품질을 가장 잘 알고 있기 때문이다. 물론 이런 기준 역시 공동체 내에서의 정치성이 개입될 여지가 있기는 하다. 그럼에도 불구하고 많은 사람의 공감을 얻는 것은 가장 믿을 만한 기준이라고 볼 수 있다. 또 다른 사회적 인정의 대상도 존재한다. 그들은 장인의 상품에 대한 충성도 높은 매니아 집단이다. 매니아는 해당 분야의 소비자이고 고객인 동시에 전문가다. 그들이 충성하는 상품을 만드는 사람은 장인으로 인정받을 가능성이 크다. 따라서 매니아 집단이 존재하는지의 여부는 장인을 판단하는 주요한 하나의 준거 또는 지표가 될 수 있다. 결국 장인은 단지 사회적 인지도가 높은 유명인이라기보다는, 해당 분야의 기술 상황과 상품의 품질에 대해 가장 잘 아는 동일 분야 종사자들과 매니아 고객들로부터 인정을 받는 사람이다.

지금까지의 논의를 정리하면, 장인은 어느 일터에서나 또는 일하는 사람 누구에게나 적용될 수 있는 개념이다. 한마디로, 누구든 장인이 될 수 있다. 그렇다고 해서 아무나 장인이 될 수 있는 것은 아니다. 장인은 일의 본질적 의미를 실현하는 동시에 그 결과 역시 최고의 수준을 보여 주어야 한다. 이런 점에서 장인은 일하는 사람의 전범이다.

7. 장인성: 장인정신도 천재성도 아닌

장인의 특성에 대한 여러 판단 기준

6장에서는 장인이 누구인지를 규정하기 위해 개념적으로 논의하였다. 이 장에서는 장인이 어떤 특성을 가졌는지를 살펴본다. 6장의 끝 부분에서도 언급했던, 장인을 규정하는 여러 기준은 나름대로 장인이 어떤 특성을 가진 사람인지에 대한 근거가 된다. 이에 대해 조금 더 들어가 보자.

먼저, 객관적 기준은 장인의 특성을 공식적으로 설정한다. 대표적인 예로서 '대한민국 명장'은 국가가 법규에 의해 선정하는 공인된 장인이다. 이때 어떤 사람이 명장으로 선정되어야 하는지는 법으로 규정되어 있다. 「숙련기술장려법」 제11조 '대한민국명장의 선정 및 우대 등'의 규정이 그것이다. 한국산업인력공단은 이 법에 근거하여 국가가 공인하는 장인을 선정한다. 명장 심사를 받고자 하는 사람은 다음과 같은 자격 요건을 갖추어야 한다(www.hrdkorea.or.kr/3/6/2/1). 즉, 신청 자격은 '산업 현장에서 최고 수준의 숙련 기술을 보유하고 동일 직종에서 15년 이상 종사하였으며 접수일 현재 생산 업무에 직접 종사하는 자로서 다음 각 호의 요건을 모두 갖춘 자'다. 그 요건은 '① 숙련 기술의 보유 정도가 높은 자, ② 신청 직종의 숙련 기술 발전을 위한 성과가 우수한 자, ③ 숙련 기술자 지위 향상을 위한 성과가 우수한 자, ④ 신청 직종의 산업화 및 현대화 실적이 우수한 자(공예 분야)'다. 심사 내용도 각 요건의 정도를 기준으로 이루어진다.

이런 규정은 장인이 무엇보다도 자신의 분야에서 최고 수준의 숙련도 또는 기술 수준을 보이고 있는 사람임을 알려 준다. 6장에서 내가 정의한 장인 개념과 다르지 않다. 다만 최고의 경지라는 것을 어떻게 파악할 수 있는지가 문제다. 두 번째로, 장인은 15년 이상 한 분야에 종사했다는 일률적인 기준이 있다. 이것은 어쩌면 장인이 첫 번째 기준을 충족하기 위한 필요조건이라고 볼 수도 있다. 어느 분야에서 숙련되려면 적어도 10년은 걸린다거나(Hayes, 1989), '1만 시간'은 공을 들여야 한다는 주장이 근래에 널리 공감을 얻기 때문이다(Gladwell, 2009; 이상훈, 2010). 이와 동시에 15년이라는 시간의 기준은 장인이 한 분야에서 오랜 시간 종사한 사람이라는 특성도 나타낸다. 끝으로, 장인은 자신의 분야에서 기술 발전과 지위 향상, 산업화 또는 현대화 등의 발전에 기여한 사람이다. 이것은 장인이 자신만이 아니라 자신이 속한 일의 공동체에 공헌하는 사람이라는 특성을 보여 준다. 특히 전통 기술만을 고수하고 전승하기보다는 기술을 더욱 발전시키고 실용화하는 사람임을 말한다.

또 다른 측면에서 장인이 어떤 특성을 가졌는지를 판단할 수 있는 기준을 제시할 수도 있다. 유홍준 등(2010)은 장인의 특성에 관해 흥미로운 주장을 했다. 그는 고전적인 작품이나 전통 문화재를 살펴보면서 장인의 작품은 '디테일'이 훌륭하다고 하였다. 장인이 작업한 결과물이 정교하고 섬세하게 만들어졌다는 것이다. 이것은 객관적 결과물을 가지고 장인의 특성을 역으로 추적하는 방법이다. 사실 그런 '디테일'은 아주 작은 부분까지 정성을 들인 결과로 나타난다. 따라서 그것은 장인의 생산품이 우수하다는 객관적 또는 간주관적 기준이 될 수 있다. 일의 결과물에 대한 인정은 제3자인 전문가가 객관적인 판단 근거를 가지고 하거나 고객들이 공감적으로 하게 되기 때문이다.

이와 동시에 '디테일'이라는 기준은 장인이 세심하고 정성껏 일하는 사람이라는 특성도 말해 준다. 몇 년 전 TV 드라마 〈시크릿 가든〉에서는 '한 땀

한 땀'이라는 말로 장인의 특성을 적절하게 표현했는데 이와도 일맥상통한다. 이것은 장인의 일의 과정에 해당한다. 따라서 혼신의 힘을 발휘한다거나 정성을 다해 일하고 있는지는 자기 자신만이 제대로 알 수 있다. 결국 일의 과정에서의 성실함은 장인을 판단하는 주관적인 기준일 수밖에 없다. 그럼에도 불구하고 일의 과정적 특성은 장인을 규정하는 가장 중요한 준거로 인식되어 왔다.

장인의 특성에 대해 설명하는 초·중등학교 교과서에서 이런 사실이 확인된다. 예를 들어, 초등학생들은 윤오영의 수필 '방망이 깎던 노인'을 교과서에서 읽는다. 이야기 속 노인은 시간과 정성을 들여 고집스럽게 자신의 일만 묵묵히 한다. 이 이야기에서는 아무리 하찮은 것이라도 제대로 된 물건을 만들어 내는 장인정신이 부각된다. 그것은 고집스럽지만 신성하게 그려진다.

고등학교 생활과 윤리(변순용 외, 2012) 교과서에서는 장인의 투철한 사명의식으로서 장인정신을 이렇게 제시한다. "일을 통하여 자신을 드러내고 더 나은 모습으로 자신을 만들어 감으로써 자신과 사회에 책임을 다하려는 장인정신은, 비록 지금의 일이 힘들더라도 미래를 위해 인내하고 부단히 노력함으로써 자신의 역할을 수행하게 되는 기초가 된다."(p. 177) 따라서 학생들은 장인정신을 바람직한 직업 생활을 위한 윤리라는 관점에서 배우고 있다.

지금까지 살펴본 장인의 특징들을 정리하자. 그것은 한마디로 일에 대한 전문성과 자긍심 또는 윤리라고 요약할 수 있다. 먼저, 장인은 자신의 일에 대한 전문성을 갖춘 사람이다. 앞서 살펴본 최고의 기술 숙련이 여기에 해당한다. 이것은 당연한 결과로서 일을 잘 해낸다는 것을 의미한다. 장인의 일의 객관적 또는 결과적 특성이다. 둘째, 장인은 자신의 일에 대한 자긍심과 윤리의식이 높은 사람이다. 6장 끝의 주관적인 기준에서도 언급했던 특성이다. 이것은 일의 과정적 측면이라고 볼 수 있다. 결국 장인은 일의 결과에서뿐만 아니라 일의 과정에서도 장인의 특성을 보이며, 일에 관한 한 스스로 자신을 인정할 뿐만 아니라 다른 사람들에게서도 인정받는 일터의 전범이다.

장인에 대한 편견을 넘어서

지금까지 논의한 장인의 판단 기준들은 장인의 특성을 개략적으로 보여 준다. 그러나 이것들은 장인의 특성을 세밀하게 또는 충분하게 설명하고 있지는 못하다. 오히려 장인에 대한 편견을 부추기거나 오해하게 만들 소지마저 있다.

나는 여러 분야의 다양한 장인을 만나 연구하는 동안 장인에 대해 내가 가진 여러 선입견을 깨뜨릴 수 있었다. 이들은 수공업자, 직장 근로자, 전문직 종사자, 예술가 등 각기 매우 다른 내용과 방식으로 일했다. 그렇지만 결국은 모두 자신의 분야에서 장인의 위치에 있다는 점에서 서로 통했다. 나의 연구에서 더 큰 의미는 수공업 장인이나 대한민국 명장 호칭을 가진 전통적인 장인들의 장인성을 발견한 것뿐만 아니라 전문직이나 첨단 산업 그리고 문화예술 분야 장인들에게서 나타나는 현대적 의미의 장인성을 찾은 것에 있다. 그들은 전문직의 특성만으로 또는 예술가의 특성만으로는 설명되지 않는 장인성을 보여 주었다. 이렇게 맞닿는 부분이야말로 모든 일하는 사람의 전범인 장인의 특성으로서 장인성을 논의할 수 있는 지점이 된다. 그것은 한마디로 현대적 의미의 장인성(匠人性)이었다. 전통적 장인이라는 편견의 비계(scaffolding)를 떼어 내니까 새로운 장인성의 실체가 드러났던 것이다. 여기서는 고정관념을 넘어서는 현대 장인의 몇 가지 주요한 특징만을 살펴본다.

첫째, 장인은 전통 기술의 계승자라기보다는 창조자다. 또는 적어도 시대의 변화에 발맞추는 사람이다. 전통 기술 전수자의 대표적 예로는 무형문화재가 있다. 국가가 선정하는 공인된 기능전수자들도 있다. 그들은 우리의 오랜 기술을 원형 그대로 보존하는 사람들이다. 나도 이들이야말로 장인일 거라는 선입견 때문에 연구에서 시행착오를 겪기도 했다. 예를 들어, 갓은 지금은 일상적으로는 사용하지 않는 물건이 되었다. 그럼에도 불구하고 우리나라의 전통적인 의관의 하나로서 보존하여 후세에 알려 줄 가치가 있다. 따라서 갓을 제조하는 기술을 가진 기능인을 무형문화재로 지정하여 기술을 전수하도록 국가가 지원한다. 그러나 갓을 만드는 기능인은 일하는 사람의 전범이라고 보기는 어렵다. 현대사회의 일은 끊임없이 변화하는 가운데 새로운 요구에 부응하여야 한다. 내가 연구한 장인들은 전통공예 장인이라고 하더라도 이를 현대적으로 응용하여 상품화하고 있었다. 이런 점에서 일하는 사람의 전범으로서 장인은 기술의 창조자가 된다. 실제로 창조력은 숙련의 최고 수준에 이르러서야 비로소 나타날 수 있다. 내가 연구한 장인들에게서도 일에 있어서의 창조력이 두드러지게 나타났다. 그러한 창조력은 첫째, 자신의 기술이 최고 수준으로 숙련된 이후에 나타났다. 둘째, 최고의 숙련 단계에서는 자연스럽게 내적 · 외적인 학습의 확장이 이루어지고 그런 과정에서 창조력은 더욱 발휘되었다. 셋째, 거기에는 자신의 일에 대한 열정과 몰입이 중요한 기반이 되었다. 결국 일하는 사람의 전범으로서 장인은 단지 전통의 계승자가 아닌 일의 창조자다.

따라서 둘째, 장인은 외골수만이 아니라 일의 확장자가 된다. 물론 장인이 자신의 분야에서 오랜 기간 종사하고 그것을 결코 놓으려하지 않는다는 점에서 외길을 걷는 것은 맞다. 나도 이들이 한 분야에 외곬로 몰입하며 어쩌면 고립된 자신만의 세계를 구축하고 있을 것이란 이미지를 가지고 있었다. 최고 수준의 경지에서 자기만의 기술을 고수하며 자신만의 일을 고집스럽게 지켜 가는 사람이 장인일 것이라는 편견을 가졌던 것이다. 또한 이들은 혹독한 숙련 형성과 성장 과정을 거쳤기에 매우 엄격한 성격을 가지며, 강한 자아를 가지고 있어서 사회적 소통이 부족할 것이라는 선입견 역시 있었다. 이러한 고정관념은 연구를 진행하는 과정에서 새롭게 전환하는 계기를 맞았다. 내가 연구한 장인들은 자신의 분야에 몰입하기는 하였지만, 이것이 끊임없이 인접 분야와 더 넓은 공동체로 확장되는 양상을 보여 주었다. 이들의 발달은 수직적 깊이를 더해 갔는데, 그것은 수평적 확장의 양상을 통해 이루어졌다. 또한 그들은 끊임없이 자신을 발전시킬 뿐 아니라 자신이 속한 공동체와 일의 세계 그리고 국가사회 전반에 대한 애정과 책임감을 가지고 기여하고자 하였다. 주변 세계와 끊임없이 소통하고 참된 관계를 맺고자 노력하였다. 실제로, 자신의 분야나 기술에만 한정해서는 창조적인 일을 할 수 없다. 장인들은 전통 기술과 기능을 반복하는 대신에 그것을 새롭게 넓혀 나갔다. 자신의 일을 익히는 데 그치지 않고 근접 분야로 확장하였다. 새로운 분야와 시대적 변화의 흐름에 유연하고 융통성 있게 대응하였다. 결국 장인은 고집과 불통이 아닌 조화와 소통을 잘하는 사람이었다. 자신이 소속된 분야나 조직 내에서뿐만 아니라 인접 분야 및 더 넓은 공동체와 소통하고 이를 통해 더욱 넓게 배워 나갔다. 자기 것만을 고집하기보다는 새로운 것을 받아들이는 데 열려 있었다. 결국 장인은 확장적으로 일하고 배우는 사람이다.

셋째, 장인은 자신의 지식과 기술을 넓게 나눈다. 장인의 일은 결코 '며느리도 모르는' 비밀이 아니다. 전통적인 도제 제도에서 선택된 소수의 제자만이 비법을 전수받도록 허락하는 것과는 거리가 멀다. 오히려 장인들은 동료와 후배들에게 적극적으로 가르치고 전수한다. 기꺼이 자신의 지식과 기술을 폭넓게 나누어 준다. 그러면서 그것이 자신과 자신의 분야를 더욱 발전시키는 길이라고 생각한다. 그럼으로써 장인 스스로뿐만 아니라 장인이 속한 분야가 더 넓은 사회와 미래로 나아갈 수 있도록 노력한다. 실제로 장인은 개인의 영달만이 아니라 자신이 속한 분야나 조직 또는 국가사회의 비전을 일치시키고 있었다. 업계의 전체적 발전과 사회적 가치의 실현을 위해 노력하였다. 그럼으로써 자신을 나누는 일이 가능했다. 한마디로, 장인은 자신만의 비법을 움켜쥐고 있지 않으며, 그것조차도 더 넓게 공유하고 확산하는 사람이다.

결국 장인은 계승보다는 창조를, 고집보다는 확장을, 불통보다는 공유를 특징으로 한다. 장인은 창조적 제품이나 서비스를 만들어 낸다. 그리고 이를 위해 폭넓게 배우고 다시 그 배움을 나눈다. 이러한 창조와 확장 그리고 공유는 장인에 대한 오랜 편견과 고정관념을 깨뜨린다. 나는 일과 배움의 전범으로서 장인의 이런 특성들을 장인성의 일부로 보았다. 이 밖에도 장인의 두드러진 특성은 더 많다. 그것들 각각에 대해서는 8장부터 11장까지 네 장에 걸쳐 장인들의 살아 있는 사례를 통해 생생하게 살펴볼 것이다.

장인정신이라기보다는 장인성

앞 절에서 나는 장인의 특성을 언급하면서 그것이 일반적으로 통용하는 장인정신(匠人精神)이 아닌 장인성(匠人性)이라고 말하였다. 장인성은 장인정신을 포함할 수도 있으나 그보다는 더 물질성에 바탕을 둔 다른 차원의 개념이다. 장인은 정신 세계가 아니라 현실 세계의 존재이기 때문이다. 이 절에서는 그 구체적인 이유를 설명하겠다.

첫째, 장인성은 장인정신을 포함할 수도 있는 더 포괄적인 용어다. 그것은 전문성이 전문가 정신을, 예술성이 예술가 정신을, 작가성이 작가정신을 포함하는 것과 같은 이치다. 이런 점에서 장인성은 전문성, 예술성, 작가성 등과 같은 인접 개념들과 대등하게 비교할 수 있는 용어가 된다. 그럼으로써 전문가의 장인성, 예술가의 장인성, 작가의 장인성 같은 말도 가능하다. 그렇게 될 때 모든 일하는 사람의 장인성이라는 말이 성립될 수 있다. 모든 일하는 사람의 전문성 또는 창의성처럼 말이다. 이것이 내가 장인을 연구한 이유이고 궁극적 지향점이기도 하다.

둘째, 장인정신은 장인이 가진 정신적 측면을 일컫는다. 그러나 장인정신은 통상적으로 장인과는 다른 차원에서 별도의 의미를 가져 왔다. 즉, 당위적인 일의 정신으로 간주되어 왔다. 황선명(2000)은 장인정신을 '콩 심는 데 콩 나고 팥 심는 데 팥 난다'는 원리로 설명하고 있다. 그는 탁월하고 능숙한 솜씨와 함께 노동 규율을 철저히 준수하는 일의 정신을 장인정신으로 규정하였다. 천정임과 김태철(2010)은 장인정신을 자기가 하고 있는 일에 전념하거나 한 가지 기술 및 일에 정통하려고 하는 철저한 직업정신이라고 규정하였다. 그들은 자신의 직업에 긍지와 자부심을 느끼고 평생의 직업으로 생각하여 사소한 일에도 최선을 다하고 성실히 수행하는 일의 정신을 장인정신이라 보았다. 그러면서 장인정신을 프로정신과도 같다고 하였다. 이 두 문헌에서는 현대 산업사회의 일의 과정에 장인정신을 비추어 보면서 근로자들이 장인정신을 회복해야 한다고 주장한다. 더 나아가, 유홍준 등(2010)은 모든 사람이 장인이 될 수는 없으나 장인정신을 가질 수는 있다고 주장한다. 어느 분야에서나 프로정신을 가지고 있는 사람들은 장인정신을 가지고 있다고 강조하였다. 이렇듯 장인정신은, 장인과는 별개로 단지 노력의 개념과 관련하여 파악되는 경향이 있다. 열심히 노력한다는 것은 시대와 분야를 초월하여 보편적인 장인정신의 근간이라고 보는 것이다. 리처드 세넷(Sennett, 2010)은 장인정신을 면면히 이어지는 인간의 기본적인 충동이자 일 자체를 위해 일을 잘해 내려는 욕구라 정의하였다. 컴퓨터 프로그래머와 의사, 예술가의 일에도 장인정신이 살아 있을 수 있다고 보았다. 이처럼 모두가 장인은 아니지만 누구나 장인정신을 가질 수 있다는 말은 장인이 가진 정신과 삶의 자세를 본받을 수는 있다는 의미를 갖는다. 그러나 아무리 그런 삶의 태도를 가지더라도 그 일의 결과물이 장인이 일한 정도의 품질로는 나타나지 않을 수 있다. 장인 수준의 기술력이 충분히 뒷받침되어야 하기 때문이다. 장인정신을 본받아야 그 수준에 가까워질 수 있겠지만, 앞서 언급한 일의 창조와 확장, 공유 같은 일과 배움의 방식은 정신 개념만으로는 드러나기 어렵다. 이런 점에서 장인정신과는 차별화된다. 결국 장인정신은 장인성을 구현하기 위한 하위 요소이거나 다른 차원의 개념일 뿐이다.

왜냐하면 셋째, 장인의 일과 배움은 정신적이거나 추상적으로 표현되기보다는 더 실재적인 장인성으로 나타나기 때문이다. 장인은 단지 정신이나 마음만이 아니라 실제 행위를 통해 최고의 결과물을 만들어 낸다. '정신을 갖거나 머리로 안다'는 말은 '몸에 밴다'거나 '손에 익다'는 말과 대척점에 있다. 장인정신은 정신이지만, 그것은 몸에 배어 행동으로 드러나야 한다. 장인의 행위와 기술은 그가 알고 있는 것이지만 머리로만 아는 것이 아니라 손에 익은 것이다. 피에르 부르디외(Bourdieu, 2005)의 '아비투스(habitus)' 개념으로 설명하면 장인성을 이해하는 데 도움이 될 수 있다. 장인성은 장인들의 삶의 과정에서 스스로에게 내면화되고 체화되어 일하는 삶의 전 과정에서 드러나는 일종의 행동 습성이기 때문이다. 그것은 장인의 몸에 밴 실천 양식이다. 이런 삶의 행동 습성과 실천 방식을 장인정신이라는 용어로 표현하는 것은 부적절하다. 어쩌면 머리로 알거나 정신을 갖는 것은 단기간의 집중적인 형식교육 프로그램을 통해서도 가능할 것이다. 그러나 몸에 배고 손에 익는 것은 오랜 시간 보고 들으며 실행하고 경험하는 배움의 과정이 반드시 있어야 한다. 마치 향과 색이 속에서부터 배어 나오는 것처럼 말이다. 단지 향수를 뿌리거나 페인트칠을 하는 것은 겉치레로 냄새와 색깔을 입히는 것일 뿐이다. 그렇게 함으로써 짧은 시간 동안 사람들을 현혹시킬 수는 있을 것이다. 그럴지언정 그것이 고유의 향과 색으로 배어 나오는 것은 아니다. 결국 장인성은 단순히 정신의 문제를 넘어 지난한 과정과 지독한 노고를 수반하는 삶의 실천 방식이다. 예를 들어, 고흐는 일상적으로 아무 데나 그리고(일상성), 즉흥적으로 아무 때나 그리며(즉흥성), 실험적으로 어디에나 그리며(실험성), 그러나 그리면서는 매우 계획적이고 체계적으로 설계하였다(체계성)고 한다(《불멸의 화가II 반 고흐 in 파리》, 예술의 전당, 2012. 11. 8~2013. 3. 24). 이런 고흐의 작가로서 일하는 방식은 단지 장인정신이 아닌 장인성으로 개념화하여야 맞다.

결국 넷째, 장인성은 개인의 삶과 사회적 구조가 얽힌 과정이라는 차원에서 개념화된다. 반면에, 장인정신은 정신만을 똑 떼어 놓는다. 이렇게 장인에 대해 이야기하는 것은 하나의 이데올로기가 될 우려마저 있다. 장인정신이라는 이데올로기를 사람들에게 강요하는 것은 더욱 큰 문제다. 이런 이유 때문에 장인정신에 대한 기능주의적 교육은 어쩌면 시장에서 팔아먹기 쉬울지도 모른다. 자본가들에게 매력적으로 보일 수도 있다. 그러나 학교교육이나 기업교육에서 형식교육 프로그램을 통해 장인정신을 가르치는 데는 커다란 한계가 있을 수밖에 없다. 오히려 그것은 장인이 가진 핵심적 특성으로서 일을 통한 자기 존재의 실현, 자신의 일의 리듬 지키기, 일에서의 자기주도성 등을 쏙 빼놓게 만들 위험이 크다. 이런 점에서 프로정신과 차이가 있기는 하다. 프로는 돈을 받고 일하는 사람이므로 외부의 또는 고객의 요구에 부응하려는 정신을 갖고 그 리듬에 따라 일하는 데 중점을 두기 때문이다. 아무튼 그저 열심히 일하도록 하는 장인정신의 이데올로기만을 주입하거나 강요하는 교육은 일하는 사람의 희생만을 강요하는 교육으로 전락할 가능성이 농후하다. 열심히 일한 결과가 자본의 소유주에게 주로 귀속되는데도 일에 대한 주인정신만을 강조하는 것이 그런 예가 될 수 있다. 이런 점에서 한 조직의 구성원으로서 조직의 요구를 받아들여야 하는 경우에는 장인 또는 진정한 장인정신을 발현하기 어려울 수 있다. 물론 모든 조직이 그런 것만은 아니겠지만, 일반적으로 조직 전체의 이익을 위해서라는 명목의 요구가 있을 경우 개인은 자기 자신의 일에 대한 통제권을 행사하기 어렵거나, 그러한 요구가 개인을 방해하는 요소로 작용할 가능성이 크기 때문이다. 그럴 경우에 장인정신을 머리로는 알아도 실천하지 못하거나, 지레 겁을 먹고 포기하게 될 것이다. 이런 점에서 장인성은 어쩌면 교육적 처방이 쉽지 않은 개념이다. 장인성은 기능주의적 교육보다는 실천적이고 해방적인 일의 학습을 지향하는 개념이다(장원섭, 2006). 이 문제에 대한 구체적인 방안에 대해서는 3부에서 더 논의할 것이다.

장인성의 형성적 특성

장인성은 타고난 것인가? 소수에게만 허락된 천부적인 재능인가? 그렇지 않다. 장인은 태어나기보다는 만들어지고, 장인성은 선천적으로 타고나기보다는 후천적으로 형성된다. 물론 사람마다 타고나는 소질과 능력이 다르고 개인마다 잘하는 분야가 다양할 수 있다. 어떤 분야건 자기 분야에서 최고의 경지에 오르기 위해서는 그 분야에서 필요로 하는 타고난 재능이 뒷받침되어야 할 수도 있다. 그러나 이런 천부적인 특성은 단지 최고가 되기 위한 필요조건일 뿐이다. 아무리 천부적인 능력을 갖고 태어났더라도 그런 능력만으로는 장인이 될 수 없다. 오히려 장인성은 천재성과는 상당히 대척점에 있는 개념이다. 장인이 되고 장인성을 보이기 위해 더 중요한 측면은 그것들이 어떻게 형성되는가에 있다.

8장에서 더 상세히 살펴보게 될 장인의 길은 필연의 길이다. 장인에 이르는 길은 우연히 들어선 분야에서일지라도 그 분야에서 최고의 위치로 이끌어 올리는 필연적 과정이 없어서는 안 된다. 장인은 자신의 일에 대한 열의를 가지고 끊임없이 기술을 연마한다. 그런 몰입과 숙련을 통해 배움을 넓혀 간다. 더군다나 장인은 자신이 이룬 배움을 세상에 나누고 베푼다. 자신의 분야와 사회에 기꺼이 기여하지만, 때로는 그런 사회적 기대가 부담으로 작용하기도 한다. 이런 내적 · 외적 동기가 필연적으로 더욱 노력하게 하고 실천하게 한다. 장인이 오른 최고의 경지로 인해 그들은 사회적으로 인정받고 명성을 얻게 된다. 그들은 이를 통해 자존감을 느끼기도 하지만 최고의 위치에서 갖게 되는 외로움을 느끼기도 한다. 더군다나 정상에 서 있는 장인들은 다른 사람들의 시선에 노출되어 있다. 이로 인해 갖게 되는 사회적 투명성 때문에라도 장인은 그런 지위에서 내려설 수가 없다. 이런 구조를 나는 고원에서의 삶이라고 명명한다. 이에 대해서는 11장에서 상세히 살펴볼 것이다. 결국 장인은 스스로의 노력과 자신이 놓인 구조적 위치로 인해 장인성을 형성하고 더욱 강화해 나간다.

앞서 언급했듯이, 장인성은 천재성과는 다르다. 장인과 천재가 모두 어떤 분야에서 최고의 경지에 있는 사람들을 지칭하는 말이 될 수 있을런지는 모른다. 게다가 이들은 모두 창조적으로 일하는 사람들이라는 점에서 공통된 특징을 갖는다. 그럼에도 불구하고 그 둘은 서로 다른 의미를 갖는다. 장인성은 의식의 문제가 아닌 실재의 문제다. 천재성이 아닌 성실성의 문제다. 해럴드 블룸(Bloom, 2008)은 문학 천재에 대해 "유물론적 이념들이 지배하던 시대에는 천재라는 개념을 불신했다. 천재는 필연적으로 초월성과 특별함을 불러내기 때문이다. 천재를 규정짓는 것은 의식이다."라고 말했다. 따라서 둘 다 창조적인 생산물을 만들어 낸다는 결과가 같을지라도, 장인은 지난하게 형성한 숙련의 끝에서 새로운 작품을 만들어 내는 반면 천재는 통념적으로 배우지 않고 훈련되지 않아도 한순간의 통찰력으로 창작을 한다고 간주된다.

장인의 이런 특성은 '1만 시간의 법칙'과 일맥상통한다. 말콤 글래드웰(Gladwell, 2009)은 『아웃라이어』에서 빌 게이츠, 비틀즈, 모차르트 같은 시대를 대표하는 천재들의 공통점으로 '1만 시간의 법칙'을 꼽았다. 자신의 분야에서 최고의 자리에 오르기 위해서는 선천적 재능 대신 1만 시간 동안의 꾸준한 노력이 필요하다는 것이다. 1만 시간은 하루 3시간, 일주일에 20시간씩 총 10년 동안 빠짐없이 노력한 시간과 같다.

천재성의 관점에서 이에 대한 반박도 있다. 햄브릭은 노력과 선천적 재능의 관계를 조사한 88개 논문을 대상으로 연구를 수행했다. 그 결과, 어떤 분야든 선천적 재능이 없으면 아무리 노력해도 대가가 될 수 있는 확률은 그리 높지 않다는 결론을 내렸다. 그는 "한 분야에서 최고가 되기 위해서는 꾸준한 노력이 필수적이지만 선천적 재능과 비교했을 때 대부분의 사람이 생각하는 것만큼 절대적인 요소는 아니다."라고 설명했다(중앙일보, 2014. 7. 23., http://mnews.joins.com/news/article/article.aspx?total_id=15282870).

그러나 이런 연구 결과가 확정적이라고 보기는 어렵다. 한국적 창의성을 연구한 최인수 교수는 "결국 우리의 상상력은 과거 우리가 경험했던 사물에 대한 지각과 인식으로부터 쉽게 벗어날 수 없다."고 한다. '창의적 문제해결은 수많은 준비와 관찰 그리고 추리라는 지난한 과정의 결과이지, 순간적인 통찰에 의해 우연히 이뤄지는 게 결코 아니라는' 것이다. 결국 창조력조차도 오랜 경험과 배움의 축적을 통해 삶이 만들어 내는 힘인 것이다(오마이뉴스, 2015. 1. 16, www.ohmynews.com/NWS_Web/View/at_pg.aspx?CNTN_CD=A0002072136).

사실 나에게는 천재냐 아니냐가 중요하지 않다. 그저 단순히 말해서, 장인은 천재와는 다른 개념이다. 사과와 배가 다른 것처럼 말이다. 따라서 장인성도 천재성과는 다른 의미를 갖는다. 어떤 경우든 천부적인 능력을 발견하는 것은 필요할지 모른다. 무엇이 타고난 재능인지, 그것을 어떻게 찾아낼 수 있을지, 더군다나 아무리 천재라도 훈련과 개발이 없으면 어떻게 될지 등과 같은 의문은 여전히 남아 있다. 어떤 천재도 다방면의 천재이기는 어렵다. 더군다나 아직까지 천재성을 발견할 수 있는 확고한 방법이 없는 현실에서는 더욱더 그렇다. 따라서 더 중요한 것은 자신의 길을 최고의 숙련 수준으로까지 이끌어 올릴 수 있는 힘에 관한 것이다. 이런 점에서 장인성과 천재성은 근본적인 접근법의 차이가 있다. 창조성과 최고의 경지에 오르는 내용에 있어서, 그리고 그 의미와 시사점에 있어서 그 둘은 전혀 상반된 관점을 제공한다. 장인성은 일상과 실제에 더 밀착되어 있다. 그럼으로써 모든 사람에게 더 중요한 의미를 가지는 개념이다. 한마디로, 장인성은 천재성에 비해 더 실제적인 시사점을 제공한다. 특히 그 교육적 의미가 크다.

천재가 필요하다고 많은 사람이 보편적으로 인식하는 예술 분야를 예로 살펴보자. 새로운 창작이 중요한 예술 분야에서는 천재로 인정받을 만한 예술가들이 많이 탄생하기도 했다. 하지만 예술 분야에서조차도 '장인-작가성'을 주장한다(김윤아, 2010). 이미 도러시아 브랜디(Brande, 2010)는 훌륭한 예술 작품이 탄생하려면 예민한 감수성뿐만 아니라 어른스러움, 분별력, 절제 그리고 공평함이 필요하다고 했다. '쉼표 하나, 마침표 하나에까지 심혈을 기울여 한 자 한 자 새기며' 장편소설 『혼불』을 '육필로 꼬박꼬박 원고지를 메워 장장 1만 2천 장을' 혼신의 힘을 다해 쓴 최명희는 이렇게 말했다. "나는 나의 일필휘지를 믿지 않는다. 원고지 한 칸마다 나 자신을 조금씩 덜어 넣듯이 글을 써 내려갔다."* 순간적으로 번뜩이는 아이디어를 단숨에 작품으로 만들어 내기보다는, 예술가도 하나하나 꼼꼼하고 성실하게 작품을 만들어 내는 장인이어야 한다는 것이다. 한마디로, 예술가에게도 장인성이 요구되는 것이다.

---

* 이 말은 전주 한옥마을에 있는 최명희 문학관에 적혀 있다.

앞서 언급했듯이, 부르디외의 아비투스 개념은 이런 장인성의 형성을 이해하기 위한 중요한 관점을 제공한다. 장인성이라는 아비투스는 시간의 공유를 통한 경험의 공유를 거쳐서 내려가기 때문이다. 그것이 장인이 걸어가는 배움의 과정을 전형적으로 보여 준다. 그러나 개인은 반드시 한 사람의 스승에게서만 배우는 것은 아니다. 장인 됨을 반드시 도제교육으로만 한정할 필요는 없다. 이와 동시에 장인성은 공간적 폭의 확장 속에서 넓고 다양한 방식으로 형성된다. 즉, 장인 기술과 행동양식은 모두 여러 사람과 만나고 다양한 경험을 하면서 배우고 체화하여 나간 것이다. 이런 점에서 장인성은 그 개인의 삶에 있어서 넓게 펼쳐진 공간의 공유를 통해서도 이해해야 한다. 이를 쉽게 이해하기 위해서는 스승을 찾아 헤매는 방랑자로서의 장인의 모습을 상상할 수 있다. 결국 장인성은 시간 개념뿐만 아니라 공간 개념으로의 확장 속에서 이해할 수 있다. 한마디로, 장인성이라는 아비투스의 형성은 오랜 시간 동안 이루어지는 다양한 삶의 공유로 형성된다.

결론적으로, 장인은 그리고 그들의 몸에 배태된 장인성은 타고난 것이라기보다는 형성되는 것으로 보아야 한다. 장인의 탄생은 오랜 시간의 축적과 넓은 공간의 확장이라는 지난한 형성 과정을 거쳐 비로소 이루어져 간다. 다음 장들부터는 1부에서 소개한 장인들의 실제 사례를 가지고 그들이 일과 배움의 어떤 구체적인 경험을 통해 장인성을 형성해 나갔는지를 생생하게 살펴볼 것이다.

8. 장인의 길: 우연과 필연

장인의 길은 결코 순탄하지 않았다. 그들은 처음부터 준비하여 계획에 따라 일을 시작했다거나 타고난 재능이 뛰어나서 최고의 지위에 오른 것이 아니었다. 일에 입문하는 과정은 우연적인 경우가 많았고, 일을 하는 도중에도 여러 어려움을 겪었다. 그럼에도 불구하고 그들은 강한 의지와 스스로의 뼈를 깎는 부단하고 지독한 노력을 통해서 장인의 위치에 오를 수 있었다. 한마디로, 장인으로의 길은 비록 우연한 계기일지라도 그것을 필연으로 만들어 나가는 과정이었다. 우리의 장인들을 통해 그 곡절의 길을 살펴보자.

우연이 만든 기회

> 골드문트는 전혀 딴사람이 되어 교회 밖으로 나왔다. 그의 발걸음이 스쳐가는 세상 역시 전혀 딴 세상 같았다. 달콤하고도 성스러운 그 목각 입상 앞에 서 있던 짧은 순간 이래로 골드문트는 여지껏 갖지 못했던 그 어떤 목표를 갖게 되었다.
>
> 출처: Hesse(2002), 나르치스와 골드문트, pp. 233-234.

우연한 만남: '길거리를 지나다가 우연히'

내가 연구한 장인들은 수십 년간 한 분야에 종사하면서 그 일에 있어서 최고의 경지에 오른 사람들이다. 그런데 흥미로운 것은 그들이 그 일을 하게 되리라고는 전혀 생각지도 못한 경우가 많았다는 사실이다. 대부분의 장인이 태어나면서부터 그 일을 하도록 계획되어 있지도 않았고, 부모나 가족의 도움을 받아 그 일을 시작하지도 않았다. 가업을 이은 도자기 장인 김진현을 제외하고, 모든 장인은 일에 입문한 과정이 매우 우연적이었다.

보일러 명장인 성광호와 양복 명장인 백운현, 이용 명장 최원희는 우연한 만남을 계기로 일에 입문했다. 성광호는 고향을 떠나 태권도 사범으로 일을 하고 있었다. 태권도장 아래층에는 대중목욕탕이 있었는데, 거기서 숙식을 해결하던 중에 보일러 기관장을 만나서 처음 보일러 일을 알게 되었다. 백운현은 옆방에 세 들어 살던 양복기술자를 통해 양복 일을 알게 되었다. 최원희는 작은아버지로부터 이발병에 대한 정보를 접하고 나서 이용 직업에 관심을 갖게 되었다.

성광호: 태권도 도장은 1층이고 밑에 대중목욕탕 있잖아요. 목욕탕에서 당시 40, 50 된 기관장이 보일러를 하셨는데 그분이 보일러 관련된 자격증 공부를 하고 계셨다고. 어깨너머로 보일러 이론적인 공부를 하고 어깨너머로 보일러를 배우고. 그렇게 해서 시험을 볼 때 저는 장난삼아서 시험을 봤고, 그분은 꼭 필요해서 다른 자격증이 필요해서 봤는데 그분은 불합격이 되고 저는 합격이 되고. 보일러 일을 처음 알게 되고 그때부터 하나의 동기부여가 됐습니다.

백운현: 마침 우리 그 옆방에 세 들어 사시는 분이, 우리가 시골집이었는데 양복하신 분이 서울에서 내려오셔가지고, 우리 어머니가 이제 저를 중학교 6남매 뭐 이렇게 많은 식구를 못 가르치시니까, 저를 데리고 가서 가르치신 것 같아요. 처음에 적성에 맞고

안 맞고를 떠나서 그냥 가 보니까 남자 분들이 양복을 만들고 계시더라고요. 심부름서부터 해가지고 기술을 배우게 됐어요.

최원희: 작은아버지는 육군 운전병을 했어요. 운전. 운전병인데, 운전병은 군기가 되게 셌대요. 그러니까 이발병이 가장 좋을 것 같더라. 그래서 네가 군대 가려면 그거를 한번 배워가지고 군대를 가면 좋을 것 같다. 그게 별 아무런 내용은 아닌데, 그 당시에 맞는 게 뭐 없으니까 그때부터 거기에 관심을 갖게 되니까.

이런 우연한 만남은 문화예술 분야의 장인에게서도 발견된다. 뮤지컬 배우 이석준은 길거리에서 우연히 받은 무료 공연 티켓이 뮤지컬 배우의 길을 걷게 한 계기로 작용했다.

이석준: 고등학교 때 길거리를 지나다가 우연히 무료 티켓을 받았어요. 그렇게 우연히 공연을 봤는데 제가 좋아하는 장르가 그 공연에 다 있는 거예요. 그때 그 장르에 대한 상당한 충격을 받았어요. 그게 뮤지컬이라는 장르였어요. 그 이후에 뮤지컬 배우가 되기 위한 꿈을 키우게 되었어요.

자동차 명장 박병일, 제과 명장 안창현, 한복 장인 백애현은 주변 환경을 통해 조금 더 긴 시간 동안 접한 후에 일을 시작하였다. 그럼에도 불구하고 그 일을 시작한 것에 계획이나 의도가 있었다고 보기는 어렵다. 이들 역시 예기치 않게 자신의 일에 입문하였다. 박병일은 집 근처에 정비 공장이 있었는데 매일 학교를 오가며 보다가 어느 순간 갑자기 자동차 일을 하고 싶어졌다. 안창현은 어릴 적에 작은아버지가 과자를 만드는 일을 했다고 한다.

하지만 그 일을 결정한 계기는 아랫집에 살던 친구가 제과 일을 하면서부터였다. 백애현은 어린 시절 집에서 어머니가 바느질하는 모습을 보아 왔다. 그 모습을 동경만 하다가 한복을 만드는 일에 관심을 갖게 되었다.

박병일: 제가 선린중학교하고 우리 집에 오는 사이에 정비 공장 버스 회사가 있었어요. 지나가면서 만날 보던 것이 있었는데 그때 시꺼먼 기계가, 그냥 막 했던 그런 걸 깔끔하게 닦고, 빤짝빤짝한 부속들이 조화를 이뤄서 시동이 걸리고, 그렇게 해 놓고 소리가 뭔가 쾌감이 있었어요. 그냥 저것 참 재미있을 것 같다. 그래서 난 저거 재미있을 것 같은데 그거 한번 배워 볼까?

안창현: 저희는 그렇게 시야가 넓지가 않아요. 주변에서 가족이 뭘 하면 그걸 쫓아가야 하지. 내 가까운 주변에서 누가 잘 나가거나 뭐 하면 그다음에 하고 싶은…… 제가 우리 같은 밑에 집 사는 친구가 이거(제과)를 배우는 거예요. 그리고 옛날엔 우리 작은아버지가 가내공업으로 과자나 사탕 만드는 일을 조금 했어요.

백애현: 어렸을 때 어머님이 여름이면 늘 하얀 모시옷을 단정하게 입으시고 앞치마를 두르고 계시던 모습이 생각나요. 그 모습이 너무 단아해서 나도 어린 나이에 나이가 들면 그런 어머니 같은 여인의 모습이었으면 좋겠다고 생각했어요.

가업을 이어받아 어려서부터 당연하게 일을 받아들인 경우도 물론 있다. 앞에서 언급했듯이, 도자기 장인 김진현은 아버지를 이어 2대째 일을 하고 있었다. 아버지는 어려서부터 도자기 굽는 일과 관련한 이야기를 은연중에 들려주었고, 김진현도 자신이 다른 일을 한다는 것을 생각해 보지 못했다.

김진현: 지금 와서 생각해 보면 아마 아버님도 내심 제가 가업을 이어 주길 바라셨던 것은 아니었을까 생각이 들어요. 저희 남매 중에 제가 유독 흙을 좋아했고 가마 지피는 날이면 늘 옆에 있었어요. 그럼 아버님이 이게 온도가 600도다, 800도다…… 어린 나이인데도 그렇게 슬쩍슬쩍 얘기를 해 주셨어요. 흙 가지고 노는 걸 좋아했어요. 그리고 다른 일을 생각해 본 적이 별로 없는 것 같고…… 이미 고등학교 졸업할 때 이 일을 하기로 결정했으니까요.

우연한 경험: '경험해 볼 수 있는 기회가 있는데'

우연한 계기는 사람들이 겪는 수많은 경험을 통해서도 나타난다. 특정한 교육 프로그램을 이수하거나 일을 해 보는 것이 그 사람의 운명을 좌우하는 경우는 많지 않다. 반면에, 단 한 번의 우연한 교육이나 일일지라도 일생의 업을 만들기도 한다. 많은 장인이 우연한 교육 또는 일 경험을 통해 자신의 평생 일로 삼았다고 이야기한다.

편물 명장 김영희와 주조 명장 임용환은 체계적으로 배우면서 일을 준비하였다. 그렇지만 특별한 계획이나 재능이 있어서 그 공부를 선택한 것은 아니었다. 그저 돈을 잘 벌기 위해 일을 배운 것이 그들로 하여금 장인의 길에 들어서게 하였던 것이다. 한마디로, 일을 배우기 시작한 것이 그저 우연일 뿐이었다. 김영희는 달리 할 일을 찾을 수가 없어서 친구들과 함께 손뜨개 학원에 등록하였다. 1960년대에는 여자들이 섬유 산업에 종사하는 경우가 많았기 때문이었다. 임용환은 직업훈련원에서 금속을 전공했는데, 그 역시 사회 분위기에 편승한 선택이었을 뿐이었다.

> 김영희: 저는 맨 처음 기술을 학원에서 배웠어요. 그 당시에는 그런 학원들이 매우 유행이었어요. 옷 만드는 거랑 미용이랑 학원들이 많았어요.

> 임용환: 자연스러웠던 것 같아요. 특별하게 꼭 해야 된다, 그런 것은 없었고 이거 아니면 아니다, 이런 것도 없었고. 굳이 이제 그런 사회 분위기가 그러했으니까. 한창 새마을운동 그런 시절이었잖아요. ……(중략)…… 보통 업종, 지금도 금속, 기계, 가공, 전기, 전자 쭉 있는데 그중에서 포항제철을 가 본 적이 있어요. 왠지 규모나 설비나 분위기가 아주 몰입을 하게 만드는 그런 일이 금속이에요. 그 당시는 이름도 몰랐거든요. 그냥 여러 개 있는 데 제일 성적이 낮아도 갈 수 있는 데 그런.

전문직 장인들에게서는 더욱 흥미로운 경험들을 찾아볼 수 있다. 소프트웨어 개발자나 의사, 변호사 같은 직업은 흔히 체계적인 준비를 거쳐 입문하는 것으로 생각하기 쉽다. 그러나 이들 역시 우연한 계기에 '뜻밖의 이끌림'으로 자신의 일을 시작했다.

우리 연구에 참여한 IT 및 소프트웨어 개발자들은 모두 대학에서 직접적으로 관련이 있는 전공을 이수하지 않았다. 권찬영은 언어학과를 이상선은 수학과를 나왔다. 전공보다는 아르바이트와 일 경험이 이 분야로 이끈 중요한 계기였다. 그럼에도 불구하고 그들은 자신의 학부 전공이 IT 분야에서 개발자로 성공하는 데 직간접인 영향을 줬다고 말한다.

권찬영: 제가 다녔던 학과에도 외국어 번역기를 만들거나 우리나라 고문서를 데이터베이스화하는 작업을 하는 연구소가 있었어요. 거기에서 아르바이트생으로 조교 선배들을 도우면서 컴퓨터 프로그래밍을 처음 배웠어요. 그 후에 그 연구소가 별도의 회사 법인이 됐는데, 마침 그때 병역 특례 요원으로 일해 보지 않겠냐는 제의가 있어서 냉큼 수락했죠. 재미도 있고 적성에도 맞아서 계속 일을 하다 보니 지금까지 하게 됐네요.

이상선: 대학에서 수학을 전공한 것도 논리적 사고를 통해 문제를 푼다는 측면에서는 개발 업무에 큰 도움이 됐습니다. 대학에서 전산학이나 컴퓨터공학을 전공해야만 좋은 개발자가 되는 것은 아니에요. 오히려 공학 계열의 주변 전공을 한 사람 중에 적성에 맞는 사람들이 더 잘 해요. 결국 대학 졸업 후 적성을 살리고자 병역 특례로 중소기업에서 개발 업무를 하다가, 병역을 마치고 마이크로소프트사에 입사해서 바로 미국 본사로 갔습니다.

의사나 변호사는 전문자격시험을 통과하고 연수 기간을 거쳐 정식으로 직업인이 되기까지 긴 공식교육 기간을 갖는다. 그동안에 집중적으로 일을 경험하고 학습한다. 이를 통해 그 안에서의 전문 분야를 선택한다. 이렇게 구체적인 세부 분야를 발견하는 과정에서 우연한 계기가 작용하고 있었다. 변호사 김갑유와 의사 심찬섭은 전혀 생각하지도 않았고 잘 알지도 못했던 분야를 접하면서 막연한 흥미와 관심을 가졌다. 김갑유는 아르바이트를 하던 중에 국제 업무에 관심을 가지면서 판사보다는 변호사를 선택했다. 그 이후에 해상 전문가의 길을 걷다가 우연한 계기로 국제 중재 전문 변호사로까지 나아갔다. 심찬섭은 초음파와 관련한 책과 기계를 접하고 나서 소화기병 전문의가 되었고, 내시경 개발도 하게 되었다. 이러한 뜻밖의 이끌림이 자신의 전문 분야를 향한 첫 발걸음이 된 것이다.

김갑유: 시험 합격하고 바로 연수원을 안 들어가고 대학원을 다니면서 아르바이트를 하다가 그 과정에서 로펌이라고 하는 프랙틱스가 있구나, 국제 업무를 하는 곳이 있구나 했고, 국제 업무를 하고 싶어서 제가 변호사의 길을 선택했고 ……(중략)…… 이 연수원 과정이 법원, 검찰, 변호사 이걸…… 이렇게 시보라고 해서 이렇게 경험해 볼 수 있는 기회가 있는데 경험을 하는 과정에서 더 분명하게, '아, 내가 변호사를 해야 되겠구나. 판사나 검사가 내 적성에 맞지 않구나.' 이런 생각을 했습니다. 그래서 이제 당연히 국제 업무를 해야 된다고 생각했으니까 판사가 아닌 변호사를 하겠다고 이제 우겨가지고 변호사가 됐습니다. ……(중략)…… 그때는 나는 해상 전문가가 될 거다라고 생각을 했고, 이미 나는 해상 전문가고, 앞으로도 계속 이걸 할 거다 그렇게 생각했습니다. ……(중략)…… 변호사의 길이 딱 갈라져 있어요. 이 소송하는 사람과 거래하는 사람. 그 소송 쪽으로 가는 사람은 영어를 할 일이 없는 거고요. 거래 쪽으로 가는 사람은 소송을 할 일이 없는 겁니다. 그런데 그걸 유일하게 다 하는 사람이 해상하는 사람들인데, 또 해상하는 사람은 M&A를 안 했기 때문에 이 내용을 전혀 모르는 거죠. 그래서 그거를 다 하는 사람을 찾으니까 내가 있는 거죠. 하하하. 우연히 제가 있는 겁니다. 그래서 사무실에서 이제 분쟁이 생기니까 이걸 네가 하면 좋겠다(라고 해서 국제 중재를 처음 하게 되었습니다).

심찬섭: 레지던트 3년차 시절에 우연히 영문으로 출판된 복부 초음파 진단에 관한 복사판 서적을 접하게 됐어요. 제 분야와는 다른, 새로운 분야의 책이어서 눈을 떼지 못하고 그 자리에 서서 순식간에 훑어 읽어 내려갔습니다. 당시 복부 초음파 검사 기기는 없었지만, 그 책을 한번 읽고 나니 꽤 흥미가 생겼고 앞으로 소화기 질환에 도움이 많이 되겠다는 생각도 들었어요. 그러던 어느 날, 심전도 판독실에 우연히 중고 초음파 기기가 들어왔어요. 그 기기를 사용하던 산부인과 선생님께서 저에게 기기 사용법을 가르쳐 주셨어요. 그 이후, 판독실에 혼자 남아 배에 젤리를 바르고 조작해 보았습니다. 처음 영상이 보이는 순간 "됐다." 소리를 지르며 가슴 뭉클하고 짜릿한 즐거움을 느끼게 되었지요.

장인들이 일에 입문한 과정을 다시 정리해 보자. 가업을 이어받은 김진현의 경우를 제외하고, 대부분의 장인은 미리 계획하고 체계적으로 준비한 후에 자신의 진로를 선택하지는 않았다. 그런 합리적인 과정보다는 예상치 못했던 우연한 기회를 통해 직업에 입문하였다. 이들은 결코 예기치 않게 일에 대한 정보를 얻고 별다른 준비도 없이 일을 시작하였다. 한마디로, 장인들이 자신의 일을 시작한 것은 예기치 않은 사건이었다. 그럼에도 불구하고 우연한 기회를 계기로 각자의 분야에서 최고의 지위에까지 올랐다. 이제부터는 그들이 일을 시작한 이후에 장인의 위치에 오르기까지의 과정을 살펴보겠다.

지독한 학습으로 일군 필연

> 이런 작품을 만들어 낼 수 있으려면 단지 자신의 영혼 속에 어떤 형상을 간직하고 있는 것만으로는 부족하며, 시각과 손의 기술 역시 이루 말할 수 없는 훈련과 연습을 거쳐야만 하는 것이다.
>
> 출처: Hesse(2002), 나르치스와 골드문트, p. 274.

우연히 들어선 길은 어두웠다. 장인으로의 길을 찾기는 쉽지 않았다. 그 길을 밝혀서 필연으로 만든 힘은 부단한 노력에 있었다. 우리의 장인들이 자신의 분야에서 최고의 위치에 오르기까지는 지독하게 일을 배우고 기술을 숙련한 필연적인 과정이 있었다.

어깨너머로 배우기: '어깨너머 보고 배운 것이지'

숙련의 형성은 일을 배우는 과정이다. 그 과정에는 반드시 먼저 그 일에 숙련된 사람들의 가르침이 개입한다. 우리의 장인들도 스승이나 선배에게서 일하는 데 필요한 지식과 기술을 습득하였다. 그것은 일터에서 경험하면서 배우는 도제 방식이기도 하고 강의실에서 공부하는 형식교육의 방식이기도 했다. 그럼에도 불구하고 많은 경우에 장인들의 초기 숙련은 친절한 가르침에 의한 것이라기보다는 어깨너머로 배우는 힘겨운 과정이었다. 그 과정에는 무수한 시간과 부단한 노력이 깃들어 있었다.

도자기 장인 김진현은 전통 가마라는 독특한 작업 방식을 아버지로부터 전수받았다. 아버지가 일하는 모습을 지켜보면서 배웠다. 그러나 그 과정조차 순탄하지만은 않았다. 반대가 있었고 위기도 있었다.

김진현: 제가 도예가의 길을 걷겠다고 결심했을 때 아버지는 전통 가마 방법을 절대 전수하지 않겠다고 하셨어요. 이미 그 당시 많은 가마가 가스 가마로 바뀌고 있었을 때였거든요. 한평생 전통 가마만을 사용한 아버지이셨지만 가스 가마보다 제작 과정이 힘들고 비용이 많이 들어 아마 저에게 그 힘든 삶을 되물려 주고 싶지 않으셨던 것 같아요. 저희 아버지의 결심도 참 단호하셨는데 제 고집도 정말 세서요.

양복 명장인 백운현은 도제식으로 기술을 배웠다. 그러나 체계적인 훈련보다는 무수한 시행착오와 흉내 내는 과정을 통해 배웠다. 이용 명장인 최원희와 제과 명장인 안창현, 주조 명장 임용환도 마찬가지로 작업장에서 끊임없는 반복과 부단한 노력을 통해 기술을 익혔다.

백운현: 우리가 배워 온 게 도제식이잖아요. 3개월 정도 배우니까 선생님 하시는 걸 제가 금방 따라 하게 되고 ……(중략)…… 계속 허드렛일을 하면서 어깨너머로 보고 배운 것이지. 선생님이 하나하나 가르쳐 주는 게 아니라 혼자 옷을 망치고 하면서 습득하는 거예요……. 제 생각에는 분명히 잘 했는데, 선생님이 막 뜯으신단 말이에요. 안 해 놓으면 안 해 놓았다고 뭐라고 하고…….

최원희: 그게 무한한 어떤, 여러 번의 어떤 시행으로 인해서 그게 숙달이 됐다고 할까. 여러 번 해 보고, 또 해 보고 이래가 됐다, 안됐다 그렇게 해 보고 해서 시행이 되고. 그리고 터득하는 거죠.

안창현: 일본에 내가 일하던 곳에 60년 동안 거기서 빵만 만드는 어르신하고 제가 같이 일하게 됐어요. 그런데 나도 이렇게 특별하게 젊은 패기로 인제 한 가닥 한다고 생각을 하고 일을 하면서 농담으로 그 양반에게 도전장을 던졌는데, 내가 아무리 몸을 흔들어 가면서 빨리, 열심히 해도 그분을 쫓아가기가 힘들었습니다. 그 사람은 슬금슬금 하는데도 나보다도 속도 빠르고 정교하고 이런 모습을 했는데 그 표정까지 봤어요. 여유와 느긋함 속에 정교하고 빠르고, 그걸 보고 깨달았죠. 잔재주나 이런 거보다는 깊이가 있어야 되고, '빵에 대한 깊이를 더 배워야 되겠다.' 그걸 느끼면서 하루에 내가 3~4시간 자면서도 진짜 힘든지 모르고 했던 것은 그 사람들의 어떤 그 기술과 열정, 그런 것을 봐서. 그렇게 힘들게 잠을 못 자면서 했어도 굉장히 뜻 깊은 그런 좋은 기회가 되었던 것 같아요.

임용환: 숙련되어 나가는 과정이라는 것은 처음 입사해가지고는 선배들이나 경험자들이 시키는 일 혹은 같이 하면서 처음에는 기능 정도를 익혀 가는 것이죠. 기능이라고 하는 것은 손으로 하는 것, 몸으로 하는 것을 익혀 나가다가 그다음에 플러스해 가지고 자료를 만들거나 기술이 필요하게 된 것이죠.

자동차 명장인 박병일은 선배 기술자들이 자신에게 기술을 가르쳐 주지 않아서 영리한 방법을 사용하기도 했다. 그는 자동차 이론을 책으로 먼저 공부하면서 스스로 이론을 터득한 후에 선배 기술자들과 현장에서 작업 정보를 교환하는 방식으로 기술을 배워나갔다.

박병일: '난 다음에 요걸 배우고 싶은데, 날 가르쳐 줘야 돼. 그 일이 작업되면 나 불러 알았지?' 그래가지고 인제 나는 이론 열심히 공부하고, 그 형한테 하나씩 가르쳐 주고, 그 형한테 하나씩 배우는 거야. 요렇게 해서 인제 하니까 사람들이 달리 보기 시작했지.

어깨너머로 배우는 과정은 전문직 분야에서도 마찬가지로 나타난다. 예를 들어, 의사인 심찬섭은 국내에서는 처음으로 국제 학회를 개최하기 위해서 자신이 참석했던 해외 학회들을 흉내 내며 배웠다. 이를 통해 최초의 국제 학회를 성공적으로 개최할 수 있었다.

심찬섭: 학회 갔을 때마다 심지어 이름표 놓는 것부터 시작해서 호텔에 가면 초청장이 있고, 편지 글이 있어요. 그걸 전부 다 안 버리고 모아가지고 갖고 와서 그걸 이제 그대로 흉내를 낸 거예요. 아 호텔에다는 뭘 준비를 하고, 어떤 과일을 놓고 저녁 파티 때는 어떤 형식으로 하는지까지 전부 머리를 짠 거죠.

결국 처음 일터에 들어가서 일을 하기 시작할 때 장인들은 이미 형성된 공동체에 참여하면서 일을 배우게 된다. 레이브와 웽거(Lave & Wenger, 2000)는 이를 '실행공동체(community of practice)'라고 부른다. 이 공동체에서는 이미 선임자들이 일을 하고 있기 때문에 신참자가 그들에게서 공동체의 일원으로 인정을 받는 과정이 필요하다. 그래야만 함께 일하며 배울 수 있다. 우리의 장인들에게도 그런 참여와 인정 속에서 스승 또는 선배의 '어깨너머'로 배우는 과정이 있었다. 그것이 쉽지만은 않았던 것이다.

[참고] 도제 제도와 실행공동체

도제 제도는 일의 교육의 가장 주요한 형태로 발달하였다. 레이브와 웽거(2000)는 도제 제도 연구를 통해 '합법적 주변 참여'와 '실행공동체(community of practice)' 개념을 도출하였다. 전통적 이론들에서 학습은 개인의 지식 내용을 저장하고 처리하는 인지적 과정으로 파악되었다. 그러나 이들에 따르면 학습은 개인 수준에서 일어나는 것이라기보다는 공동의 참여 과정에서 이루어진다. 레이브와 웽거는 사회문화적인 관점에서 사회적 상황 속에서 습득하는 특정 지식과 역할을 수행할 수 있는 사람으로 변화되는 과정에 주목하였다. 또한 학습은 개인의 경험과 인지 과정, 참여 속에서 일어나는 행동으로, 실행공동체에 진입한 초보자가 조직 생활 과정에서 점진적인 참여를 통하여 공동체 성장에 필요한 지식, 기술, 문화적 가치 등을 학습한다고 주장하였다.

브라운과 두가이드(Brown & Duguid, 2000)는 실행공동체를 일상적인 업무 활동 속에서 자연스럽게 이루어지는 집단이라고 보았다. 웽거 등(2004)은 실행공동체란 동일한 관심사와 일련의 문제, 특정한 주제에 대한 열정을 공유하고 있으면서 지속적으로 상호작용하는 과정을 통하여 이 분야에 대한 지식과 전문성을 보다 깊이 있는 것으로 만들어 가는 사람들의 집단이라고 하였다.

안주영(2009)은 레이브와 웽거의 상황학습 이론에 기초하여 경기도 무형문화재의 도제 제도에 관한 사례 연구를 수행하였다. 그 결과, 스승과 제자들로 이루어진 실행공동체 내에서 다양한 방식의 실행과 교육이 동시에 이루어졌음을 확인하였다. 또한 장인정신을 계승하고 최고의 장인이 되기 위한 학습 형태 중 전수교육의 방식도 주효했음을 밝혀냈다.

스스로 알아가기: '그냥 제가 하나하나 알아가는 거죠'

우리의 장인들이 일터에 진입한 이후에 보이는 학습의 과정 가운데 가장 두드러진 것은 스스로 배운다는 것이다. 앞서 살펴보았듯이, 이들의 학습에 도움을 준 사람들이 있기도 했지만 그보다는 혼자서 수많은 연습과 시행착오를 거치면서 더욱 숙련도를 높여 갔다. 한복 장인 백애현과 도자기 장인 김진현은 스스로 배운 과정을 다음과 같이 이야기하고 있다.

백애현: 일하기 시작하면서 딱히 누구에게 기술을 배웠다, 이런 건 잘 모르겠어요. 한복을 만들다가 잘 안 되는 건 자꾸 해 보면 또 해결이 되고 해서요…….

김진현: (새벽) 2시 이전에 자 본 적이 없는 것 같아요. 도자기는 물레에서 도자기 빚는 것만 되는 게 아니고 흙을 고르고, 모양을 만들고, 나무를 알고, 이 모든 것들을 다 알아야 해요. 이런 건 누가 가르쳐 준다기보다는 그냥 제가 하나하나 알아가는 거죠.

장인들이 스스로 학습하여 기술을 익힌 방법은 다양했다. 양복 명장 백운현은 반복을 거듭하면서 숙련도를 높여 갔다. 연습과 반복을 통한 숙련의 형성은 전문직에도 적용되었다. 의사 심찬섭은 책을 보기보다는 직접 수많은 실행을 거듭하면서 노하우를 터득하게 된다고 강조하였다.

백운현: 남보다도 많이 열심히 했죠. 저는 정말 한 2시, 3시, 서너 시까지 자 본 적이 없어요. 한 만 번을 꿰매 봤을 거예요. 많이 꿰매 봤으니까 이게 인제 거기서 자꾸 내가 만들면서 터득해 나오는 거죠.

심찬섭: 그건 연습보다도 반복하는 거죠. 외과 의사들은 처음에 수술하면서 바느질하는 걸 연습하잖아요. 그거 굉장히 중요하죠. 그

런데 우리가 하는 것은 연습보다도 실제로 할 때, 많이 하다 보면 노하우가 생기는 것 같아요. 처음에는 모르는 걸 책을 보고 그대로 해 봐도 잘 안 되기도 하죠……. 그런데 책보다는 직접 해 보는 것이…… 터득이 빨리 되죠……. 제가 일본에 가서 느낀 게…… 보는 건 보는 거고 아무리 많이 봐도 옆에서 보는 거보다는 손으로 해 보는 것이…… 말 그대로 백견이불여일행이다……. 자꾸 하는 것이 책을 보는 것보다 나은 것 같아요. 설명을 아무리 들어도 실제 한 번 해 보면 금방 터득이 되고, 처음부터 아주 잘 하는 사람이 누가 있겠습니까. 많이 하면서 요령이, 그게 센스가 (생기는 것입니다).

장인들은 스스로 배우는 또 다른 방식들도 보여 주었다. 소프트웨어 개발자 권찬영은 스스로 동기부여를 하여 우연히 유용성을 알게 된 컴퓨터 언어를 독학으로 배웠다. 보일러 명장 성광호는 자격증 취득이라는 목표를 세워서 그 목표를 달성하기 위해 준비했다. 자동차 명장 박병일은 여기저기 돌아다니며 배우는 편력(遍歷)의 학습을 하였다.

권찬영: 제가 일하던 N사에서는 파이선이라는 언어를 전혀 쓰지 않았어요. 사실 파이선 언어가 유럽에서는 많이 써도 우리나라에서는 거의 쓰이지 않는 언어예요. 게다가 제가 담당했던 업무상 굳이 그 언어를 쓸 필요가 없었죠. 그런데 데이터의 성질에 따라 크기가 작은 프로그램을 여러 가지 만들어야 할 때가 있는데, 파이선이 이런 경우에 매우 적합하다는 것을 우연히 알게 됐어요. 그다음부터는 전적으로 독학했어요. 혼자 매료되어서 공부한 거죠. 그 후에도 쓸 일이 별로 없었는데도 계속 공부했

습니다. 실제로 파이선에 관한 콘퍼런스가 있으면 자비를 들여서 유럽도 가고……

성광호: 보일러 취급에 대한 자격증이 있어야 되고…… 오염물 취급증 자격증이 있어야 되고 가스를 때면 LNG 관련된 가스에 관련된 자격증이 있어야 되고. 그러면 보일러 굴뚝에 연기가 나게 되면 대기 환경에 관련된 자격증이 있어야 되고. 그러면…… 대기에 관련된 보건관리자를 해야 하니까 같이 겸직해서 하고 또 그렇게 해서 산업 안전에 대한 그런 자격증을 그때 필요하면 자격증을 연관되서 다 취득하게 된 것이죠.

박병일: 기술자들을 정말 많이 찾아다녔어요. 우리나라에서 최고의 기술자들 대구의 누구, 대전의 누구, 신설동의 누구, 청계천의 누구…… 제가 명단을 확보해가지고 먼저 편지를 썼어요. 그런데 답변이 안 오죠. 계속 편지를 써도 답장이 안 와요. 그래서 내가 직접 찾아갔어요. 사실 기술 하나하나는 자신의 밥그릇이니까 절대 가르쳐 주지 않아요. 그러나 직접 찾아오기까지 하니까 성의를 봐서 하나씩 알려 주는 거예요. 이렇게 해서 하나씩 하나씩 배우고. 결국 우리나라 최고 기술자들을 10년에 걸쳐서 다 만나 봤어요. 그 당시에는 배운다는 것! 이것 하나만 끊임없이 갈구했어요.

이처럼 스스로 배우고 이를 통해 계속 성장하는 것은 어느 시대건 모든 일터에서 중요한 덕목이다. 특히 지식과 기술이 빠르게 변화하는 상황에서는 새로운 것을 학습하는 능력이 반드시 필요하다. 그래서 근래에는 더욱 자기

주도적 학습(self-directed learning)에 대한 관심이 높아지고 있다(Merriam, Caffarella, & Baumgartner, 2007). 우리의 장인들이 고숙련인 또는 최고의 전문가로 성공할 수 있었던 것은 스스로 배우고 성장하기 위한 자기주도적 학습을 했기 때문이었다. 이런 장인의 자기주도적 학습력은 10장에서 다룰 배움의 계속 넓힘에서도 잘 나타난다.

[참고] 자기주도적 학습

놀즈는 성인학습 모형으로서 안드라고지를 페다고지와 대조시킨다. 그는 안드라고지 모형이 학습자에 대한 다음과 같은 전제들을 가지고 있다고 하였다(Knowles, Holton III & Swanson, 2005). 첫째, 학습의 필요성에 있어서 안드라고지 모형은 무엇인가를 학습하기 이전에 왜 그것을 배워야 하는지를 알아야 한다. 둘째, 안드라고지는 학습자의 자아개념에 있어 자기결정과 삶에 대한 책임이 있다. 셋째, 경험의 역할에서 성인은 아동들보다 양적으로 더 많고 질적으로 다른 경험을 갖고 교육에 참여한다. 넷째, 성인은 자기 삶의 상황에 더 효과적으로 대응하기 위해 자신이 할 수 있는 그리고 알아야 할 필요가 있는 것을 학습할 준비가 되어 있다. 다섯째, 학습에의 지향성에 있어서 성인들은 다분히 생활 중심적 과업 중심적 또는 문제 중심적이다. 마지막으로, 동기에 있어서 성인들은 더 좋은 직업, 승진, 더 높은 급여 등과 같은 외적 동기도 가지지만, 그들에게 더 강력한 동기 유발 요소는 더 높은 직업 만족도, 자부심, 삶의 질 등과 같은 내적인 욕구다.

자기주도적 학습(self-directed learning)은 안드라고지 모형에서 제시한 가장 핵심적인 학습 양식이다. 그것은 학습자의 자기주도성에 초점을 맞춘다. 기본적으로 선의와 책임감을 가지는 인간의 본성을 전제로 한다. 자기주도적 학습의 선형 모델은 자기주도 학습 과정을 모든 학습자가 동일한 일련의 단계를 거쳐서 수행하는 선형적 과정으로 간주한다. 반면, 상호작용 모델은 학습 과정이 선형이 아니라, 학습자에 내재된 성격적 특성, 환경 등의 복합적 요소가 상호작용하여 이루어지는 사건으로 구성된다고 보았다(Merriam et al., 2007).

위기도 재능도 뛰어넘는 노력: '눈 떠 있는 내내 뜨개질만 했으니까'

장인들이 자신의 분야에서 최고 수준에 이르는 과정에는 수많은 어려움이 있었다. 장인으로의 길은 자신의 재능을 펼칠 수 있는 여러 우연과 기회를 만날 뿐만 아니라 일을 하는 중에 나타나는 좌절과 고통을 겪을 수밖에 없는 긴 여정이었다. 이들은 그만큼의 아픔 속에서 배우고 성장했다. 삶에서 피할 수 없는 힘든 위기들을 겪었고 이를 넘어서는 과정에서 더욱 성숙해졌다. 이것은 자신의 일을 잘하고 싶고, 그 일에서 성장하고자 하는 강한 의지가 있었기에 가능하였다.

장인들도 한 사람의 직업인이기 때문에 자신의 일에서 갖게 되는 고민과 고통이 있을 수밖에 없다. 직업인으로서 겪는 일에 대한 어려움은 다양하다. 주조 명장 임용환은 공장에서의 단순반복적인 업무 때문에 삶에 대한 회의를 하기까지 한 적이 있다. 자동차 명장 박병일은 일이 너무 힘들어서 부모님을 원망하기도 했다.

임용환: 몇 년 하다 보니 똑같은 일을 반복하잖아요. 주간 했다가 야간 했다가 교대근무하고. 아. 굳이 꼭 이래야 하나? 생각하기 시작한 것이죠. 내가 왜 꼭 이렇게 살아야 되지? 이런 비슷한 생각. 좋은 일 없을까? 재미난 일 없을까? 하는 것과 비슷하게 바꿀 수 없을까? 그러다가 이제 이렇게 고민도 하게 되고. 그러다 우리 새로운 현대차에서 독자 엔진을 개발한다고 해서 그쪽에 참여하게 되고 참여하면서부터 재미도 느끼고 목표가 생기기 시작한 것이죠.

박병일: 사실 처음에는 너무 힘들었죠. 그래서 약간 부모님을 원망하기도 하고, 나에 대한 생각도 많이 했어요. 그래서 여러 책도 읽고, 신문에 실렸던 좋은 글귀들로 위안을 삼으면서 혼자서 뭔가 불타오르기 시작한 것이죠. 내가 비록 화가는 안 됐지만, 자동차에서 일인자가 되어 볼까?

문화예술 분야는 이들이 몸담은 분야와는 다른 분야지만, 또 다른 차원에서 일에 대한 어려움이 있었다. 뮤지컬 배우인 이석준은 배우로서 겪는 연기와 현실 사이의 괴리에 대한 고뇌를 호소하였다.

이석준: 배우는 늘 괴로움을 가지고 있는 존재예요. 소외감을 느끼고 있거나 아픔이 있는 배우들이 연기를 잘하기도 해요. 소심한 성격이거나 특이한 성격의 배우들이 연기를 잘하는 경우도 많아요. 연기는 본인이 표출하지 못하고 누르고 있던 것들을 표출할 수 있는 유일한 공간이에요. 그래서 그 연기에서 오는 카타르시스를 느끼지만 그것에 지나치게 이입되면 현실에서 그 괴리감을 참지 못하는 거죠. 많은 배우들이 연기와 현실의 괴리에 괴로워하곤 하죠.

장인들은 일을 하는 과정에서 사고를 겪기도 하고 이로 인해 더욱 큰 위기를 경험하기도 하였다. 그런 어려움으로 인해 일을 포기해야만 하는 상황에 놓인 경우도 있었다. 도자기 장인 김진현은 가마의 열기 때문에 시력을 잃을 뻔했다. 그럼에도 불구하고 이런 위기를 극복하면서 자신의 일을 더욱 성장시켜 나갔다.

김진현: 가마를 배울 때 1,300도 넘는 열기에 좋았던 시력을 잃을 뻔했는데…… 그때 저희 어머니께서는 당장 그만두라고, 아들까지 고생시킬 거냐면서 저희 아버지한테 엄청 뭐라고 하셨어요. 어쨌거나 그래도 전 지금 전통 가마를 고집하고 있어요. 아버지가 돌아가시기 직전에 알려 주신 변조법을 꾸준히 익혔죠……. 그런데 아버지는 돌아가실 때 유언에서도 가스 가마를 사용해 달라고 부탁하셨죠. 그런 걸 생각하면 지금 제 모습을 나중에 좋다 하실지 걱정이 되기도 해요.

일을 하는 과정에서 겪는 고통과 좌절은 장인들뿐만 아니라 어느 누구에게서나 나타나기 마련이다. 아무리 타고난 능력이 출중한 사람이라 할지라도 승승장구하기만 할 수는 없다. 장인들에서 발견할 수 있는 특징적인 사실은 그들이 재능을 가지고 있건 그렇지 않건 상관없이 노력에 노력을 더했다는 점이었다. 예를 들어, 한복 장인 백애현과 편물 명장 김영희는 자신들이 재능이 있는 편이라고 자랑한다. 백애현은 어릴 적 학교 다닐 때부터 스스로 바느질에 재능이 있었다고 말한다. 김영희도 학원에서 공부할 때 남들보다 잘 했다고 한다. 그럼에도 불구하고 그들이 장인의 위치에 오른 것이 재능 때문만은 아니었다. 그들은 잠을 안 자면서까지 열심히 일을 했고 이런 과정을 통해 숙련을 형성하고 장인으로 성장하였다. 김영희는 특히 일을 지속하고 끊임없이 성장하려면 재능보다는 인내할 수 있는 정신 자세가 더 중요하다고 강조하였다.

백애현: 재능이 있었던 것 같아요. 어려서부터 만들기를 워낙 좋아하기도 했고 손재주가 좋아서 잘 했어요. 친구들이랑 똑같이 시작해도 내가 바느질을 빨리 끝내고 잘했던 것 같아요(웃음).

백애현: 그때는 하루에 4시간 정도 잤던 것 같아요. 아침, 점심, 저녁 그리고 새벽에 일을 했으니까요.

김영희: 손뜨개가 처음엔 간단하고 쉬워 보이는데 무늬를 넣으려면 함수나 루트 같은 수학적 재능이 뒷받침되어야 해요. 디자인 감만으로 할 수 있는 게 아니에요. 근데 나는 그런 게 너무 재밌고 좋았어요. 지금 생각해 보니 다른 사람들보다 잘했으니까 더 좋았던 것 같기도 해요.

김영희: 한창 일할 때는 하루에 3시간 이상 자 본 적이 없어요. 눈 떠 있는 내내 뜨개질만 했으니까.

김영희: 이 일을 하는 사람은 기본적으로 방방 뜨면 안 되고 인내할 줄 알아야 해요. 정신 수양을 제대로 못하면 아무리 재능이 있다고 해도 중도 탈락할 수밖에 없게 되어 있어요.

뮤지컬 배우 이석준은 뮤지컬이 종합예술이라서 아무리 천재라도 노력 없이는 배우가 되는 것이 불가능하다고 하였다. 왜냐하면 한 분야에 천부적인 재능이 있는 사람이 있을 수는 있지만 그 사람이 춤, 노래, 연기, 체력까지 모든 분야에서 천재일 수는 없기 때문이다. 그 역시 고된 훈련과 끊임없는 노력을 통해 뮤지컬의 기본기를 닦았다. 시설이나 무대, 지원 등이 부족한 상황에서도 일에 대한 열정만큼은 가득했다.

이석준: 졸업 작품을 위해 처음으로 뮤지컬 무대에 서게 되었어요. 그때의 기대와 흥분…… 기분은 말할 수 없죠. 무술, 춤, 노래 등

> 많은 분야를 힘들게 연습했어요. 선생님이 2시간 단위로 바뀌면서 집중 훈련을 했어요. 높은 훈련 강도에 전면이 유리였던 체육관에 수증기가 서릴 정도였어요. 높은 훈련 강도에 몸은 지쳐 갔지만 하루하루 배우는 과정은 정말 즐거웠어요……. 졸업 후에도 '텐텐(TenTen)'이라고 해서 오전 열시부터 오후 열시까지 스파르타식 훈련을 받았어요. 춤, 발레, 노래, 연기, 무대, 성악, 기초 체력 훈련까지 뮤지컬에 포함되는 모든 분야를 배웠어요. 정말 고된 훈련을 받으면서 힘도 들었지만, 당시에 뮤지컬 배우로서 탄탄한 기본기를 익힐 수 있었어요. 그리고 뮤지컬 배우로서의 길을 걷게 되었죠.

결국 장인으로의 길은 전혀 순탄하지 않다. 그 길에서 장인의 타고난 재능이 발휘될 수 있는 기회를 잡기도 하지만 수많은 위기와 좌절을 겪기도 한다. 우리의 장인들이 장인으로 성장할 수 있었던 것은 그런 어려움을 극복해 낼 수 있었기 때문이다. 그것은 성장을 향한 강한 의지와 고된 노력을 통해 가능했다. 노력은 재능보다 위대했고 위기보다 강했다.

생각하는 손과 수고하는 머리: '생각을 반복해서 습관이 되면 되더라'

장인은 최고 수준의 고숙련자이면서 전문가다. 고도의 숙련 또는 전문성은 단지 손끝에서만, 머리로만 형성되지 않는다. 실제로 우리의 장인들은 손과 머리가 함께 작동하면서 배워 나갔다. 그럼으로써 실천과 이론을 겸비했다. 특히 흥미로운 사실은 고숙련 형성의 기반으로 기능 분야의 장인들은 생각을 더욱 강조한 반면에 지식 분야의 장인들은 실전 경험을 더욱 주목하였다는 점이었다.

먼저 기능인은 일반적으로 손으로 일하는 사람이라고 간주된다. 그리고 이들의 주된 학습 방식은 현장 경험을 통한 기능 습득이라고 생각하기 쉽다(이재실, 2011). 그러나 기능 분야 장인들의 작업은 생각이 배제된 채 이루어지는 것이 아니었다. 이들이 고숙련을 형성하는 과정에서는 오히려 이론과 사고 기반의 일과 학습 방식이 주요하게 나타났다. 장인들은 작업에 대해 충분히 이해하고 생각을 거듭한 후에야 비로소 현장에서 실행하는 방식을 취했다. 한마디로, 세넷(2010)이 말한 대로, 이론과 실천의 상호의존성을 구현하는 '생각하는 손'이었다.*

보일러 명장인 성광호는 자격증 공부를 하면서 이론적으로 보일러 일을 처음 접했다. 그 후에 보일러 기관장과 함께 시공 현장에서 실무를 익혔다. 그 과정에서도 틈틈이 메모하고 기록하는 방식을 통해 남들보다 더 빨리 배울 수 있었다. 그는 평소에도 구상하고 계획한 아이디어들을 항상 메모하는 습관을 가지고 있었다.

> 성광호: 문제가 떠오를 때 그냥 안 풀린다 해서 쉽게 끝나는 것이 아니라 생각을 반복해서 습관이 되면 되더라 하는 얘기입니다. 저 같은 경우 어떤 문제가 생겼을 경우 또 어떤 일을 할 경우 애매모호하면 안 합니다. 왜 안 하냐 하면은 어차피 해가지고 실패가 돼가지고 내일 또 고치니 조금 더 생각해가지고 완벽하게 하는 것이 낫지 않을까 해요. 그래서 저는 노트를 항상 갖고 다녀요. 그래서 불현듯이 생각이 떠오르면 바로 노트에서 메모를 해요. 메모를 해가지고 또 메모를 한 것을 가지고 이것이 제대

---

* 세넷(Sennett, 2010)은 장인을 일하는 동물로서의 아니말 라보란스(animal laborans)에서 더 나아가 공동의 삶을 만드는 인간으로서의 호모 파베르(Homo faber)로 보고, '어떻게' 뿐만 아니라 '왜'라는 사유를 하는 인간으로 설명하였다. 또한 일하는 장인은 손과 머리가 하나이며, 행동하면서 생각한다고 설명하였다. 한마디로, 세넷은 일에 몰입하는 태도와 사유하는 손을 지닌 장인을 강조하였다.

로 맞나 또 생각을 해요. 확신이 서면은 빨리 회사 가고 싶고, 아침에 조회도 해야 되는데 조회도 하기 싫고, 그 일을 하고 싶어가지고.

자동차 명장인 박병일 역시 자동차 일을 처음 시작할 때 책을 통해 이론적으로 배웠다. 그는 자동차 정비 과정에서 일어나는 문제에 대해 늘 질문하고, 분석하며, 논리적으로 설명하고, 데이터화하는 것을 강조했다.

박병일: 저는 몸으로 먼저 절대 일을 먼저 안 해요. 조사하고 문진을 해보고 언제, 시기 다 환경조사를 다 한 다음에 이론까지 하고 분석을 하죠. 원인 1, 원인 2, 원인 3 중에 여기에 답이 있다. ……(중략)…… 기능은 과학적이고 논리적이므로 머릿속에 들어있는 것이 손끝으로 나오는 게 기술자예요. 상상은 되는데 손으로 나오지 않는다면 아직 기술이 덜 된 겁니다.

주조 명장인 임용환은 남보다 일찍 출근하여 하루 일을 먼저 준비하고 많이 생각할 시간을 확보하였다. 그는 자료들을 축적 및 분석하고 책을 통해 지속적으로 공부하는 것이 중요하다고 강조했다. 그는 자신이 축적한 데이터를 외장하드에 차곡차곡 정리하여 가지고 있었다.

임용환: 회사 안에도 도서관이 있고 그렇지만 책도 많이 사서 보게 되고 업무에 대한 책뿐만 아니고 결국에 공부해야 된다는 것밖에 없죠. 사소한 것들이라도 백업을 하거나 요약을 하거나 집약할 수 있는 것들, 그렇게 해 나가면서 숙련되고 그렇게 해 나가면서 성장했다고 할 수 있죠.

한복 장인 백애현과 편물 명장 김영희는 전통의상과 복식사 등에 관련된 지식을 쌓기 위해 공부했다. 이를 위해 신문을 스크랩하고 책을 읽으며 전공 교수들과도 교류하였다. 끊임없이 스스로 학습하는 과정에서 직접적으로 일과 관련이 없더라도 알아두면 도움이 될 만한 유관 지식까지 열심히 배웠다.

백애현: 우리나라 전통복식에 대해 공부하기 위해 헌책방을 정말 많이 뒤지고 다녔어요. 가르쳐 줄 사람이 없으니까 제가 찾아다녔죠. 그리고 S대 교수님한테도 찾아가서 많이 물어보고…… 바느질은 잘 하는데 이게 바느질만 잘 해서 되는 건 아니겠더라고요. 우리나라 문화도 알아야 되고 복식사도 알아야 되고 공부할게 너무 많았어요.……(중략)…… 그래서 바느질하면서 책도 많이 보고 이론도 배우려고 무지 노력을 했어요. 이왕 한복 만드는 거 한복도 잘 만들고 한복과 관련된 문화도 제가 잘 알고 있는 게 당연하다고 생각했거든요.

김영희: 옷을 만들기 위해서는 옷만 알아서는 안 돼요. 각각의 지방색도 알아야 하고 문화도 알아야 하고 사회 전반에 관심을 갖는 것이 중요한 거 같아요. 그래서 틈틈이 책도 많이 보고…… 특히 이규택 선생님이 쓰신『한국인의 의식구조』라는 책이 있는데 이 책을 통해 많은 영감을 받았어요.

결국 이용 명장 최원희의 말대로, 손기술은 반복과 숙달의 결과이기도 하지만 생각의 차이에 따라 더 발달하기도 덜 발달하기도 한다.

최원희: 생각의 차이겠죠. 어떻게 하면 더 잘할 수 없을까 하는 끊임없는 생각. 나는 다 배웠다 하면 배울 수 없지만, 나는 지금도 어떻게 하면 더 좋을 게 없을까 하면서 더 생각하고, 꾸준하게 생각 많이 하고, 남이 해 놓은 것도 관심 있게 보고, 남의 것을 많이 보고, 내가 그걸 가지고 생각도 하고 해요. 끊임없이 생각을 하는 거죠.

이렇게 이론에서 실기로 나아간 또 다른 사례도 있다. 양석중은 대한민국 전승 공예 대전에서 최고상인 대통령상을 수상한 소목장 중요 무형문화재다. 평생 한 우물만 파도 쉽지 않은 이 상을 13년차 늦깎이 목수가 받았다. 그는 다음과 같이 말한다(조선일보, 2013. 10. 9., http://news.chosun.com/site/data/html_dir/2013/10/09/2013100900007.html).

> 30~40년씩 하던 분들은 '몸에 익으면 자연스레 원리를 깨친다'고 하지만, 원리를 먼저 깨치고 몸에 익히는 것도 하나의 길이라는 거죠.

기능 분야의 장인들이 생각에서 손끝으로 고숙련을 형성하였다면, 지식 분야의 장인들은 오히려 그 반대의 경로를 강조했다. 일반적으로 전문직 종사자들은 비전문직 종사자들에 비하여 학업 기간이 길다. 이들의 일은 더 고차원적 이론을 기반으로 삼기 때문이다. 입직 이전의 수련 기간이 상대적으로 길고 업무 난이도가 높은 만큼 일에 입문할 무렵에는 이미 일정 수준 이상의 전문성이 확보되어 있으리라 간주된다.

그럼에도 불구하고 우리의 전문직 장인들은 현장 경험을 통한 학습의 중요성을 강조했다. 변호사 김갑유가 선천적으로 말을 잘한다거나 의사 심찬섭이 손기술이 남다르다거나 하는 재능을 타고나지는 않았다고 한다. 그보다 그들은 직접 실전에 부딪혀 보고 그 속에서 끊임없는 반복과 학습을 하였다. 그럼으로써 자신만의 노하우와 감각 그리고 창조력을 발휘하는 더욱 높은 수준의 전문성에 도달할 수 있었다. 심찬섭의 반복 연습에 대한 강조는 이미 앞에서 언급했다. 김갑유 역시 실제 재판들을 통한 경험학습이 중요하다고 말한다.

> 김갑유: 상대방이 하는 말을 여하튼 열심히 들어야 하니까 저 사람이 무슨 말을 하는지. 그러면 그를 통해서 상대방한테 많은 걸 배우게 되고, 아 저런 경우에는 저렇게 말하는구나 또 중재인이 뭐라고 얘기하는 것을 듣고 중재인은 저런 식으로 얘기를 하는구나. 그럼 나는 그걸 캐치해서 내가 다음에 이런 상황이 오면 이렇게 써먹어야지 이렇게 하고 배우게 되는 것이고…… 그 과정을 계속해서 이제 그 과정을 히어링이라고 하는데 이게 한 일주일 정도 계속되는데, 일주일 정도 매일 그 8시간씩 일주일간 진행이 되면 상당한 배움을 얻게 되는 거죠. ……(중략)…… 사실은 책이나 이게 학교에서 배울 수 있는 거는 그 아주 기본적인 원리를 배우는 것이고요. 실제 프랙티스라고 하는 것은, 그야말로 프랙티스 경험을 통해서만 배우는 것이다. 이거는 모든 기술에서 마찬가지다 생각이 됩니다.

편물 명장 김영희는 자신의 일에서 기능과 지식을 함께 이야기한다. 그녀의 일은 손으로 뜨개질을 하는 작업이다. 따라서 그녀는 손 감각이 중요하고 손이 굳지 않도록 끊임없이 많은 양의 뜨개질을 해야 한다고 말한다. 그렇다고 해서 그 일이 머리와는 상관없다고 오해해서는 안 된다. 그녀는 수학적으로 계산하지 않으면 일의 능률은 크게 떨어질 수밖에 없다고 강조한다. 한마디로, 손수 수고하여야 하는 동시에 '생각하는 손'이어야 한다.

김영희: 하루라도 손을 떼면 손이 굳어요. 그만큼 하루에 일하는 (손뜨개) 양이 절대적으로 많아야 해요……. 수없는 시간 동안 연습이 뒷받침되지 않고 몇 개 해 보고는 그런 숙달이 나올 수가 없죠……. 기성복은 55, 66, 77 이렇게 사이즈가 있지만, 이거는 딱 정형화된 사이즈가 있는 게 아니기 때문에 무조건 많은 사람 옷을 만들어 보고 딱 체형에 맞게 감을 익히는 게 중요해요. 많이 해 봐야 돼요.

김영희: 이게 이제 수학이니까 수학의 함수 루트를 알아듣지 못하는 사람들이 얘기 알아듣기가 힘들고, 그런 사람들은 응용이 안 돼요 이게…… 그러니까 그같이 일하는 사람들이 차이가 조금 나는 게 아니라 나는 하루에 세 벌을 짠다 했을 때 그 사람들, 수학이 안 되는 사람들은 하루에 상의 하나 짜기도 버거운 거야 이게…… 우리는 배수나 제곱 같은 거를 다 외워 놓는 거예요. 예를 들어 장거리 단수 같은 이런 거를 머리로 외우지 않고 일일이 쓰고 이러면 손을 놓고 있는 시간이 많게 되죠……. 그런데 나는 다 머릿속에 외워서 하니까 굉장히 능률적으로 일을 하는 거죠.

내가 가진 편견은 여지없이 깨졌다. 전통적인 수공업 장인은 오히려 구상을 하고 계획을 수립하고 이를 실천하는 방식으로 일을 하였고, 전문직 종사자는 경험과 연습을 통한 숙련을 바탕으로 이론으로 나아가는 학습을 하였다. 그럼에도 불구하고 최고의 숙련인 또는 전문가의 경지는 기능만도 지식만도 아닌 이론과 실천을 겸비한 통합적 배움의 과정을 거치고 난 후에 비로소 오를 수 있었다는 공통점이 있었다. 결국 장인은 '생각하는 손'인 동시에 수고하는 머리여야 한다. 기능은 생각하여야 하고 지식은 손수 수고하여야 한다. 장인들의 일에서는 손끝 기술과 생각하는 머리가 통합적으로 숙련되고 발현되었다.

우연을 필연으로 장인의 길

> 내가 걸어온 길은 언제나 헝클어진 털실뭉치와 비슷했다. 내가 어느 방향으로 가고 있었는지 알았을까? 절대 몰랐다. 어떤 논리적인 단계에 따라 직업 방향을 미리 계획했을까? 결코 아니다. 그 어떤 원대한 계획이나 설계도 없었다. 나는 그저 캘리포니아 출신의 소년이었고, 살면서 여러 번 기꺼이 비틀거렸고, 종종 성공했고, 땅바닥에 엎어졌다가 다시 툭툭 털고 일어났고, 앞으로 돌진했고, 몇 가지 소박한 가치관을 지지했고, 인간의 도리를 지키며 살려고 애썼다. '항상 배우고 항상 도전하고 항상 호기심을 품으라'고 했던 누군가의 말처럼 말이다.
>
> — 존 가드너
>
> 출처: Krumboltz & Levin(2012). 굿럭: 행운은 왜 나만 비켜 가냐고 묻는 당신에게, p. 290.

이 장에서는 장인들이 일에 입문하고 숙련과 전문성을 형성하는 과정을 그들의 생생한 목소리를 통해 살펴보았다. 장인들은 우연한 계기를 통해 일을 시작한 경우가 많았다. 그렇지만 강한 의지를 가지고 지독하게 학습하여 숙련을 형성하고 전문성을 높여 성장해 갔다. 결국 장인의 길은 우연에서 시작했을지언정 그것을 필연으로 만들어 갔다는 특징을 나타냈다.

장인의 길은 상당히 우연적인 출발점에서 시작되었다. 우리의 장인들은 대부분 우연하게 일에 입문하였다. 그들은 자신의 분야에서 수십 년 이상 종사한 고숙련 기술인 또는 전문가였지만, 자신의 직업 분야에 입문하는 과정에는 우연적 사건의 영향이 컸다. 계획적이거나 의도적이지도 않았고 체계적인 준비 과정도 별로 없었다. 전문직 장인의 경우에도 대학에서 해당 분야 전공을 이수하지 않았지만 우연한 계기로 발을 들여놓았거나 뜻밖의 이끌림으로 전문 분야에 진입하게 되었다. 이들이 직업에 입문하게 된 계기가 우연한 만남 또는 예기치 않은 경험을 통해서였음에도 불구하고 이러한 우연적 사건들이 기회로 작용하여 자신의 분야에서 최고의 장인이 되었다.

이것은 크럼볼츠(Krumboltz, 2009)가 주창한 '계획된 우연(planned happenstance)'이라고 볼 수 있다. 우리의 장인들이 장인의 길에 들어 선 것은 처음부터 일에 대한 소명을 가졌기 때문이 아니었다. 계획했던 사건이라기보다는 우연한 기회에 그 길로 접어들고 빠져들어 일의 여정을 구성해 온 것이었다. 이들의 성장은 삶에서의 우연한 만남과 경험, 계획과 실천 사이에 가로놓여 있었고 이것들이 상호작용하며 독특한 형태의 일과 배움과 삶의 여정을 만들어 내는 양상을 보였다. 일상적 얼개에서, 또 삶의 과정에서 일하고, 배우고, 경험하며, 이것을 눈덩이처럼 부단히 굴려 더 큰 하나의 덩이로 통합해 가는 모습이었다. 전혀 계획하지는 않았지만 일과 학습의 예기치 않은 경험들이 우연한 기회로 작용하여 긍정적인 결과로 만들어 간 것이다. 한마디로, 계획된 우연일 뿐이었다.

[참고] 계획된 우연 이론

개인의 진로에 관한 전통적인 관점에서는 인간의 합리적이고 이성적인 선택을 강조했다. 그러나 인간의 삶은 불확실하고 한 치 앞에서 어떤 일이 일

> 어날지 누구도 알 수 없다. 따라서 사람들은 예측 불가능한 환경 속에서 긍정적이고 부정적인 학습을 통해 성장한다.
>
> 계획된 우연 이론(planned happenstance theory)은 바로 삶에서 나타나는 다양한 '우연성'에 주목한다. 크럼볼츠(2009)는 개인이 사회와의 상호작용을 통해 '무엇을 학습했느냐'에 따라 진로 선택에 영향을 받는다'는 사회학습 이론의 확장으로서 우연 이론을 제시하였다. 개인들은 그들이 이미 가지고 있는 능력들을 통해 사건을 발생시킬 수 있고, 모든 종류의 사건은 '기회'와 '학습 자원'이 될 수 있다. 따라서 계획된 우연 이론은 계획되지 않은 사건들을 학습의 기회로 전환하는 것을 강조한다(Mitchell, Levin, & Krumboltz, 1999).
>
> 많은 연구는 진로 개발 과정에서 우연적인 사건들이 중요한 역할을 하고 있음을 밝혀냈다(손은령, 2012; 안윤정, 오현주, 2012; Bright, Pryor, & Harpham, 2005; Hart, Rayner, & Christensen, 1971; Willams et al., 1998). 진로에는 상황적으로 예측 불가능하거나 비의도적인 사건들이 영향을 미친다. 따라서 진로 전문가들은 이 사실을 받아들일 필요가 있으며, 그들의 진로 궤도에서 예측 불가능한 변화들을 준비시키는 것을 도와주는 방법을 고안할 필요가 있다고 제안했다(Bright et al., 2005). 즉, 진로교육가나 진로상담가는 학습자가 예상하지 못한 경력의 기회를 발견할 가능성을 높여 주기 위해 활동할 필요가 있다.

우리의 장인들은 우연한 계기로 일을 시작했더라도 그 일에 입문한 이후에는 최고의 기술인 또는 전문가로 성장하였다. 그렇게 성장할 수 있었던 것은 그들이 타고난 재능을 가지고 있었기 때문일지도 모른다. 그것은 알 수 없다. 만약 그렇다고 하더라도 우연히 시작한 일에서 그저 운 좋게 자신의 재능이 발현되었을 뿐이다. 더욱 확실한 것은 우리의 장인들이 부단히 노력하고 열심히 학습하였다는 사실이다. 한마디로, 재능은 장인이 되기 위한 필요조건이었을 수는 있으나 절대로 충분조건은 아니었다.

어떤 계기나 기회로 그 일을 하게 되었든, 그래서 그 일에 얼마나 소명이나 천직 의식을 갖고 있었든, 그리고 어느 정도로 그 일을 위한 재능이나 소질을 갖추고 있었든, 우리의 장인들은 일을 하고 그 일에서 성장하는 과정 중에 강한 의지와 부단한 노력을 통해 스스로를 장인으로 성장시켜 나갔다. 장인들이 보여 준 강한 의지마저도 그들이 처음부터 가지고 있었다는 증거는 없다. 오히려 그것은 일을 하고 배우는 과정에서 생겨났다. 그 일이 재미있어서, 눈앞의 목표들을 성취하다 보니까, 자신이 그 일을 잘 하는 것 같아서, 또는 그저 맡은 일을 잘 해내려고 하다 보니까 그런 의지와 열정이 솟아났다. 그래서 더욱 열심히 일하고 배웠다.

그럼에도 불구하고 장인의 길은 결코 쉽거나 편한 길이 아니었다. 장인들은 친절하거나 체계적인 가르침을 받지 못하고 어깨너머로 힘겹게 기술을 배우기 시작했다. 무수한 시행착오를 겪으며 스스로 주도적으로 배움으로써 숙련을 형성했다. 가르쳐 주는 사람이 없더라도 여기저기서 이리저리 다양한 자원을 동원하고 독학으로 해답을 찾아 나갔다. 자기 스스로 목표를 수립하여 무엇을 배워야 하는지 명확히 인식하고, 이를 위해 다양한 경험을 자초하였다. 성장을 위한 강한 의지가 있었기에 가능한 일이었다. 그리고 그런 경험들 속에서 다양한 문제해결 과정을 통해 자신만의 노하우를 터득할 수 있게 되었다.

에릭슨(Ericsson, 2008)에 따르면, 최고 수준의 전문성을 개발하기 위해서는 장기간의 의도적이고 '집중적인 실행(deliberate practice)'이 필요하다. 이는 뚜렷한 목표를 세우고 지속적으로 자신의 수행을 되돌아보고 개선해 나가며 또다시 새로운 목표를 세우는 선순환적인 학습 과정이다. 단순히 경력의 기간이 길다고 하여 전문성이 발달되는 것이 아니며 보다 집중적이고 의도적인 노력이 중요하다. 우리의 장인들은 최고 수준 전문가로서 장기간에 걸친 의도적이고 집중적인 실천 속에서 경험학습을 분명하게 보여 주었다.

그렇지만 우리의 장인들에게서는 기존 논의들에서 초점을 두어 온 의도적인 경험과 실천뿐만 아니라 비의도적이고 우연적인 경험과 11장에서 살펴볼 아주 기분 좋은 정상의 경험 같은 다양한 경험의 유형들이 중요함이 드러났다. 경험은 구체적으로 명시된 형식지는 물론 전문성을 형성하는 암묵지를 습득하는 데 있어서 중요한 경로를 제공한다(배을규, 동미정, 이호진, 2011). 이러한 경험들 중에는 집중적인 실천 외에도 크게 두 가지의 경험 유형이 존재했다. 하나는 전문성의 발달 과정에서 중요한 역할을 한 비의도적이고 우연적인 계기들이다. 특히 특정한 전문 분야로의 진입 과정에서 이러한 우연적 요소들이 더욱 두드러졌다. 또 다른 하나는 11장에서 상세히 다룰 실행 속에서의 정상 경험이다. 이러한 경험들은 일에 대한 명분과 가치감을 형성하는 데에도 기여했다는 측면에서 일에 관한 지식과 기술을 습득하도록 했던 의도적인 경험학습의 과정들과 구분된다.

결국 우연하게 일을 시작했을지언정 일터에서의 부단한 배움은 우리의 장인들이 역경과 어려움을 극복하고 필연적으로 장인의 위치에 오를 수 있게 하였다. 이런 장인으로의 성장의 과정에서 재능은 필요조건일지는 모르겠으나 충분조건은 아니었다. 확실한 것은 우리의 장인들이 보여 준 부단한 노력과 배움은 최고 수준의 전문성에 도달하기 위한 필수적인 조건이었다는 것이다. 특히 주목할 만한 것은 손으로 일하는 기능인들이 고숙련의 과정에서는 이론을 먼저 습득한 후에 실행으로 옮기는 사고 기반의 학습 방식을 강하게 나타냈고, 머리로 일하는 전문직 종사자들은 실전에서 몸소 경험함을 통해서 배웠다는 사실이다. 한마디로, 손과 머리 또는 실천과 이론이 통합적으로 고숙련과 전문성을 형성하는 데 중요하게 작용한 것이다.

9. 장인의 일: 해방과 창조

지독한 학습과 숙련의 길을 걸어 최고의 위치에 오른 장인은 어떻게 일하는가? 무엇보다 장인은 일을 회피하지도 않고 일로부터 도피하지도 않는다. 오히려 그들은 일 그 자체에 몰두한다. 그럼으로써 일의 기쁨과 가치를 찾는다. 한마디로, 장인은 일의 해방자가 된다. 다른 한편, 일의 억압으로부터 자유롭기 때문에 장인은 더욱 창조적으로 일할 수 있다. 장인은 단순히 전통을 계승하는 사람이 아니다. 시대의 변화에 맞춰서 또는 앞서서 자신의 일을 끊임없이 새롭게 창조해 낸다. 이 장에서는 장인이 일하는 모습을 구체적으로 살펴본다.

일의 해방

> 자유라는 게 뭔지 알겠지요? ……다른 정열, 보다 고상한 정열에 사로잡히기 위해 쏟아 왔던 정열을 버리는 것.
>
> 출처: Kazantzakis(2009). 그리스인 조르바, p. 38.

일과의 사랑: '정말 사랑해야 할 수 있어요'

> 편력기사가 이유가 있어서 미친다면 감사할 일이 뭐가 있겠나. 핵심은 아무런 이유도 없는데 미치는 데 있는 것이야.
>
> 출처: de Cervantes(2014a). 돈키호테 1, p. 356.

해방(emancipation)이란 무엇인가로부터의 자유를 의미한다. 자본주의 사회에서 우리는 종속된 노동을 한다. 먹고 살기 위해 어쩔 수 없이 임금을 받고 노동력을 제공하거나 금전적 계약을 이행하기 위해 수고한다. 이때 해방은 일의 회피 또는 노동으로부터의 도피가 될 수 있다. 그러나 일로부터 도피하는 것은 해방이 아니라 단지 일시적 분리(detachment)에 불과하다. 진정한 일의 해방은 일 자체에서 자유로워지는 것이다. 일을 어쩔 수 없이 하면서 언제든 도망치려는 것이 아니라 그 일에 맞서고 참여하여 그 과정을 통해 기쁨과 보람을 느끼는 것이다. 일의 노고는 필연적일 수밖에 없겠지만 그 수고와 고통마저도 기꺼이 즐기는 것이다.

장인도 일하는 사람이다. 그들도 생계를 위해 반드시 금전적 수익을 얻어야 한다. 그럼에도 불구하고 우리의 장인들은 일로부터 도망가려 하지 않았다. 그보다는 일 그 자체를 즐기고 있었다. 장인들에게서 이러한 양상은 방법론적 사랑으로 나타났다. 방법론적 사랑이란 어떤 목적을 지니는 것이 아니라 그 자체로 목적이 되는 자기지시성의 사랑, 정언명령과 같은 사랑이라 할 수 있다. 그것이 닿는 대상에 무한히 열려 있으며, 자신의 충족이나 욕망과는 별개로 그 행위 자체를 그치지 않는 것이다.

조각가 오광섭은 인터뷰 장소에서도 컵이나 가구들을 손으로 만지고 사려 깊게 살펴보면서 '기계로 찍어 낸 건데 색이 참 좋다' '형태가 손에 들어오는 촉감이 좋다' 등 주변에 관심을 보였다. 남들은 그냥 지나치는 것들에 관심을 가지고 주목하였으며, 그 이유를 묻자, '관심과 흥미가 온통 이런 데 있으니까' 라고 대답했다. 그는 자신을 온통 이런 것밖에 모르는 '쟁이'라고 표현했다. 뮤지컬 배우 이석준도 자신의 일을 평생의 동반자로 여겼다.

> 오광섭: 경제적인 이유 때문에 전업 작가를 한다는 건 말이 안 되는 거죠. 빨리 유학 갔다 와서 학교에 들어가는 것이(취업하는 것이)

훨씬 빠르잖아요. 사회가 예술가들이 살 수 있을 정도로 미술 시장이 크지 않다 보니 많은 사람들이 어렵게 살아가요. 일반 경제가 이런데 뭐…… 정말 예술을 한다고 하면 더 말할 필요도 없는 거야. 아마 최저 생계비도 못 건지는 애들이 허다할 거예요. 우리는 '싸이'가 아니란 말이에요. 대중성을 가지고 하는 게 아니란 말이에요. 그러니까 정말 빠지지 않으면, '쟁이'가 되지 않으면 할 수가 없는 거야.

이석준: 배우는 연기를 정말 사랑해야 할 수 있어요. 이것은 평생? 같은 사랑이라 할 수 있어요. 느낌이 '마누라' 같은 사랑? (웃음) 오만가지 감정이 함께하지만 도대체 버릴 수가 없는 거죠. 다채로운 행복감이 있어요. 증오의 작품이 의외의 성공을 주기도 하고, 쉬운 작품이 어려움을 주기도 하고……. 빠져들어서 하다 보면, 이 작품들을 통해 배우로서의 제 모습을 끊임없이 새롭게 발견하고 만나는 거죠. 아, 이런 내가 있었구나.

일을 사랑하고 즐기는 장인들은 다른 무엇보다도 일을 우선시하였다. 편물 명장 김영희와 한복 장인 백애현은 좋아하는 일을 오래도록하기 위해서 건강해야 한다고 이야기한다.

김영희: 저는 일하는 것이 참 좋아요. 사실 애들 여섯 살, 여덟 살 때 남편을 잃었는데…… 그래서 저보고 불쌍하다고 하는 사람도 있지만 그 당시에도 제가 제 일이 있어서 그 힘든 시간을 견딜 수 있었던 것 같아요. 그래서 지금도 행복해요. 일을 오래 하고 싶어서 요즘엔 건강을 챙겨요. 매일 아침 일어나서 한 시간 반씩

운동을 해요. 오래 일하고 싶어요.

백애현: 저는 일을 하기 위해서 건강해야 된다고 생각해요. 보통 건강이 최우선이라고 하는데 저는 일을 더 하고 싶어서 건강을 챙겨요. 매일 운동을 하는 것도 그런 이유에서에요. 저는 나중에 70 먹고 80 먹어도 바느질을 하고 있을 것 같아요. 은퇴를 따로 생각해 본 적이 없어요. 다른 사람들은 이제 그만하고 골프 치며 놀라고 하는데…… (웃음) 저는 제 손가락이 움직일 수 있을 때까지는 일을 놓고 싶지 않아요.

보일러 명장 성광호와 자동차 명장 박병일은 일을 하고 싶어서 식사를 하거나 쉬는 시간들마저 아깝다고 하였다. 어쩌면 일과의 사랑이 너무 지나쳐서 일에 중독된 사람들이라는 생각마저 들 정도였다. 한마디로, 일반적으로 사람들이 '노느니 하죠 뭐'라고 말할 때 장인은 일을 '하지 않고는 배기질 못하죠'라고 말하는 사람들이다.

성광호: 저는 일을 할 때에는 점심 먹을 때도 점심시간이 아깝더라고요. 점심시간도. 그래서 점심시간이 끝나면 바로 일을 해요. 정해진 시간에 점심을 먹어야 하니까 먹으러 가는데, 먹고 와서도 오전에 했던 일을 이어서 하고 싶은 그런 마음이 막 가요. ……(중략)…… 퇴근하면은 버스 타고 한 시간 거리 퇴근하면, 퇴근하면서 생각해요. 생각하면 불현듯이 아이디어가 떠오를 때가 있거든요. 그때 메모에다가 빨리 써야 돼요. 왜냐하면 이게 막상 떠오르다가 어제 분명히 생각났는데 생각 안 날 때가 많이 있어요. 그래서 빨리 써야 돼요. 빨리 쓰는데 그 아이디

어가 떠오르면 그대로 끝나느냐, 그 아이디어에 대해서도 다시 한 번 심사숙고해야 돼요. 그러다가 확신이 있었잖아요. 확신이 있으면 내일 아침에 회사 가서 일하고 싶은 욕심에 빨리 가고 싶고. 그래서 내가 회사 다닐 때 나중에 뭐 무슨 결국 많이 직급이 높아졌지만은 일을 안 해도 될 위치에 있었지만은 일을 하고 싶어가지고 그냥 빨리 가고 싶어.

박병일: 사실 제일 싫은 때가 일요일입니다. 아직까지는 에너지가 있어서 그런데 일요일에 집에 있으면…… 저는 토요일에 당연히 일해요. 나와서. 저는 현재까지 한 번도 회사를 결근해 본 적이 없어요……. 이게 몸에 배서 그런가 봐요. 움직이고 무언가 사람 만나고 무언가 해야지 살아 있는 느낌이 들고 집에서 가만히 있으면 이것은 정말 짜증나요. 명절날, 토요일날, 일요일날아. 내일 뭐하지? 고민스럽습니다. 아직까지는 그래요. ……(중략)…… 남들은 지치지도 않느냐 하는데, 난 재밌는데, 취미, 저는 이게 취미예요.

따라서 이들은 가족과의 휴가도 희생하면서 일에 몰두하였다. 일과 삶의 균형이라는 측면에서 볼 때 장인은 상당히 불균형한 일 중독자일 수 있다. 그럼에도 불구하고 장인들은 가족과의 여가를 효율적으로 또는 압축적으로 써서 그런 불균형을 보완하려고 애쓰고 있었다.

박병일: 가족들이 이제 절 이해하는 것이죠. 예전에는 이해 못했죠. 남들은 놀러 다니고 많이 그러는데. 그렇다고 내가 놀러 안 다니는 것은 아니에요. 가끔씩 가요. 강의 갈 때 같이 다니고. 그럴

때는. 그렇잖아요? 제주도 강의 있다. 같이 가고. 그런 식으로 보충하는 것이죠.

실제로 장인들의 삶은 일 중심적이었다. 장인이 느끼는 일의 기쁨과 즐거움은 일 지향적인 삶으로 이어졌다. 파커(Parker, 1983: 김지선, 이훈, 2008에서 재인용)에 따르면, 일 중심의 관점에서 일과 여가는 내용적으로 유사하여 일이 여가로 확장되며 구분이 명확하지 않은 반면, 여가 중심적인 관점에서는 일과 여가의 내용이 상반되어 경계가 분명한 대립의 관계로 나타난다. 장인들에게 여가 시간은 일에 대한 보상으로 간주되기보다는 일의 연장선상에 있는 듯해 보였다. 한마디로, 장인에게 여가와 일은 구분되지 않는다. 마치 태극 문양처럼 둘이 하나로 섞여 있다.

변호사 김갑유와 의사 심찬섭은 일하는 데 많은 시간을 할애하고 있어서 가족과 함께 또는 개인적으로 보내는 여가 시간이 충분하지 않았다. 그렇지만 이에 대하여 박탈감을 느끼기보다는 주어진 시간을 효율적으로 활용하고자 했다. 여가를 일과 접목시키고자 하였으며 일과 여가가 연결될 때에 더욱 큰 재미를 느꼈다.

김갑유: 일하고는 직접적인 관련은 없는데요. 그걸 보면은 아이디어가 생기죠. 어…… 특히 같은 영화 두 번 보면 안 보이는 게 많이 보이고요. 하하. 같은 책 두 번 읽으면 진짜 안 보이는 거 많이 보이는데. 글도 사실 이제 출장 다니면서 짤막짤막하게 그때 생각나는 거 쓰는데 지내 놓고 보면 '아, 내가 이런 생각을 했나?' 이런 생각이 들고요. '이게 내 생각인가?' 그런 생각도 들어요. 하하. '내가 왜 그때 그 생각을 했지?' 그런. 음…… 그런 게 굉장히 중요한 재미 중에 하나, 하나인 것 같습니다. ……

(중략)…… 그림을 보고 뭐 어떻게 전문가 뭐 그런 거 상관없이 내가 좋아한다는 거가 아 되게 좋은 거구나 그런 게 있고. 뭐 그게 또 일하는 데 있어서…… 이렇게 뭐 풀리지 않는 순간에 이렇게 딱 새로 생각나는 아이디어나 그런데는 도움을 주고. 이렇게 여러 가지 뭐 책에서 본 거 뭐 이런 것들이 다 연결되는 것 같아요. 그게 다 연결이 되어서 이렇게 '아, 이건 이렇게 연결되고 이건 이렇게 되는구나.' 여러 가지가 이렇게 연결이 되면서. '아, 그러나 보다' 하고 이해가 되는…… 그래서 뭐…… 그게 되게 재밌어졌어요.

심찬섭: 저는 옛날부터 외국이든 어디든 나가게 되면 사진을 많이 찍었어요. 인테리어 소품 같은 것도 평소에 관심이 많기도 했고…… 동선이나 간판, 컬러 같은…… 좋은 것들은 습관적으로 다 찍어 왔어요. 나중에 내가 센터를 만들게 되면 참고해야지 하며 차곡차곡 앨범으로도 모아 놨지요. 일일이 다 챙기기 힘들죠. 그런데 재미있잖아요. 그러다 보니 스트레스가 풀리는 거예요. 물론 이것도 일은 일이지만 분야가 다르니까 재미있어서 ……(중략)…… 그런 걸 보면서 리프레시 되고, 좋은 거 보면서 디자인 아이디어 같은 것도 떠오르고요.

앞서도 언급했듯이, 장인의 일 중심적 삶은 일과 삶의 균형이라는 관점에서 심각한 문제로 간주될 수 있다. 장인은 그야말로 일 중독자일 수도 있다. 이 사회는 그렇게 일에 '미치지 않으면 살 수 없는 이 더러운 세상'일지도 모른다(http://twitpic.com/a12d5g). 그럼에도 불구하고 장인이 단지 하나의 성공 신화이거나 희망 고문으로만 여겨질 필요는 없다. 8장에서 보았듯이, 우리의 장인들은 누구에게나 기회가 열려 있음을 보여 주는 살아 있는 사례들이다. 또한 무엇보다도 이들은 일을 즐기고 있다.

다른 한편, 사회구조적 문제를 제기할 수도 있다. 실제로 나는 이 연구를 시작할 때 여성 장인들을 많이 찾지 못했다. 그것은 우리 사회가 그동안 가져왔던 가부장제의 구조적 한계 때문일 수 있다. 특히 남성 장인들의 경우에는 가족의 희생 위에 그들이 장인으로 성장했다고 지적할 수도 있다. 따라서 장인은 일하는 사람의 전범으로 그 의미를 한정하여 보아야 한다. 그럼에도 불구하고 다음 장들에서 더 살펴보겠지만, 그들은 '기술 장인을 넘어서 인간 장인'으로 더욱 성장하고 성숙하여 삶의 여유 속에서 일과 배움을 즐기고 사회적 · 인간적 가치를 실현하는 방향으로 나아가고 있다.

고숙련자나 전문가 등을 연구한 결과에 따르면, 자신의 일에 대한 애정과 몰입이 공통적으로 나타난다. 몰입이란 자신을 잊고 객체, 목표로서의 대상에 온 힘을 투입하는 과정이다. 시간의 왜곡이 생길만큼 빠져드는 것이다(Csikszentmihalyi, 2010). 우리의 장인들에게서도 이러한 특징들이 그대로 나타났다. 장인들에게 그들 자신의 일은 삶에서 매우 중요한 역할을 하고 있었다. 일은 그들의 삶과 삶의 방식 그 자체라고 할 수 있다. 일을 통해 그들은 자신을 잃고 빠져들기도 하고, 이를 통해 다시 자신을 발견하기도 하는 과정을 경험하고 있었다. 배우 신하균이 "연기가 나의 존재 이유이고 살아가는 힘"이라고 말한 것처럼 말이다.

> 저도 존재하는 이유가 연기를 하는 거니까. 표현하고 소통하고 싶고 살아가는 힘이 되니까(티브이데일리, 2012. 1. 27).

이처럼 일에 대한 사랑은 장인의 삶의 방식을 결정할 만큼 큰 영향을 미치고 있다. 그러나 그것은 일에 대한 종속이라고 보이지는 않는다. 오히려 장인은 일과의 사랑에 빠져 있지만 이를 통해 일의 해방을 찾아가고 있었다.

> 안창현: 저도 내가 이 옷을 입고 들어가서 할 수 있는 것은 즐겁고 행복하고 좋으니까 하는 것이지. 이 더운데 뜨거운 빵 굽는 열기에 누가 이 나이에 이렇게 하겠습니까만 저는 이게 좋은 것이에요. 하루하루 이 냄새를 안 맡으면 못 버틸 정도로…….

일에 대한 성실함: '정직하게 일하고'

> 아렌트는 자신의 첫사랑에 끝까지 충실했다.
>
> 출처: Ettinger(2013). 한나 아렌트와 마틴 하이데거, p. 21.

장인의 일과의 사랑은 그 대상인 일에 대한 성실성으로 나타난다. 일에 대한 사랑과 일을 통해 얻는 기쁨 및 즐거움은 그 자체로 장인이 존재하는 이유이고 살아가는 힘이다. 8장에서 보았듯이, 장인은 자신의 분야에서 오랜 기간 지독한 학습과 노력으로 최고의 숙련을 형성하고 전문성을 획득하였다. 이런 점에서 타고난 재능이 있는지의 여부와는 상관없이 일에 대한 성실함을 보여 왔다. 장인은 일에 대한 사랑과 그에 따른 성실함을 지속적으로 보여 준다.

장인들은 최고의 지위에 오른 이후에도 일의 전 과정을 하나하나 챙기며 꼼꼼하게 수행하였다. 한복 장인 백애현은 치수를 재는 일부터 바느질까지 손수 했고, 편물 장인 김영희는 니트 옷을 혼자서 다 짰으며, 도자기 장인 김진현은 흙을 고르고 굽는 일에 걸쳐 처음부터 끝까지 관여했다.

> 백애현: 한복집이 참 많죠. 그런데 유명한 한복집에 가면 이제 제 나이

쯤 되는 분들은 디자인만 하세요. 고객들 치수 잰 후 보통은 그걸 바느질하는 사람한테 맡기죠. 그런데 저는 치수 잰 사람이 바느질도 해야 한다고 생각해요. 그 사람 체형이 어떤지, 가슴이 큰지 작은지, 위에 있는지 아래 있는 지 이런 것까지는 치수 기록지에 적지 않잖아요. 그건 치수 잰 사람만이 알 수 있는 것이거든요. 그런 것까지 생각해야 실제 바느질할 때 모양이 다르게 나와요. 이걸 남한테 맡기면 안 되죠.

김영희: 손뜨개만큼은 세분화가 안 돼요……. 솜씨가 다 달라서 한사람이 뒷판 짜고 누가 소매 짜고 하면, 옷이 다 달라져 버려. 한 사람이 다 혼자 만들어야 돼요……. 또 니트 쪽에서는 수학적인 게 뒷받침이 돼야 돼요……. 이거는 원단부터 다 일일이 짜서 올라가야 하기 때문에 섬세한 수학적 능력이 필요하죠.

김진현: 도자기를 만드는 일은 흙을 고르는 일부터 나무를 고르는 일, 유약, 물레, 가마 등의 전 작업을 처음부터 끝까지 할 줄 모른다면 그건 도자기하는 사람이 아닐 수 있어요. 물론 세월이 흐르면서 작업이 분화되기도 하는데 저는 처음부터 끝까지 제가 관여하지 않는 일이 없어요. 당연히 그래야 한다고 생각해요.

장인들의 일에 대한 성실함은 행동으로 나타났다. 주조 명장 임용환은 항상 1시간 일찍 출근하였다. 그리고 일에 관련된 데이터를 차곡차곡 모았다. 그는 주어진 여건 속에서 정직하게 일했다.

임용환: 저희들은 정직하게 일하고 자신에게 주어진 여건을 이렇게 발

휘해서 역할을 하는 것 ……(중략)…… 그때부터 1시간 일찍 출근하는 것을 한 것이 지금 30년 되었습니다. 그리고 30년을 똑같이 1시간 일찍 출근한다고 생각해 보세요. 시간이 어마어마하죠. ……(중략)…… 메모하기도 하고 컴퓨터 생기면서부터 20년 전부터 사소하게 했던 것들 모두 기록으로 백업해 놓고 하니깐 도움이 많이 되죠……. 500기가짜리가 2개가 꽉 찼습니다.

장인들이 보인 일에 대한 성실성은 다양한 단어로 표현할 수 있다. 보일러 명장 성광호는 '열정'으로, 양복 명장 백운현은 '혼'으로, 그리고 제과명장 안창현은 '정성'으로 일에 대한 성실성을 나타냈다.

성광호: 그렇게 남다르게 회사의 일에 대한 열정이라 할지 책임감이라 할지 금전을 떠나서 그래서 모든 사람들이 똑같은 마음은 아니지만은 하나의 기술자나 하나의 어떤 전문가에 대해서는 그런 사람들의 생각을 하면은 돈보다도, 돈은 나중의 문제고 하나의 열정과 자기 혼신과 책임감과 그게 중요한 것 같아요. 일을 제대로 하는 사람은 전체적으로 제대로 합니다……. 일 잘하고 못하고 차이는 백지장 하나 차이거든요……. 그런 과정을 밟아 가지고 제가 저 아까 말씀드린 야쿠르트 전체 사원에서 최우수 사원, 모든 사원 중에서도 최우수 사원인데 딱 한명, 딱 한명 뽑는데 거기서 내가 딱 한 명 딱 되어 가지고…….

백운현: 옷이 정말 혼이 들어가야 된다고 봐야 하는 거죠. 그리고 재단만 잘 해서 맞는 게 아니라 그 체형에 맞게 잘 잡는 것 하고 이

런 공정이 굉장히 많아요. 왜냐하면 하나 여기 보면 (양복을 가리키면서) 기본적으로 이런 패턴을 가지고 이렇게 체형에 맞게 옷을 해 나가는 그런 부분이 있어요. 이렇게 앞머리 둥그러지고, 어깨가 편해야 하고, 움직이실 때도 옷이 같이 움직이고, 그런 공정을 거쳐야만이 좋은 옷이 되는데, 이런 것들을 내가 직접 만든다면 정성 안 들이고 이런 옷이 될 수가 없는 거겠죠.

안창현: 하나하나 우리는 기계로 만드는 게 아니라 손으로 직접 만들기 때문에. 하나하나 손으로 준비를 해야 되는 것이에요. 이거는 거짓말을 안 해요. 정성이 들어가지 않고 그냥 대충 완제품 사다가 구워서 파는 그런 수입 집이라면 안 된다는 것이에요. 재료에서부터 개량부터 시작을 해가지고, 반죽을 피고 숙성을 거쳐서 이 테크닉을 발휘해서 모양을 만들어서 시간이 걸려서 구워서 나오는 그런 규칙들이 있거든요.

한마디로, 장인은 일본 영화 〈굳바이〉에서 나오는 장의사의 말처럼, '인간 세상과 삶에서 누군가는 반드시 해야 할 의미 있는 일을 하는' 사람이다. 그들의 일은 해도 그만이고 안 해도 그만인 일이 아니다. 단지 사치에 해당하는 일도 아니다. 장인은 의례적이거나 기계적으로 돈벌이를 하는 사람이 아니다. 마음과 정성 그리고 의미를 담아서 일하는, 일에 성실한 사람이다.

내 연구에 참여한 장인들 이외에도, 이런 장인의 성실성은 우리 사회 곳곳의 다양한 분야에서 많이 찾아볼 수 있다. 예를 들어, 에르메스의 장인이 실크 스카프를 제작하는 과정은 그야말로 지난하다.

스카프 한 장의 실크 원단을 짜기 위해 필요한 누에고치의 수, 누에

> 고치에서 뽑아낸 실을 능직으로 직조하여 독자적인 원단으로 제작하고, 디자인과 착색 등의 과정을 거쳐 스카프 하나가 완성되기까지 걸리는 시간은 놀랍게도 2년…… 매 공정마다 철저한 감별을 통해 불량을 잡아내며, 불량으로 판정되면 전량 폐기처분한다고. 작은 오차도 허용하지 않는 품질을 향한 열정이…… 세계적 명성을 얻게 된 비밀인 셈이다(2012. 5. 5., http://lowr.tistory.com/m/post/view/id/854).

소설가 최명희의 글쓰기는 작가적 성실성을 보여 주는 표본이다. 전주 한옥마을에 있는 최명희 문학관에서 다음과 같은 글을 발견할 수 있다.

> 원고를 쓸 때면 손가락으로 바위를 뚫어 글씨를 새기는 것만 같은 생각이 든다. 그것은 얼마나 어리석고도 간절한 일이랴. 날렵한 끌이나 기능 좋은 쇠붙이를 가지지 못한 나는 그저 온 마음을 사무지게 갈아서 손끝에 모으고 생애를 기울여 한 마디 한 마디 파 나가는 것이다.

> 육필로 꼬박꼬박 원고지를 메워 장장 1만 2천 장을 써낸 작가 최명희. 그가 쉼표 하나, 마침표 하나에까지 심혈을 기울여 한 자 한 자 새기며 완성한 소설 『혼불』은 "나는 나의 일필휘지를 믿지 않는다. 원고지 한 칸마다 나 자신을 조금씩 덜어 넣듯이 글을 써 내려갔다"는 작가 스스로에 대한 겸허와 의지로 완성된 것이다. 우리의 역사를 조각하듯 써 내려간 원고지를 모두 쌓아 놓으면 그 높이가 3미터에 이른다. 우리 시대에 널리 알리고 기려야 할 장인정신. 전시된 원고는 전체 원고의 1/3에 해당한다.

만화가 이현세는 "장인은 반드시 천재일 필요는 없다. 오히려 꾸준한 거북이에 가깝다. 남이 아닌 스스로를 극복해야 한다. 그러기 위해서는 그 일에 미쳐야 한다."고 조언한다. 그가 말한 것은 한마디로 일에 대한 성실함이다.

> 작가의 길은 장거리 마라톤이지 단거리 승부가 아니다. 천재들은 항상 먼저 가기 마련이고, 먼저 가서 뒤돌아보면 세상살이가 시시한 법이고, 그리고 어느 날 신의 벽을 만나 버린다……. 이처럼 천재를 먼저 보내 놓고 10년이든 20년이든 자신이 할 수 있다는 생각으로 하루하루를 꾸준히 걷다 보면 어느 날 멈춰 버린 그 천재를 추월해서 지나가는 자신을 보게 된다. 산다는 것은 긴긴 세월에 걸쳐 하는 장거리 승부이지 절대로 단거리 승부가 아니다……. 나 같은 사람은 그저 잠들기 전에 한 장의 그림만 더 그리면 된다. 해 지기 전에 딱 한 걸음만 더 걷다 보면 어느 날 내 자신이 바라던 모습과 만나게 될 것이다. 그것이 정상이든, 산 중턱이든 내가 원하는 것은 내가 바라던 만큼만 있으면 되는 것이다(서울신문, 2005. 2. 23., http://news.naver.com/main/read.nhn?mode=LSD&mid=shm&sid1=110&oid=081&aid=0000032707)

일의 정직한 리듬 지키기: '자신만의 것을 찾기 위해 노력해야 돼요'

> 그는 완전히 일에 빠져 있었다. 그가 생각하는 건 오로지 일뿐이었다. 그는 대지와 곡괭이와 갈탄에 호흡을 일치시키고 있었다.
>
> 출처: Kazantzakis(2009). 그리스인 조르바, p. 161.

나는 작가로서 자신의 직업에 충실하면서 대중이 원하는 것이 무엇

> 일까, 어떻게 전체를 이롭게 할까라고 물은 적은 결코 없었네. 오히려 언제나 자신의 통찰력을 키우고 진실하다고 깨달은 것만을 표현하고자 늘 애써 왔을 뿐이네.
>
> — 괴테
>
> 출처: Eckermann(2008b). 괴테와의 대화 2, p. 344.

일에 대한 사랑과 성실함은 그 대상인 일의 리듬 그 자체를 인식하고 존중하게 만든다. 자신의 삶을 그 일의 리듬에 맞춰 나간다. 이와 동시에 그 일 자체도 사랑하는 사람에 맞게 변화한다. 사랑은 서로 맞춰 가는 과정이기 때문이다. 이런 과정에서 장인의 고유한 일의 리듬이 생겨난다. 한마디로, 장인은 일의 리듬을 찾아서 자신의 리듬과 일치시키고 정직하게 지켜 나간다.

일의 해방은 일의 주인이 되는 것이다. 장인은 자신의 리듬으로 일함으로써 일의 노예가 아닌 주인이 된다. 일로부터의 해방이라기보다는 일 그 자체의 해방이다. 장인이 자신의 리듬으로 일한다는 것은 다음과 같은 두 가지 의미를 갖는다.

첫째, 장인은 일에 대한 통제권을 갖는다. 이들은 어느 무엇에게도 그 누구에게도 종속되지 않는다. 다른 사람에게 끌려가기보다는 자신이 일에 대한 통제권을 갖고 스스로 일을 주도하는 것이다. 조직 내에 있어서 조직의 요구를 받든, 개인 사업자여서 고객의 요구를 받든, 일에 있어서의 자율성과 자활력을 만들어 가야 한다. 그것은 많은 장인이 개인 사업자여서만 가능한 것이 아니다. 어떤 경우에는 조직의 구성원이라서 오히려 장인의 위치에 이르기가 더 용이할 수도 있다. 내가 연구한 장인들 몇몇은 개인이 갖기 어려운 슈퍼컴퓨터나 거대한 기계를 다룰 수 있었기 때문에 숙련을 형성하고 전문성을 높이는 일이 가능했다. 장인은 시간의 제약으로부터 자유롭기도 하다. 예를 들어, 물건을 정해진 기간 안에 만들어서 제공하여야 하는 경우가 있다. 이때 납기를 맞추는 것이 필요하지만 장인에게는 품질이 담보되어야 납기도 의미가 있다. 그런 납기를 스스로 결정할 수 있는 힘이 있다.

둘째, 장인은 일의 정직한 리듬을 따른다. 일의 주인이 되었다고 해서 자기 마음대로 아무렇게나 일하는 것이 아니다. 최고의 숙련인 또는 전문가로서 장인은 자신의 일이 완성되려면 어떤 노동 리듬을 따라야 하는지를 이미 알고 있다. 게다가, 앞서도 보았듯이 장인은 자신의 일을 사랑하고 그 일에 대한 성실성을 가지고 있다. 따라서 장인은 일 자체의 리듬을 소중히 여긴다. 한마디로, 일의 정직한 리듬을 자신의 리듬으로 체화하고 그 리듬에 따라 일한다.

실제로 우리의 장인들은 제품의 원료와 재료로 가장 적합한 것을 사용하였다. 앞서 보았듯이, 이들은 일의 전 과정에 직접 관여하였다. 시간이 더 걸리더라도 작품을 완성시키고자 한다. 그 결과로 최고 품질의 작품을 만들어 내고 있었다. 정직하게 일 그 자체의 원칙을 고수하고 있는 것이다.

> 김진현: 아버님이 항상 말씀하셨던 것이 자연은 거짓말을 하지 않는다는 거였어요. 흙, 나무, 불 등 어느 것 하나 중요하지 않은 것이 없다는 것이죠. 불을 땔 때 사용하는 장작개비 하나도 소홀히 여겨서는 안 된다는 아버지의 말씀을 늘 가슴에 새기고 있어요. 도자기 만드는 사람은 그래야 해요. ……(중략)…… 좋은 흙을 확보해 둔 게 있어요. 그 흙을 제가 매우 아끼고 있는데 언젠가 좋은 작품 할 때 쓰려고요.

> 김영희: 일반적으로 사람들이 털실로 만든 손뜨개 옷은 수명이 짧다고 생각하는데 그렇지가 않아요. 좋은 실로 만들고 관리를 잘하면 20년, 30년, 그대로 입어도 새 옷 같아요. 우리 집에서는 절대 싸구려 실을 쓰지 않아요. ……(중략)…… 제가 이번에 명장전

에 출품한 작품이 코트예요. 손뜨개로 코트를 만들었는데, 그게 시간이 얼마나 걸릴 것 같아요? 무늬를 넣어서 작품 하나를 완성시키는 데 때로는 잘 안 되어서 몇 년이 걸리기도 해요. 그래도 그걸 끝을 내야겠다는 생각이 강해요.

편물 명장 김영희는 고객으로부터도 해방되는 방식으로 작업을 한다. 그녀는 더 이상 손뜨개 옷에 대해서는 맞춤 작업을 하지 않는다고 하였다. 젊었을 때는 고객들의 치수를 재고 원하는 모양을 만들어 주었다. 하지만 그럴 경우 일정과 날짜에 쫓기다 보니 스트레스를 받고, 그러다 보면 좋은 옷을 만들기 어려웠다. 그래서 이제는 일단 뜨개질을 해 놓고 그 옷의 크기가 맞는 고객에게 옷이 팔릴 때까지 기다리는 방식을 취한다. 그러다 보니 1년이 지나서 팔리는 옷이 있고 5년이 지나서 팔리는 옷도 있었다. 그럴 때면 자식을 떠나보내는 느낌이 들다가도 자기가 만든 옷이 언젠가는 그 가치를 알아봐 주는 사람을 만나게 된다는 생각이 들어 기쁘다고 말한다. 다른 어느 누구도, 어떤 것도 아닌 자신의 리듬과 일 자체의 리듬에 따라 이렇게 자유롭게 작업하는 방식은 일의 해방을 의미할 뿐만 아니라 이를 통해 창조적인 작품을 가능하게 할 수 있다.

이처럼 장인들은 자신이 최고의 기술인이라는 자부심을 가지고 자신의 원칙을 고수하면서 철저하고 정확하게 그리고 소신껏 일을 수행하려고 했다. 그것은 자신의 일에 대한 확고한 믿음과 열정을 가진 진정한 장인으로서의 정체성을 보여 주는 것이었다.

안창현: 기술자들은, 장사를 하는 사람들은 내가 매일매일 행할 수 있는, 가장 빵을 만들면서 가장 올바른 원칙, 또 내가 장사를 하면서 내가 고객을 상대하면서 이런 올바른 원칙, 이런 것은 내

가 매일매일 지켜야겠다는 그런 점을 갖고 있어야 된다는 거지.

성광호: 지금은 약 2~3만 개의 직업이 있다고 해요. 그런데 그중에서 기름 한 방울도 나지 않는 나라에서 에너지에 대한 기술을 배우고 이를 실천하는 직업은 정말 매력적이라 생각해요. 나름대로의 자부심을 가지고 있죠. 그리고 그 길에 대해 다른 사람이 보든 말든, 음지에서나 양지에서나 한 우물을 파고 소신껏 적극적으로 긍정적으로 내 일을 해 오고 있어요.

장인들은 오히려 일의 진정한 리듬을 지키지 않는 고객이 더 품격이 있어지기를 바라고 있었다. 그들은 아무에게나 물건을 팔고 싶어 하지 않았다. 자신의 작품을 사용하는 사람들이 그 물건의 가치에 걸맞은 처신을 해 주기를 기대했다.

백애현: 한복을 입는 사람은 그에 맞는 몸가짐이나 행동거지를 해야 한다고 생각해요. 우리나라 옷은 굉장히 점잖고 기품 있는 옷이에요. 그런데 그 안에 청바지를 입거나 그냥 스타킹에 구두를 신거나 그런 건 안 되거든요.

김영희: (인터뷰 중 가죽 부츠를 신고 휘황찬란한 액세서리를 한 사람이 옷의 가격을 묻더니 바로 나가 버리자) 저는 저 사람이 우리 옷을 안 입을 사람이라고 생각했어요. 제 옷을 입는 사람들은 그만의 독특한 분위기가 있어요. 이건 돈이 많고 적고와는 또 다른 고객에게서 느껴지는 분위기가 있는 것 같아요. 점잖으신 분들이 많고 심지어 말투도 비슷한 것 같아요. 아무래도 연세

들도 있으시고…… 삶의 여유가 느껴지시는 분들이 많아요.

김진현: 요즘에는 간단한 도자기 만드는 방법을 문화센터 등에서도 배울 수 있는 기회가 많아요. 도자기도 어느 정도 대중화되어 가고 있는 것 같아요. 그러한 만큼 전문가뿐만 아니라 대중들도 도자기의 가치를 제대로 볼 수 있도록 의식 수준이 높아졌으면 좋겠어요.

문화예술 분야의 장인들은 엄격한 기준을 준수하려는 모습을 보였다. 이와 동시에 예술가로서의 자부심과 작가정신을 지키기 위해 노력하였다. 예컨대, 조각가 오광섭은 예술가의 세계에서 중요한 가치에 대해 땀을 흘린 정직한 노동, 새롭고 독창적인 것을 위한 투쟁정신, 작가로서의 정신과 책임감, 까다로운 기준과 자부심 등이라고 이야기했다. 이들에게서 발견되는 진정성과 윤리는 규율이나 법칙으로서 수용한 것이라기보다는 삶의 자세로 구성된 것이었다. 삶과 일에 대한 끊임없는 성찰에서 비롯된 것이었다. 이들이 예술가로서의 정체성을 형성하는 과정에서 이러한 정신과 자부심은 매우 중요한 것이었다.

오광섭: 시간은 노동의 양에 의해 부피화가 되며, 체취가 느껴지는데…… 이것이 감동의 근원이에요. 땀을 흘리는 노동과 시간…… 작품은 작가의 모든 것을 정직하게 쏟아부어야 만들어지는 거예요. 그 작가만의 철저한 에고가 담겨야 하는 순수예술의 세계에서는 다른 작가들에게서 자극받은 작품들은 용해시켜 버리고 자신만의 것을 찾기 위해 노력해야 돼요. 그리고 무언가를 이루었다면, 처음으로 다시 돌아와서 시작하는 용기

> 와 근성, 예술가로서의 자부심과 작가정신을 지키고자 하는 의지, 자신의 작품에 책임을 지려는 정신…… 이런 게 필요해요. 작가들은 작가로서 효능감과 작가정신을 가지고 활동하는 데서 오는 자부심이 있어요. 작가로서 작품을 팔아 생활할 수 있다는 긍지…….

일의 리듬은 시대에 따라 변화해 왔다. 전산업사회에서 인간은 자연의 리듬에 따라 일했다. 해가 뜨면 일하고 해가 지면 쉬고, 봄에는 씨 뿌리고 가을에는 수확했다. 산업사회에서는 기계의 리듬을 따랐다. 자연은 극복했지만 중앙 통제의 컨베이어 벨트, 기계의 속도에 따라 분업하는 노동이었다. 일을 잘 하게 도와주는 연장으로서의 기계가 아니라 인간을 넘어선, 인간을 지배하는 기계였다. 인간이 기계에 종속된 상태로서 테크노폴리였다(장원섭, 2006). 후기산업사회에서는 고객의 리듬이 인간의 일을 지배한다. 프로세스 관리는 줄었지만 변덕이 심한 고객의 비위를 맞춰야 하는 개별적 노동이자 365일 24시간 내내 성과를 내야 하는 피로한 노동이 되었다. 극심한 시장 경쟁 상황에서 임금근로자뿐만 아니라 자영업자도 자기 일에 대한 통제권을 고객에게 빼앗기고 있다. 이것이 현대사회에 장인이 드문 이유이고 그렇기에 더 필요한 이유이기도 하다.

현대의 장인은 자연의 리듬도 중시하고 기계의 리듬도 활용하며 고객의 리듬도 읽는다. 그러나 이 모든 것을 넘어선다. 장인은 일의 정직한 리듬에 따라 자신의 리듬을 창조해 낸다. 그 리듬에 충실하게 일함으로써 최고의 제품과 서비스를 만들어 낼 수 있다. 결국 장인이 자신의 리듬을 따라 일한다는 것은 기계나 고객의 리듬에 휘둘리지 않는 것을 의미한다. 장인은 이 모든 타자의 리듬을 극복하고 일의 정직한 리듬에 근거한 주체적 리듬을 따라 일하는 사람이다. 한마디로, 일의 해방인 것이다.

일의 정직한 리듬에 따라 자신의 리듬을 고집하는 장인성은 장인 개인에게서뿐만 아니라 우리가 잘 아는 기업 사례에서도 찾아볼 수 있다. 대표적으로, 애플사는 하루가 다르게 신제품이 쏟아져 나오는 극심한 시장 경쟁 상황 속에서도 오히려 최고의 제품을 고집하는 비효율을 정체성으로 삼고 있다.

> 현대사회에서 이런 '비효율'은 절대 악에 가깝다……. 현재 활동 중인 IT 기업 중에 이런 비효율을 오히려 자신의 정체성으로 여기는 업체가 있다. 그곳은 다름 아닌 애플이다. 물론 장인정신이라는 거창한 수식어를 붙일 정도는 아니지만, 이들의 제품 개발 및 출시 형태는 확실히 경쟁 업체들의 그것과 다르다……. 애플의 수석 디자이너인 조나단 아이브는 2012년 3월 13일 영국 일간지 '인디펜던트'와의 인터뷰에서 "애플을 따라잡으려고 하는 경쟁사들이 보다 창조적인 제품을 만들 생각을 하는 대신 새로운 것만 찾아다니고 있다."라고 언급했다. 이와 더불어 그는 "애플의 경쟁사 대부분은 무언가 '다르고 새로운 것'을 찾는 데 혈안이 돼 있다."며 "그러한 접근은 잘못된 것"이라면서도 "좋은 상품을 만들기 위해서는 가격이나 요상한 마케팅이 아닌 '원칙'이 필요하며 이것이 애플을 이끌어 온 것"이라 강조했다……. 조나단 아이브의 이러한 발언을 분석해 보면 애플은 자사 제품에 절대적인 자신감을 가지고 있으며, 실패할 것이라는 것을 아예 염두에 두고 있지 않는다는 것으로 보인다. 더욱이 경쟁사들의 움직임과 상관없이 자신만의 길을 갈 것이라는 뚝심까지 엿보인다……. 경쟁사들의 공세가 점차 심해지고 있는 IT 시장에서 애플이 언제까지 '비효율'과 '장인정신' 사이에서 아슬아슬한 줄타기를 할 수 있을지 주목된다(IT동아, 2012. 6. 4., http://media.daum.net/digital/newsview?newsid=20120604092505224).

참다운 일의 본질에 대한 탐구: '테크니션이 아니라 그 이상이 되기 위해서는'

기술과 정성이 뒤지는 게 아니라 진실성이 뒤진단 말일세.

출처: Hesse(2002). 나르치스와 골드문트, p. 271.

장인들은 일을 생계 수단이 아닌 목적 자체로 생각하면서 그 본질과 참다움에 대해 끊임없이 고민하였다. 이들은 높은 숙련과 전문성 수준에 이르렀음에도 그에 만족하지 않았다. 오히려 자신의 일의 본질이 무엇이고 참다운 방향은 어떠한 것인지를 더욱 끊임없이 탐구하였다.

변호사 김갑유는 법을 사랑한다. 그가 법을 사랑하는 이유는 법을 통해 자신이 정의 실현의 일부가 될 수 있기 때문이다. 이를 위해서 그는 종종 이길 확률이 적은 사건을 맡기도 한다. 그에게는 재판에서 이길 확률보다 올바른 명분이 더 중요하기 때문이다.

김갑유: 〈필라델피아〉라는 영화 엄청 오래된 영화인데 혹시 보신 적 있으세요? ……(중략)…… 거기 대사에서 제일 유명한 대사가 맨 마지막 부분인데, 어…… 네가 법을 사랑하는 이유가 뭐냐? 그렇게 묻는데 답이…… 이제 항상은 아니지만 가끔씩은, 그…… 정의가 실현된다. ……(중략)…… 내가 그 정의 실현의 일부가 됐을 때, 뭐 그런 표현을 쓰는데. 그런 느낌이에요. 어 이건 정말 좋다 하는 느낌인데, 사실은 법조인들한테 더 충격적인 말은 그 앞에 사람이 'what makes you excellent(무엇이 당신을 탁월하게 만듭니까)'라고 했을 때 첫 번째 답이 'I love the law(나는 법을 사랑합니다)'라고 하는 거죠. 그 두 번째 답은 'I know the law, I can excel practice the law'라고 해서, '법

을 알고 법을 잘 운영한다' 라고 하는 우리가 생각할 수 있는 답을 했는데, 첫 번째 답이 'I love the law'고요, 'love하는 이유가 뭐냐' 하니까 이 사람이 'many things(여러 가지)' 그래요. 그리고 '그중에서도 그러면 제일 네가 좋아하는 게 뭐냐'라고 했더니 그 답이 나온 겁니다.

뮤지컬 배우 이석준은 이미 테크닉으로는 정점에 올랐지만 멈추지 않고 지속적으로 진정한 연기에 대해 고민했다. 그 과정에서 배우자에게 영향을 받아 배우로서의 자존감에 대해 생각해 보게 되었고 연기에 전환점을 맞게 되었다. 연기의 본질과 진정한 연기에 대한 고민은 배우 이석준이라는 존재에 대한 정체성 고민으로 이어졌던 것이다. 그 이후에 계산과는 다르게, 그는 테크닉을 통해서가 아니라 자신의 내면에서 나오는 연기를 하게 되면서 무대가 달라지는 경험을 했다.

이석준: 실제로 연기를 하다 보니까, 테크닉이 정점을 보였을 때에도 스스로 느끼는 부족함이 있었어요. 여태까지 배운 테크닉과는 다른 무언가가 더 있는 것 같고, 계산과는 다른 무언가가 더 있었어요. 결국 깨달은 것은 단순한 테크니션이 아니라 그 이상이 되기 위해서는 배우로서의 자존감과 믿음, 신뢰 등이 있어야 된다는 거…… 삶을 응시하는 탐구가 필요하다는 거…… 선배들을 볼 때, 지금까지 배운 테크닉이나 방향과는 다른 방향의 연기를 하는데도 불구하고 그게 훌륭하고…… 감동을 주는 거에요. 그것을 배우는 데까지는 굉장히 또 오래 걸렸죠. 배우 이석준이라는 존재에 대해 생각하며 깨달음을 얻었는데, 이후에는 무대가 완전히 달라지는 경험이 있었어요. 계산과는 다르

> 게 제 안에서 무언가가 나오고 있었어요.

조각가 오광섭도 고유한 작가의 창작 형식이나 기능적인 부분은 가르치기보다는 혼자 구성해 가야 하는 것이고, 오히려 예술가로서의 작가정신이 중요하다고 말한다.

> 오광섭: 제일 중요한 것은 기능적인 부분들 있잖아요. 그게 작가의 창작 형식이라고 그럴까? 그런 것들은 내가 건드리는 게 아니에요. 그 사람이 하는 거예요. 가르칠 수가 없는 거예요. 하지만 제일 중요한 게 정신인데, 그거는…… (고민하다가) 그거는 언젠가 이승을 떠날 때, 떠나고 난 다음에 족적이 남을 것 아니에요? 작업한 흔적들? 그때 어떤 그런 정신들이 좀…… 널리…… 작가정신이 살아야지. 정신적인 부분들은 걔네들이 배운다기보다 느끼겠지.

이처럼 장인들은 단순히 고숙련인이나 전문가로서의 기능과 기술에만 몰두하는 것이 아니다. 이들은 일의 본질과 참다움에 대해 지속적으로 고민하는 과정에서 또 다른 수준으로 도약하고 있었다. 8장에서 언급했듯이, 이런 점은 기존의 전문성 연구에서는 찾아보기 어려운 부분이었다. 그럼에도 불구하고 이런 장인의 모습은 그들의 일에 있어서 창조의 원동력이 되었다.

이런 점에서 금전적 소득이나 사회적 명예 같은 외적 보상은 장인의 일을 지배하지 못했다. 장인으로 성장하는 길에서 그것들은 어느 정도는 중요했고 장인으로서의 삶을 살아가는 데 필요한 기반이 되기는 하였다. 그럼에도 불구하고 장인이 된 이후에는 그 위력이 크게 축소되었다. 오히려 일의 본질과 참다움이 장인의 일을 방향 짓는 가장 중요한 요인으로 작용했다.

우리나라 최고의 시인 가운데 한 사람인 고은의 경우를 살펴보면 그것이 극명하게 드러난다. 시인 고은은 여든의 나이에도 온종일 그렇게도 지독하게 시를 쓰고 있다. 그러나 그것은 노벨상을 바라고 그러는 것이 아니었다.

> 달뜬 목소리였다. 눈빛도 반짝였다. 고은(80) 시인에게 갓 출간된 책을 받아들 때의 느낌을 물은 참이다. 그는 새로 돋은 날개를 확인시키려는 듯 두 팔을 들어 보이며 환히 웃었다. 그 순간 수년 동안 노벨문학상 최종심에 이름을 올린 여든의 시인은 간데없이 사라졌다. 그에게서 뿜어져 나오는 기쁨과 설렘 속에 말간 문청 한 명이 수줍게 앉아 있는 듯했다……. "1958년 등단 후 150여 권쯤 낸 것 같다."고 헤아릴 뿐이다. 2002년 김영사가 그의 작품을 모아 전집을 냈을 때 차곡차곡 쌓아보니 자신의 키(173cm) 정도 높이가 되더란다……. "그 후에도 계속 썼으니 이제 내 키를 훨씬 넘겠지. 그래도 이 느낌은 달라지지 않아요. 새 책이 나올 때마다 황홀하죠. 손에 들면 심장이 이렇게 막 움직이고." ……그래서 계속 쓸 수밖에 없다. 지금도 약속이 없는 날이면 온종일 글을 쓰고, 밤에는 책을 읽는다고 했다……. 그는 수년간 노벨상 수상 '유력 후보'로 거론됐다가 번번이 수상에 실패했다. 이에 대해 그는 "나는 사실 전혀 아는 게 없고, 평생 어떤 상을 노려 본 적도 없다. 과녁을 정해 놓고 화살을 쏘는 일 같은 건 하지 않는다."고 했다. 혼잣말처럼 "그렇게 하는 건 참 바보지. 촌놈 중 촌놈이지."라고 말하기도 했다……. 아득한 기원전 어느 날부터 '시인'이었던 그의 현생 꿈은 '○○상 수상자'가 아닌 '시인'으로 남는 것인 듯 보였다. 그는 시인이고, 그럴 수밖에 없기 때문이다(동아닷컴, 2013. 1. 27., http://news.donga.com/Culture/3/07/ 20130127/52586611/4).

현대 자본주의 사회에서 일은 치열한 시장 경쟁을 통해 이윤을 얻어야 한다. 그러자면 무조건 고객을 만족시켜야 하는 상황 속에 놓이는 것이 현실이다. 따라서 참다운 일로의 해방은 시장과 고객의 억압으로부터 자유로워지는 것이어야 한다. 따라서 앞서 언급한 애플사의 비효율성의 정체성이나 고은 시인의 순수한 글쓰기의 작가성은 어쩌면 멀게만 느껴질 수도 있다. 이런 상황에서 편의점이나 패스트푸드점에서 일하는 알바생에게, 거대 공장에서 매일 단순 노동만 반복하는 근로자에게, 그리고 대기업의 횡포에 죽어 가는 자영업자와 중소기업에게 어떤 말을 해 줄 수 있을까? 조직과 사회의 구조적 문제에 대해서는 어떻게 설명할 수 있을까? 일의 참다운 본질과 그 일을 통한 보람을 과연 얘기할 수 있을까? 우리 가까이에서 우리와 함께 살고 있는 장인들의 생생한 사례들은 그에 대해 다음과 같은 답을 보여 주고 있다.

제과 명장 안창현은 빵 만드는 일의 참다운 본질을 인식하고 일의 원칙을 고수하였다. 오랜 기간 묵묵히 좋은 빵을 만들어 온 결과로 프랜차이즈 빵집이라는 거대 자본의 위협을 이겨 냈다.

안창현: 나름대로 기술을 가지고 10년, 20년 오랫동안 다져 온 우리 같은 이런 데는 쉽게 안 무너져요. 오히려 우리 집에 앞에 있는…… 우리 집에 와서 건물주가 누구냐, 이제 이거를 프랜차이즈로 바꾸고 싶다고 그렇게 오는 사람들이 다행히 우리는 20년 동안 거기 살면서 어렵게 그거를 샀습니다. 점포를. 만약에 사서 하지 않았더라면, 20년 동안 하지 않았다면 뺏겼을 것이에요. 그러니까 우리 집은 못 뺏고 우리 집 길 건너편 옆에 프랜차이즈가 하나 들어온 거야. 망했습니다. 장사가 안 돼요. 우리는 20년 동안 거기서 다져왔고 거기는 느닷없이 들어와서,

아무리 프랜차이즈 브랜드로 들어왔지만은.

우리의 장인들 이외의 사례도 있다. 하루에 한 시간만 장사하고 문 닫는 해장국집이 있다고 한다. 이 음식점의 메뉴는 한우 해장국 하나뿐이다. 이렇게 배짱 있게 운영할 수 있는 것은 '한 시간 안에 준비한 음식을 모두 팔아 충분한 이익을 거둘 수 있기' 때문이다(http://slds2.tistory.com/m/post/1548).

보일러 명장 성광호와 주조 명장 임용환은 대기업에서 기능직으로 일하면서 수많은 차별을 겪어 왔다. 그럼에도 불구하고 맡은 일을 성실히 수행했고 최고의 숙련을 형성함으로써 조직에서 인정을 받았다. 그에 따라 일에 있어서 어느 정도의 자기통제권을 가지게 되었다. 조직과 상생하는 결과를 얻은 것이다.

성광호: 야쿠르트에 32년 다니면서도 한 16년 정도 절반 정도는 소외를 당하고 힘들었지만 그래도 조직에 최선을 다해 노력을 한 결과 나중의 결과는 회사를 위한 것이 아니라 나를 위한 결과가 되더라 그런 이야기입니다. 그래서 저는 항상 전에도 말씀드렸다시피 회사에서는 개인도 있지만 개인을 중시하는 것이 아니고 조직 전체를 중시하기 때문에 처음에는 피해를 받지만 나중에는 성실하고 그런 공과가 나중에는 결과적으로는 다 인정을 받고 후에는 다 보상을 받더라 ……(중략)…… 그래서 크게 인정을 받았던 기억이 납니다. 그래서 결국 자기 인생은요, 결과로 봐서는 남이 내 인생을 변화시킨 것도 되지만은, 자기가 스스로 이렇게 변화시키고 적응하고 적극적으로 도전하고 해야 자기개발이 되고 하는 것이지, 이렇게 자꾸 기회가 오는 사람도 있지만은 기회를 내가 만든다고 생각을 해요.

임용환: 어차피 조직사회니까 지시나 시켜서 하는 일이 많이 있지만, 내가 먼저 역량을 가지고 있으면, 지금 이 상황에서의 내 역할은 이것을 하는 것이구나 판단할 수 있겠죠. 어떤 프로젝트나 업무가 오면 다들 눈치 보기가 바쁩니다. 다른 사람들은 일을 적게 하게 되면 되게 좋아해요. 그런데 그 일을 일이라고 생각하면 힘들어지는 것이고. 하지만 그렇게만 생각하면 전체가 흐트러질 수 있어요. 현 상황에서 내 역량을 보고 내가 할 수 있는 일이면 내가 하는 것이 맞다고 생각해요. 단지 내 일과 남의 일의 차이를 두는 것이 아니라, 내가 자신 있는 부분은 내가 하고 다른 부분에 자신 있는 사람은 그 부분을 하고 이렇게 전체 그림을 그려 나가는 것이 조직이라고 생각하죠. 이런 생각을 가지고 업무에 들어가게 되면 능동적으로 업무를 바라보게 돼요. 그러면 자연스럽게 스스로 완벽하게 준비를 하려고 합니다. 이러한 과정들을 겪다 보니깐 어느 순간부터 저절로 내 어떤 엔지니어로서의 소망도 같이 쌓여 나갔던 것 같아요. ……(중략)…… 제가 가겠습니다. 대신에 이런이런 조건 좀…… 감히 겁도 없이 했죠. 큰 조직에서는 안 되잖아요. 조건 제시 같은 거. 그래도 수용해 주시더라고요. 그래가지고 가가지고 깔끔하게 마무리하고 돌아왔죠.

이런 장인의 사례들은 장인들이 사회구조적 문제를 개인의 기능적 탁월함으로 돌파하였음을 보여 준다(장원섭, 2006). 이것을 자칫 단순히 기능주의적으로 해석하여서는 곤란하다. 단지 신화이거나 희망 고문으로만 곡해해서도 안 된다(이덕현, 2012). 그럼에도 불구하고 일에 대한 통제권을 가지고 자신의 리듬으로 일하기 위한 가장 기본적인 전제 조건은 자신의 일에서

만큼은 최고로 숙련되고 전문성을 갖추는 것이다. 이런 점에서 아직 장인의 위치에 오르지 못한 사람들에게는 8장에서 다룬 것처럼 장인으로의 험난하고 고달픈 길이 필요할 것이다. 이와 동시에 국가와 사회는 많은 이가 이런 어려운 장인의 길을 뚜벅뚜벅 걸어갈 수 있도록 지원하는 제도적인 장치들을 마련해야 한다.

창조적으로 일하기

> 상상력이 풍부한 작가는 본보기로 삼은 작품 안에서 자기한테 어울리는 특징을 찾아낸다……. 다른 사람의 옷본을 빌려 외투를 재단할 경우 십중팔구 실패하기 마련이다. 독창성은 밖에서 오는 것이 아니기 때문이다.
>
> 출처: Brande(2010). 작가수업, p. 139.

> 물론 내가 말하는 상상력이란 공허한 데로 빠져들거나 있지도 않은 일들을 꾸며대는 따위는 아니네. 진정한 상상력이란 이 지상의 현실적 토대를 떠나지 않으며, 현실적인 것과 이미 알려진 사실을 척도로 삼아서 예감하고 추정할 수 있는 대상을 향해 나아가는 것을 말하네.
>
> — 괴테
>
> 출처: Eckermann(2008b). 괴테와의 대화 2, p. 283.

전통의 새로운 창조: '한 발짝 더 나가고 싶은 거죠'

장인들은 숙련의 최고 경지에서 창조력을 발휘하였다. 자신의 분야에서 단지 전통을 고수하고 계승하는 데 그치는 것이 아니라 전통을 새롭게 창조해 내고 있었다. 장인이 갖는 일에 대한 성실함과 참다움의 추구는 그들로 하여금 자신의 일에서 끊임없이 새로운 시도를 하게 만들었다.

도자기 장인 김진현과 한복 장인 백애현은 우리나라 고유의 전통 분야에서 일하고 있다. 그럼에도 불구하고 그들은 전통만을 고수하지 않았다. 오랜 기간 내려온 일이 가진 고유의 본질은 유지하였지만, 새로운 시대에 맞게 변형을 가함으로써 조금씩 앞으로 나아가고 있었다.

김진현: 사람들이 제 작품의 색깔이나 무늬를 보고 창의적이라고 생각하는데 그런 영감은 머릿속에 있지만 결국 그 창의성을 발현해 주는 것은 제 손이에요. 가마 안에서 제 손이 어떻게 움직이느냐에 따라 각기 다른 색깔과 모양이 나오는 거죠. ……(중략)…… 전통만 고수하는 것은 지금 이 시대에는 맞지 않는 것 같아요. 전통의 방식을 갖추되 그 이외에 뭔가 더 얹어지는 것이 있어야 사람들이 좋아하고 우리 도자기도 더 발전할 수 있다고 생각해요. 전통의 방식을 고수하는 그 자체로도 충분히 의미가 있지만 저는 그보다 한 발짝 더 나가고 싶은 거죠.

백애현: 남들이 시도하지 않은 거, 이런 걸로도 한복을 만들 수 있을까? 이런 시도를 좋아하는 것 같아요. 그래서 가죽으로도 한복을 만들어 보고 서로 다른 원단을 사용해서 만들어 보기도 하고, 창의적인 거일 수도 있고 무모한 것일 수도 있고…… 그런데 전 그런 것이 좋아요. 명장님들 중에 바느질만 잘하시는 분이 있어요. 예전에는 그런 분들이 명장이 되시는 게 맞았어요. 하지만 지금 이 시대에도 그럴까에 대해서는 한번 생각해 볼 필

요가 있을 것 같아요.

창조적 시도는 개인적으로 일하는 경우뿐만 아니라 조직에서 일하는 경우에도 이루어질 수 있다. 보일러 명장 성광호는 떠오른 아이디어를 항상 기록하는 습관을 가지고 있었다. 그런 아이디어들을 공장 효율화에 적용하도록 건의하였고 그럼으로써 조직의 업무는 조금씩이라도 진보할 수 있었다.

성광호: 제가 야쿠르트 논산 공장에 있을 때 야쿠르트 천안 공장을 짓는다는 얘기가 딱 나오면서 신설 공장에 대한 나의 의견을 써가지고. A4 용지로 34장을. 그동안에 내가 갖고 있던 나의 노하우라 할지 신설 공장에 대해서 어떻게 하면 좋겠다, 어떻게 하면 법적인 규제 같은 것을 적게 감당하고 할지를 다 기록을 했어요. 그것을 총괄을 하는 그분한테 얘기를 했어요. 제 의견서 34장을 정리해서 해 봤습니다. 대충 얘기하니까 이렇게 하면 인원을 감축할 수도 있고 업무 효율을 높일 수 있다는 거거든요. 이런 얘기를 했어요. 하니까 벌써 얼굴 색깔이 달라지는 거예요. 그런 내용을 나한테 하나 주고 총괄관리한테 준 얘기가 있는데. 그래서 저는 항상 무슨 일이 있으면 미리 내 나름대로 소신껏 준비해 오는 것이 있었어요, 그래서 때가 되면 몸소 실천하는 것…….

내가 최근에 만난 장인 가운데 구들 명장 안진근이 있다. 그는 전통을 새롭게 창조한 좋은 사례였다. 그는 현대에 맞게 회전구들이라는 새로운 방식의 구들을 만들었다.

안진근: 수없이 많은 구들을 놓았지만, 똑같은 구들은 하나도 없어요. 조금씩은 다 다르죠. 왜냐하면 방 구조도, 환경, 즉 계절도 지역도 다 다르기 때문이에요. 회전구들은 전통을 유지하면서도 회전 방식을 통해 효율적이고 현대에 맞는 방식으로 합니다. 스물네 가지를 바꿨어요. 옛날에는 밥 짓고 난방 하는 것을 동시에 해서 두 번 불을 땠지만, 지금은 한 번만 때고 5일을 갑니다. 따뜻하게 하는 방식으로 바꿨지요. 회전 구들은 개량입니다. 그러나 돌을 구운 구들이죠. 문화는 바뀝니다. 본질과 본성만 있으면 되지요(2015. 1. 27.).

'가왕'으로 칭송받는 조용필은 2013년 63세의 나이에 19집 음반을 내서 23년 만에 가요계 1위를 차지하는 큰 성과를 보여 주었다. 그 비결은 기존에 갖고 있던 자신의 방식을 탈피하여 신인처럼 새롭게 음악을 시도했기 때문이었다.

> 한 테두리 안에 계속 있는 것 같은 불만이 있어 '나를 탈피해 보자'는 생각으로 시작했어요. 그래서 그간 제 앨범에 작곡 참여를 많이 했는데 이번에는 제 곡을 완전히 배제하려 했죠(연합뉴스, 2013. 4. 25., http://m.yna.co.kr/mob2/kr/contents.jsp?cid=AKR20130423189951005&domain=2&ctype=A&site=0100000000&input=1179m).

그렇다면 장인들의 이런 창조력은 무엇으로부터 나오는가? 우리의 장인들의 사례를 보았을 때 창조력은 절대 하루아침에 이루어지는 것이 아닌 것 같다. 오랜 숙련 끝에 발현하는 직관과 통찰, 그리고 끊임없이 계속되는 일에 대한 생각과 고민이 그 답이었다.

먼저 고숙련의 결과는 직관력과 통찰력을 가져온다. 특정 직무에 숙달되기 위해서는 절대적인 시간과 그 시간 동안의 노력이 수반된다. 그러한 시간과 노력의 결과는 일반적 수준의 직무 수행자와 구별되는 뛰어난 기술 또는 능력으로 나타난다. 데일리(Daley, 1999)는 일터에서 초보자는 기억이나 타인이 준 정보를 통해 일하는 반면, 전문가는 자신이 일하는 과정 자체를 인지하고 지식의 기반을 어떻게 형성하는지를 알고 일한다고 보았다. 전문가들은 자신의 일에 대해 전반적인 흐름과 거시적인 시각을 가지고 있다는 점에서 초보자와는 다른 능력을 가진 것이다. 소프트웨어를 개발하는 권찬영과 이상선 역시 IT 분야에서 오랜 시간을 거쳐 고숙련을 형성했을 때 전체를 꿰뚫어 볼 수 있는 직관력과 통찰력을 갖게 되었다고 말하였다.

권찬영: 소프트웨어 개발에서 '고수'가 된다는 것은, 시스템이 만들어져 있는 구조를 빨리 파악하고, 내가 새롭게 추가해야 하는 것들을 문제를 발생시키지 않고 녹여 넣는 능력을 갖는 것이에요. 저도 세월이 지나고 경험이 쌓이다 보니 인사이트(insight, 통찰)가 생기더라고요. '전체적으로 이렇게 가는 게 맞겠구나' 하는 게 생기더군요. 제가 창업을 결심한 것도 '내가 이런 걸 발휘할 수 있는 멍석 한번 깔아 보자'는 생각이었어요. 직원들 뽑아서 가르쳐 가면서 제대로 해 보자는 것이죠. ……(중략)…… 사실, 소프트웨어 개발 분야에서 웬만큼 일할 수 있는 수준이 되는 데는 2년이면 돼요. 단순히 기술적인 측면에서 보면 2~3년이면 되는데, 문제는 인사이트 또는 직관이죠. 일을 시작할 때 정확한 방향을 짚어 내고 시스템의 구조까지 생각할 수 있는 최소한의 인사이트를 갖추려면 적어도 5년 정도는 필요한 것 같아요.

이상선: IT 분야에서는 엑스퍼트(expert), 구루(guru)라는 표현을 많이 쓰죠. 이들은 원하는 서비스를 제공하기 위해 최적화된 프로그래밍을 하는 사람이에요. 그리고 이것을 가능하게 하는 것은 통찰력입니다. 프로그래밍과 고객이 원하는 서비스에 대해 얼마나 깊이 있는 통찰이 가능한가가 중요합니다. 일정 기간 동안 숙련되고 형식지가 쌓이면 누구에게 설명하기는 어렵지만 자신만이 갖는 노하우나 암묵지 또는 습관이 생기는 것 같아요. 그래서 저는 그것을 '정보적 습관'이라고 부르기도 해요. 뭔가를 보면 분류하려 하고, 공통점과 차이점을 찾으려 하고, 논리적인 전개나 흐름을 찾으려 하며, 비효율이 발생하는 부분을 찾아 개선 방안을 생각해 보는.

장인이 가진 창조력의 또 다른 근원은 더 나은 방향으로 일을 개선하려는 끊임없는 생각과 고민이었다. 편물 명장 김영희와 이용 명장 최원희는 자신의 일에 대해 지속적으로 생각을 하면서 발전적으로 일하고 있었다. 손으로 물건을 만드는 일을 하고 있지만 단순한 손 기능의 숙달을 넘어서 생각에 생각을 거듭하면서 창조력을 발휘하였다. 한마디로, 이들의 창조력은 8장에서 언급했듯이, '생각하는 손'이었기에 가능했다.

김영희: 제 옷을 보면 사람들이 손뜨개로 어떻게 이러한 무늬를 낼 수 있는지 다들 놀라워해요. 무늬 패턴이 손뜨개에서 볼 수 없는 굉장히 창의적 작품이라고요. 저는 장인정신이란 게 매일의 똑같은 일을 조금 더 발전적으로 하는 거라고 생각해요. 창의성이라는 게 사실 별거 아니거든요. 어떻게 하면 조금 더 나아질까, 어떻게 하면 더 예쁜 무늬를 만들 수 있을까에 대해 계속

고민하고 시행하다 보면 창의적인 작품이 나오는 것 같아요.

최원희: 계속 하죠. 지금도 인제 작년, 재작년도 매년 계속하고 있죠. '어떻게 하면 더 좋은 것, 가발이 없을까?' 이런 생각도 하죠. 그래서 특허도 자꾸 내고 디자인도 내고. 계속 냈죠. 지금 뭐, 디자인하고 해가지고 한 서른다섯 가지 정도 되거든요.

새로운 전통의 창조: '스크래치를 냄으로써…… 구축해 가고 있는 거죠'

이미 전통이 확고하게 자리 잡은 분야에서는 본질을 훼손하지 않는 범위에서 조금씩 진보하는 방식으로 창조가 이루어지는 반면, 아예 새롭게 전통을 만들어 나가야 하는 분야도 있다. 새롭게 개척하여야 하는 분야에서 일하는 장인들은 전통을 창조하고 있었다.

연구에 참여한 문화예술인들은 우리나라의 문화예술 분야를 새롭게 개척해 왔다. 이들이 속한 문화예술 분야는 전승하고 고수해야 할 우리 사회의 전통이 있지 않았다. 오히려 새로운 전통을 창조해야 하는 입장에 있었다. 조각가 오광섭이 태어난 시기에 우리 사회는 문화적으로 풍요롭지 못했고 예술 분야를 공부하기에 좋은 환경도 아니었다. 말 그대로 황무지였다. 이것을 뒤집어서 생각하면, 높은 가능성을 가진 분야였다. 오광섭은 해외 유학을 통해 배웠다. 우리나라에 돌아온 이후에는 새로운 전통과 예술정신이 필요함을 절감하고 이를 위한 활동을 해 왔다. 뮤지컬 배우 이석준 역시 비슷한 상황에 있었다. 뮤지컬 분야는 우리나라에서 신생 분야였고 척박한 환경을 가지고 있었다. 대학 재학 시절에도 뮤지컬을 하고 싶었으나 가르쳐 줄 수 있는 스승이 많지 않았다. 전공으로 배울 수 있는 학교도 찾기 어려웠다. 아직도 이런 상황은 크게 나아지지 않아서 뮤지컬 배우들의 입지가 여전히 좁고 안정적이지 못하다. 이런 상황을 극복하고자 그는 이야기쇼를 기획하였고 한국 창작 뮤지컬에도 관심을 가지고 있다.

오광섭: 해방 이후 70~80년대 조각이라는 장르가 막 활성화되기 시작했는데, 그 당시는 해외의 소식이나 작품들을 볼 기회가 거의 없었어요. 그러니까 '밖에선' 어떻게 하고 있을지 궁금함이 많을 수밖에 없었죠.

이석준: 우리 문화적 가치에 맞는 우리 스타일의 뮤지컬을 재창조하는 것이 꿈이에요. 연출가의 꿈도 가지고 있죠. 브로드웨이에 진출해서 제대로 성공한 우리 뮤지컬은 아직까지 없었어요. 하지만 그 틈새를 벌림으로써, 스크래치를 냄으로써 어떠한 문화 세계를 구축해 가고 있는 거죠. 우리의 독창성을 가지고 상대하는 것은 창조의 부분과 닿아 있어요.

의사 심찬섭은 스텐트를 이용한 내시경 의료 분야를 개척하였다. 수술을 통하여 치료하는 더 간편한 방법 대신에 내시경을 이용하여 진단하고 치료하기 위해 스텐트를 새롭게 개발하였다. 환자의 삶의 질을 높이기 위해서였다. 오랜 노력 끝에 그의 방법은 널리 알려졌고 세계적으로 인정받았다.

심찬섭: 직장에 암이 생겨서 변을 못 보니까 배가 부르죠. 식도 요것도 겨우 하고 있는데 배가 부르니까 야 저걸…… 밑에다 넣으면 어떨까 그래서 그걸 한번 넣어 봤어요 넣었더니 배가 쑥 꺼지는 거죠. 아 저걸 개발하면 괜찮겠다. 근데 당시 그걸 개발할 능력이 없는 거예요. 우리나라에. 그래서 그걸 외국 학회에 가

서 얘기를 하니깐 뭐 하러 그러냐는 거예요 뭐 하러⋯⋯ 그게 30분이면 구멍 뚫어서 요리~ 변이 나오게 하면 되는 거지 그 당시 그게 최고였으니까. ⋯⋯(중략)⋯⋯ 근데 결국은 그걸 조금 개선만 하면 그것도 효과가 있을 거다. 그래서 그걸 해가지고 나중에 그걸 스텐트를 만들었죠. 우리나라에서 계속 해 보자 해서 만들어서 그걸 나중에 이제 발표를 하니깐 전 세계에서 아 대장에도 이걸 넣는 거다 넣는구나 그래서 이게 보편화가 된 거예요 지금은⋯⋯ 그 당시에는 좀 이상한 생각이다, 쓸데없는 일이다 생각했는데⋯⋯ 그런 아이디어들이 그렇게 하는 게 다 이제 사람 삶의 질을 좋게 해 준다는⋯⋯.

이처럼 새로운 분야를 개척하고 영역을 구축하는 이들에게 창조는 하나의 근본적인 정신이었다. 이들은 일의 본질에 대한 깊이 있는 사유와 더욱 긴 호흡을 통해 창조력을 발휘해 나가고 있었다.

새로운 문제해결: '못 고치는 차 없다'

자동차 명장 박병일의 정비 공장은 간판에 '못 고치는 차 고쳐 드립니다'라고 크게 씌어 있다. 그만큼 자동차 정비에 자신감이 있다는 얘기다. 또한 그것은 어느 누구도 제대로 다루지 못한 새로운 문제를 해결하려는 창조적 의지를 보여 준다.

박병일: 내가 간판을 뭐라고 붙여 놓았냐 하면⋯⋯ 딱 써 놓았잖아요. 우리에게 오는 차는 못 고치는 차 없다. 차를 사 주는 한이 있더라도 끝장을 내야 해. 저는 그런 생각. 약간에 그런 것이 있

> 어요. 남들이 안 된다고 하면 저는 흥미를 가져요. 어찌되었든 끝장을 보자. 만드는 사람도 있는데. 저는 만날 그래요. 만드는 사람도 있다. 그런데 안 될 것이 뭐 있냐. 고치는 사람이 된다. 저는 그런 생각을 해요. 100% 된다 이런 생각을 하는 거죠. 단 우리가 그 답을 아직 못 찾는 것뿐이다. 답은 있다. 답이 없는 문제가 어디 있냐. 엉터리 문제지 그건. ……(중략)…… 저는 그래서 아직까지 제가 자동차를 고치면서 못 잡은 차는 하나도 없어요. 끝장을 보는 거야. 내 돈을 들여서라도. 안 되면 저는 이런 생각을 했어요. 내가 고치다가 안 되면 망가트리고 차 하나 물어 주지 뭐. 이 마음으로 했어요.

박병일의 창조력은 미래에 대한 준비에서도 찾아볼 수 있었다. 그는 하이브리드 자동차를 공부하고 있었다. '미쳤다'는 소리를 들으면서 지금으로서는 '돈도 안 되는' 위험한 실험을 계속하였다. 자신의 돈을 들여 자동차를 사

박병일 명장이 운영하는 자동차 정비소의 간판

서 분해하고 실험하여 미래의 문제에 대한 답까지 찾아냈다.

> 박병일: 준비하고 있으면 기회는 항상 오죠. 그런데 온 다음에 준비하는 사람이 있다니깐. 그러니깐 안 되는 거죠. ……(중략)…… 내가 그래서 우리나라 하이브리드 카 세 대 샀잖아요. 내가 한 대 타고 다니고 한 대 밑에 분해해서 있고 한 대 실험하고. 제가 개인 돈 들인 거예요. 명색이 명장인데 사람들이 하이브리드 물어볼지도 모른다. 그래서 내가 답변을 '나 모르는데?' 그러면 안 되니까. 그러면 사자. 한 대 사기에는 그렇고 내가 타봐야 알 것이고 그리고 한 대는 내가 분해해 봐야 알 것이고, 세 대를 샀어요. 나중에 사람들이 미쳤다고 했어요. '또 또 미친 짓 또 나왔다.' 한 대만 사지 뭐 세 대 씩 사냐고. 아니 내가 분해해 봐야지. 그래서 내가 세 대 샀죠. 결국 내가 하이브리드도 공부 끝냈잖아요. 남들이 이제 하이브리드를 공부합니다. 저는 이제 끝냈어요.

새로운 문제는 새로운 해결책을 필요로 한다. 이를 위해 새로운 분야를 배우고 적용해서 일을 해야 하기도 한다. 결코 쉽지 않은 과정이지만, 장인들은 자신이 가진 지식과 기술을 기반으로 응용하고 적용하여 문제를 해결해 내고 있었다. 주조 명장 임용환은 평소에 꾸준히 다른 분야까지 공부하여 업무에서 닥치는 문제들을 해결하고 있었다. 이용 명장 최원희는 사람들마다 두상뿐만 아니라 머리카락의 구조와 성질, 자라는 방식도 다르다는 점을 인식하면서 가발도 그에 맞게 맞춤형으로 만들어져야 한다고 생각하고 연구・개발했다.

임용환: 이제 하나만 가지고 문제해결을 하기 어려운 부분들이 나와요. 그러니 다른 분야도 알아야 되는 필요성이 생긴 것이죠. 처음에는 정말 힘들었죠. 아침 6시 30분에 출근을 하면 보통 퇴근은 10시나 12시쯤에 합니다. 일이 바쁠 때만이 아니라 평소에 이렇게 업무를 하고 있어요. 처음에만 이렇게 조금 고생을 하면 사실 오랫동안 일을 하니 감이라는 것이 생깁니다. 결과만 본다면 제조 공법 같은 것들은 다 비슷하고 원재료만 달라지는 것이에요. 그러니 다른 사람들보다는 조금 접근이 쉬울 수 있었던 것 같습니다.

최원희: 우선 시중에 나와 있는 가발들을 다 사서 착용해 보고 저한테 맞게 개조도 해 보고 이것저것 시도를 다 해 보았어요. 당연히 쉽지가 않았죠, 사람마다 머리카락이 다 다르거든요. 그러니 일률적으로 가발이 만들어지면 안 되지 않나라는 생각을 하게 되었던 거예요. 그때부터 가발 연구를 해서 이용원에 오시는 고객들이 부탁을 하면 만들어 주면서 연구를 시작했습니다.

IT 분야에서 소프트웨어 개발자로 일하기 위해서는 항상 새로운 문제들을 부딪혀 극복해야만 한다. 이상선은 최첨단 분야에서 일하며 남들이 시도하지 않은 것을 고민해야 했다. 그에게 정답이 제시된 교과서를 통해서 배우는 것은 남들을 뒤따라가는 것이거나 이미 뒤처지는 학습일 뿐이다. 고숙련 소프트웨어 개발자들은 다양한 수단을 써서 업무 중에 부딪히는 문제의 답을 스스로 찾는다. 더 나아가 앞으로 예상되는 변화에 선제적으로 대응하기 위해 미리 준비하는 데 익숙하다. 한마디로, 이들은 항상 일하는 중에 부딪힌 문제들을 스스로 해결하는 방식을 취했다.

이상선: 15년 전만 해도 IT라는 말 자체도 없었어요. 전산이라고 부르던 시절이죠. 프로그래머도 기계 다루는 엔지니어에 가깝게 취급하던 때였죠. 그래서 욕 들으면서 맞으면서 선배들이 하는 것 어깨너머로 보면서 배우고, 시키는 일 하면서 또 배우는 식이었죠. 사실 그 시절 선배들에게 배울 것도 그리 많지 않았어요. ……(중략)…… 지금도 그렇지만, 90년도 초반에는 무슨 에러가 나면 모니터에 '어드미니스트레이터(administrator, 관리자)에게 물어보세요'라고 떴죠. 그때마다 '내가 (유일한) 관리자인데 누구한테 물어보냐'라는 생각이 들죠. 가장 고통스러운 것이, 나보다 더 잘하는 사람이 있어서 제발 나에게 무엇인가를 가르쳐 주면 좋겠다고 생각하던 것이었어요. 저는 항상 극단에 있었어요. 프런티어(frontier, 최전선)에 있었다는 뜻입니다. 주로 남들이 시도하지 않았던 것을 하면서 고민하는 자리에 있었죠. 그러니 혼자 공부하고 연구할 수밖에 없었습니다.

일의 확장: '1인 5역, 1인 6역을 한 것이고……'

장인들은 이미 자신의 분야에서 최고의 숙련도를 보유하고 있음에도 불구하고 끊임없이 일의 확장을 시도했다. 확장은 새로운 분야로의 이동과는 다르다. 일의 분산도 아니다. 그것은 자신의 분야 내에 머물면서 그 일의 지평을 넓히는 것이었다. 자신의 일과 인접하거나 맞닿아 있는 분야들에 대해서 학습하며 일의 범위를 확장하였다. 그럼으로써 오히려 일의 깊이를 더욱 더해 갈 수 있었다.

장인들은 끊임없이 새로운 목표를 설정하며 자신의 영역을 확장해 갔다. 보일러 명장 성광호는 보일러 분야와 관련된 6개 영역의 자격증을 취득하였다. 이를 통해 자신의 보일러 일의 범주를 넓혔다. 주조 명장 임용환은 본래 자동차에서 금속 부분에 대한 주조를 담당했다. 그러나 근래 들어 자동차에서 많이 활용되는 또 다른 분야인 플라스틱 사출에 관심을 갖게 되면서 일의 지평을 확장하고 있었다. 한복 장인 백애현은 우리나라 전통 옷이라는 맥락에서 수의를 연구하고 만들었다. 그리고 이를 책으로 남기면서 자신의 일을 확장했다.

성광호: 처음에 입사는 보일러 분야로 입사를 했지만은 관리 분야에서는 보일러에 필요한 냉동, 전기, 환경, 공무 또는 토털유틸리티에 관련된 업무를 해야 돼요. 또 제가 사적으로 업무를 담당했던 것은 보일러 취급이 있고, 위험물 관리, 방화, 환경, 수질, 폐기물이 있고, 대기 환경 자격증이 나오면 소음, 진동, 악취 관련되어 있어서 보건관리자를 제가 또 하고 있는 거예요. 그래서 결국은 보일러 관련된 일을 하면서 사적으로 1인 5역, 1인 6역을 한 것이고 또 공적으로는 보일러, 냉동, 유틸리티 등을 다 했다는 얘기예요.

임용환: 실제로는 저는 금속 쪽 일만 하고 왔는데 최근부터 업종이 새로 늘어났어요. 플라스틱 사출. 우리가 하는 자동차에 보면 플라스틱이 상당히 많아요. 차를 타면은 눈에 딱 보이는 대부분의 것들이 플라스틱입니다.

백애현: 한복을 언제 입나 가만히 생각해 보면, 정말 중요하고 기쁜 날에만 입거든요. 태어나서 첫 생일에, 결혼할 때, 자식들 결혼할 때…… 그런데 예전에는 돌아가신 날에도 하늘로 시집간다, 장

가간다는 표현을 썼대요. 반드시 슬프기만 한 날은 아니라는 거죠. 그래서 한복 하던 사람이 웬 수의냐 하고 의아해할 수도 있는데, 이런 맥락에서 결코 한복이랑 수의가 동떨어져 있는 것 같지는 않다고 봐요. 어차피 나는 전통 우리의 옷을 만드는 사람이니까 이왕이면 예전 우리 조상들의 정신이나 이런 것은 그대로 배워서 일을 하고 싶은 거죠.

이용 명장 최원희는 일의 확장을 더욱 극명하게 보여 준다. 그는 이용을 하던 당시 탈모를 보이는 고객을 만나면서 가발에 관심을 갖게 되었다. 게다가 몇 년 후 자신도 탈모가 생기면서 본격적으로 가발 연구를 시작하였다. 이용에서 가발로 업종을 넓혔다. 지금은 가발뿐만 아니라 탈모에 관한 토털 브랜드로의 도약을 꿈꾸고 있다. 결국 이발에만 국한되었던 이용 분야를 머리카락과 관련한 전반적인 분야로 확장하고 있는 것이다. 그럼에도 불구하고 최원희는 그렇게 일의 범위를 확장하는 자신이 '진정한 이용사'라는 직업적 정체성을 확고하게 가지고 있었다.

최원희: 탈모 고객을 만나게 되고 또 이제 나도 탈모가 일어나고. 그래서 나도 생각에 '이발하는 사람이, 이발사가 자기 머리 관리도 안 되면 되겠나' 이 생각을 많이 했습니다. ……(중략)…… '아, 이게 참 탈모된 사람들, 머리카락이 참 부족한 사람들은 절실하게 가발이 필요하겠구나' 하는 생각을 했지. 진정한 이용사라면 머리카락 있는 사람들의 헤어스타일은 물론이고, 없는 사람도 좀 나름대로 헤어스타일을 만들어 주는 게 진정한 이용사가 아니겠는가. 이제 이런 생각도 좀 했고. 그래 여러 가지 생각을 하게 됐지, 그때. 그때부터 이제 가발에 대한 관심도 약간

가지게 되었고.

조각가 오광섭 역시 새로운 재료와 기술을 접목하면서 자신의 조각 작품을 확장하였다. 근래에는 사람이 거주하는 입체 조각이라는 관점에서 건축 분야로까지 자신의 일의 범위를 넓혀 가고 있다.

오광섭: 이태리에 가서 처음 밀랍 주조 방식을 보고 충격을 받았던 것처럼, 지금도 끊임없이 배우고 작품 영역이 넓어져 가고 있어요. 성당에 묵주 전등이라든지, 오병이어 전등이라든지, 저번에 봤죠? 표현하고자 하는 재료에 관심이 많아서 계속 관심을 갖고 배워 가고 있어요. 엊그제 일산 쪽에 광섬유 업체를 방문한 적이 있어요. 그게 환상이더라고. 그런 재료들 있잖아요? 자꾸 개발하고 싶은 거? 표현을 더 풍요롭게 할 수 있는 이런 재료들? 그런 거 관심 많죠. 예술가라고 자기 세상에만 빠져 있고 신기술에 관심 없다는 편견을 갖기 쉬운데 신기술을 잘 이용하죠. 작품의 내용이나 형식을 풍부하게 해 주는데 스스로 벽을 쌓을 필요는 없어요. 이런 맥락에서 건축도 하나의 입체 조각이고, 단지 사람이 거주하는 것일 뿐, 조각 분야에서 먼 것은 아니에요. 그래서 성당 하나는 꼭 짓고 싶다. 남기고 싶다. 그것이 어떤, 성당의 랜드마크가 좀 되었으면 하는 생각도 있어요.

일의 확장에는 언제나 실패의 위험이 따르기 마련이다. 그럼에도 불구하고 자신의 분야에만 안주하지 않고 그런 위험을 무릅쓰고 성공적으로 확장할 때 창조적인 일의 결과가 나올 수 있다. 편물 명장 김영희는 손뜨개 니트를 기계 니트에 접목하였다. 손뜨개 니트의 디자인을 기계로 구현하는 일의 확장을 시도했다. 그런 창조력을 인정받아 대한민국 명장에 선정되었다.

김영희: 처음에 제가 한다고 했을 때 사람들이 다 미쳤다고 했어요. 미쳤거나 돈이 남아돌아 썩어나서 돈지랄한다고들 해댔어요. 실제로 기계를 들여놓아서 큰돈을 벌게 된 거는 아니에요. 오히려 그 반대인 것 같기도 하고……. 그 기계가 독일제인데요. 그래도 독일 사람들이 어디 가서 제 가게를 그렇게 이야기하고 다닌대요. 한국에는 혼자서 가게 운영하고 디자인하는 사람도 이 기계를 들여놓아서 사업을 확장한다고요. 그런 얘기 들으면 또 기분이 좋고 그래요……. 왠지 내가 하고 있는 게 누구한테 인정받는 느낌, 내가 미친 건 아니라는 생각이 들어서요.

일이 확장됨에 따라 발생할 수 있는 위험을 줄이기 위해서는 사전 준비가 필요하다. 이를 위한 가장 전형적인 방법은 미리 학습하는 것이다. 실제로 장인들은 자신의 분야 내에서 또는 분야를 넘어서 확장된 학습을 하고 있었다. 그러나 앞서도 언급했듯이, 이들의 확장학습은 자신의 직업적 정체성을 버리고 전혀 다른 새로운 직업으로 옮겨 가기 위한 준비가 아니었다. 자신이 평생을 종사한 직업 분야와 근접한 영역으로의 확장 학습이었다. 그것은 자신의 일의 지평을 더욱 넓히기 위한 준비로 이해할 수 있다. 실제로, 최원희의 경우처럼 자신의 분야에서 이뤄 낸 고숙련은 이와 연관된 다른 분야로 확장하는 데 있어서 큰 밑거름이 되었다.

최원희: 이용을 안 했다면 가발을 못하죠. 이게 헤어를 모르면 어떤 단순, 어떤 일을 할 수가 없죠. 가발을 할 수 있는 게 헤어를 알고…… 이용 기술에서 보면 옛날에는 드라이를 참 많이 했거

든요. 이용에서 드라이 기술이 머리 뿌리를 잘 알아야 하는 데, 이게 가발을 하는 데 있어서도 뿌리 작업에 어떤 방향으로 가야 된다는 것을 명확히 알게 되죠. 그런 거를 아니까 가발 설계가 가능하고. 그다음에 설계를 해서 그렇게 만들 수가 있죠. 그거 아니었으면 할 수 없었겠죠.

더군다나 일의 확장이 반드시 의도하고 계획하여 이루어지는 것만은 아니기 때문에 자신의 분야에서 고숙련을 유지하면서 넓게 학습하는 것은 더욱 필요하다. 실제로 일의 확장은 우연한 계기를 통해서도 일어난다. 이때 중요한 것은 그런 우연한 기회를 수용할 수 있는 준비가 되어 있어야 확장이 가능하다는 것이다. 변호사 김갑유는 국제 중재 분야로 자신의 일을 확장하기 전에 국제 업무와 해상 분쟁에서 쌓은 전문성이 중재로 확장할 수 있는 발판이 되었다.

김갑유: 근데 그게 99년? 그러니까 98년 정도에 이제 어떤 일이 벌어졌냐면…… 그런 거래에서 분쟁이 생긴 거예요. 분쟁이 생기니까 갑자기 중재라는 제도를 통해서 해결해야 되는 거예요. 그러니까 중재는 분쟁 해결의 소송 같은 건데 이게 영어로 하는 거예요. 그런데 내용이 뭐냐 하면 M&A 관련된 겁니다. 그러니까 이제 M&A를 알면서, 영어를 하면서, 소송을 해 본 사람 ……(중략)…… 그런데 그걸 유일하게 다 하는 사람이 해상하는 사람들인데, 또 해상하는 사람은…… 전혀 내용을 모르는 거죠. 그래서 그거를 다 하는 사람을 찾으니까 내가 있는 거죠.

이처럼 장인들은 사회적으로 그리고 구조적으로 자신이 속한 일의 세계에 위치 지어졌지만, 스스로 자신의 삶과 세계를 확장하고 창조해 가는 모습을 보여 주었다. 이것은 전통을 고수하고 자신만의 방식을 고수하는 장인의 전통적 이미지와 다르다. 우리의 장인들은 창조와 확장을 통한 펼침을 실천했다. 이들은 일을 사랑하고 깊이를 더하는 데 그치는 것이 아니라 창조력을 통해 자신과 일의 지평을 확장하고 있었다. 끊임없이 세상과 소통하고 자신의 분야와 일의 방식 등을 지속적으로 확장하였다. 그럼으로써 장인의 일과 경력은 수평적 발달(horizontal development)의 양상을 보여 주었다. 이러한 모습은 현대적 장인들에게서 발견할 수 있는 하나의 주요한 특성이라고 할 수 있다. 전통적인 숙련이 오랜 시간의 실천을 통한 능숙함과 수직적 깊이를 의미하는 것이었다면, 현대적인 숙련은 다기능적이고 창조적인 역량을 더욱 중요하게 여긴다. 이런 점에서 장인들이 자신의 분야를 지속적으로 확장해 가며 지평을 넓혀 가면서 깊이를 더해 가는 것은 큰 의미를 갖는다. 결국 현대 장인은 멈춰서 전통을 고수하면서 지식을 전수하는 역할만을 하는 것이 아니라, 끊임없이 자신을 혁신하고 높은 숙련 수준에도 불구하고 끊임없이 배우며 창조적으로 일하는 사람이었다. 이런 특성이 자신의 분야를 확장하고 개선하며 새롭게 '번역'해 가는 모습으로 나타난 것이다.

해방과 창조의 선순환 장인의 일

> 그렇기는커녕 나르치스는 골드문트의 더럽혀진 손에서 이 놀랍도록 평온하고도 생기 넘치는 형상이, 보이지 않는 형식과 질서에 의해 변용된 이 형상이 만들어지는 것을 지켜보았다.
>
> 출처: Hesse(2002). 나르치스와 골드문트, p. 274.

현대사회의 일에 있어서 해방과 창조는 두 가지 핵심적 화두다. 일과 삶의 조화는 해방을 위한 몸부림이다. 시장에서는 창조경제를 해야 한다고 외친다. 이런 상황에서 일은 삶을 위한 수단이 되고 있다. 일을 통해 일로부터 해방되고자 한다. 아이러니다. 이런 가운데 일터에서는 창조까지 요구한다. 참 힘겨운 삶일 수밖에 없다.

우리는 장인이 일하는 모습으로부터 배울 수 있다. 장인은 최고의 숙련과 전문성을 바탕으로 자신의 일을 해방시킨다. 그런 일의 해방은 곧 창조로 이어진다. 장인에게 일은 해방의 과정 그 자체이고 창조의 원천인 것이다. 한마디로, 일의 해방과 창조는 선순환 구조로 이어져 있다. 이런 일의 해방과 창조는 최고 수준의 고숙련과 전문성의 끝에서 발현하였다. 앞에서 편물명장 김영희를 통해 본 것처럼, 최고의 숙련을 가진 장인은 고객으로부터도 납기로부터도 자유롭게 자신의 리듬과 일 자체의 리듬에 충실하게 일할 수 있다. 자기가 원하는 대로 창작을 하는 것이 가능해진다. 일의 해방인 동시에 이것이 창조적 일하기로 발현하는 것이다.

장인들에게 있어서 일은 단순히 먹고 살기 위한 생계 유지의 수단을 넘어선다. 처음에는 그렇게 시작했을지 몰라도 장인의 길을 가는 동안 자신의 정체성과 가치를 발견하고 자기를 실현하며 종국에는 10장에서 살펴볼 공동체에 기여하는 길로 이어진다. 이것은 일의 의미 그 자체다. 이런 점에서 장인은 일하는 사람의 전범(典範)이다. 전범으로서 장인은 일에 대한 본질적인 가치와 기능을 드러낸다. 그럼으로써 성인과 성장 세대의 직업의식 함양 및 진로교육에 유의미한 시사점을 제공한다. 직업이 단지 경제적 이익을 추구하기 위한 도구로 간주되면서 일의 의미와 가치가 희석되고 있는 현실에서 장인은 일을 통하여 자신의 존재 의의를 실현할 뿐만 아니라 사회적으로도 공헌한다는 점에서 일의 본질을 회복하는 데 중요한 의미를 제공한다.

요즘 젊은이들에게서는 참 흥미로운 현상을 발견할 수 있다. 회사에서 돈

주면서 하라는 일은 안 하면서 돈을 안 줘도 날밤을 새며 몰두하는 일을 가진 사람들이 많다. 파워블로거나 위키피디아도 어쩌면 그렇게 만들어진 것이리라. 금전적 또는 외적 인센티브가 없더라도, 아니 없으니까 오히려 더욱 그 일에 몰입했고(Pink, 2011), 그 일이 재미나니까 그렇게 열정을 보이는 것이다(Shirky, 2008).

이런 점에서는 장인도 마찬가지다. 장인은 이미 오래전부터 그렇게 일해왔다. 돈이나 평가 때문이 아니다. 통제나 관리 때문도 아니다. 일의 재미와 의미가 그들을 그렇게 일하도록 만들었다. 이 부분이 장인의 일이 주는 중요한 현대적 시사점이다. 모든 사람이 행복을 원한다. 일과 삶의 균형도 결국은 행복을 위해서다. 그러나 행복은 매우 추상적 개념이다. 그것을 조금 더 구체화하면 재미와 보람이다. 일의 즐거움, 의미와 가치는 사람들에게 행복감을 준다. 장인은 일에서 그런 행복을 발견한 사람이다.

사람들에게 가장 행복할 때가 언제냐고 물어보면, 많은 사람이 여행할 때를 꼽는다. 삶의 현장으로부터 떨어져 있을 때라는 뜻이다. 앞서도 언급했듯이, 사람들은 일의 해방을 일로부터의 도피에서 찾는 것이다. 장인은 그렇지 않았다. 일 그 자체에서 해방을 얻었다. 장인은 일할 때 가장 행복한 사람이다. 더 정확하게는 일에 몰입할 때 또는 일에서 보람을 느낄 때다. 이것이 11장에서 살펴볼 일에서의 '절정 경험(peak experience)'으로 나타난다(Maslow, 2012). 일로부터의 자유는 일에서 떨어져 있을 때가 아니라 일에 더욱 깊이 들어갔을 때 얻어지는 것이다.

결국 자라는 세대들이 또는 일하는 사람들이 그런 일들을 찾고 만들어 가도록 하는 것이 필요하다. 그래야만 행복하게 일하는 사람들이 사는 사회가 될 수 있다. 지금처럼 어쩔 수 없이 일하는 생계형 노동의 사회로부터 벗어날 수 있다.

다만 여기서 주의할 점이 있다. 장인의 일하는 모습을 악용하거나 곡해하지 말아야 한다. 그것은 일에 있어서 단지 주인정신만을 강요하거나 열정을 착취하려는 의도 및 구조다. 그럴 경우 일의 세계에서 오히려 악순환만을 가중시킬 뿐이다. 일의 해방을 위해서는 다음의 두 가지 측면이 모두 이루어져야 한다. 하나는 일의 주관적 측면이다. 아무리 하찮아 보이는 일이라도 스스로 중요한 의미를 느낀다면 그건 행복한 노동이다. 그렇게 유의미한 일하기가 가능하도록 개개인이 장인정신을 가지도록 하는 것도 중요하다. 또한 켄 블랑차드가 강조하듯, 조직의 리더들이 '사랑의 리더십'을 발휘하여 구성원들이 행복한 일터를 느끼게 할 수도 있다.

이와 동시에 공정한 보상과 안전한 근로 여건 같은 객관적 측면이 더욱 중요하다. 물론 금전적 보상이 능사인 것만은 아니다. 그런 외적 인센티브는 오히려 일의 가치나 창조력을 훼손할 우려마저 있는 것도 사실이다(Pink, 2011). 그럼에도 불구하고 일에 대한 주관적 유의미감이 속임수이거나 착취를 정당화하기 위한 장치가 아니려면 공정한 보상이 필수적이다. 이런 객관적 근로 조건을 개선하기 위한 구조적이고 비판적인 자활력도 필요하다. 그래야만 기능적 자활력이 선순환의 구조로 나아갈 수 있다(장원섭, 2006). 그럼으로써 비로소 일의 해방은 완성된다. 일의 해방이란 참다운 일하기를 제한하고 있는 불균등한 수익 분배와 고객을 무조건 우선시하는 시장 구조 같은 모든 억압 요소로부터 자유로워지는 것이기 때문이다.

우리의 장인들에게서는 이런 구조적 문제들에 대한 비판적 관점이나 행동을 찾아보기는 어려웠다. 그럼에도 불구하고 그들이 가진 기능적 자활력은 구조적이고 객관적인 자활력으로 어느 정도 이어졌다. 제과 명장 안창현이 거대 자본을 앞세운 프랜차이즈 제과점의 위협을 이겨 낸 것이 하나의 사례가 될 수 있다. 보일러 명장 성광호와 주조 명장 임용환도 대기업에서 일하면서 자신의 전문성을 바탕으로 조직과 상생하는 사례들을 보여 주었다. 이 밖에도 우리의 장인들은 탁월한 숙련도와 전문성을 인정받았고, 이를 통해 독립적으로 또는 자율적으로 자신만의 일의 리듬을 만들어 가고 있었다.

이런 점에서 장인은 일에 종속되기보다는 일을 해방시킨다. 다시 말하지만, 많은 사람이 일에 종속된다. 자본주의 사회에서 어쩔 수 없이 먹고 살기 위해 임금을 받는 사람은 종속된 노동자다. 그들은 퇴락하고 왜곡된 노동에 얽매여 있다. 누구나 고용 또는 계약하에 일한다. 그러나 장인은 스스로의 힘을 갖는다. 일에 매여 있다는 점에서는 장인도 마찬가지지만 장인은 어떻게든 일로부터 도망가려는 일반적인 노동자들과는 다르다. 장인은 일 그 자체를 새롭게 만들어 가고 이를 통해 자신도 실현한다. 일로부터의 해방이라기보다는 일 그 자체를 해방한다. 이 말은 일의 노예가 아닌 주인이 된다는 의미다. 어느 무엇에게도 누구에게도 종속되어 끌려가기보다는 자신이 일에 대한 통제권을 갖고 일을 주도한다. 조직 내에 있어서 조직의 요구를 받든, 개인 사업자여서 고객의 요구를 받든 일에 있어서의 자율성과 자활력을 만들어 가는 사람이다. 그것은 많은 장인이 개인 사업자여서만 가능한 일은 아니다. 어떤 경우는 조직인이라서 오히려 장인에 이르기가 더 유리한 경우도 있었다. 우리의 장인들 몇몇도 개인이 갖기 어려운 슈퍼컴퓨터나 공업용 보일러를 다룰 수 있었기 때문에 장인으로 성장하는 것이 가능했다. 장인은 납기를 맞추는 것이 중요하지만 품질이 담보되어야 납기도 의미가 있다. 그런 납기를 스스로 결정할 수 있는 힘이 있다. 그것이 장인의 힘이고 일을 해방시키는 기반이다.

다른 한편, 장인들은 일을 하는 과정에서 창조력을 발휘하고 있었다. 그것은 전통수공업 분야든, 첨단 IT 분야든, 또는 문화예술 분야든 마찬가지였다. 단지 전통을 고수하거나 계승하는 데 그치기보다는 전통을 새롭게 창조하고 있었다. 또는 불모지에서 새로운 전통을 창조해 나가고 있기도 했다. 새롭게 닥치거나 닥칠 문제들을 창조적으로 해결해 나갔다. 인접 분야로 일을 확장함으로써 자신이 하고 있는 일의 깊이를 더해 갔다.

장인은 새로운 일을 찾는 게 아니라 자신이 하는 일에서 새로운 것을 찾는 사람이었다. 그 확장의 방식은 두 가지 차원으로 설명할 수 있다. 먼저, 그것은 안에서의 확장 또는 내적 확장이다. 즉, 일의 내용 또는 항목의 확장을 말한다. 이것은 자동차 명장 박병일에게는 포니에서 토요타 하이브리드로, 제과 명장 안창현에게는 팥빵에서 고대빵으로, 양복 명장 백운현에게는 양복의 디자인 다양화로, 그리고 이용 명장 최원희에게는 가발의 종류의 다양화로 나타났다. 다음으로, 더 넓은 이차적 내적 확장이 있다. 즉, 안에서의 범위의 확장이다. 이용 명장 최원희는 이발에서 가발로, 샴푸로, 그리고 토털 탈모 케어로, 주조 명장 임용환은 주물에서 플라스틱으로 그리고 자동차 전체로, 보일러 명장 성광호는 보일러 관리에서 에너지 분야로, 조각가 오광섭은 주물 조각에서 건축으로 확장하였다. 이 경우에도 밖으로의 전환은 없었다. 만약 자신의 분야를 버리고 완전히 다른 분야로 이동한 경우라면 이미 장인의 개념 범위에 포함될 수 없을 것이다. 그것은 정체성의 형성 문제와 깊이 관련되기 때문이다. 물론 장인들은 일의 내적 확장을 추구하는 경력 이동을 하기도 했다. 고숙련인이 되기까지 그들은 여러 번의 경력 이동을 겪었다. 그러나 그것은 임금과 근무 환경 등의 조건을 따라 다른 직업으로 이직한 것이 아니었다. 예를 들어, IT 및 소프트웨어 분야의 장인인 이상선과 권찬영은 여러 번 직장을 옮겼지만 IT 및 소프트웨어 개발이라는 일 안에서의 이동이었다. 이들은 IT 및 소프트웨어 개발의 범주 내에서 일의 내용과 수준을 더욱 확장하는 방향으로 새로운 도전을 계속하였다. IT 및 소프트웨어 개발자로서의 정체성은 유지하면서 그 안에서의 경력 이동을 통해 일 자체의 수평적·수직적 확장을 추구하였다. 이렇게 영역 안에서의 일차적 또는 이차적 확장은 근본적으로 창조와 배움의 과정을 거친다. 이때 경지의 높이와 상황이 다 다르듯이 확장의 넓이도 다양하게 나타난다.

어떤 일이든 일은 항상 종합적인 일이다. 비록 초기 숙련 단계에서는 잘게 나뉜 단순 기능, 예컨대 망치질이나 뜨개질 같은 일만 수행해야 할 수도 있다. 그래서 그 기능만 효율적으로 잘 해내면 훌륭한 기능인으로 간주될 수 있을지도 모른다. 그러나 일의 수준이 높아질수록 다기능을 요한다. 이런저런 감당해야 할 일들이 늘어난다. 독립 근로자로 일하려면 마케팅이나 사업 경영마저 해야 한다. 따라서 어느 한 부문에서 타고난 능력을 가진 것으로는 역부족이다. 결국은 아무리 타고난 천재라 할지라도 그 일에서뿐만 아니라 그 일의 넓은 범위에 있어서 최고의 경지를 만들어 내려면 지독한 훈련 또는 노력이 필수적이다. 모든 부문에서의 천재는 없기 때문이다. 더군다나 장인이 천재성을 기반으로 하고, 그것이 필요조건이라면 장인을 교육학적으로 연구할 가치가 크게 떨어진다. 다만 재능 계발과 진로교육이 가능할 수는 있겠다.

장인의 창조력은 8장에서 보았고 11장에서 살펴볼 것처럼 그들이 정상에 오르고 고원에서 살아가는 삶의 비유를 통해서 설명할 수 있다. 장인의 삶은 걸어서 오르고 올라야 비로소 산을 제대로 알 수 있다는 사실을 깨우쳐 준다. 걸어서 산을 오르면서 산을 구석구석 알아가고 정상에서 산 전체를 속속들이 관망할 수 있다. 장인은 산을 오르고 또 올라서 그 산의 정상에까지 다다르고 거기서 사는 사람이다. 그래서 그는 산을 더 아름답게 만들기 위해서 어떻게 할지를 알고 행한다. 반면에, 헬기를 타고 정상에만 서 있는 자는 전체를 볼 수는 있을지언정 그 산을 세세하게 아는 게 아니다. 어쩌면 그 산에 대해서 선무당이 될 수도 있다. 다른 한편, 산의 정상까지 오르지 못한 사람도 많다. 그들은 아무리 그 산에 오래 머물러도 산 전체를 바라보는 안목은 없다. 부분적인 개량이나 보수만을 하는 미장이 수준에 불과할 뿐이다. 결국 장인의 창조력은 하나하나 손수 일하면서, 높이 올라 전체를 조망하고 더욱 넓게 지평을 확장하면서 나온 것이다.

그렇게 오르기 위해서라도 장인은 일을 총체적으로 수행하는 경향이 있다. 철저한 분업이나 육체노동과 정신노동의 분리를 철폐한다. 장인은 자신의 일의 전 과정에 적어도 부분적으로라도 참여한다. 손노동만도 입노동만도 아닌 총체적 일의 수행은 결국 일의 해방을 낳는다. 육체노동자라도 항상 탐구하고 연구한다. 정신노동자라도 손수 세세한 업무까지 챙기고 수행하기도 한다. 그럼으로써 어디에 있든 무슨 일을 하든 장인은 100%의 요구를 110%로 발휘하는 행동을 축적한다. 즉, 숙련을 형성하면서, 일을 하는 과정에서 더 큰 성과를 위해서 노력하고 능력을 발휘한다. 양복 명장 백운현은 스승과 만든 옷을 밤새 다시 뜯어서 다시 붙이는 과정을 반복하여 숙련을 형성했다. 보일러 명장 성광호는 회사가 시키지도 않고 오히려 싫어하는데도 밤새 보일러를 연구하고 실험했다. 자동차 명장 박병일은 미쳤다는 소리를 들으면서까지 자비를 들여 자동차를 사서 분해하고 실험하여 답을 찾아내고 미래의 답까지 준비했다. 의사 심찬섭은 간단한 수술 방법이 있음에도 새로운 내시경을 만들어 냈다. 이런 모든 과정이 바로 장인성을 극명하게 보여 주고 있고, 그것은 결국 창조로 이어진다. 한마디로, 장인성은 숙련의 축적과 함께 창조의 능력과 연관된다.

창조력은 가르칠 수 있다는 주장이 있는 반면, 가르칠 수 없는 천부적 능력이라는 주장도 있다. 나는 창조력이 타고난 특성만은 아니라고 본다. 그렇다면 가르칠 수 있다는 입장이라고 볼 수도 있다. 하지만 더 정확하게 표현하면, 인간은 창조를 할 수 있는 힘을 배울 수 있는 존재이고, 교육은 창조력을 배울 수 있는 기회를 제공할 수 있다는 입장이다. 가르친다는 것은 일반적으로 교실에서 머리로, 지식으로 알게 한다는 것으로 이해되는 경우가 많다. 그래서 가르칠 수 없다는 반론에 직면하기도 한다. 나는 깊은 경험들이 그 분야에서 창조의 경험을 낳고 그것이 다시 창조력으로 이어진다고 본다. 결국 깊은 경험을 하게 하는 것이 창조력을 키우는 하나의 중요한 길이다. 어떤 일이든 자기가 좋아하는 일에 빠져서 열과 성을 다하게 하는 것이 필요하다.

장인은 자신의 일을 사랑한다. 그래서 하나하나 꼼꼼하고 성실하게 일을 실행한다. 어쩌면 이런 일에 대한 사랑과 성실성이 장인의 가장 주요한 특성이라고 볼 수도 있다. 그럼에도 불구하고 7장에서 살펴보았듯이 호모 파베르와 호모 크레아토를 구분하면서, 장인은 단지 생산하는 호모 파베르일 뿐이고 창조하는 호모 크레아토는 아니라고 보아서는 곤란하다. 장인 역시 창조적으로 일한다는 점에서 그런 구분은 편견일 뿐이다. 오히려 문화예술인들에게서도 이에 대한 성실함이라는 장인성은 분명하게 나타난다. 예술가에게도 이것은 따로 나타나는 것이 아니라 '장인-작가성'의 양상으로 함께 발현한다. 따라서 나는 작가의 장인성뿐만 아니라 장인의 작가성이 동시에 존재한다고 본다. 그것은 장인에게도 요구되는 창조적 작가성을 말한다. 한마디로, 장인성과 작가성의 중복 또는 순환을 주장한다.

창조력이란 독창적이며 가치 있는 결과물을 만들어 내는 능력이다. 전문성을 그 분야의 구조적인 문제를 계속적으로 재혁신하는 과정으로 보았을 때 전문성의 과정은 창조력과 그 맥락을 같이한다(오헌석, 김정아, 2007). 숙련의 최고 수준에서 창조력도 발현한다. 그것은 흔히 어릴 때부터의 융합교육과 자유로운 토론 등을 통해 창조력을 키우려는 노력과는 다른 차원이다. 장인의 창조력은 첫째, 자신의 기술을 한 길로 하여 최고 수준으로 숙련한 이후에 나타났다. 둘째, 최고의 숙련 단계에서는 자연스럽게 내적 · 외적인 일의 확장과 그에 따른 학습이 이루어지고 그런 과정의 전 · 중 · 후에 창조력이 발휘되었다. 셋째, 거기에는 자신만의 일에 대한 열정과 몰입이 기반이 되었다. 이렇게 창조력을 발휘하였기에 그들은 최고의 위치를 계속 유지할 수 있었다. 결국 장인의 교육적 의미는 분명하다. 어릴 적 다양한 경험을 통해 열정을 쏟을 수 있는 분야를 찾는 것도 필요하겠지만, 일을 시작한 이후에 기초부터 숙련을 형성하고 깊은 숙련을 하여 숙련의 최고 수준에 오르고 나서 자연스럽게 확장적으로 일과 학습을 하는 것이 중요하다는 것이다.

능력중심 사회를 표방하면서 핵심 역량, 공통 역량 등의 역량중심 접근법이 광풍을 일으키고 있다. 그러나 그것은 자칫 탈맥락적으로 변질될 가능성이 크다. 특수한 분야에서 고숙련의 형성은 당연히 상황적 핵심 역량을 이루어 간다. 따라서 창조력 개발은 그 목표가 천재적 창조력을 지향하고, 내용이 일반적이고 범용적이며, 방법이 탈맥락적이라면 실패할 가능성이 농후하다. 그런 교육은 아무리 천재라도 못 따라간다. 범용적인 역량을 평가하는 시험에서는 장인도 떨어질 것이다. 창조력을 가진 인재를 원한다면, 어떤 분야든 작은 창조의 절정 경험이라도 했는지, 그리고 앞으로 새로운 일에서도 그럴 의욕을 보이는지를 확인하는 것이 더 확실한 방법일 것이다. 결론적으로, 창조력 개발은 작은 창조라도 삶 속에서 경험하게 하는 구체적인 맥락 중심적 접근법을 취해야 한다. 장인이 그렇다.

결국 해방과 창조는 고숙련의 끝에서 나온 산물이었다. 최고의 숙련인 또는 전문가로서 장인의 일은 해방과 창조를 하나로 묶어 냈다. 해방은 일에 대한 몰두로부터 나온다. 그것이 동시에 창조력의 원천이 된다. 장인의 일은 해방과 창조의 선순환적 상승의 과정이었다.

10. 장인의 배움: 넓힘과 베풂

장인의 배움에는 끝이 없다. 최고의 숙련을 형성하고 전문성을 갖춘 이후에도 계속해서 배움을 넓혀 간다. 9장에서 살펴본 일의 해방과 창조의 과정에는 필연적으로 장인의 배움이 개입한다. 게다가 장인은 그 배움을 널리 베푼다. 평생을 쌓아 온 기술과 노하우를 기꺼이 나눔으로써 자신과 자신이 속한 공동체를 더욱 성장시킨다. 후속 세대에게까지 배움을 이어 가고자 애쓴다. 이 장에서는 장인들의 배움을 살펴본다.

배움의 계속 넓힘

> 그(괴테)는 끊임없이 앞으로, 앞으로 나아가고자 한다! 끝없이 배우고 또 배우려고 한다! 그리고 바로 그럼으로써 영원한 조금도 시들지 않는 청춘의 인간임을 보여 주는 것이다.
>
> 출처: Eckermann(2008b), 괴테와의 대화 2, p. 90.

일을 통한 배움: '일을 하다 보면 나 스스로 알게 돼요'

장인은 최고의 숙련인 또는 전문가의 위치에 있다. 사회적으로도 인정받았다. 그럼에도 불구하고 끊임없이 배우고 성장하려 한다. 장인에게 배움의 끝은 없었다.

장인들에게 있어서 일은 그 자체로 배움과 성장의 발판이었다. 열심히 일을 함으로써 더욱 일을 잘 하게 되었다. 자신의 일에 몰입하여 그 일과 경쟁하면서 일 그 자체로부터 배우고 있었다. 더 이상 그들을 가르칠 사람이 없는 상황에서 일이 장인의 스승이 되어 가르친 셈이다.

임용환: 몰입을 해야 되더라고요. 어떤 문제가 생겼는데 이 문제를 개선하기 위해 월요일에 출근해서 토요일에 퇴근한 적이 있습니다. 이 문제가 적어도 두 달 후에는 완료가 되어야 다음 단계로 넘어가고 부품이 완성되는데 ISO 규격시험이 정해져 있거든요. 이상하게 평소에는 생각도 안 나던 것들이 진짜 막 몰입을 해가지고 밤새고 몰입해 있다 보면 순간적으로 새로운 아이디어가 떠오를 때가 있고요, 자료로 수집하고 이렇게 하다 보면 미처 못 스킵한 곳에서 아이디어가 생기는 경우도 있어요. 그럴 때에는 진짜 반갑죠.

박병일: 만약에 자동차를 정비하는 데 답이 안 나오고, 생각한 날짜 이상 걸리고 하면 꿈속에서도 차를 고치고 있어요. 그런데 가끔 신기한 것은 가끔은 꿈속에서 찾은 답이 현실에서 맞는 것도 있었어요. 그러면 아침에 눈을 뜨자마자 바로 회사로 나가는 거죠. 몰입을 하면, 절실해지면 답은 나오게 되어 있더라고요.

전문직의 일은 특성상 초기 단계부터 직업 전문성이 확보되어 있기 때문에 일정 수준에 도달한 후에는 정체되기가 쉽다. 변호사 김갑유도 이미 20년 이상의 경력을 쌓아 왔으며 아주 높은 단계의 전문성을 보유한 전문가였다. 전문성 발달 이론으로 보더라도 그는 가장 높은 전문성의 수준에 도달해 있었다. 그럼에도 불구하고 자신의 전문성을 유지하고 개발하기 위해 꾸준히 노력하였다. 일에 관한 기술과 지식의 깊이 및 넓이를 더해 가면서 일을 수행하는 세세한 방식까지도 개선해 나갔다.

> 김갑유: 세계적인 로펌들하고 일을 하면서 우리 팀원 전체가 많은 걸 배웠어요. 아, 서류 관리를 이렇게 하는구나, 얘네는 넘버링을 이렇게 붙이는구나, 서류가 이렇게 있으면 어떻게 파일을 관리하는구나. 이런 거 정말 우리나라 사람들이 눈치가 있잖습니까? 눈치라고 하는 게 번역이 안 되는 건데. 하하. 눈치가 있어서 우리는 가서 같이 일해 보면 금방 그걸 쫙 배우는 거예요. 사람들이 깜짝 놀라는 거죠. 우리가 하는 프랙티스를 보면 외국 로펌들, 야 이건 뭐 완전 세계적인 로펌들이 하는 프랙티스인데 하는데. 사실은 우리는 세계적인 로펌들 한 군데가 아니라 여러 군데, 여러 군데와 일하면서 그중에 좋은 걸 다 모았기 때문에 우리가 훨씬 더 좋은 시스템을 갖고 있는거죠. 그런 내용을 많이 배웠죠. 많이 배웠고. 중재인들한테도 또 같이 일하면서 많은 걸 배웠고. 지금도 배우고 있고. 뭐 사람 만나는 건 어떻게 하는지, 그…… 외국에서 손님이 오면 어떤 식으로 대접을 하는 건지 등등이요.

IT 분야는 그야말로 첨단에서 빠르게 변화하는 세계다. 교과서는 이미 시대에 뒤처진 지식을 담고 있을 뿐이다. 따라서 이 분야에서 일하는 사람들에게 주요한 학습 자료는 인터넷 웹사이트와 개발 관련 문서다. 소프트웨어 개발자인 권찬영과 이상선에게도 이것들은 모르는 것을 배울 수 있도록 하는 기본적인 학습 자원이 되었다. 특히 인터넷 웹사이트는 서적이라는 완전한 형태로 정리되기 전 단계의 풍부한 자료가 많다는 점에서 이들에게 도움을 주었다. 그러나 여기서 중요한 점은 그들이 찾고자 하는 답을 온전히 인터넷에서만 찾을 수는 없다는 것이다. 그들은 주로 웹상에서 '비슷한' 것을 찾아내고, 자신의 방법으로 발전시켜 문제를 해결하는 경우가 많았다. 인터넷과 도서를 통해 일차로 습득한 자료들을 완전히 습득한 후에 다시 쓰임새를 갖추어 나가는 방법을 취했다.

권찬영: 주로 인터넷에서 배워요. 구글(Google)이나 개발자 커뮤니티, 아니면 스택오버플로우(stackoverflow.com, 프로그래머들이 서로 질문하고 답하는 웹사이트)를 검색하면 비슷한 게 나오거든요. 처음에는 단순 키워드를 가지고 검색하는 거죠. 그러면 내가 원하는 답과 대략 50~70% 정도 비슷한 답이 나와요. 그러면 그걸 응용해서 제 프로그래밍에 활용합니다. 그런데 문제는 더 어려운 걸 풀어야 할 때는 원천 도큐먼트를 싹 다 읽어야 해답이 나오는 경우가 많다는 점입니다. ……(중략)…… 우리가 보통 책 읽듯이 처음부터 차근차근 읽는 게 아니라, 일하다가 문제를 맞닥뜨리면 찾아서 읽고, 또 찾아서 읽고.

이상선: 개발자들은 (컴퓨터로 프로그래밍을 하는 시간보다도) 자료를 읽고 이해하면서 혼자 공부하는 시간이 많아요. 그런데 저는 개발과 관련해서는 책을 잘 안 읽어요. 왜냐하면 책은 이미 2~3년 전 자료에요. 책으로 나온다는 건 정보가 더 이상 갈 곳이 없어서 결국 책으로 간다는 이야기거든요. 제가 주로 정보를 얻는 곳은 웹(web)이예요. 뭔가 새로운 걸 시도해서 결과물을 만들려고 하면 개발자들은 블로깅을 해요. 하늘 아래 완전

히 새로운 것이 없다고들 하죠. 개발이라는 건 결국 남이 만들어 놓은 걸 따라 해 보면서 찾는 거죠.

어떤 일이든 단순한 테크닉은 일의 초기 단계에서 훈련을 통해 익힐 수 있지만 그 이상의 테크닉은 스스로 연마해 나갈 수밖에 없다. 문화예술 분야에서도 마찬가지였다. 뮤지컬 배우 이석준은 어느 수준의 경지에 오르면 끝나는 그런 일은 없다고 말한다. 이석준은 같은 작품을 공연하면서도 매 회 성장한다. 결국 일은 늘 몰입의 대상으로서 자신과 더불어 성장해 가는 존재이자 공간이 된다.

이석준: 한 작품이 끝날 때마다 실력이 향상되는 걸 느껴요. 같은 작품을 하더라도 매회 성장해요. 실제로 무대 위에서 50회의 공연을 한다고 하면 그 공연을 만들어 내는 순간은 많지 않아요. 그래서 마지막까지 어떤 한 지점을 향해 계속 걸어가는 거예요. 하지만 무대를 영상으로 모니터링하는 것은 소용이 없어요. 뮤지컬은 연기나 노래, 춤이 다가 아니라 1,000여 명과 소통을 하는 장르잖아요. 뮤지컬은 그 이상의 무언가가 중요하기 때문에 TV로는 그 에너지를 느낄 수 없어요. 실제로 경험하고 느끼면서 연습하는 방법밖에는 없어요.

일을 수행하는 과정에는 여러 도구나 재료가 필요하다. 장인들은 이런 사물들과의 관계 맺기를 통해서 일할 뿐만 아니라 배우기도 했다. 도자기 장인 김진현과 한복 장인 백애현은 자신이 만들 작품의 재료에 대해서 최고 품질을 고집하는 경향이 있었다. 재료와 도구에 대한 애착이 남달랐다. 그런 사물들과의 교감은 이들의 일의 성패를 좌우하는 결정적인 요인이었다.

따라서 그런 사물들에 대한 학습은 자연스러운 일의 과정이었다. 그뿐 아니라 도구나 재료에 만족하지 못할 경우 자신이 직접 그것을 제작하는 데 참여하기도 하는 적극성을 나타냈는데 그것 역시 장인으로서의 배움과 성장의 일부분이 되었다.

김진현: (어떻게 좋은 흙인지를 아냐는 질문에) 그런 건 일을 하다 보면 나 스스로 알게 돼요. 누가 가르쳐 주는 건 아니고…….

백애현: 원단을 고르다 보면 제가 딱 원하는 색이 안 나올 때가 있어요. 그래서 이런저런 고민을 하다가 집에 아예 염색기를 들여놨어요. 필요한 경우에는 직접 제가 천연염색을 해서 쓰기도 해요. 그리고 화학약품 처리 규정 때문에 집에서 염색을 못하는 경우에는 제가 직접 공장에 쫓아가서 작업을 하기도 하고요. 제가 이런 것들을 잘 알아야 돼요. 그러려면 공부도 해야 하고. 한복만 잘 만들면 되지 할 수도 있는데 전 그렇지가 않아요.

그동안 교육학 이론에서 배움의 주체는 항상 사람이었다. 교육은 사람의 우선성을 전제로 하였다. 경험학습 이론도 사람이 경험을 통해 배운다고 본다. 사람이 일을 하고 사람이 배운다고 전제한다. 일은 학습을 위한 도구이고 수단일 뿐이다. 사람의 우선성에 근거하고 있었기 때문에 교수학습 전략은 어떻게든 조작적으로 일을 경험할 수 있는 환경을 만들어 내는 데 초점을 맞추어 왔다. 만들어진(canned) 경험을 강요할 뿐이었다.

반면, 행위자 네트워크 이론(actor network theory)은 사람과 사물의 동등성을 주창한다. 일의 여러 요소는 사람의 행위에 영향을 주는 행위자 또는 행위소가 된다. 일과 관련한 비인간의 모든 요소는 인간에게 영향을 미칠 수 있는 잠재력을 가지고 있다(Fenwick, 2010; Fenwick, Edwards, & Sawchunk, 2011; Latour et al., 2010). 한마디로, 그 모든 것이 언제나 가르침의 본성을 이미 가지고 있다. 예를 들어, 글쓰기의 과정은 자신이 쓴 글이 물질성을 획득하여 다시 작가에게 영향을 미치는 상호작용의 연속이다. 이것은 매우 미시적이고 순간적인 번역과 동원의 과정이다. 우리의 장인들 역시 자신이 사용하는 도구나 재료 같은 사물들과의 교감을 통해서도 학습을 하고 있었다. 최고의 품질을 가진 생산품을 만들어 내기 위해서는 이런 사물들이 매우 중요하기 때문에 그에 대해 배울 뿐만 아니라 새로운 도구나 재료를 생산해 내는 시도의 과정을 통해서도 학습하고 있었다.

일이 먼저 있었다. 사람도 먼저 있었다. 그 둘이 별개로 따로 떨어져서 존재하고 있었을 뿐이었다. 그런데 우연이건 필연이건 일과 사람이 만나는 경우가 있다. 일의 우선성을 동등하게 인정한다면, 일은 또는 사물은 그저 사람과 만날 뿐이다. 그 어떤 경우든 일과 사람의 만남은 사람(주체)이 그 일의 과제(객체)를 대상 또는 목표로 하면서 그 일과 관련한 여러 요소를 하나의 체계로 삼고 행위한다. 활동 이론(activity theory)에서는 그 요소들을 매개체, 공동체, 분업, 규범으로 구분한다(Engeström, 2014). 그 활동 체계에서 인간 주체는 일이라는 객체에 젖어 들기도 하고 새로운 지식을 창조하기도 한다. 일이라는 대상이 오히려 하나의 행위자로서 주체인 사람에게 영향을 주고 변화시킨다. 결국 일이 사람을 가르친다.

따라서 우리는 장인들의 사례를 통해 근로자들이 일터에서 배우는 방법, 수단, 목적, 그리고 그들에 대한 동기부여를 위한 단초와 시사점을 얻을 수 있었다. 일터가 근로자에게 학습을 제공하는 공간이라는 것을 확인할 수 있었다. 이와 더불어 일터 참여자들이 이용하는 다양한 학습 자원은 당면한 문제들을 해결해 나가는 데 도움을 준다는 것을 밝혔다. 따라서 직업 세계에서 근로자들을 고숙련자로 성장시키고 일에서 동기부여를 하기 위해서는 국가와 조직이 기존과는 다른 접근을 취해야 한다는 시사점을 얻을 수 있다. 직접적으로 특정한 교육을 실시하는 것도 중요하겠지만, 이들의 학습 방식인 느슨하고 수평적인 네트워크 속에서 다양한 학습 자원을 활용한 자기주도적 학습을 지원하는 것이 더욱 필요함을 알 수 있다. 또한 전체 경력 기간 동안 지속적인 자기계발이 필요하다는 점에서 학습 능력과 습관 자체를 익히고 증진시키는 것도 중요하다.

결국 '그저 일하라(Just Work It)'는 명제가 가능하다. 그러면 일은 그 사람을 배우고 성장하게 할 것이다. 그 배움은 기술에서뿐만 아니라 태도에서도 일어난다. 장인은 지금도 그저 일하면서 배우고 성장하고 있다. 다른 누구보다도 일 그 자체와 끊임없이 대결하고 경쟁한다. 다른 사람과의 경쟁이 아닌 자신과의 싸움이며 일과의 대결이다. 따라서 그 누군가가 아닌 일이 그를 장인으로 만든다. 일이 스승이고 동료이며 경쟁자다. 장인에게 있어서 일은 영화〈최종병기 활〉의 대사처럼 '계산하는 것이 아닌 극복하는 것이다.'

느슨한, 그러나 열린 학습 관계망: '네트워크 속에서 많이 배우는 것 같습니다'

사람들은 장인이 외골수라서 인간관계를 잘 못 맺는다는 편견을 갖기도 한다. 게다가 최고의 숙련 수준을 가지고 있기 때문에 다른 사람들로부터 더 이상 배울 게 없다거나 배우려고 하지도 않을 것이라고 생각할 수 있다. 장인은 자신의 일을 평생토록 심화하고 확장하면서 살아왔다. 자기 일에 대한 남다른 애정을 가진다. 따라서 그 일에 충실하기 위해서는 어느 누구로부터도 배우기를 마다하지 않는다. 비록 자신보다 사회적으로 낮은 지위에 있거나 덜 인정받는 사람이라고 하더라도 장인들은 그에게서 기꺼이 배웠다.

안창현: 내가 우리 공장에 10명, 20명이 있지만 지방에 이렇게 봤을 때

동네 두 명, 세 명이 하는 빵집도 굉장히 배울 게 있습니다. 그런 데 가서, '우리 동네는 이게 고객들이 맛있다고 많이 찾고 잘 나간다'고 하면 그걸 기꺼이 배워서 나는 합니다.

임용환: 이것이 이상한 것이 우리 회사가 모사가 되다 보니까 협력사들은 회사에 관계되는 것들이라고 하면은 내가 질문만 제대로 하면 답을 제대로 다 만들어 주다시피 해요. 그 정도로 서로가 다 신뢰감도 있고, 그다음에 다 알잖아요. 누가 전화 왔다더라 하면 자기들끼리 모르고 하면 그 옆에 주위에 있는 자료 모아서라도 같이 공유하기도 하고 굉장히 도움이 많이 되죠.

도자기 장인 김진현, 편물 장인 김영희, 그리고 한복 장인 백애현은 독립적으로 일하는 전통수공업 장인들이다. 이들은 일터에서 주로 혼자 일을 수행한다. 다른 사람과 협업하여 결과물을 만들어 내기보다는 일의 전 과정을 혼자서 수행했다. 따라서 일터에서 동료들과 함께 학습하는 기회는 갖지 못한다. 그 대신, 이들은 같은 분야 또는 전혀 다른 분야의 사람들일지라도 폭넓은 만남과 교류를 통해 다양한 방식으로 학습하고 있었다. 한마디로, 독립적으로 일을 수행하는 동시에 느슨한 학습 관계망을 형성하였다.

김진현: 세계 각국에 도예가들이 많아요. 특히 가까운 일본과 교류가 많죠. 그래서 제가 일본 도예인으로 등록되어 있기도 해요. 지금 10년째 거기서도 작품전을 하고 있는데 그들과 토론하는 걸 즐겨요. 일본은 일본만의 도자기 문화가 있거든요. 그런데 거기서도 영감을 얻는 경우가 있고.

김영희: 명장 모임에 가끔 나가요. 분야는 각기 다르지만 각 분야의 최고 분들이라 가면 배울 게 많고, 가끔 깨달음이 올 때가 있어요. 그럼 제 일하는 것도 뒤돌아보게 되고. 그 모임이 저한테 주는 게 참 많아요.

백애현: 유명한 화가의 그림을 보거나 이러면 그걸 치마 화폭에 담고 싶은 거예요. 저는 우리나라 전통 의상만이 그걸 할 수 있다고 생각해요. 호주, 일본, 미국 그 어느 전통의상도 그런 걸 시도하기는 힘들 것 같아요. 제가 매 계절마다 찾아가는 곳이 있는데 거기서 계절 바뀌는 걸 봐도 그런 생각이 들고. 제가 취미가 수상스키인데 수상스키 타면 물안개가 피어오르잖아요? 너무 너무 아름답죠? 한복 치마 화폭이 그렇다고 생각하면 너무 가슴이 벅차오르는 거예요. 그래서 디지털 프린팅 기법을 이용해야겠다는 생각을 한 거죠…….

예술가들 역시 고립되어 혼자 연습하고 일할 것이라는 편견과는 달랐다. 그들 역시 다양한 대상과 끊임없이 소통하고 배우려는 의지를 가지고 있었다. 그들이 소통하는 대상은 관객이나 동료, 주변 사람들이기도 하였다. 이런 교류는 자신의 분야나 사회 같은 다양한 공간에서 이루어졌다. 뮤지컬 배우 이석준과 조각가 오광섭은 다양한 사람들과 진정성 있는 관계를 맺고 소통할 때 진정한 예술이 가능하다고 이야기했다.

이석준: 뮤지컬은 협업의 과정이고 모든 과정을 공유해야 해요. 이러한 것들을 공유해야 하기 때문에 느낌이나 세세한 것까지 포착을 해서 나누어야 해요. 배우들은 공유하는 시간이 많기 때문에

인간적으로 부딪힐 수밖에 없고 무대에서는 늘 싸움이 일어나기도 하고, 사랑에 빠지기도 하고. 배우들 간에는 이렇게 유대관계가 깊은 편이고 무대 뒤의 세계 역시 공유해요. 무대는 하나의 새로운 세계이기 때문에 무대 뒤에서 싸움이 있어도 무대에 서면 그 감정이 사랑이 되고. 그 과정 속에서 서로를 받아들이고 이해하고.

오광섭: 본래 작품은 세상에 드러나도록 하는 것이에요. 그러니까 당연히 소통은 이루어져야 하는 거야. 그런데 그 행위 자체가 그런 것이기 때문에, 그것이 '자연스럽게' 드러나기를 바라다보니까 요 나이까지 온 거예요. 사람들에게 잘 보이고 포장하고 대인관계를 하는 능력은 내가 부족해요. (웃음) 하지만 작가 세계에선 인정을 받고 있고, 작가들은 다 알지. 누가 가짜를 한다더라, 저 사람은 진짜다. 그래서 언젠가는 세상에도 드러날 거란 확신이 있어요. 조각 세계에서 인정받을 만한 기준은 독창성, 새로움, 이런 거예요. 이게 없는 거란 말이에요. 처음 보는 거란 말이에요. 거기다가 그것이 어떤 미적인 조형성을 가지고 있고 못 보던 거면 인정이 되죠. 작가는 작품을 가지고 소통해야 한다고 나는 생각해요.

앞서도 언급했듯이, IT 프로그래머들은 인터넷 등을 통해 주로 학습하였지만, 그렇다고 이들이 완전히 혼자서 학습을 하는 것은 아니었다. 권찬영과 이상선은 경력 초기에는 회사에서 제공하는 공식적 교육과정을 통해 역량을 쌓았고 일터에서 다른 구성원들과 교류를 하면서 일하고 배웠다. 그러나 고숙련자가 된 지금은 배우는 방식이 달라졌다. 동료나 선후배 구성원들이 서로 가진 지식과 역량을 느슨한 구조 속에서 풀어내는 방식으로 함께 배우고 있었다. 일반 직장인들처럼 상사나 선배와의 탄탄한 관계 속에서 상호 의존적으로 이루어지는 방식은 아니었다.

권찬영: 우리가 완전히 혼자서 공부한다고 표현하기는 어려워요. 소프트웨어 업체에도 분명 사수 개념은 존재하고, 또 필요합니다. 뭔가 새로운 기능을 구현해야 하면 기존 시스템의 구조를 잘 알아야 해요. 말하자면 설계도를 이해해야 한다는 건데, 설계도와 다른 점은 프로그래밍은 직접 시스템 내에 들어가서 작업한다는 점이죠. 그러려면 설계도보다 훨씬 더 심층적인 내용들을 알아야 합니다. ……(중략)…… 그래서 신입에게 설계도만 보고 이해하라고 던져 놓으면 절대로 안 됩니다. 수공업 장인들이 자기가 일하는 방법이나 노하우를 다 매뉴얼로 정리해서 준다고 해도 다른 사람이 그것을 따라 할 수 없듯이, 소프트웨어도 수천 라인의 소스 코드가 수백 개씩 들어 있는 시스템에 새로 들어가는 후배의 코드가 잘 들어갈지를 봐 줄 수 있는 선배가 필요해요. 해 온 거 봐 주고 옆에서 돌봐 주고. SAP사에는 페어 프로그램(Pair Program)이라고 해서 두 명이 함께 짝지어서 일하는 제도도 있었어요. 다만 이것은 순수하게 일을 위한 것이에요. 일이 있을 때 구성됐다가 끝나면 해체되는 식으로 운영됐어요. 다른 대기업에서 많이 하는 멘토링 제도처럼 개인적인 고민이나 커리어에 관한 것을 서로 이야기하진 않아요.

이상선: 예전에도 그랬고 지금도 그렇지만, 제가 느슨한 관계로 여러 전문가들과 함께 일을 하는데, 그런 네트워크 속에서 많이 배

우는 것 같습니다. 문제에는 두 가지 종류가 있다고 해요. 세상에 답이 존재하는데 내가 몰라서 생기는 클로즈드 프라블럼(closed problem)과 이 세상에 아직 정해진 답이 없어서 스스로 만들어 가야 하는 오픈 프라블럼(open problem)이에요. 그런데 제가 다루는 문제는 대체로 후자이니 여러 사람이 모여서 브레인스토밍하는 과정에서 배워 가는 것 같아요. 나뿐만 아니라 모두가 다 함께.

결국 장인들은 외부 세계와 다양한 연결 관계를 맺고 있었다. 그것은 동종 분야이기도 했고 때로는 관련이 전혀 없어 보이는 분야이기도 했다. 다양하고 느슨한, 그러나 열린 관계망을 통해 자신이 일하는 과정에서 아이디어를 얻었다. 이들은 누구보다 진정성 있는 소통의 중요성을 깨닫고 실천하고 있었다. 장인에게 일은 세계와 소통하는 매개체인 동시에 세상과의 소통을 통해 소통의 결과를 일에 다시 투영하는 순환적 과정이었다.

한편, 장인들이 형성하고 있는 학습 관계망은 단지 배움을 위한 도구적인 수단으로서의 의미만을 가지지 않는다. 그것은 장인이 자신의 정체성을 확립하는 데도 영향을 미쳤다. 많은 장인이 특정 조직에 소속되어 있지 않더라도 자신의 일과 직업에 대한 뚜렷한 정체성을 가지고 있었다. 게다가 자신이 속한 넓은 관계망 속에서 다른 사람들과는 차별화된 일을 통해 자신의 정체성을 더욱 공고히 하였다.

백애현: 한복 가게가 많이 줄어들긴 했지만, 그래도 아직까지 한복 만드는 사람들이 많이 있긴 해요. 그런데 저는 그분들하고는 좀 다른 한복을 만든다고 생각하고, 또 그분들이랑 다른 일을 해야 제가 스스로 의미가 있는 거고…….

김진현: 가마 작업을 하게 되면 이제 도자기마다 각기 다른 문양이 나오게 되는데, (전시되어 있는 도자기를 가리키며) 저것들이 다 하나하나 무늬가 다르다고요. 그런데 저걸 내가 그리는 게 아니고, 불을 통해서 저런 무늬들이 나오는 거예요. 가스 가마로는 절대 저런 무늬가 안 나오고, 저게 똑같이 색깔 칠하고 싶어도 똑같을 수가 없는 것들이에요. 그래서 일본이나 미국 이런 데 가면 사람들이 깜짝깜짝 놀라고, 뷰티풀, 어메이징 하다고 해요. 한국 도자기 정말 멋지다고. 그걸로 내가 있는 거지…….

한마디로, 장인들은 느슨하고 열린 관계망 속에서 자신의 정체성을 찾아가고 있었다. 실행공동체 이론에서는 주변에서 중심으로 나아가면서 그 공동체 구성원으로서의 정체성을 획득한다고 본다(Lave & Wenger, 1991). 그러나 정체성이 반드시 그런 과정을 통해 형성된다고 단정할 필요는 없다. 주변에서만 머무는 정체성도 있기 때문이다. 정체성의 형성은 주변에서 중심으로의 과정 속에서만이 아니라 주변에서 주변으로, 경계에서 경계로의 과정 속에서도 나타난다. 주변과 중심을 가르고 주변에서 중심으로 나아가면서 정체성이 형성된다는 주장은 필연적으로 기득권자의 폭력적 관점으로 이어지기 쉽다. 주변과 중심의 차별, 공동체라는 이름의 압박, 멤버십의 경계 설정과 이를 통한 배제 등과 같은 일이 발생할 수 있기 때문이다(Barton & Tusting, 2005). 우리 장인들은 공동체 내에서 자신을 공동체와 동화하여 갔다기보다는, 느슨하고 열린 관계망을 통한 참여와 차별화를 통해 자신만의 고유한 정체성을 획득하였다.

틀 바꾸기 학습: '내가 얻은 것에 집착하지 말고'

장인들의 지속적인 배움은 어느 순간에 틀 바꾸기를 통한 학습으로 나타났다. 현실적으로 일터에서의 일과 학습은 늘 순탄하지만은 않다. 그런데 장인들은 이에 더해 스스로 어려움을 자처하기도 한다. 이렇게 스스로 빠진 질곡 속에서 끝내 인내하면서 틀을 바꾸는 모습을 보인다. 이러한 그들의 노력이 장인으로서의 탁월함을 발휘할 수 있는 하나의 기반이 되기도 한다.

편물 장인 김영희는 기계로 손뜨개의 무늬를 표현하려고 노력했고, 한복 장인 백애현은 한복 치마에 그림을 담기 위해 끊임없이 시도했다. 이처럼 장인들은 새로운 방식으로 일에 도전함으로써 새로운 틀을 만들어 내고 확장적으로 학습해 나갔다. 일의 틀을 새로 바꿈으로써 새로운 지식과 기술을 획득하고 있는 것이다.

김영희: 사람들이 이렇게 작은 가게에서 기계도 같이 한다고 했을 때 미쳤다는 소리 참 많이 들었는데, (명장이 되니까) 그런 것들이 한 번에 보상받는 기분……? 손으로만 표현하는 무늬들이 기계에서도 표현할 수 있으면 너무 좋잖아요. 사람들이 처음 내가 그거 할 때 김영희는 집에 돈이 남아돈다고…… 아휴…… 남들 안 하는 거 하고, 그게 됐을 때의 기쁨이랄까…… 그런 건 해 보지 않으면 몰라요.

백애현: 한복 치마에 화폭을 담아 보고 싶은 욕심이 있었어요. 그런데 그게 한 번에 되지가 않는 거예요. 그럴 때 정말 미치죠. 염색이 그라데이션되는 게 앞판과 뒤판이 다 맞아야 하는데 한 번에 되는 게 이상하기도 하죠. 그런데 그걸 될 때까지 했어요.

남들은 괜한 짓 한다, 안 된다 했는데 그래도 그게 그렇게 하고 싶더라고요.

IT 분야에서 일하는 권찬영은 일에서 느끼는 지루함과 일상성을 매우 경계했다. 이것은 곧 자신이 정체되는 결과로 이어지는 것을 의미하기 때문이었다. 그는 기존의 익숙한 소프트웨어 개발로부터 얻을 수 있는 기득권을 버리고서라도 적절한 긴장감을 유지하기를 바랐다. 그에게 새로움과 도전은 일터를 선택하고 일을 하도록 하는 최고의 동기였다.

권찬영: 일을 이것저것 해 보는 게 좋은 것 같아요. 자기 커리어 속에서 베리에이션(variation, 변화)을 주는 것이 좋아요. 제가 일했던 N사는, 잡다한 것은 많이 하는데 깊이는 없는 서비스 업체라는 생각이 많이 들더라고요. 그러다 보니 시야는 넓어졌는데 나의 전문성이 정체되어 있는 느낌이 들었어요. 안락함에서 벗어나려고 했던 것은 뭔가 성장하고 싶어서였죠. SAP에서는, 한 5년 지나니까 제 영역이 '파이선(Python) 개발' 쪽으로 확실하게 정해져 버리니까 또 루틴해지더군요. 머리를 쓰는 데 루틴하게 쓰게 되면 점점 일의 속도와 퀄리티(quality, 질)가 떨어져요. 스스로 일을 완벽하게 컨트롤하고 있다는 느낌이 들면 재미가 없어집니다. 적절한 긴장감이 필요해요.

배움을 통한 틀 바꾸기는 선형적인 배움의 확대가 아니다. 그것은 배움의 새로운 전환이었다. 그런 전환은 때론 여유를 통해 일어났다. 장인들은 공통적으로 일터 진입 후 일정 기간 동안 삶의 여유를 허락하지 않는 모습을 보였다. 하지만 장인의 수준에 오른 이후에는 이전과 같이 무조건 숙련 자체에 몰입하기보다는 일과 함께 삶의 여유와 에너지를 중요하게 여기게 되었다. 그것이 배움을 확장하는 또 다른 동기를 불러일으켜 주었다. 인터뷰를 하는 데 있어서도 그들은 여유로운 모습을 보여 주었다. 일에 쫓기기보다는 시간을 자유롭게 통제하며 그 안에서 새로운 의미를 탐색했다. 일 이외의 다른 상황에서도 배움의 폭을 넓혀 갔다.

김영희: 이젠 막 새벽같이 나오거나 밤늦게 들어가거나 그러지 않아요. 보니까 내 몸이 건강하고, 내가 여유가 있어야 하는 것 같더라고요. 그렇다고 내가 한가하게 일하는 건 아니고……. 예전에는 잘 몰랐는데 요즘엔 그래서 참선도 많이 하고. 마음이랑 정신을 모으는 뭐 이런 거…… 그런 게 좀 중요한 것 같더라고.

백애현: (중간 인터뷰 결과물을 보여 준 후) 내가 이렇게 공부하시는 분들을 보면서도 많이 배워요. 내가 두서없이 얘기한 거 같은데 마치 내 생각처럼 정리를 잘해 줘서 얼마나 고마운지 몰라요. 근데 난 이런 거 보면서도 또 많이 배워요. 내가 수의 책 만든다고 여기저기 돌아다니고 사람들 만나 얘기 듣고 그러는데 그걸 정리하는 게 쉽지 않더라고요. 근데 이런 걸 어떻게 하면 되는지 나도 알아 가는 것 같아서, 그게 얼마나 고마운지 몰라요. 막 밤새워 일만 한다고 이런 걸 알게 되는 건 아닌 거 같아요.

이처럼 장인들은 자동차 명장 박병일의 말대로 자신이 지금까지 쌓아 온 지식에 집착하기보다는 새로운 틀로 바꾸는 시도를 하면서 전환적이고 확장적으로 배움의 과정을 겪었다. 최고의 숙련인이자 전문가가 자기 것을 버리고 새로운 틀에 도전하는 것이 어찌 말처럼 쉬웠으랴. 그럼에도 불구하고 장인은 그런 틀 바꾸기를 끊임없이 시도하며 배움에 도전하고 있었다.

> 박병일: 지식도 고이면 썩어요. 아무리 좋은 기술도 몇 년만 지나면 벌써 한물간 이전의 기술이 되어 버리잖아요. 내가 얻은 것에 집착하지 말고 또 다른 것을 개척하면 돼요.

장인은 새로운 시도와 도전을 멈추지 않고 틀 바꾸기를 통해 확장적이고 전환적인 학습을 지속해 나간다. 이들은 항상 스스로 초래한 어려움 속에서 이를 극복하기 위해 끊임없이 배우고 그럼으로써 또 한 번 성장한다. 일터에서의 학습이 늘 순탄하지는 않겠지만 그런 어려움을 스스로 만든다는 점에서 장인의 고유한 학습 특성을 확인할 수 있다.

결국 장인의 이런 틀 바꾸기 배움은 전환과 확장의 쌍곡선으로 나타난다. 확장은 더 넓은 새로운 일로의 넓힘을 통해 창조와 배움의 과정을 가져온다. 전환은 삶의 여러 사건, 때론 우연적 사건들을 통해 경력과 가치관의 극적인 변환을 가져온다. 이 두 과정이 서로 다른 궤적을 그리기도 하지만 분리되어 있지는 않으며, 만나는 지점이 있다. 장인의 일과 배움의 과정은 한마디로 전환과 확장의 순환이 반복되는 과정인 것이다. 특히 11장에서 살펴볼 일에서의 절정 경험은 일의 확장 가능성을 열고 사회적 가치를 갖게 하는 계기가 된다. 그것이 그들로 하여금 고원에서의 고통스러운 삶을 살도록 만든다. 이때부터 두 곡선은 장인의 삶에서 하나로 통합된다.

배움을 나누고 잇기

> 오늘날 세상에 편력 기사가 있다는 게 어떻게 가능하죠? ……오늘

이 땅에 미망인을 돕고, 처녀들을 보호하며, 유부녀들의 명예를 지키고, 고아를 구하는 사람이 있다는 게 도저히 납득이 되지 않습니다. 내 눈으로 당신의 모습을 보지 않았더라면 그런 일을 믿지 않았을 것입니다.

출처: de Cervantes(2014b). 돈키호테 2, p. 215.

나의 일에서 우리의 일로: '같이 상승을 하는 거죠'

장인들은 자신이 배우고 익힌 기술과 노하우를 널리 베풀었다. 특히 자신이 속한 공동체와 그것을 나누는 데 무척 너그러웠다. 장인들의 부단한 배움과 숙련의 과정은 그들로 하여금 많은 역경과 어려움을 극복하고 필연적으로 최고의 위치에까지 오르게 하였다. 그런 지위는 개인적인 영예였고 자신만의 고유한 정체성이었다. 그럼에도 불구하고 장인 개인의 정체성은 더 큰 공동체적 정체성을 향해 나아갔다. 앞서 언급했듯이 장인은 이미 형성된 기존 공동체의 정체성에 물들어 가지 않았다. 그보다는 오히려 자신의 정체성을 공동체로 확장시켰다.

장인들은 자신이 속한 직업 분야에 대한 사명감을 보여 주었다. 무엇보다 자신과 비슷한 길을 가고 있는 후배들이 더욱 성장하기를 바랐다. 주조 명장 임용환과 보일러 명장 성광호는 스스로 지독하게 노력하여 대기업 생산직 사원으로는 드물게 성장한 경우였다. 그들은 후배들도 자신처럼 어려운 처지에 놓여 있다는 사실을 알고 있다. 그리하여 때로는 공개하기 아까운 자신만의 고유한 노하우일지라도 후배나 동료에게 기꺼이 나누어 주었다. 그럼으로써 그들이 더 많이 배울 수 있도록 북돋고 그렇게 성장하는 모습을 보면서 보람을 느꼈다.

임용환: '내가 이런 업무를 하고 있다'고 우리는 회사의 사이트에 접속

하면 다 나오거든요. 내가 무슨 일을 하고 있는지가. 다 기업 신상에 뜨게 되어 있어요. 어떤 일을 하고 현재 업무가 무엇이고 어떤 일을 했는지에 대한 것들이 표시되는데, 보면 '저 친구한테 연락 왔다' 하면은 공유할 것은 공유하고 그렇게 되죠. 제가 또 많이 모아 놓은 것도 있고, 달라는 사람 있으면 또 주고. 그런데 바이블이라고 할 정도로 모아 놓은 것은 참 공개하기가 힘든데도 2박 3일 조르면 주어야죠.

성광호: 저는 후배들이 큰 상을 타도 조그마한 상을 타도 가족들 다 데리고 나오라고 해요. 그리고 후배가 수상할 때 꽃다발 주면 후배는 가족들 앞에서 얼마나 자부심을 느끼겠어요. 이렇게 되면 자연히 회사에 대한 애사심도 높아지고 더 공부하고 자기개발하겠다는 동기부여가 되는 것이죠. 후배들도 생각해 보면 그때는 힘들었겠다고 생각하지만 지금은 후배들이 다 잘되고 한 단계 성장해서 지금도 회사에 가면 공장장님이나 후배들이 굉장히 반가워합니다. 그런 모습을 보면서 보람도 많이 느끼죠.

뮤지컬 배우 이석준은 자비를 들여 어려운 후배들을 위해 뮤지컬 이야기쇼를 기획하였다. 기획 당시 어려움이 극심했다. 그러나 이 쇼는 무대에 설 기회가 많지 않은 후배들을 소개하고, 관객들에게 더 친숙하게 다가가며 어려운 뮤지컬 분야를 부흥시킬 수 있는 공간이 되었다.

이석준: (뮤지컬 이야기쇼는) 후배 양성과 뮤지컬계의 부흥을 위해 기획하게 되었어요. 아시다시피 이쪽은 정말 어려워요. 소위 TV 스타가 아닌 한, 뮤지컬 배우로 살아간다는 것은 경제적으로나 일적으로나 아주 어려운 일이에요. 후배들은 외형을 보고 이

일을 시작하지만, 이 분야에는 아주 극심한 고통이 있어요. 그 고통을 알기 시작하면 떠날 수도 있기에 선배로서의 방법은 고통을 숨기는 방법밖에 없죠. (웃음) 그래도 누구나 견딜 수 있을 것이라 믿으며, 선배로서 몸으로 보여 주는 방법밖에는 없다고 생각했어요. 후배 양성에 관한 방법적인 부분은 글쎄요. 모르겠어요. 모르지만…… 방향을 잃지 않게 스스로 보여 주는 방법밖에는 없다고 생각했어요. 어쨌든 이런 취지에서 이걸 어렵게, 어렵게 기획하게 된 거죠.

이용 명장 최원희와 제과 명장 안창현은 자신이 속한 업계의 협회를 통해 노하우를 전수하였다. 자신이 힘들게 익혔거나 개발한 기술을 같은 업계에서 일하는 사람들과 공유했다. 그럼으로써 모두가 상생하고 업계가 더욱 발전하기를 바랐다.

최원희: 같이 상승을 하는 거죠. 같이 상승이 됨으로 인해 선의의 경쟁이 자꾸 일어나면 기술이 더 향상되고, 더 좋아진다는 생각을 하죠. 그리고 고객이, 더 좋게 해 줌으로 인해서 더 자주 할 수도 있고. 예를 들어서 정말로 전국에 있는 이용사들이 그렇게 다 열정적으로 했다 하면 이발관이 더 많이 확산되었겠죠. 더 커지고, 더 튼튼한 직업군이 되겠죠. ……(중략)…… 나는 그런 생각을 가지지. '직업군이 같이 커 가는 게 롱런할 수도 있고, 더 존경받는 직업군으로서 될 수 있다'고 이래 생각을 하죠.

안창현: 아까 얘기한 내 기술을 나눌 수 있는 기회, 우리 기술인들, 기능인들의 위상이 높아지고 대우받을 수 있는 그런 일을 하는

데 내가 봉사도 해야 되고, 많은 후배들한테 책을 통하든 내가 몸으로 뛰든, 봉사를 하든 그렇게 같이 함께 해야 되겠다라고 그렇게 생각을 합니다.

장인들에게 있어 이런 나눔은 자기 자신의 발전을 위해서도 중요한 자극제가 되었다. 자기가 가진 지식을 나누어 주어야 자신이 이미 가진 지식에 안주하지 않고 새로운 지식을 또 추구하게 되기 때문이었다. 자동차 명장 박병일은 이런 지식의 공유를 통해 자기 자신도 더욱 성장하고자 했다.

박병일: 제 공부의 핵심이 뭐냐 하면 제가 가진 걸 남을 주는 겁니다. 그리고 또 하나 추구하고 버리고, 또 추구하면 또 버리고, 이렇게 계속 저를 버리고 또, 또, 또 이것이 저를 튼튼한 성으로 만들었어요. ……(중략)…… 나름대로 펴 주다 보니까 제 실력을 제가 보충을 했죠. 그리고 많은 것을 얻게 되니까…… 만약에 제가 안 펴 주고 그때 아까워가지고 지금 돈으로 만들려고만 준비했다면 아마 저도 잊힌 기술자로 남았을 것입니다. 그래서 요새 저를 그렇게 비난했던 동생에서부터 요새는 하는 말이 '존경합니다'로 바뀌었어요.

오랜 기간 일하면서 장인들에게도 지위와 역할의 변화가 생긴다. IT 분야의 권찬영과 이상선은 창업이나 회사 인수를 통해 경영자의 자리에 올랐다. 상당수의 개발자가 관리자 또는 경영자의 위치에 오르면 더 이상 개발에 참여하지 않는데도 이들은 개발자로서의 정체성을 일관되게 유지하였다. 권찬영은 경영자로서 자신의 역할을 설계자라고 표현하였다. 그는 자신의 지위가 높아졌다고 해서 개발에서 멀어지는 것이 아니라 더 넓은 시각으로 개발에 참여하는 역할을 원하고 있었다. 이상선도 회사 경영을 높은 지위를 얻는 것으로 여기기보다는 개발자로서 한 단계 도약하는 도전의 기회로 생각했다.

권찬영: 제가 경영자가 됐다고 생각하지는 않습니다. 디벨로퍼(developer, 개발자)에서 아키텍터(architecter, 설계자)로 변화한 정도라고 생각합니다. 우리나라 소프트웨어 개발 쪽이 문제가 많아요. 위로 올라가면 더 이상 개발을 안 하려고 한다는 거예요. 그러면 버그도 많아지고, 문제가 생기죠. 개발자도 결국 엔지니어니까요. 윗사람이 됐다고 해도 전체적인 구조 잡는 거나 개발하는 쪽에 항상 신경을 써야 합니다. ……(중략)…… 제가 일했던 SAP사의 본사가 있는 독일에 가 보면, 머리 희끗희끗한 사람들이 몇 십 년째 프로그래밍하는 걸 쉽게 볼 수 있어요. 그분들의 작업 속도가 엄청나게 빠르진 않지만, 처음 일을 시작할 때 방향을 정확히 잡아내는 것 같아요. 이렇게 저렇게 다양한 시도를 해 보는 것이 아니라, 한 번 생각해서 진행시키면 대체로 그게 맞더라고요.

이상선: 제 경력은 마치 평소에는 거의 수평으로 유지되다가 가끔 점프(jump, 도약)하는 방식으로 변화된 것 같아요. 터닝포인트(turning point, 전환점)를 말하자면, 직원에서 개인 사업자로, 다시 개인 사업자에서 법인 사업자로 변신할 때가 그때죠. 보통 프로그래머들은 개발을 하다 보면 영업이나 경영 능력들은 갖추지 못하는 경우가 많아요. 그런데 이번에는 (개발자에서 경영자로) 그런 것들을 배워 가면서 내가 개발자로서 또 한 단

계 성장하는 느낌이 들었어요.

많은 장인이 기능인 또는 기술자의 정체성을 갖다가 나중에는 마케팅이나 경영으로 관심이나 경력을 옮긴다. 이것을 장인으로서 일의 확장이라고 하는 것은 억지라고 볼 수도 있다. 마케팅과 경영은 경제적 또는 사회적 성공을 거두게 할지는 모르지만 장인의 일 자체의 성공 여부와는 별개의 문제일 수도 있기 때문이다. 사실 아무리 기술적으로 뛰어난 장인이라도 자신의 일에만 고집스럽거나 고지식하여 또는 시대를 잘못 만나서 — 물론 시대에 맞게 창조력을 발휘했어야 했을 수도 있지만, 그럼에도 개인적으로 어찌할 수 없는 불가항력이 있을 수도 있다 — 성공한 장인이 되지 못할지도 모른다. 반면에, 아무리 별 볼일 없는 기술자라도 경영자로서 성공할 수 있다. 사업 수완이 좋을 수도 있고 운이 좋을 수도 있으니까 말이다. 그것은 기술자로서의 장인과는 별개로 장인성이 발휘된, 또 다른 영역인 경영의 성공을 의미하는 것일 수도 있다.

그럼에도 불구하고 기술자로서 장인이라는 최고의 지위에 오르기 전과 오른 후의 사업 경영은 질적으로 다르다. 그 전에는 단지 수익만을 좇는 장사치에 불과했을 수도 있으나 그 이후에는 자신뿐만 아니라 업계의 발전까지 지향하게 된다. 정상에 오르기 전에는 그런 사회적 가치를 추상적으로만 가지고 있거나 아니면 전혀 인식하지 못했을 수도 있다. 아무튼 언감생심 꿈만 꾸다가 꾸준하고 굳건한 단련과 자기훈련을 하고 나서야 비로소 장인의 경지에 오르고 구체적인 사회적 가치를 인식하고 실천한다. 이처럼 장인들은 기술적으로 최고의 위치에 오른 후에 자신의 분야를 발전시키거나 적어도 생존에 기여하고자 한다. 따라서 사업을 경영하는 데 힘쓸지라도 그것은 자신의 정체성을 버리는 것이라기보다는 업계의 발전을 위한 것이라고 보는 것이 맞다. 이런 점에서 '경영이 절반'이라는 자동차 명장 박병일의 말은 중요한 의미를 가진다.

박병일: 기술만 있으면 성공한다. 이렇게 생각하는데, 기술자는 기술자의 아집이 있어요. 나 아니면 안 된다는 생각도 있고, 자기만의 아주 기술자만의 안 좋은 그게 있어요. 언제 어디라도 내 자리가 있다는 생각을 갖고 있기 때문에 기술자들이 사업하면 실패 확률이 높아요. 저는 이것을 하면서 처음에 굉장히 어려움을 겪었어요. 공장을 카센터처럼 운영하고 있거든요. 이것이 계속 시행착오 겪으면서…… 내가 경험해 봤더니 이런 부분은 꼭 알아야 되고, 이런 거는 이런 시행착오를 겪었기 때문에 안 된다. 그래서 기술자로서 하는 건 100% 가지만 사업을 하겠다 하면 일단 공부를 해야 한다. 100을 놓고, 기술 50, 나머진 50, 인간 그런 것들을…… 법률 등 준비하고 그다음에 창업해 봐라.

실제로 이상선과 권찬영은 경영을 하면서도 자신이 속한 조직과 네트워크 내에서 후배를 양성하고 이들과 함께 우리나라 소프트웨어 산업 전체에 기여하고 싶은 강력한 의지를 가지고 있었다. 이는 오랫동안 이 분야에서 일하면서 느낀 문제의식에 기반을 두고 있다. 이들에게 일이란 먹고 살기 위한 수단이기도 하지만 더 큰 의미에서 보면 국가와 산업에 기여하는 통로이기도 하였다.

이상선: 우리나라의 대표 자동차 회사가 어디냐고 질문을 받으면 즉각 떠오르는 회사가 있지만, 우리나라에서 대표적인 소프트웨어 개발 회사가 어디냐고 물으면 전혀 떠오르지 않을 거예요. 실제로 그런 회사는 없거든요. ……(중략)…… 우리나라 IT 인프

라가 좋은 것은 국토가 좁아서 글로벌 IT기업들이 개발한 신기술의 시험장이기 때문일 뿐입니다. 그래서 저는 우리나라가 진짜 IT 강국, 즉 소프트웨어 개발 능력을 갖춘 좋은 회사가 많은 나라가 되는 것에 기여하고 싶어요.

권찬영: 우리나라에 머리 희끗희끗한 나이 든 개발자가 없는 것은 IT의 역사가 짧기 때문이기보다는 자본의 문제인 것 같아요. 어떤 기술에 가치를 두고 꾸준히 진득하게 투자를 해야 하는데, 우리는 워낙 빨리빨리 해야 하기 때문에 기술을 자꾸 사서 쓰려고만 해요. 지금 당장 기술이 필요하니까 다른 회사에서 기술을 사서 쓰는데, 문제는 그 회사마저도 고유한 기술을 꾸준히 키울 수 없다는 데 있습니다. 사서 쓰는 건 일회성이니까 경기를 타죠. 그러니까 생태계가 만들어지지 않아요. 예를 들어, 제가 다녔던 독일계 SAP사는 지금도 우리나라 연구소에서 하는 데이터베이스 연구 개발에만 매년 수십억을 투자해요. 6~7년 동안 아웃풋이 없어도……. 우리나라는 이런 걸 해 줄 수 있는 곳이 없습니다. 그래서 이 분야에서 최고 수준의 전문가가 나오질 않는 거예요.

자신의 성장과 업계의 발전은 자연스럽게 우리나라의 우수성을 세계적으로 알리는 목표로 나아갔다. 한복 장인 백애현은 한복을 더욱 널리 보급하기 위해 보석 한복, 가죽 한복, 디지털 프린팅, 애견 한복 같은 다양한 시도를 하고 이를 세계화하기 위해 적극적으로 활동한다. 도자기 장인 김진현 역시 우리나라 도자기를 세계적으로 인정받는 도자기로 만들고 싶다는 욕심을 솔직하게 드러낸다.

백애현: 내가 하는 일로, 그래도 뭔가 이 나라에 조금이나마 도움이 된다고 생각하면 정말 가슴 여기 끝에서부터 뿌듯함이 밀려와요. 사실 이런 게 얼마나 행복한 일이에요. 제가 하는 일이 저한테만 좋은 게 아니고 다른 사람들도 즐겁게 해 줄 수 있고, 그게 또 이 나라에 도움이 된다고 생각하면…… 저는 정말 기분 좋은 거죠.

김진현: 세계적으로 인정받는 도자기를 만들고 싶은 욕심이 있어요. 중국에는 현존하는 도자기 작가의 작품이 400억에 거래되기도 해요. 흙 1kg이 만들 수 있는 최고의 부가가치죠. 돈을 많이 받는 것이 중요한 건 아니에요. 저는 우리나라 도자기가 굉장히 자연적 작품이라고 생각되는데 지금부터 그 일을 할 수 있을 것 같아요.

배움의 나눔은 지식 분야의 전문가들에게서도 발견할 수 있었다. 변호사 김갑유는 국제 중재 분야에서 전문성을 쌓아 감에 따라 자신이 어떤 전문가가 되어야겠다는 개인 차원의 목표를 우리나라 변호사들이 더욱 전문성을 갖기를 바라는 사회적 차원의 목표로 확장하였다. 의사 심찬섭은 국제 학회를 성공적으로 개최함으로써 우리나라의 우수한 의료 수준을 전 세계에 알리고 인정받게 되었다. 이것은 전문직에서 공공에 대한 봉사의 성격이 강조된다는 점을 고려할 때도 이상적인 전문가의 모습이었다.

김갑유: 우리 클라이언트랑 커뮤니케이션이 얼마나 잘 되느냐에 따라서 그 클라이언트는 제대로 보호를 받느냐 못 받느냐 결정되는 거죠. 그래서 '아, 한국 기업은 한국 변호사가 도와줘야 되는구

나.' ……(중략)…… 제가 생각하기에는 그 한국의 경쟁력 있는 변호사들이 한국 기업들을 도와주는 시장을 만들면 한국 기업의 경쟁력에 도움이 되고 한국 변호사도 또 그만큼 경쟁력이 생기는 것이고…… 그래서 이 '아, 중재 시장을 우리가 장악해야 되겠구나(하는 목표를 세우게 된 거죠).' ……(중략)…… 우리가 외국 변호사들에게 의존해서 하는 상황에서 그…… 우리가 하는 상황이다라는 거. 그리고 내가 잘 하는 게 우리나라의 변호사들의 어떤 퀄리티랄까 세계적으로 중재인들한테 보여주는 변호사의 수준이랄까. 그런 걸 보여 준다는 걸 생각을 하면…… 되게 하고 싶죠.

심찬섭: 그래서 국제 학회를 처음 시작을 했죠. ……(중략)…… 순천향에서 그렇게 외국의 교수들을 여러 명씩 초청하니까 처음에는 '야, 대단하다. 어떻게 그렇게 할까' 했죠. ……(중략)…… 그때가 하이라이트였죠. 그 정도로 하니까 그다음부터 제가 미국이나 학회 가면 저를 알아보더라고요. ……(중략)…… 그러면서, 그러면서 알려진 것이 우리나라 의료 수준이 그때 알려진 거예요. 이게 대한민국 대표성이…… 대표하게 된 거죠. 그 정도로.

이처럼 장인들은 자기 자신뿐만 아니라 자기가 속한 분야로 배움과 성장의 목표를 확장하였다. 같은 분야에서 일하는 사람들과 자신이 가진 지식과 기술을 기꺼이 나누었다. 그렇게 '나'의 일을 '우리'의 일로 확장하면서 일의 세계에서 배움의 넓이를 넓혀 가고 있었다. 한마디로, 장인들의 배움의 목표는 '나'로부터 '우리'로 확장되었다. 여기서의 '우리'는 우리 분야와 업계 또는 우리 사회와 나라를 의미했다. 이와 같이 배움의 의미가 확장됨에 따라 개인적으로 계속 배우고 성장하며, 사회적으로 널리 나누고 봉사하게 되었다. 사회적 인정이나 포상 같은 외적 보상보다는 일에 대한 사명감과 가치감을 키워 가면서 더욱 적극적으로 배우고 나누고자 한 것이다.

더 큰 공동체를 위하여: '우리 사회가 조금이나마 나아졌으면'

장인들은 자신과 자신이 속한 집단을 넘어 더 큰 공동체로 나아갔다. 장인들에게 있어서 일은 이미 개인적 또는 집단적 이익만을 위한 수단이 아니었다. 장인들은 더 큰 공동체로서 사회 일반과 더 높은 차원에서 인류라는 대의를 위해 널리 베푸는 모습을 보였다.

보일러 명장 성광호는 보일러 일을 통해 에너지 절약에 관심을 갖게 되었고, 퇴직 후에도 에너지 컨설팅 일로 전국을 돌며 자신의 기술을 전수해 주면서 에너지 절약에 힘을 쏟고 있다. 이용 명장 최원희는 이발이라는 일을 통해 우리 사회를 더 밝아지게 하고 싶다고 말했다. 제과제빵 명장 안창현은 전통적인 자연의 방식인 천연 효모로 건강에 좋은 빵을 만들기 위해 노력한다. 한복 장인 백애현은 수의를 연구하고 만드는 작업을 통해 우리 고유의 장례 문화를 회복하는 데 기여하고자 했다. 이들은 모두 개인적인 이익을 넘어서 사회 공동체와 세상 사람들을 이롭게 하겠다는 강한 책임감을 보여 주었다.

성광호: 우리나라는 기름 한 방울도 안 나온다고 했잖아요. 기름은 한 방울도 안 나오는데 이 땅덩어리로 치면 우리나라가 조그맣잖아요. 우리나라가 아니라 한반도로 가운데 딱 짤려 있는 상태인데 그런데 기름을 얼마나 수입하냐 하면은 세계에서 4번째로 제일 많이 수입해요……. 어마어마하잖아요. 그러면은 그

런 나라에서 기름 한 방울도 안 나오는 우리나라에서 에너지 절약이자, 기술도 배우고, 또 그 기술 배운 게 중요한 게 아니라 에너지 절약했던 것은 좀 더 실천하고, 그러면서 굉장히 자부심의 생각을 가지니까 에너지 절약해서 나름대로 대안 제도로 에너지 전략 어떻게 하면 잘 할 수 있을까 생각을 갖게 되잖아요.

최원희: 진정한 이발사라면 탈모된 사람도 스타일을 잘 만들어야 되지 않겠나. 또 그다음에 탈모로 인해갖고 이게 불이익을 당하는 사람들, 이런 사람들을 조금이라도 도와주면 그게 면접이라든가 또 그다음에 혼사라든가, 결혼이라든가 그런 쪽으로 자신감을 가지고 사회생활을 이래 한다고 카면 우리 사회가 조금이라도 더 밝아지지 않겠나 그런 생각을 하죠.

안창현: 제가 그동안 옛날 전통 방식으로 빵을 만들기 위해서 굉장히 노력을 했어요. 그래서 천연 효모라는 그러한 것에 대해서 제가 책도 냈고, 거기에 대한 것을 새로 개발을 했는데 천연 효모라는 것은 자연계에 존재하는 여러 가지 다양한 소재로 활용이 되었다는 게 천연 효모예요. ……(중략)…… 우리 옛날 전통 발효 음식들은, 오랜 기간 천천히 숙성된 발효 음식들은 그 안에 풍부한 유기산이라든가 이러한 그 유산균이라든가 이런 효소들이 많아서 우리 몸속에 들어가서 소화를 도와주고 또 장 속에 있는 새로운 산을 만들어 내서 우리 몸을 이롭게 하잖아요. 그게 자연 음식이고, 자연 식품이죠.

백애현: 제가 하고 싶은 일은 내가 만든 옷을 통해 우리 사회가 조금이

나마 나아졌으면 하는 거예요. 한동안 수의 작업을 했는데, 그것도 우리나라 장례 문화가 좀 바뀌었으면 하는 바람에서 시작한 거예요. 옛날에는 하늘나라로 시집장가 간다고 표현했어요. 그래서 수의도 비단으로 넉넉하게 좋은 옷으로 해 입혔죠. 우리나라 고유의 전통을 다시 찾고 싶어요……. 하늘로 되돌아가는 것을 축복해 주는…… 밝은 분위기의 장례 문화를 회복하는 데 기여하고 싶어요.

어쩌면 당연하다고 여길 수도 있겠지만, 의사 심찬섭은 환자의 삶의 질을 높기 위해 애쓰고 있었다. 음식물을 먹고 싶어 하는 한 환자의 소망을 들어주기 위해 스텐트를 개발하기 시작한 것이 의사로서 사명감을 확고히 갖고 인류에 기여하기 위해 끊임없이 노력하게 된 계기가 되었다.

심찬섭: 처음에 스텐트를 할 때…… 일을 하다 보니까 필요에 의해서 만든 거거든요……. 환자가 '나 1주일만 먹고 죽었으면 좋겠다'고 하는데 그때는 스텐트를 넣는다는 것 자체가 관심이 별로 없었어요. 얼마 안 가서 죽을 사람 며칠 잘 먹으면 뭐하나 했던 생각이 바뀌게 된 계기가 된 거죠. 근데 우리나라에 스텐트가 없어요. 그래서 책의 문헌을 찾아서 그걸 찾아갔습니다. 그래서 스텐트를 사 왔습니다. 넣어 줬어요. 근데 환자가 그걸 그렇게 좋아하는 거예요. 물론 그 환자가 얼마 못 살았지만 그 환자를 보고 목표가 생겼어요. 일종의 퀄리티 오브 라이프(quality of life)라고 삶의 질을 높여 준다는 그것이 지금까지 꾸준히 스텐트 개발을 하게 된 주요 목표가 된 거죠.

문화예술 분야의 장인들은 경제적 어려움을 겪으면서도 이를 감내하면서 예술가로서 사회적 책임을 다하며 살아가기 위해 부단히 노력하고 있었다. 조각가 오광섭은 대학 등에서 더 안정적인 생활을 할 수 있는 기회가 있었으나 예술가로서 자신이 추구하는 가치를 위해, 자신이 속한 세계를 돌보기 위해 어렵고 책임이 따르는 길을 걷고 있었다. 그는 경력을 욕심스레 쌓아가기보다는 자신이 속한 주변 세계를 돌아보면서 돌보고 배려하기 위해 스스로 힘든 길을 개척해 가고 있었다. 이러한 모습에서 그가 추구하는 본질적 일의 정신을 찾을 수 있었고, 일의 세계의 목동으로서 장인의 모습을 발견할 수 있었다.

> 오광섭: (전시회를 통해) 음…… 사람들이 판타스틱하게 느끼고 어떤 판타지가 보이면 이것이 널리 이로운 것이라고 할 수 있어요. 일종의 세상에 좋은 영향을 행사하는 행위라고 할 수 있는 거죠. 작가로서의 자신감이 생긴 이후부터는 세상 혹은 사회에 이러한 것들을 드러내고, 모든 작품에 의미를 담아 이로운 영향을 행사하고 싶었어요. 아무리 경제가 어려워도 어쨌든 그 생각 있잖아요. 미술계에서 내가 필요하다, 나 같은 존재가 남아야 한다, 이런 거 있잖아요? 그거는 어떤 이런 경제적인 현실, 강요성을 뛰어넘는 부분들이죠. 저만의 어떤 생각들인 거죠. 이것 때문에 재료도 더 영구한, 오래 남는 재료들을 쓰게 되고, 작품의 의미와 가치에 더 노력을 기울이게 되는 거죠.

우리의 장인들 이외에도 장인이 일의 가치를 가지고 배움의 베풂을 실천하고 인류에 기여한 사례는 많다. 예를 들어, 닛신은 '먹는 것이 풍족하게 될 때야말로 세상은 평화롭게 된다(食足世平)' '세상을 위해 먹는 것을 만든다(食創爲世)'는 철학을 가지고 라면을 개발하고 세상에 내놓은 일본 라멘의 산 역사다. 닛신은 매년 참신한 아이디어와 도전 · 장인정신으로 라멘의 외연을 넓히고 있다(http://media.daum.net/life/food/cooking/newsview?newsId=20130111112410005). 또한 가수 SG워너비의 김진호는 '멋있게 노래하고 노래를 잘하는 가수보다 조금이라도 위로를 줄 수 있는 가수가 되기를' 꿈꿨다. 그는 이렇게 말한다. "나는 음악적이고 싶지도 않고 훌륭한 가수이고 싶지도 않다. 다만 사람들의 마음을 조금이라도 위로해 주고 싶은 마음뿐이다. 어린 날의 내가 음악을 통해 그 위로를 받아 왔듯이."(http://music.naver.com/promotion/specialContent.nhn?articleId=3685&page=1)

이처럼 장인들은 일과 주변 세계에 대해 참된 관계 맺음을 하고 있었다. 자신이 속한 일의 세계를 포함하여 점차 확장해 가는 세계에 대한 배려와 돌봄의 자세를 가지고 있었다. 이를 통해 그 세계가 본질적 모습을 발현할 수 있도록 부단히 노력하였다. 자신이 속한 일의 세계가 그 본연의 목적을 되찾고 그 모습을 발현할 수 있도록 일과 참된 관계를 맺으며 활동하고 있었다. 일의 세계와 함께 자신의 지평을 확장하는 창조력을 보이고 있었다. 그것은 일의 세계에 대한 배려와 돌봄으로 나타났다.

결국 최고의 지위에 올라섰지만 장인의 길은 여전히 끝나지 않았다. 최고의 숙련인 또는 전문가로서 장인들에게는 더 가야 할 길이 남아 있었다. 장인의 지위는 이들로 하여금 최고라는 자존감과 자신의 분야에 대한 사명감을 더욱 확고히 갖게 했다. 장인이 되었다는 것은 원칙을 고수하면서 철두철미하고 정확하게 일을 수행하는 최고의 숙련인 또는 전문가가 된 것을 의미했다. 장인이 됨으로써 자신의 직업 분야에서 본보기가 되어 기술을 전수 또는 공유하여 더욱 발전시켜야 한다는 사명감도 갖게 되었다. 더 크게는 자신의 일을 통해 국가와 사회 공동체에 가치롭고 의미 있는 기여를 해야 한다는 사회적 책임감까지 지게 되었다. 한마디로, 장인으로서의 길은 필연적으로 계속 걸어가야 할 무한 지대일 뿐이었다.

폭넓은 세대 잇기: '이제는 그 제자들이 제가 했던 일을 합니다'

장인이 베푸는 배움은 이 세상을 함께 사는 공동체뿐만 아니라 후세를 위한 바람이기도 했다. 장인들은 자신의 배움을 후속 세대로까지 잇기 위한 강한 의지를 가지고 노력했다. 보일러 명장 성광호는 현직에서 은퇴한 이후에 더 넓게 자신의 기술을 펼치고 전수했다. 이용 명장 최원희는 제자를 키우고 그 제자가 또 제자를 키우는 기술의 세대 잇기를 하고 있었다. 제과 명장 안창현은 자신이 가진 노하우가 백년 천년 이어져 가기를 소망했다.

성광호: 제가 갖고 있는 노하우를 갖고는 아무것도 아닌데 굉장히 어렵고 한참 오래 걸리고 또 기술적으로 한참 낭비하고 해서 그런 얘기를 해 주면 한참 좋아해요. 지금 제 나이를 봐가지고는 한 곳에 안주를 해가지고 편한 것보다는 많은 곳을 다니면서 기술도 전수하면서 사회에 봉사하는 것이 국가에 대한 예우하는 것이 아니겠는가라는 생각을 가지고 해요. 그래서 지금도 갖고 있는 노하우를 기술 전수를 하고 마무리를 하고 있어요.

최원희: 내가 기술 괜찮은 애들, 괜찮은 사장들 뽑아서 강사로 만들어 주고, 세미나를 동네마다 다니면서 몇 명씩 모아 놓고 기술을 체계화하고, 사람들을 업그레이드했지. ……(중략)…… 그리고 제가 회장 할 때에 기능경기대회라는 것이 있었는데 98년도부터 제가 사람을 발탁해서 알려 주기 시작했어요. 그렇게 해서 제자가 98년, 2000년도에 전국 대회에서 은메달을 따고,

2002년도에 금메달 땄어요. 그게 이제 전국에 강의도 하고, 시에서도 세미나 하고, 붐이 일어났죠. 이제는 그 제자들이 제가 했던 일을 합니다.

안창현: 저는 이제 우리 안스베리커리, 또 내가 만들어 놓은 그 천연 발효들이 앞으로 50년, 100년, 500년, 1000년을 이어 갔으면 하는 개인적인 꿈이 있어요. 그리고 또 가족 중에 누가 이어 가든, 직원 중에 누가 이어 가든, 처음에는 동네 빵집으로 시작했지만 이태리의 150년이 된 페르토네의 베이커리, 이태리 최고의 제빵 회사처럼 그렇게 되고 싶은 것이 제 꿈이에요. 계속 저만의 원칙을 지켜 나가면서 이러한 체제를 이어 나가면서 오랫동안 기억에 남는, 동네에 남아 있는 그러한 빵집이 되고 싶습니다.

장인들이 후배를 육성하고자 하는 의지는 강했고 노력은 적극적이었다. 이미 1부에서 장인들의 삶을 이야기할 때 보았듯이, 여러 장인이 자신의 지식과 노하우를 널리 공유하고 후세에 남기기 위해 책을 집필하고 전문 잡지에 기고하며 교육 프로그램을 운영하였다. 예를 들어, 자동차 명장 박병일은 자동차 정비와 관련한 37권의 전문 저서를 출판하였고, 20여 년간 언론 매체에 칼럼을 게재하였다. 또한 초·중등학교와 대학에 강의도 나가고 직접 자동차 아카데미를 운영한다. 양복 명장 백운현은 양복 제작과 관련한 책을 쓰고 대학에 출강을 한다. 한복 장인 백애현은 한복과 수의에 관한 저서를 집필하여 자신의 노하우를 남기고 있었다.

이처럼 장인들이 후배를 육성하는 방법은 우리가 흔히 생각하듯이 소수의 제자를 혹독하게 훈련하는 폐쇄적인 도제식 교육만은 아니었다. 그보다는 더 넓게 펼쳐진 어쩌면 느슨한 육성이었다.

IT 분야에서 일하는 권찬영과 이상선은 사수-부사수 관계로 특정인을 일방적으로 직접 가르치기보다는, 후배들이 스스로 문제를 해결해 가면서 그 과정에서 궁금한 것을 물어볼 때 답을 하거나 학습에 필요한 자원을 제공하는 방식으로 후배를 육성하였다. 이들은 모두 스스로 배울 수 있는 능력이 뛰어난 사람만이 높은 수준의 소프트웨어 개발자가 될 수 있다고 말한다. 그래서 직원을 선발할 때부터 일정 수준 이상의 학습 능력을 갖춘 사람을 찾으려 한다. 그러고 나서 자기주도적으로 배우는 능력이나 습관을 지속적으로 개발하도록 독려한다. 다만 이러한 가르침과 독려는 상당히 느슨하게 이루어졌다.

권찬영: 요즘 어떤 직원 하나를 가르치고 있어요. 가르치는 방식은 이렇습니다. 먼저 전체 코드 중에서 파트를 나눠서 하나씩 알려줘요. 그가 모르면 저한테 바로 물어봐서 해결하기도 하지만, 대부분 인터넷을 찾아보거나 혼자 끙끙거리며 해결하면서 발전하죠. 자료는 구글이나 개발자 사이트를 이용해서 얻는 경우가 많습니다. 대부분의 자료는 영어 원문이고, 필요한 부분을 찾아가며 읽다 보면 자연스럽게 많은 부분을 학습하게 돼요. 사실 이게 제가 배운 방식이기도 하죠. 그 후배 직원도 비슷한 방식으로 성장하길 바라고 있습니다. 다만 그가 스스로 배우고 성장할 수 있도록 학습 능력을 키우는 데 신경을 쓰는 편이에요. 이쪽 세계가 누가 누구를 붙잡고 가르친다고 되는 곳이 아니거든요.

이상선: 이쪽 세계에서는 '일하면서 배우고, 배우면서 일하며, 혼자 공부하는 동시에, 함께 배운다'는 표현이 잘 맞는 것 같네요. 그

> 럼에도 불구하고 기본적인 학습 형태는 자습이라고 믿습니다. 혼자 뭔가 읽고 새로 익히는 것을 좋아하는 사람만 이 일을 오랫동안 잘 할 수 있습니다. 저는 그 자습을 가끔 도울 뿐이에요.

조각가 오광섭은 기능을 전수하는 것도 필요하지만 더 중요한 것은 정신을 잇는 것이라고 말한다. 그러나 그것은 가르치고 배울 수 있는 것이라기보다는 후배들이 스스로 느껴야 하는 것이라고 하였다.

> 오광섭: 제일 중요한 게 정신인데, 그거는…… 그거는 언젠가 이승을 떠날 때, 떠나고 난 다음에 족적이 남을 것 아니에요? 작업한 흔적들? 그때 어떤 널리 그런 정신들이 좀…… 작가정신이 살아야지……. 정신적인 측면들은 걔네들이 느끼겠지. 굳이 가르치고 배우는 것이 아니고.

우리 장인들 이외에도 세상의 많은 장인이 배움을 나누고 남길 뿐만 아니라 계속 잇기 위한 노력을 한다. 실제로, 장인의 최고의 경지는 기술을 전수하고 제자를 키우는 것이다. 제과제빵 명장 김대인 역시 "후배들을 위해 기술과 경험까지 넘겨 줘야 진짜 '장인' 아니겠어요?"라고 말한다(http://news.chosun.com/site/data/html_dir/2014/06/07/2014060700173.html). 독일의 마이스터는 가르칠 수 있는 자격까지를 의미한다. 이처럼 장인들은 배움의 나눔을 실천한다. 그러나 시대가 변화함에 따라 기존의 방식과는 다른 방식을 사용했다. 일본의 장인 오가와 미쓰오(小川三夫)의 이야기를 담은 『다시, 나무에게 배운다』(小川三夫, 塩野米松, 2014))는 그가 자신의 스승인 니시오카 쓰네카즈(西岡常一)와는 다른 방식으로 기술을 전수하는 다음과 같은 내용을 담고 있다(http://www.vop.co.kr/A00000759733.html).

> 니시오카 쓰네카즈는 그저 본을 보일 뿐, 가르침을 말에 담는 법이 없었다. 그는 그런 스승을 닮고자 1300년을 살아온 나무와 목수들의 시간 속으로 한 걸음 한 걸음 묵묵히 걸어 올랐다. 밤잠을 내어놓고 연장질을 벼린 지 다섯 해, 오가와는 한몫을 거뜬히 해내는 장인이 됐다. 오가와는 이제 입에서 입으로, 손에서 손으로 긴 시간 전해 온 목수들의 소중한 지혜와 기술을 되물리고자 했다. 그러나 스승의 시대와 그의 시대는 달랐다. 오가와는 자기만의 방식으로 궁궐 목수 일을 하면서, 뒷사람들에게 니시오카에게 배운 기술을 전하고 싶었다……. 옛 방식으로 기술을 잇되, 완전히 새로운 방식으로 살아남을 것. 주어진 숙제는 막중했으나, 그는 담담히 길을 열었다. 다행히 곳곳에서 일이 끊이지 않았다. 오가와는 1978년, 사찰이나 궁궐을 짓는 '회사'이자, 궁궐 목수를 키워 내는 '배움터' 이카루가코샤를 꾸려 자신의 책무에 답했다.

한마디로 장인들은 그 길을 먼저 걸어간 선배였다. 그들은 자신이 가진 숙련 기술을 통해 다양한 방식으로 후배를 육성한다. 이때 자신들이 배우고 성장한 길을 후배들도 걷도록 유도하였다. 그러나 그들에게 특정한 방법이나 수단을 강요하기보다는 그들 스스로 답을 찾아가는 습관을 익히도록 도왔다. 이러한 장인들의 느슨한 후배 육성은 더 넓게 산업과 사회의 발전을 지속적으로 도모하고자 하는 바람에 의해 추동되었다. 이들에게 일과 배움은 경제적 목적 달성을 위한 수단이기도 하지만 더 넓은 의미에서 사회와 인류에 기여하는 통로이기 때문이었다. 이런 점에서 우리의 장인들은 자동차 명장 박병일의 말대로 단순히 기술 장인을 넘어서 진정한 의미의 인간 장인이라고 할 수 있다.

박병일: 자기만의 기술을 그리고 최고의 기술을 가지고 있는 사람은 기술 장인입니다. 기술적으로 보면 최고죠. 하지만 진짜 장인은 나눌 줄 아는 장인인 인간 명장이 되는 것이 진짜 장인이라고 생각합니다. 자기 혼자 잘 먹고, 자기 가족과 잘 먹고 사는 것은 장인이 아니죠. 이것은 누구나 할 수 있는 일이고, 자기가 가진 것을 필요한 사람에게 나누어 주고 또 그런 것들을 생산과 연결시켜서 개인의 발전은 물론이고 기업 아니면 결국 국가의 발전으로까지 연결시켜야 한다고 생각합니다. 또한 새로운 방법을 자꾸 만들어 내는 사람이 장인이라고 봅니다. 만날 같은 것을 만들어 내는 것은 기능인이죠. 결국 장인은 정말 말 그대로 사람과 기술이 합쳐져 있는 것, 그것이 진짜 장인이 아닌가 생각합니다. 사실 저도 지금은 자동차 정비 분야에서 최고의 지위를 가졌지만 이를 소유하는 것만이 최고가 아니라고 봐요. 내 기술을 많은 사람들에게 알려 주고 최고의 인재를 양성하는 인간 명장이 되고 싶습니다.

넓힘과 베풂의 깊이 장인의 배움

원하든 원하지 않든 간에 우리는 서로서로 연결되어 있다. 그래서 나 혼자만 따로 행복해지는 것은 생각할 수도 없다.

— 달라이 라마

출처: 혜민스님(2012). 멈추면 비로소 보이는 것들, p. 85.

장인들은 최고의 숙련과 전문성 수준에 올랐음에도 불구하고 계속적인 배움의 확장을 꾀하고 있었다. 그들의 새롭고 지속적인 배움의 과정은 일 그 자체와의 대결, 느슨한 학습 관계망, 전환적 확장 등으로 나타났다. 또한 그렇게 배운 지식과 기술을 자신이 속한 공동체와 인류를 위해 그리고 후세를 위해 기꺼이 나누고 있었다. 이런 장인의 배움의 넓힘과 베풂에서 우리는 다음과 같은 세 가지 논의점을 찾을 수 있다.

첫 번째 논의점은 장인의 깊은 배움과 넓은 확장의 문제다. 결론부터 말하면, 장인의 일과 배움은 높이와 넓이, 훈련과 전환, 숙련과 확장을 동시에 보여 주었다. 일의 수준이 높지만 그 내용은 넓었고, 기술을 훈련했지만 이것이 삶으로 전환하였으며, 일의 숙련은 곧 배움의 확장으로 얽히고설켜 있었다. 특히 전자들이 후자들을 추동하는 경향이 강하게 나타났다.

새로운 산업사회 또는 지식사회는 다기능을 갖춘 통섭형 인재를 요구한다. 창조적으로 업무를 수행하기 위해서는 넓은 지식과 융합적 사고가 필요하다고 주장된다. 실제로 인터넷과 새로운 소셜 미디어의 등장은 사람들이 일하는 방식을 깊게보다는 넓게 하도록 한다. 이런 상황에서 장인은 깊은 일의 방식을 다시 상기하게 한다. 장인은 외골수로 한 가지 일에만 집중하여 오랜 경험을 쌓는다고들 한다. 이런 측면에서 그들의 일의 깊이에 대해서는 쉽게 수긍할 수 있다. 그런데 우리의 장인들은 그런 깊이에 더해서 일의 확장을 시도하였다. 외곬로 깊게만 파지는 않았다. 자신의 일의 분야를 유지하면서 더 넓은 확장을 시도했다. 이를 통해 더욱 창조적이면서도 그 깊이를 더해 갔다.

실제로 우리의 장인들은 깊이 숙련함으로써 더 넓은 세계와 만났다. 넓은 경험들을 통해 더 넓은 세계를 섭렵할 수도 있겠지만, 그것은 '수박 겉핥기'에 불과할 우려가 있다. 오히려 '한 우물 파기'와 그 근접 영역으로의 확장이 더 바람직하다. 9장에서도 언급했듯이, 장인은 새로운 일을 찾는 것이 아니라 자신이 하는 일에서 새로운 것을 발견한다. 그것은 첫째, 한 우물을 팔 것인가 아니면 한눈을 팔 것인가의 문제에 대한 답이 될 수 있다. 깊이 파려면 넓게 파라고들 한다. 그러나 여기저기 찔러만 보다가 마는 경우가 허다하다. 반면에, 어디라도 일단 정해진 곳을 깊게 파다 보면 지하에는 여기저기 길들이 생긴다. 마치 개미집처럼 말이다. 또는 의외의 수맥이나 금광을 발견할런지도 모른다. 둘째, 뭐든 한 가지를 제대로 잘하면 다른 것도 잘한다는 말도 있다. 이것을 더 정확하게 표현하면, 다른 모든 것이라기보다는 적어도 '근접 영역(proximal zone)'을 잘한다는 것이다. 마치 비고츠키의 근접발달영역처럼 말이다. 여기서 근접이라는 개념이 중요한데, 그것은 우리가 흔히 생각하는 것과는 다르다. 어떤 경우에는 엉뚱한 분야로 보일 수도 있지만 장인들은 자신의 일을 놓치지 않는 선에서 자신의 일에 도움이 될 만한 분야로 일을 확장해 갔다. 예를 들어, 한복 장인이 가죽을 다룬다면 어떤가? 주조 장인이 플라스틱을 연구한다면 어떤가? 전통적인 관점에서는 완전히 다른 분야들이다. 그러나 실제로 한복 장인은 가죽 한복을 만들었고, 주조 장인은 플라스틱 사출로 분야를 확대하여 자동차 제조에 이용하였다. 따라서 다기능과 통섭 또는 융복합을 처음부터 여러 분야를 섭렵하여 단순히 합하는 것으로 생각해서는 곤란하다. 그래서는 창조는커녕 죽도 밥도 안 된다. 자신의 분야를 깊게 파고 그것의 깊이를 더하기 위해 넓이를 확장하는 방식이어야 한다.

이런 점에서 일반적 교육과 특수적 훈련의 문제도 해소된다(장원섭, 2006). 이미 한 세기 전부터 논쟁이 벌어졌던 듀이(Dewey)의 일반적(generic) 접근과 스네덴(Snedden)의 특수적(specific) 접근은 무엇이 맞을까? 장인은 문제를 다시 생각하게 한다. 먼저, 스네덴의 접근은 듀이의 민주적이며 구성적인 접근과는 대조된다. 그것은 효율성을 위한 접근이었다. 이런 점에서 인간적으로나 시대적으로 여전히 문제스럽다. 그렇다고 근래에 광풍을 일으키고 있는 기초 역량이나 공통 역량 같은 일반적 접근법이 반드시 바람직하다고 볼 수도 없다. 특수(specific)하지 않으면 이런 역량들은 탈맥락적(decontextualized)일 수밖에 없기 때문이다. 만약 스네덴의 특수적 훈련 접근 방법이 듀이의 방식으로 민주적이고 구성주의적인 시각을 전제로 이루어진다면 더욱 강력한 일의 교육이 될 수 있을 것이다. 장인의 사례들처럼 특수한 분야에서 고숙련을 형성한다면 상황적 핵심 역량을 당연하게 이룰 수 있기 때문이다. 그럼에도 불구하고 용어상의 착시를 극복할 수 있는 더 적확한 새로운 개념화가 필요하다. 이를 위해서는 질문의 방식이 달라져야 한다. 그것은 특수냐 일반이냐의 문제가 아닌 맥락적이냐 탈맥락적이냐의 문제 제기다. 이것이 학교-일 전환(school-to-work) 또는 학습 전이(learning transfer)의 핵심 문제다.

두 번째 논의점은 장인의 배움과 성장이 전문성 개발에 새로운 시각을 제시한다는 것이다. 11장에서 더 상세히 살펴보겠지만, 우리의 장인들은 정상의 위치에서 얻게 되는 절정의 경험들을 통해 친사회적인 일 가치감을 형성하였다. 최고 수준의 숙련인 또는 전문가임에도 불구하고 지속적인 배움과 성장을 추구하고, '나'가 아닌 '우리'에 관한 관심과 목표를 갖고 자신의 영역을 확장시키며, 삶 자체가 일 지향적인 양상을 보였다. 이러한 사실들을 기존의 전문성 관련 이론들에 견주어 세 가지 측면에서 논의해 보자.

첫째, 장인들은 이미 매우 높은 수준의 숙련도와 전문성을 보유하고 있음에도 불구하고 끊임없이 학습하고 성장하고자 하는 동기가 강했다. 개인적인 차원의 학습 목표가 사회적 차원으로 확장되면서 더욱 배움을 넓히고 베풀기 위해 노력하였다. 전문성의 수준을 더 높일 뿐만 아니라 그 범위와 영역을 확장한다는 점에서 독특한 학습 양상을 보였다. 기존의 전문성 이론들은 전문성을 발달적 개념으로 보았다. 초보자와 전문가의 비교를 통해 최상위 단계에 있는 전문가의 속성으로서의 전문성이 이전 단계와는 구별되는 특징들을 보여 주었다. 하지만 일정 수준 이상의 전문성을 획득한 전문가들 간의 차이에 대해서는 간과해 왔다. 최상위의 종착적인 수준이 전문성 발달의 결과로 그치는 듯하다. 그렇지만 우리의 장인들이 보여 준 전문성은 부동의 종착적 개념이라기보다는 끝없이 개발되는 유동적 개념이었다. 이는 최고 수준에서도 마찬가지였다. 특히 수평적으로 전문성의 영역을 넓힘에 따라 더욱 상향적인 전문성 수준의 발달이 이루어지는 양상을 보였다.

둘째, 장인들은 그들의 전문성 개발에 있어 다양한 형태의 경험이 매우 중요한 역할을 하였다. 장인들은 입직 이전의 공식 교육과 훈련 기간이 긴 전문직조차도 현장 경험을 통한 학습에 큰 의미를 두었다. 사실 기존의 이론들도 경험학습의 중요성에 대해서는 이미 제시한 바 있다. 에릭슨(Ericsson, 2008)에 따르면, 최고 수준의 전문성을 개발하기 위해서는 장기간의 '의도적이고 집중적인 실천(deliberate practice)'이 필요하다. 이는 뚜렷한 목표를 세우고 지속적으로 자신의 수행을 되돌아보고 개선해 나가며 또다시 새로운 목표를 세우는 선순환적인 학습 과정이다. 이 개념은 단순히 경력의 기간이 길다고 하여 전문성이 발달되는 것이 아니라, 전문성 발달을 위해서는 집중적이고 의도적인 노력이 필요하다는 점을 설명한다. 우리의 장인들에게서도 최고 수준의 전문가들이 장기간에 걸친 의도적이고 집중적인 실천 속에서 이루어 낸 경험학습이 분명하게 드러났다. 하지만 기존 논의들에서 초점을 두어 온 의도적인 경험과 실천뿐만 아니라 비의도적이고 우연적인 경험, 그리고, 11장에서 살펴볼, 일에서의 '절정 경험'과 같은 다양한 경험의 유형들이 중요함이 밝혀졌다(Maslow, 2012). 경험은 구체적으로 명시된 형식지는 물론 전문성을 드러내는 암묵지를 습득하도록 하는 중요한 경로를 제공한다(배을규, 동미정, 이호진, 2011). 이러한 경험들 중에는 집중적인 실천 외에도 크게 두 가지의 경험 유형이 존재했다. 첫째, 비의도적이고 우연적인 계기들이 전문성의 발달 과정에서 중요한 역할을 하고 있다. 특히 이러한 우연적 요소들은 특정한 전문 분야로의 진입 과정에서 더욱 두드러졌다. 둘째, 실천 속에서의 정말 기분 좋은 절정의 경험들이 있다. 이러한 경험들은 일에 대한 명분과 가치감을 형성하는 데에도 기여했다. 이런 측면에서 일에 관한 지식과 기술을 습득하도록 했던 의도적인 경험학습의 과정들과는 구분된다. 이에 대해서는 11장에서 더 상세히 논의할 것이다.

셋째, 전문성을 이루는 구성 요소에 관해 논의할 수 있다. 기존의 전문성 연구들은 '수행(performance)'에 초점을 두고 있다. 학자마다 수행의 과정을 강조하는지 혹은 결과를 강조하는지에 차이를 보이지만, 공통적으로 관찰 가능한 '개인의 수행'에 집중해 왔다. 전문가의 수행과 관련하여 전문성의 구성 요소로 지식, 경험, 문제해결 능력 등과 같은 개인의 인지적 요소들이 주로 논의되어 왔다. 이에 더하여 우리의 장인들에게서 두드러지는 특성으로 가치적 요소들을 간과할 수 없다. 장인들은 일과 배움의 영역과 목표를 개인 차원에서 사회적 차원으로 넓혀서 나눔과 세대 잇기를 위해 노력했다. 이러한 정의적이고 가치적인 부분은 인지적 차원에서의 전문성 논의를 넘어서 바람직한 일과 배움의 방향을 제시한다는 점에서 의의를 갖는다. 일하는 누구나 자신의 분야에서 숙련인 또는 전문가가 되기를 요구하는 시대에 우리의 장인들은 더욱 구체적으로 어떠한 숙련인 또는 전문가가 되어야 하는지, 왜 그런 숙련인 또는 전문가가 되어야 하는지에 관한 방향성과 당위성을 생생하게 보여 준다. 결국 장인들에게 개인의 인지적 차원에서 주로 논의되어 온 전문성의 개념을 넘어서는 또 다른 차원의 특성들이 존재함을 알 수 있다. 그들의 일과 배움의 과정은 개인의 전문성 차원뿐만 아니라 가치적·맥락적 요소들 속에서 특징지어졌다. 이런 결론은 장인의 배움과 관련한 다음의 논의점으로 넘어가게 한다.

세 번째 논의점은 장인의 배움과 일의 가치 측면이다. 장인들은 자신의 일에 몰입하고 최선을 다하는 데에서 그치는 것이 아니라, 자신의 주변을 배려하고 자신이 속한 일의 세계를 돌보기 위해 시간과 노력을 아끼지 않는 모습을 보였다. 더 나아가 자신이 속한 일의 세계가 참된 방향성을 가질 수 있도록 변화시켜 가고 있었다. 이들은 자신의 분야에서 성장하고 배우며, 자신의 일과 세계에 대한 본질적인 관계를 추구하였고, 이를 후세에까지 잇도록 하기 위해 노력했다. 이를 통해 참다운 보살핌을 실천하고 있었다.

이처럼 장인은 배움을 나눔과 남김으로 가치화했다. 이것은 배움의 사회성과 역사성을 의미한다. 장인들은 창조적 에너지와 확장 의지를 가지고 있다. 자신의 분야에 대한 애정으로 쉬지 않고 틀을 다질 뿐만 아니라 확장한다. 이 과정에서의 기쁨은 칙센트미하이(Csikszentmihalyi, 2010)가 말한 '몰입(flow)'의 개념과 유사하다. 그러나 그것이 개인적 즐거움으로 그치지 않았다. 장인들은 일을 통해 지속적으로 사회와 소통하며, 이 과정에서 일과 배움의 확장을 이루어 나가고 있었다. 자신의 영향력이 커져 갈수록 타인과 사회를 위해 할 수 있는 일을 선순환적으로 모색하고 있었다. 이러한 모습은 일과 인간의 관계 맺음에 대한 새로운 시사점을 제공한다. 한마디로, 장인들이 보여 주는 일에 대한 사랑과 성실성, 배움을 나누고 잇는 사회적·역사적 가치의 실천은 단지 개인 차원의 심리학적 개념만이 아니라 더 큰 공동체와 널리 함께하려는 사회학적 측면이 강했다.

어쩌면 장인이 기능의 숙달과 전문성의 개발을 넘어서 경영으로까지 일을 넓히는 것도 이런 이유 때문일지 모른다. 아무리 장인이라도 단순히 기술적으로 뛰어나기만 해서는 시장에서 살아남기 어려울 수 있는 것이 현실이기 때문이다. 이 책에서는 다루지 않았지만, 어떤 명장은 빼어난 기능을 갖고 있었음에도 불구하고 자신의 기술을 자본화하지 못해서 사라질 위기에 처해 있었다. 또한 많은 컴퓨터 프로그래머가 시장의 요구 또는 거대 자본의 힘에 밀려 더 이상 숙련을 형성하지 못하기도 했다. 이런 점에서 앞서 자동차 명장 박병일의 말대로, 장인의 사업적 능력은 자신의 기술적 역량을 발휘하기 위해서라도 매우 중요하게 작용한다. 장인은 사업적 성공을 기반으로 더 넓은 공동체로 일의 가치를 확장한다. 그럼에도 불구하고 그들은 장인으로서의 본질은 잃지 않는다. 처음에는 자기 분야의 기술을 축적하는 데만 관심을 두다가 어느 정도 경지에 오르고 나면 필요에 따라 조직을 관리하고 마케팅을 하는 경영을 해야 하기도 한다. 이때 자신의 분야에 중심을 두고 그것을 더욱 발전시키고 사회적으로 확산하기 위해 관리하고 소통하는 역량이 필요하다. 기술에는 아랑곳없이 경영에만 무게중심을 둔다면 더 이상 장인이 아니라 사업가일 뿐이다.

베풂의 가치를 갖는다는 점에서 장인의 배움은 아리스토텔레스의 '프로네시스(Phronesis)'로 표현될 수 있다. 그것은 "신중한 판단으로 인도하고, 각각의 상황에 적절한 행동을 취하게 하며, 가치와 윤리에 의해 인도된다. 프로네시스는 훌륭한 장인의 덕목인 자신의 기술을 완벽하게 하려는 노력을 통해 얻을 수 있다"(野中郁次郎, 2010).

여기서 주목할 점은 장인의 프로네시스가 일하고 배우는 그들의 삶으로부터 왔다는 사실이다. 일반적으로 장인에 관해서 이야기할 때 많은 이는 장인의 일에 대한 태도가 스승으로부터의 철저한 훈련을 통해 또는 스승의 롤 모델을 통해 형성된다고들 한다. 그러나 8장에서도 보았듯이 우리의 장인들이 가진 일의 가치는 도제의 공동체에서 배워서 형성된 게 아니었다. 오히려 최고의 지위에 오른 이후에 그들이 그런 가치를 실천하였다. 교육의 결과라기보다는 일의 과정에서 겪은 다양한 경험과 최고의 위치에서 얻은 사회적 기대가 그들을 베풂의 가치로 이끌었다. 한마디로, 장인은 정상을 경험하고 고원에서 살아간다. 그러고 나서는 자신의 절정 경험을 다른 사람도 갖기를 바라는 선의로 그것을 후배, 동료들에게 아낌없이 나누어 준다. 자기와의 싸움을 통한 지속적 성장과 절정 경험으로부터 고원에서의 고통스러운 삶 속에서 나눔과 베풂의 과정을 걷는다. 이렇게 정상의 경험과 고원에서의 삶이 일과 배움의 과정 속에서 서로를 강화하며 나눔과 남김의 가치 지향성을 더욱 상승시킨다. 11장에서 이런 양상에 대해 상세하게 살펴보자.

11. 장인의 삶: 정상과 고원

일과 배움에 있어서 최고의 위치에 있는 장인들의 삶은 어떤가? 이 질문은 장인이 왜 그렇게 일하고 왜 그렇게 배우는지에 대한 대답이 될 수 있다. 그 답을 한마디로 요약하면, 정상의 희열과 고원에서의 고통이 공존하는 삶이었다. 장인들은 정상에 올라서고 그 기쁨을 맛본 자들이다. 그런 최고의 순간을 기억하는 장인은 더 이상 평지로 내려서지 못한다. 적어도 정상의 언저리에서 얼쩡댄다. 그러면서 계속 정상에 오르락내리락한다. 결국 정상에 서는 최고의 순간은 필연적으로 고원에서의 삶으로 이끈다. 우리의 장인들이 겪은 정상의 경험과 고원에서의 삶 속으로 들어가 보자.

정상의 희열

> 인간이 도달할 수 있는 최고의 경지는 경탄이라네. 그리고 근원 현상을 보고 경탄한다면 그것으로 만족해야 하네. 더 높은 것은 허락되지도 않고, 더 이상의 것도 그 뒤에서 찾을 수 없으니 말일세. 이것이 한계야. 하지만 근원 현상을 목도한 인간은 보통 거기에서 만족하지 않고 더 이상 나아갈 수 있다고 생각한다네.
>
> — 괴테
>
> 출처: Eckermann(2008a). 괴테와의 대화 1, pp. 454-456.

사회적 인정: '계속 박수를 치는 거야'

장인은 자타가 인정하는 최고의 숙련 기술자 또는 전문가다. 그들은 고된 훈련과 독한 노력을 통해 장인의 지위에 이르렀다. 자신의 분야에서 가장 높은 위치에 오른 것이다. 정상의 지위에 대한 객관적인 증거로 공식적인 자격증이나 수상 등이 있다. 우리의 장인들도 그런 업적을 많이 가지고 있었다. 이에 더해, 비공식적일지는 모르겠지만 어쩌면 더욱 중요한 것은 관련 분야 사람들로부터의 인정이다. 그들이야말로 해당 분야의 사정을 가장 잘 알고 있기 때문이다. 그것이 공식적이건 비공식적이건 아무튼 장인은 사회적 인정을 통해 자신이 최고의 위치에 있다는 사실을 인식하는 경험을 한다.

기능 분야의 장인들에게 사회적 인정은 특히 중요하게 작용했다. 이들은 대체로 어린 나이에 일터에 들어왔고, 학교교육 기간이 상대적으로 짧았기 때문이다. 그러나 우리의 장인들은 다수의 자격증과 포상을 획득하였다. 이들에게 자격증을 취득하거나 각종 포상을 받는 것은 자신이 사회적으로 인정받았음을 인식하는 중요한 기제로 작용했다. 장인들은 그런 인정의 경험을 자신의 인생에서 최고의 순간이라고 느끼기도 했다. 정상에 오른 기쁨을 누렸던 것이다.

> 성광호: 요즘 흔해 빠진 장관상이지만은 그때 장관상을 충청남북도에서 내가 혼자 타고 세종문화회관 그 자리에서 탔다니까요.

> 박병일: 결국은 제가 작년에 은탑도 받았고, 계속 그냥, 그래서 제 이력을 보면 계속 진행형이야. 제가 77년도에 기능사 2급을 따가지고 78년도에 1급 따고 78, 79년도에 또 1급 또 다른 것 따고, 79년도에 교사면허 따고, 80년도에 또 뭐 검사해서 또 따고, 그

러다가 쭉 자격증 따다가 교통 관련 보는 것 다 따다가 94년도에 기능장 따고 그러고 나서 쭉 또 8년 동안 준비해서 2002년도에 명장이 되고, 2005년도에 산업포장 받고 2006년에 기능한국인 되고, 2007, 2008년에는 논문 최우수상 먹고, 2011년 은탑산업훈장까지.

임용환: 그때 이제 상을 받고 돌아서서 나오는데 내 눈 앞에 보이는 사람들이 다 내가 이제 입사해가지고 나한테 OJT를 했던 사람들이나, 대졸 사원들이지만 다 나보다 입사가 늦는 사람이 대부분 다…… 거의 한 99%가 다 늦거든요. 이제 이야기를 듣고 박수를 치는데, 저는 이제 상만 받고 나와야 되는 자리예요. 거기 중역들이 또…… 하는 자리니까. 상 받고 나와서 옆문으로 계단 내려서 한참 걸어 나오는데 그때까지도 계속 박수를 치는 거야.

김영희: 명장으로 선정됐을 때, 그때가 제일 기억에 나요. 그동안 내가 혼자서 이렇게 해 오던 걸 어쨌든 나라가 인정을 해 주는 거잖아요. 사람들이 이렇게 작은 가게에서 기계도 같이 한다고 했을 때 미쳤다는 소리 참 많이 들었는데, 그런 것들이 한 번에 보상받는 기분이었어요. 그리고 이번에 명장협회에서 주관하는 명장 작품 대전에서도 명장협회 회장상을 받았어요. 손뜨개로 만든 긴 코트인데, 그것도 사실 몇 년 전에 만들어 뒀던 것이거든요. 그렇게 제가 해 놓은 것들이 제 고객 말고 다른 데에서도 인정해 준다는 것이 참 좋더라고요.

백애현: 2003년에 한미동맹 50주년 기념행사랑 미국이민 100주년 기념행사로 한복 패션쇼를 했던 적이 있어요. 그때 정말 엄청 열심히 했었던 것 같아요……. 패션쇼가 잘 끝난 것도 너무 좋았는데, 그때 패션쇼 끝나고 나서 어떤 일본 도예가가, 그분이 재일교포시래. 한국말은 못하시는데, 저를 보시더니 등을 두드려 주시면서 (갑자기 눈에 눈물이 고이더니 울먹이며) '고맙다'고 하시는 거예요. 한복이 이렇게 아름다운 옷인 줄 몰랐다고, 너무 자랑스럽다고……. 근데 그게 아직도 생각하면 이렇게 (다시 눈물이 날 정도로) 가슴이 벅차요.

자격증과 포상 같은 사회적 인정은 장인들로 하여금 성취욕을 불러일으켜 더 높은 목표의식을 갖게 했다. 학력 콤플렉스를 해소하기 위해 자격증 같은 또 다른 능력 인정 제도에 집착하는 것일 수도 있다. 그럼에도 불구하고 장인들은 공적을 쌓아 가면서 자신의 존재를 외부에 각인시켰고, 이로 인해 생기는 자신감은 이전보다 더 성장할 수 있는 토대가 되었다. 한마디로, 장인들은 학력(學歷)이 아닌 자격과 수상이라는 또 다른 외적 보상을 통해 정상을 경험하였고, 그런 경험은 사회적 인정뿐만 아니라 개인적 성장에도 큰 영향을 미쳤다.

성광호: 자격증을 연관되서 다 취득하게 된 것이죠. 그리고 사실 저는 공부에는 재주가 없는 사람이에요. 그래서 학교 다닐 때 공부를 별로 안 한 사람인데 공부도 자기가 목표를 설정하고 자기가 긍정적으로 해야 하지……. 제가 결혼 해가지고 어려운 시기에 인문계 학교를 나왔기 때문에 남들보다는 자격증 하나는 더 있어야겠다. 최소한에 갖출 것은 갖추어야 하지 않겠는가.

박병일: 일인자를 놓치지 말아야겠다. (자격증을) 하나씩 하나씩 얻으니까 만족을 느끼니까 또 하나를 갖고 싶고, 사람의 욕심이 한이 없는 게, 그러니까 계속 하려고 하고, 그다음에 그런 게 딱 이뤄지니까 멈추고 싶긴 한데 욕심이 또 생기는 거죠. 자격증을 따기 시작하면서 최고가 되어야겠다는 마음이 생기게 되고 그렇게 되니까 하나씩 하나씩 지역을 벗어나서 우리나라에서 일인자 이런 것도 느끼게 되고.

임용환: 상도 받고 인정도 받고 그러면서 꿈을 키우게 된 것이 목표라고 하는 것이 엔지니어로서 최후의 경지가 어디인지 그런 것들이 자꾸 눈에 보이니까 자격증 기능장, 기술사 시험도 보게 되었고 명장도 그런 제도가 있다고 해서 시험을 보게 되었고, 그런 것들이 내 스스로가 나를 점검하는 계기가 되었고 시험을 통해서 내 수준을 파악하게 되고 그다음에 시험이라는 데드라인을 두고 일정 기간 동안 지나가는 어떤 것들을 정리하는 시간, 작지만 단락 단락을 지어서 정리하고 요약하고 되돌아보는 시간을 가지는 것이 어떤 한 단계 한 단계 가는 길이 아니었나.

일 자체의 희열: '진짜 진짜 기분이 좋아요'

정상의 경험은 일 자체에서도 나타난다. 일을 통해 느끼는 성취감과 희열은 일을 더욱 즐겁게 하고 열심히 하도록 만드는 기제가 된다. 외적 보상을 통해 사회적으로 인정을 받는 경험도 필요하지만, 장인들에게 더욱 중요한 것은 일 자체에 몰입하여 얻게 되는 쾌감이었다. 우리의 장인들은 일의 과정과 결과를 통해 기쁨을 느끼는 최고의 순간들을 경험하였다. 정말 기분 좋은 '절정 경험(peak experience)'을 통해 일 그 자체에서 정상에 올랐다. 이런 경험들은 다시 그들이 일에 대한 친사회적 가치감을 형성하게까지 했다(Maslow, 2012).

[참고] 절정 경험

아브라함 매슬로(2012)는 개인이 황홀함, 경이로움, 경외감 같은 신비한 체험을 하는 최고조의 순간을 '절정 경험(peak experience)'이라고 개념화하였다. 그에 의하면, 절정 경험은 그 자체로 타당하고 정당한, 즉 좋고 바람직한 순간이다. 그는 "존재 전체가 최상의 상태에 있을 때, 그리고 그것을 올림포스 산처럼 높은 곳에서 바라볼 때, 존재 전체는 오직 중립적이거나 선하다."(p. 199)고 보았다. 따라서 절정 경험은 자신과 타인, 그리고 자신과 타인의 관계에 대한 관점을 건강한 방향으로 변화시킨다. 또한 자신을 더욱 창조적이고, 자발적이고, 표현적이고, 개별적으로 만든다. 사람들은 절정 경험을 매우 중요하고 바람직한 사건으로 기억하기 때문에 그것을 재현하려고 노력하게 된다. 결국 절정 경험은 자기실현을 하는 순간으로서 개인의 성장에 결정적인 영향을 미치는 것이다.

기능 분야의 장인들은 사회적 인정이라는 외적 보상을 통해서 정상을 인식했지만 이와 동시에 일 자체로부터의 내적 희열도 느끼고 있었다. 제과 명장 안창현은 천연 효모로 전통적인 빵을 만들기 위해 시행착오를 겪으면서 노력하다가 비로소 완성했을 때의 기쁨을 이야기하였다. 한복 장인 백애현은 미국에서 열린 패션쇼에 새로운 디지털 프린팅 기법으로 한복을 만들어 보였는데, 이런 새로운 시도를 하면서 큰 희열을 느꼈다. 도자기 장인 김진현은 세계적으로 인정받는 도자기가 자신이 존재하는 힘이 된다고 하였다.

안창현: 그걸 가지고 이제 눈에 보이지 않는 것을 자연에서 일깨워 갖고 실용적으로 빵을 만들고 써먹기 위해서 그것을 배양을 한다거나 실험을 한다거나 그것을 통해서 그게 완성됐을 때 그런 희열이 있잖아요. 근데 그게 눈에 보이지 않는 그런 물리 화학적인 변화가 일어나는 것을, 아무리 내가 좋은 테크닉이 있다 그래도 그게 힘들거든. 그게 그런 과정을 여러 테스트하고 했을 때 완성이 됐을 때의 그런 희열도 '아 이런 것도 옛날 전통 방법이구나.'

백애현: 그때는 정말 잠도 못 잘 만큼 (패션쇼를) 어떻게 해야 하나 고민을 많이 했던 것 같아요. 그러다가 우리나라 전통 그림을 화폭에 담아 보면 어떨까 생각을 하게 된 거예요. 얼마나 예쁘고 훌륭한 그림들이 많아요. 생각해 보세요. 그런 그림들이 내가 입은 치마에 펼쳐져 있다고…… 생각만으로도 너무너무 기분이 좋은 거죠.

김진현: 일본이나 미국 이런데 가면 사람들이 깜짝깜짝 놀라고, 뷰티풀, 어메이징하다고 해요. 한국 도자기 정말 멋지다고. 그걸로 내가 있는 거지.

전문직 분야에서 일하는 변호사와 의사 역시 단지 경제적 소득이나 사회적 명예 같은 외적 보상이 아니라 일 그 자체의 본질적 과정에서 절정을 경험하고 있었다. 변호사 김갑유는 정의를 실현하는 데 기여할 수 있는 재판에서 이겼을 때 '진짜 진짜' 기분이 좋았다고 하였고, 의사 심찬섭은 환자의 삶의 질을 높이기 위한 새로운 시술법이 성공적인 결과를 가져왔을 때 '날아갈 듯한' 쾌감을 느꼈다고 했다.

> 김갑유: 그거 말고도 뭐 다른 사건에서 인제 뭐 이겨서 돈을 많이 번 사건들은 있습니다만, 이기면 저희 뭐 보수 좀 더 받고 그렇게 해서…… 저기 뒤에 있는 상패들 다 이제 그 기업들이 자기네가 이겨서 좋다고 감사패 주고 이런 건데요. 사실 도덕적으로…… 그러니까 그냥 돈이 문제가 되서 생긴 사건이 아니라, 이런 거는 그냥 넘어가면 안 된다, 그런 사건에서 이기면 진짜 진짜 기분이 좋아요.

> 심찬섭: 그 시술을 해 놓고 '성공을 했을까?' 정말 잠을 한 숨도 못 잔 거예요. '정말 이게 성공을 했을까. 아니면 그 사람은 죽는데.' 그날 만약 안 해 주고 하루 이틀 끌면 이제 그 사람은 패혈증에 걸려서 죽는데, 수술도 할 수 없고. 그래서 그걸(담도 스텐트 삽입술을) 처음으로 해 놓고 과연 효과가 있을까 밤잠을 설치고 이른 새벽에 가서 환자 보니까 좋아진 거예요. 그때 그 날아갈 듯한 기분은 말로 다 표현할 수가 없어요. 그 새로운 아침, 환자의 환한 미소랑 담도 스텐트를 처음으로 성공시켰다는 쾌감에 얼마나 즐거워했는지 몰라요.

IT 분야는 그 특성상 계속 새롭게 닥치는 어려운 문제를 풀어야 하는 업무들이 많다. 권찬영과 이상선은 일하도록 할 뿐만 아니라 일을 잘하기 위해 배우도록 만드는 주된 동력으로 문제 풀이에 대한 재미와 성공했을 때 느끼는 희열을 들었다. 이것은 이들이 일터에 쏟는 감정적인 헌신이 충분히 일의 의미로 생산되고 있다는 것을 의미한다. 일에 있어서의 재미는 새로운 것을 만들 때 느끼는 창조의 기쁨, 모르는 문제를 해결했을 때 느끼는 쾌감, 고도의 지적 노동 후 느끼는 희열과 같은 것이었다.

권찬영: 개발 쪽은 내가 내 손으로 직접 뭔가 만드는 재미가 있습니다. 다른 분야에서는 느끼기 어려운 재미죠. 수공업 장인에 비유하자면, 다른 사람들은 아무리 노력해도 이 나무를 이런 모양으로 깎지 못하는데, 15년 정도 일한 나만 한 번에 깎아서 원하는 각도를 나오게 할 수 있다든지. 다른 사람들이 재료를 갖고 와서 '이것 좀 해 주세요'라고 부탁했는데 내가 한 번에 딱 해 주는 모습에 비유할 수 있어요. ……(중략)…… 어떤 문제를 만났을 때 해결책을 찾아서 깔끔하게 해결하면 정말 일이 재미있어요. 내가 해결한 케이스를 다른 사람들이 레퍼런스로 삼았을 때, 내가 꼭 선생님 된 것 같고. 개발이 뭔가 만들어 내는 일이니까 가능한 것 같아요.

이상선: 일의 의미를 아주 작게 축소해서 정의하면 돈벌이와 생계 수단이지만, 조금 더 확대시키면 나의 취미이자 장난감인 것 같아요. 예를 들어, 기존에 5단계로 이루어진 일을 3단계로 줄였을 때 (효율성을 높였다는 점에서) 희열을 느끼죠. 저는 펀(fun, 재미)을 느껴야만 일하는 것 같아요. 일 자체가 워낙 고도의 지적 노동을 요구하기 때문에 이런 지적 희열을 느끼지 못하거나 위트 또는 유머러스함이 없으면 계속하기 어렵죠.

문화예술 분야에서 역시 일하는 동력은 개인의 열정과 강한 동기뿐만 아니라 일을 통해 겪은 최상의 경험들이었다. 조각가 오광섭도 일하는 과정에서 절정 경험을 체험하였다. 그는 끝이 없는 세계, 남들이 보지 못하는 세계, 무한한 세계를 경험했다고 말한다. 모든 것을 초월하는 경험과 행복감을 주는 경험은 다시 일에 빠져들게 하고 더 높고 새로운 경지를 꿈꾸게 한다. 이러한 경험들이 곧 예술의 원동력이 되었다.

오광섭: 작업 중 몰입을 하다 보면 어느 순간 그 경계를 넘는 순간이 와요. 현실 세계에서 무언가에 집중하다 보면 어느 순간 형상이 다시 떠올라요. 작가는 계속해서 작업에 적절한 환경에 놓여 있어야 하고, 다시 그 경계를 넘기 위해서는 단절과 소통을 반복해야 해요. 그것들은 순간적으로 생각나기도 하고, 작업 과정 속에서 경험이 되기도 해요. 이러한 과정을 거치면서 하나의 작품이 만들어지는 거죠. 유한한 현실의 세계 그 너머에는 예술적 무한의 세계가 존재해요. 그리고 그 너머의 세계는 무한한 예술적 아이디어들이 숨 쉬고 있어요.

결국 장인은 일 자체의 희열을 통해서 정상을 경험한다. 절정 경험은 개인적인 즐거움과 행복감을 준다. 그러나 여기서 그치지 않는다. 장인은 이러한 경험들을 통해 새로운 동력을 얻고 더욱 성장한다. 정상의 경험들이 하나둘 쌓이면서 단순히 개인의 이익을 위하여 더 높은 수준의 테크닉이나 우월한 성과만을 추구하는 것이 아니다. 오히려 사회적 차원에서의 바람직한 일의 의미와 가치를 정립하고 나누려는 의지를 다지게 된다. 그것이 고원에서의 고통스러운 삶으로 이어진다.

고원에서의 고통스러운 삶

> 나는 삶을 살았고 사랑했고 많은 고통을 받았네! 그것이 전부야.
>
> — 괴테
>
> 출처: Eckermann(2008b), 괴테와의 대화 2, p. 49.

> 하루하루가 새로운 날이 아닌가. 물론 운이 따른다면 더 좋겠지. 하지만 나로서는 그보다는 오히려 빈틈없이 해내고 싶어. 그래야 운이 찾아올 때 그걸 받아들일 만반의 준비를 갖추고 있게 되거든.
>
> 출처: Hemingway(2012). 노인과 바다, p. 34.

사회적 기대와 부담: '뭘 할 수가 없는 거예요'

일단 정상에 오른 경험이 있는 장인은 더 이상 평지로 내려오지 못하는 경향이 있었다. 언제라도 정상에 오를 준비를 하여야 한다. 그래서 그들은 고산지대에 머무른다. 고원에서 힘겨운 삶을 살아가고 있는 것이다.

우리의 장인들이 힘들더라도 고원에 머무는 이유는 두 가지 측면에서 살펴볼 수 있었다. 하나는 그들에 대한 사회적 기대감 때문이다. 최고의 장인이라고 우러러 바라보는 사회적 시선은 이들로 하여금 더 큰 기대에 대한 부담감으로 작용했다. 다른 하나는 정상에서 맛본 절정의 희열과 쾌감을 잊을 수 없기 때문이다. 장인들이 느끼는 사회적 부담감부터 살펴보자.

대한민국 명장으로 뽑힌 장인들은 선정되기 전보다 그 이후에 태도나 행동 면에서 다른 사람들의 본보기가 되려고 더 노력하게 되었다고 회상했다. 명장이라는 칭호는 단지 개인적인 영예가 될 뿐만 아니라 직업 분야 내에서도 그에 걸맞은 사명감을 갖게 만들었던 것이다.

박병일: 제가 '명장이 되겠다'라고 했지만 명장이 돼서 너무 좋은 한편, 나중에 보니까 책임감을 느끼더라고요. 그때 명장이 되었지만 시간이 지나면, 공부 안 하면 똑같아지는 거잖아요. 사람들은 그렇게 생각 안 하거든요. 그렇지 않아요? 그 실력을 항상 유지하려면 내가 무엇을 준비해야겠다. 그렇게 준비하는 명장들은 나름대로 계속 앞의 1열 라인에 있는 것 같고요. 그렇지 않고 명장 타이틀 땄다고 '명장이니까 됐어' 이런 사람들은 같은 명장이라도 뒤에 물러나 있는 그런 차이가 있는 것 같아요.

임용환: 은연중에 행동도 조심하게 되고요. 또 어떤 때는 표현이 잘 안 될 때는 내가 표현한 것이 정답이 되는 경우가 있어요. 그다음에 많은 사람들이 혼란을 일으키거나 어려운 것이 있을 때 꼭 나한테 짚고 넘어가요.

안창현: 일단 명장이 된 이후에, 사실 저를 바라보는 시각이 바뀐 것은 사실이에요. 하지만 이것이 끝은 아니죠. 그에 걸맞은 행동이 있다고 생각해요. 그리고 사람이 어느 위치에 올라가든 자신의 약점과 단점, 즉 항상 부족한 점을 가지고 있다고 생각합니다. 때문에 명장이 되었기 때문에 앞으로는 부족한 부분을 더 열심히 찾고 더 열심히 배우고, 내가 해 온 일보다 더 가치 있는 일들을 찾아서 해야 한다고 봅니다. 그것이 명장이란 타이틀에 맞는 책임이라고 생각해요.

양복 명장 백운현은 맞춤 양복 업계가 기성복 시장에 밀려 하향세라서 사업적으로 어려운 상황에 처해 있었다. 그럼에도 불구하고 자신이 '대한민국 명장'이라는 지위에 있는데 기성복을 만들어 돈벌이를 할 수는 없다고 한탄하기도 했다. 맞춤 양복의 전통을 지키고 발전시켜야 한다는 사명감에 이러지도 저러지도 못하는 상황이었다.

백운현: 저는 어떨 때 보면 명장이고 기능한국인이고. 지금 교수고. 이런 것들 때문에 뭘 할 수가 없는 거예요. 우리 아들이 하는 말이 '아버지는 지금 모든 명성을 가졌지만 아버지한테 이득 되는 게 뭐냐' 나한테 그래요. 이제 저도 어떤 시점에서 가야 될까? 중저가 브랜드를 하나 만들어서 가야 될까, 어떻게 해야 될까. 사실 고민이 많아요. 그래서 이게 이제 양복업계에서도 또 말이 많고 사실 고민이 많아요. 나는 이제 내가 사명이 그거 아니냐고 이렇게 생각을 하는데 그렇다고 제가 무슨 정부에서 훈장을 받겠어요?

사회적으로 유명세를 탄 사람들은 누구나 이런 사회적 기대와 부담을 짊어지고 살아가게 된다. 변호사 김갑유는 일의 현실을 잘 모르는 자라나는 세대의 기대가 자신에게 가장 큰 부담을 준다고 한다. 그로 인해 그는 끊임없이 자신을 성장시키고 있다.

김갑유: 그러니까 내가 어느 정도 선행(先行)을 하면은 나한테 인센티브를 줄 게 없어집니다. 내 앞에는 아무도 없고, 다른 사람이 나를 쳐다보고 있고, 그럼 내가 더 이상 열심히 할 필요가 없다 이렇게 되잖아요? 그런데 사실 저한테 가장 스트레스를 주는 사람은 지금 로스쿨 학생들이에요. 저 경쟁자 변호사도 아니고 동료들도 아닙니다. 특히 고등학생쯤 되는 학생들이 인터넷을

> 보고 와서 '김갑유 같은 변호사가 되고 싶습니다' 이러면 제가 설명이 안 되는 거예요. 이 사람들이 기대하는 거하고 제가 있는 현실하고 상당한 갭이 있어요. 그러니까 어떻게 해야 하냐면 제가 빨리 (손으로 높이를 표시하며) 여기에 가 있어야 하는 거예요. 이 사람들 몰래 열심히 가야 되지 않습니까? 저는 그게 가장 큰일이라고 생각이 돼요. 자기가 어느 정도 선에 간 사람이 자기를 더 성장시키기 위해서는, 사실은 그 분야를 전혀 모르는 사람들로부터의 지원이 필요하다. 그 사람들의 기대가 필요하다. 그 사람들이 결국은 그 사람을 만들어 내는 거다.

장인도 사람이기에 경제적 욕구가 있을 수밖에 없다. 사회적 명성이나 자아실현 같은 고차원적 욕구는 그야말로 그 이후의 문제일 수 있다. 그럼에도 불구하고 이미 개인적 욕구를 한번 충족하고 지나갔기 때문에 다시 그곳으로 되돌아가기가 부담스럽다. 더군다나 장인은 물론 기술적 자존심도 크겠지만, 대외적 명분과 이미 갖게 된 사회적 위상 때문에라도 하위의 욕구만을 채우기 위해 쉽게 내려가지는 못한다. 장인들을 바라보는 사회적 시선은 그들로 하여금 계속 높은 지대인 고원에 머무르게 만들고 있는 것이다.

잊을 수 없는 절정의 느낌: '그 맛을 끊을 수 없어요'

장인들이 힘겨우면서도 고원에서 살아가는 또 다른 이유는 절정의 쾌감을 잊지 못하기 때문이다. 이런 느낌은 어쩌면 달리기를 하는 사람이 마약에 중독된 것과 같은 수준으로 느끼는 최고의 도취감(runner's high) 같은 것일지도 모른다. 그런 절정의 희열을 계속 느끼기 위해서는 그 정상의 언저리에 머물러 있어야 한다. 그래야만 언제라도 재빠르게 정상에 오를 수 있기 때문이다.

문화예술인들은 절정의 느낌을 가장 극명하게 경험하는 사람들이다. 조각가 오광섭은 절정의 '맛'을 잊을 수 없어서 계속 일과 직면한다고 하였다. 뮤지컬 배우 이석준은 연기의 '무한한 세계'에서 빠져나올 수 없다고 말한다. 그 배경에는 일에 대한 열정과 절정 체험, 이를 통한 지속적인 성장의 경험이 있었다.

오광섭: 그 무한의 세계, 그 우주를 알고 경험했기 때문에 그 맛을 끊을 수 없어요. 이 세계는 모든 열정과 집념을 바쳐 90도로 직면해야만 넘어설 수 있는 세계예요. 그래서 계속 그 너머의 세계로 들어가기 위해서 노력할 수밖에 없어요. 이러한 원동력이 생활고와 같은 극심한 어려움을 인내하고 작가로서의 삶을 살게 하는 거죠.

이석준: 감정이 다스릴 수 있는 공간은 끝을 볼 수 없기 때문에 무한한 세계예요. 하나의 작품을 하더라도 그 작품은 열려 있다고 볼 수 있어요. 시대별로 다른 언어가 그 작품에 담기기 때문에 같은 배역과 행동이라고 하더라도 해석과 연기에는 끝이 없는 거죠. 그것이 빠져나오기 어려운 연기의 무한한 매력이에요. 그러니 관객들은 계속하여 새로운 작품을 볼 수 있는 거죠.

이런 절정의 쾌감은 수공업 장인들에게도 마찬가지로 나타난다. 그들 역시 일 자체에서 느끼는 성취감과 희열 때문에 몸이 힘들더라도 기쁜 마음으로 지금까지 일을 해 왔고, 앞으로도 건강이 허락할 때까지 일을 계속해서 하고 싶다고 말한다.

김영희: 그…… 보람이라는 게 물론, 하나의 완성된 옷을 봤을 때, 다 만들었을 때의 성취감이 제일 크죠. 그게 뭐 요즘 시쳇말로 애인이 그렇게 기쁘게 해 주겠어요, 자식이 그렇게 기쁨을 주겠어요. 정말로 하나를 완성했을 때의 성취감은 무엇으로도 바꿀 수가 없어요. 그래서 그런 성취감 때문에 평생을 그렇게 속아서 산 거예요. 작품이 다 끝났을 적에 처음 생각했던 그림과 한 치의 오차도 없이 완성됐을 때 그 희열감. 그건 아무도 모르고 나만 알 수 있는 느낌이죠. 뭐 그런 거에 속아서 지금까지 한 번도 불편함을 못 느끼고, 한 번도 일에 대해 불평한 적 없고. 다만 몸이 요즘은 안 따라 줘서 그렇지. 생각은 건강이 따라 줄 때까지 하고 싶다는 거죠.

결국 장인에게 있어서 일을 통해 느끼는 절정의 경험은 "거부할 수 없는 홀림"(박범신, 2010)을 만들어 냈고, "장면에 대한 글로 표현할 수 없는 기억의 생생함"(이문구, 1996)으로 이어졌다. 무슨 활동이든 거기에 몰두하여 빠지면 최고의 희열과 황홀함의 경지에 도달한다. 앞서 언급했듯이, 달리기에도 러너즈 하이가 있다지 않은가. 장인은 일 그 자체에서 그런 경험을 했다. 그러고 나서 그 쾌감을 잊지 못한다. 또다시 절정의 희열을 느끼기 위해 끊임없이 스스로를 채근한다. 장인들은 일과의 관계 맺음에서 오는 이런 내적 보상으로서 절정의 느낌에 어쩌면 중독되어 있다. 그것이 고원에서의 고통스러운 삶을 지속하는 또 하나의 이유가 된다. 아무튼 장인들에게 일의 마침표란 없었다. 늘 일과 더불어 살아가고 일과 더불어 성장해 가는 것이 일상적인 삶의 방식으로 통합되어 있었다.

자기와의 경쟁: '계속 진행형이에요'

그것이 사회적 기대에 부응하기 위해서든 아니면 일 자체에서 느끼는 희열 때문이든, 정상을 경험한 이후에 장인은 자기 자신과의 경쟁을 통해 끊임없이 배우고 성장하는 과정을 거친다. 이제 그들은 더 이상 다른 사람들과의 생존 경쟁을 펼치지 않는다. 이미 정상에 올랐기 때문에 그런 경쟁 상대도 별로 없다. 오직 자신과의 싸움이 있을 뿐이고, 이를 통한 자기극복의 과정만이 남았을 뿐이다. "천재가 자신과 경쟁하면서 시대를 초월"하는 것처럼(Bloom, 2008) 장인도 마찬가지다.

[참고] 블룸의 자기경쟁적 천재론

해럴드 블룸은 세계문학의 천재들을 살펴보았다. 그가 문학의 천재를 판단하는 기준은 생명력이다. 천재는 창의적인 능력을 지닌 사람으로 간주되어 왔다. 빅토리아 시대의 역사가인 프루드는 천재란 "그곳에서 나오는 것보다 항상 그 안에 나올 것이 더 많이 들어 있는 샘물"이라고 정의했다. 블룸의 의도는 보편적이다. 세상을 변화시킨 천재들이 존재해 왔고 앞으로도 계속 나타날 것이어서가 아니라 비록 억눌려 있다 하더라도 독자들 안에 천재성이 존재하고 있다는 것을 확신하기 때문이다. 즉, 모범적인 인간이 가장 창의적으로 살아가는 것에 대해 생각하는 방법을 알려 주려 한다. 그러면서 칼라일을 인용한다. "도대체 능력이란 무엇인가? 우리는 능력을 마치 명확하게 분리할 수 있는 대상인 것처럼 말한다. 마치 인간이 손과 발과 팔처럼, 지성과 상상력과 환상을 가진 것처럼." 그러면서 그는 '통찰력'이란 우리 모두가 내면에 지니고 있는 생명력이라고 덧붙인다. "어느 시대에나 뛰어난 장인들이 있었고 또 훌륭한 작품들이 탄생했다. 비평가는 항상 이런 질문에 대한 해답을 찾으려고 한다. 누구에게서 그 시대의 천재성과 감정이 자극되었나? 그 시대의 세련미와 고양미 그리고 취향이 가장 잘 보존된 곳은 어디였나? 이에 대해 윌리엄 블레이크는 이렇게 말한다. '모든 시대는 다 동등하다. 그러나 천재는 항상 그 시대를 초월하고 있다.'"

출처: Bloom(2008). 세계문학의 천재들, pp. 20-33.

우리의 장인들은 자기와의 경쟁을 통해서 끊임없이 자신을 성장시키고 최고의 지위를 유지하였다. 이미 앞서도 언급했듯이, 변호사 김갑유는 자신을 성장시키게 만드는 원동력은 같은 분야에 종사하는 변호사들과의 경쟁이라기보다는 학생들이나 일반 사람들의 시선과 기대라고 했다. 의사 심찬섭은 제자들을 훈육하는 것이 곧 자기 자신을 채찍질하는 것이고, 그럼으로써 스스로 끊임없이 노력하게 된다고 한다.

심찬섭: 제자들이 처음 교수가 돼서 들어올 때 '너희가 교수가 돼서 학자, 연구자로서의 생활을 게을리하거나 자질을 갖추지 못한 행동을 하는 의사가 된다면 그날로 대학을 떠나라' 그 소리를 했어요. ……(중략)…… 그런 얘기가 계속 저를 채찍질하는 바탕이 되었어요. 어떻게 보면 내가 이런 얘기를 했는데 나는 그렇게 살지 못하면 안 되잖아요. ……(중략)…… 그래서 지금도 새로운 스텐트 개발을 (계속하고 있고,) 지금도 몇몇 제자는 제가 그런 새로운 것들을 얘기하면 '저런 생각을 뭐하러 할까'하고 생각하죠(웃음).

뮤지컬 배우 이석준과 조각가 오광섭 역시 열정과 책임감을 가지고 자신과의 싸움을 하면서 최상의 상태를 지속하고자 노력하고 있었다. 이들에게 일은 자신이 성장하는 수단이자 공간이고, 성장시켜야 할 대상이며, 세상과 소통하는 수단이었다. 따라서 삶에서 성장과 대화가 멈추지 않는 것처럼 일에서 역시 마침표가 찍히지 않는다.

이석준: (일정 수준 이상의 테크닉을 갖춘 이후의 느낌에 대한 질문에서) ……테크닉 그 자체는 한계가 있어요. 아무리 김연아라도 세 바퀴 반 이상 턴을 하는 데는 한계가 있어요. 하지만 감정이 다스릴 수 있는 공간은 끝을 볼 수가 없기에 무한하다고 할 수 있어요. 지킬과 하이드를 20대, 40대, 또 50대에 연기하는 것은 각각 달라요. 같은 배역, 행동이라도 해석과 연기에는 끝이 없기에 더 노력하게 되는 거죠. '네'라는 대답 하나만을 가지고 1시간 동안 표현하는 연습을 하기도 했어요. 높낮이, 어조, 감정에 따라 10시간도 할 수 있죠.

오광섭: 갈증과 만족은 늘 같이 와요. 저는 항상 목말랐고 그것이 하나씩 채워지면 만족이 돼요. 어떻게 사는 것이 제대로 사는 것이고 어떤 일을 해야 하는지에 대해서는 늘 고민과 갈증이 있어요.

자동차 명장 박병일은 자기 자신과의 경쟁을 위해 스스로 자기극복의 구조를 만들었다. 그는 자신만이 가진 노하우까지도 아낌없이 업계 사람들과 공유함으로써 현실에 안주하는 것을 스스로 막았다. 그래야만 새로운 지식과 기술을 탐구할 수 있기 때문이다. 그는 항상 더 앞선 목표를 세우고 그 목표를 달성하기 위해 노력했다. 이미 최고의 위치에 있는 그에게 다른 사람들과의 경쟁은 무의미했다. 그는 자신이 세운 목표와의 싸움을 통해 언제나 제일 앞장서 나가고자 했다.

박병일: 계속 진행형이에요. 뭔가 타도한 목표를 놓고 또 잡으러 가고, 목표를 놓고 또 잡으러 가고, 또 잡으러 가고, 끊임없이, 제가 돌이켜 보니까 그렇다면, 그러고 나서 제가 이제 꿈을 접었느

> 냐, 아니 꿈이 또 있어. 그러니까 사람이 목표점을 이루면 새로운 꿈을 또 만들어요. 그런데 저는 또 어떤 것을 생각했냐 하면 그해에 뭔가 목표점이 있어야 즐거운 거야. 그리고 살아가는데 살아가는 느낌이 나요. 근데 이게 뭐 없잖아요, 그러면 내가 꼭 일을 만들어요. 그래서 뭐라도 해야 겠다라는 생각에. 저는 그런 게 있어야지 꼭 살아가는 느낌이잖아요, 꼭 살아가고 움직이는 느낌, 그런 게 없으면 제가 뭔가 허무한 거야. 이런 게 없으면 뭔가 재미가 없는 것 같아. 그래서 중독성 있는 것 같아. 뭔가 이렇게 따고 내가 만족하고, 희열을 느끼고, 중독성이…… 목표도 중독성이 있더라고.

어쩌면 경쟁이라는 용어는 장인들에게 부적절할지도 모른다. 그 대신 자기극복이라는 개념이 더 적합하게 보인다. 장인들은 숙련의 초기 단계부터 남들과의 경쟁보다는 일과의 경쟁 또는 스스로에 대한 극기의 태도로 숙련을 형성하였다. 고숙련인 또는 전문가의 지위에 오른 이후에는 경쟁자가 별로 없거나 있더라도 크게 고려하지 않고 자신과의 경쟁을 통한 자기극복의 과정을 거쳤다. 9장에서 살펴보았듯이, 장인들은 일을 계속 확장해 나감으로써 끊임없이 창조하고 갱신해 나갔다. 한마디로, 그들은 스스로를 이겨나가는 방식으로 일하고 성장했다.

장인들이 자신이 이미 이룬 성과에 안주하지 않고 이렇게 고통스러운 자기경쟁을 하고 스스로를 극복하는 삶을 살아가게 한 근원은 무엇인가? 앞서 살펴보았듯이, 그렇게 하도록 하는 힘은 사회적 기대였고, 마약 같은 절정의 쾌감이었다. 또한 10장에서 보았듯이, 이런 경험들로 인해 생겨난 사회적 가치 추구의 의무감 또는 책임감이기도 했다. 한마디로, 정상의 경험이 장인을 고통스러울지라도 고원에 살도록 만들었다.

정상에서 고원까지 장인의 삶

> 진실을 말하면 나는 마음이 행복한 사람이다. 양심은 편안하고 지성은 불안한 사람이다.
>
> 출처: Neruda(2008). 파블로 네루다 자서전: 사랑하고 노래하고 투쟁하다, p. 391.

장인은 자신의 분야에서 최고의 숙련인 또는 전문가다. 8장에서 보았듯이 우연히 들어선 길일지라도 지독한 학습과 숙련을 통해 정상에 오른 자다. 그들이 정상의 지위에 있다는 사실은 자격증이나 수상 같은 사회적 인정 체제를 통해서 객관적으로 확인할 수 있다. 이와 동시에 장인들은 일 그 자체에서의 성취감과 기쁨 같은 절정의 쾌감을 주관적으로 경험한다. 한마디로, 장인의 삶에는 정상의 희열이 존재한다.

그럼에도 불구하고 장인의 삶은 고달프다. 9장과 10장에서 보았듯이, 장인들은 계속 창조하고 끊임없이 배운다. 정상의 경험이 고원의 고통으로 이어지고 있는 것이다. 장인들은 정상에 올랐지만 내려오지 않고 여전히 고산지대에서 삶을 살아간다. 고원에 살면 정상에 오르기가 쉽기 때문이다. 그런데 높은 고원에서는 귀가 먹먹해지기도 하고 공기가 희박하여 호흡이 곤란할 수도 있다. 차츰 고산 증세에 적응하더라도 고원에서의 삶은 여전히 힘겹다. 높고 험한 산지가 오르락내리락 펼쳐져 있고, 외로운 마을과 마을은 길고 험한 산길로 이어져 있을 뿐이다. 그럼에도 불구하고 장인은 평평하고 순탄한 평지가 아닌 고원에서 힘든 삶을 살아간다.

아브라함 매슬로(Maslow, 2012)는 여러 활동에 몰입하는 가운데 나타나는 심리적 상태를 산꼭대기 또는 절정(peak)의 메타포로 표상했다. 그의 절정 경험은 인생의 모든 순간에 적용되는 개념이다. 따라서 일의 경험에서도 적용된다. 장인의 정상 경험이 그런 예가 될 수 있다. 세계를 보게 하는 체험이라는 측면에서는 일맥상통하지만, 매슬로의 절정 경험은 장인의 삶을 총체적으로 설명하기에는 역부족이다.

나는 고원에서의 삶이라는 메타포로 그것을 표현하려고 한다. 여기서 고원은 경력고원이나 학습고원 같은 승진이나 성장에서의 정체기를 의미하지 않는다. 물론 장인들은 실제로 자신의 직업에서 경력 정체를 경험했을 수도 있다. 그럼에도 불구하고 그들은 그런 정체기를 스스로 극복해 낸다. 더군다나 장인들에게 있어서 경력고원은 정상으로 향하는 경력 중기보다는 경력 말기에 두드러지게 나타났다. 장인들은 정상에 오른 이후에 평지로 내려오지 않고 고원에 머물러 지내는 삶을 스스로 자초하였다. 그들은 고원에서의 삶이 고통스럽다고 느끼기는 하지만 오히려 그런 삶을 즐긴다. 이런 점에서 내가 말하는 장인의 삶에서의 고원 개념은 긍정적인 의미로 이해되어야 한다.

정상과는 달리, 고원은 높은 경지와 넓은 지평을 동시에 뜻한다. 게다가 외롭고 고단하지만 즐거운 삶을 의미한다. 장인의 일과 학습은 바로 그런 삶이다. 그들은 고원에서 더 자주 정상을 경험할 수 있다. 세속의 때가 묻지 않은 깨끗하고 맑은 고산에서 스스로를 단련한다. 정상에 오르고 내리고 또 오르는 힘겨운 삶을 살기도 하지만, 주로는 고원에서 뛰놀고 즐기며 지평을 넓히는 가슴이 확 트이는 경험을 한다. 9장에서 보았듯이, 장인들은 일을 해방하고 창조한다. 그리고 가끔씩 아래 평지의 세상에도 내려와 자신의 이런 경험들을 전달한다. 10장에서 보았듯이, 장인은 스승이자 가르치는 사람이 된다. 정상과 고원에서 보고 느낀 좋은 경험을 평지에 사는 후배들에게도 알려 주고 싶어 한다. 마치 플라톤의 철인(哲人)이, 동굴 속에 갇혀 그림자만 보고 사는 사람들이 밝은 바깥세상을 고통스럽더라도 고개를 돌려 보게 만들고 싶어 하는 것처럼 말이다. 한마디로, 정상에 오르고 고원에 사는 장인은 배울 뿐만 아니라 가르치는 자다.

장인은 최고의 숙련 기술인 또는 전문가로서 정상을 경험하였다. 그렇지만 정상이라는 개념만으로 장인의 삶을 설명하기는 어렵다. 매슬로의 정상 개념은 뾰족한 이미지다. 산의 정상은 한 지점밖에 없고, 언제나 곧 내리막일 수밖에 없다. 이처럼 산의 정상은 등산이라는 일시적인 활동의 결과일 뿐이다. 또한 정상에서는 모든 봉우리가 발아래로 보인다. 따라서 거기에는 오만과 퇴보가 이미 전제되어 있다.

고원은 산꼭대기와는 다르다. 고원은 높지만 가파르기보다는 비교적 평평하다. 뾰족하기보다는 넓게 펼쳐져 있다. 장인의 삶에 관한 고원 모형은 한번 정상에 오르면 항상 정상에 서 있는 게 아니라 고원에 거주하면서 정상과 고원을 오르내리는 삶을 그린다. 따라서 일직선적이고 일방향적인 단계 모형이 아니라 일정 수준에서의 쌍방향적이고 복잡한 역동 모형이다. 고원에서의 삶은 거기서 집을 짓고 농사를 지으며 사는 거주의 개념이다. 따라서 장인의 일상 활동들을 포착할 수 있다. 장인은 고원에서 삶을 살아가다가 가끔씩 좀 더 쉽게 산 정상에 오른다. 고원에서 주변의 높은 봉우리들을 바라보며 즐길 수도 있다. 따라서 겸손과 아량이 전제된다.

고원 모형은 10장에서 구체적으로 살펴본 장인의 끊임없는 배움 넓힘과 배움 나눔을 설명하는 데도 유용하다. 장인이 겪은 정상의 경험은 개인 성장 및 일의 사회적 가치와 연결되기 때문이다. 매슬로도 이미 절정 경험을 통해 개인의 관점이 건강한 방향으로 전환한다고 말했다. 실제로 우리의 장인들은 매슬로의 설명처럼 한번 정상에 오르고 난 뒤에 계속 그 수준을 유지하거나 더 발전하려고 노력하였다. 자신이 가진 노하우를 나누고 사회적으로 의미 있는 일을 하려는 가치관을 보여 주었다. 한마디로, 절정 경험은 자기성장과 가치관 형성에 기여했다.

그런데 매슬로는 그런 결과가 나타나기까지의 과정에 대해서는 구체적으로 설명하지 못하였다. 그저 정상 경험이 좋은 결과를 낳는다는 주장을 할 뿐이다. 고원 모형은 장인들이 자기성장과 일 가치관을 형성하는 과정을 더욱 잘 이해할 수 있게 한다. 장인들이 어떻게 고원에서의 고통스러운 삶을 선택하게 되었는지를 살펴보면 그 대답을 얻을 수 있다. 고원 모형에서는 정상을 경험한 자로서 장인이 계속 고원에 머물러 있다고 본다. 그렇다면 그들은 왜 고원에서 힘겨운 삶을 살아가는가? 그 이유는 두 가지다.

첫째, 정상에 올랐던 장인들에게는 주변의 기대가 생겨나고 그들은 그 기대를 쉽게 저버리지 못한다. 다른 사람들로부터 인정을 받은 장인들은 스스로에 대해 자부심을 갖게 되는데 그것이 그들을 더욱 노력하도록 강화한다. 정상에 계속 머무를 수는 없겠지만 적어도 고원 아래로는 내려오지 못하도록 만든다. 가치관의 형성은 도덕교육, 모델링, 거래와 교환 등 여러 경로를 통해 이루어질 수 있다. 장인의 가치관 형성에 대해서는 사회적 설명 방식이 더 적합하다. 장인에 대한 사회적 인정으로 인해 여러 사람이 그들을 바라보는 시선이 생겨나고 그것이 그들을 부담스럽게 만든다. 한마디로, 사회적 투명성(visibility)과 그로 인한 사회적 강화 기제가 작용한 셈이다. 이것은 장인이 아닌 모든 사람에게도 유의미한 시사점을 준다. 즉, 작은 일이라도 잘한 것을 주변 사람들이 칭찬하고 인정해 주면 더욱더 그렇게 할 수 있는 행동과 태도를 가질 가능성이 크다는 것이다. 이것이 내가 일과 배움의 전범으로서 장인을 연구한 한 가지 이유이기도 하다.

이런 장인의 삶은 심리학적인 절정 개념만으로는 설명하기 어렵다. 개인의 사회적 인정을 통한 자기강화라는 점에서 사회학적인 개념이기도 하다. 더군다나 그 자기강화는 사회적 가치의 형성으로도 발현한다. 다만 장인의 가치를 알아보고 인정해 주는 안목을 사회가 잃어버릴 때 장인의 일은 어려움에 처하게 된다. 예를 들어, 맞춤 양복 업계의 쇠퇴는 아무리 장인이라도 고원에서의 삶을 더 이상 유지하지 못하게 할 수 있다. 이것은 장인의 일을 둘러싼 경제사회적 환경, 시장 상황, 고객의 수준 등의 변화가 함께 고려되어야 하는 이유이기도 하다. 결국 장인의 일과 삶은 장인 개인의 문제만으로는 다 설명할 수 없고, 사회적 구조와 관계 속에서 파악되어야 한다.

그럼에도 불구하고 둘째, 장인이 고원에 거주하는 이유는 일 그 자체에서 느끼는 개인적 희열감을 잊지 못하기 때문이기도 하다. 절정 경험을 통해 얻는 쾌감은 돈을 많이 벌거나 사회적 명예를 얻었을 때만 느끼는 것이 아니다. 9장에서 보았듯이, 장인은 일을 확장하고 창조함으로써 일의 과정에서 만족감을 얻고 일의 결과에서 성취감을 얻는다. 그들은 일의 절정에 올랐을 때 느끼는 희열감을 잊지 못한다. 장인들은 계속해서 그런 일의 기쁨을 누리고 싶어 한다. 따라서 장인은 현실적으로 어려운 환경일지라도 계속해서 자신의 일에 직면하여 자신이 처한 어려움을 극복해 내려고 한다. 결국 이런 절정의 경험이 장인들로 하여금 끊임없이 자기성장과 일의 가치를 추구하는 긍정적 전환을 하도록 만드는 것이다.

그렇지만 이런 절정 경험을 일회적인 것으로 볼 필요는 없다. 단 한 번이 아니라 지속적으로 쾌감의 순간들이 모여서 전환적 경험들을 가져왔다고 보아야 한다. 왜냐하면 인간의 삶은 끊임없는 자기갱신의 과정이기 때문이다. 인간은 곧 변신(metamorphosis)하는 존재이고, 개인이라는 말은 정체성의 재구성 과정의 다른 이름이다(장원섭, 장지현, 김민영, 2012). 장인들에게서 자기갱신은 자기 자신과의 싸움과 경쟁 그리고 극복을 통해 이루어졌다. 장인은 자기경쟁자다. 최고 경지에서 계속 배움과 성장을 지속한다. 더 이상 경쟁자는 없고 스스로 끊임없이 변신을 추구한다. 실제로, 장인 같은 일인자에게서 자기경쟁은 더욱 두드러지게 나타날 수밖에 없다. 그럼에도 불구하고 장인이나 일인자가 아닌 모든 사람에게도 자기경쟁은 일어난다. 그리고 다른 어느 누구도 아닌 자기 자신과의 경쟁은 더욱더 자기 자신이 되어 가는 좋은 방법이 될 수 있다.

결국 장인의 삶에 사회적 기대와 강화 기제가 작용하고, 절정 경험이 일회적인 경험이 아닌 계속적인 경험이라는 사실을 더욱 설득력 있게 설명하기 위해서는 장인이 고원에 머무른다고 보아야 한다. 그럼으로써 고원에서의 삶은 절정 경험이라는 매슬로의 개념을 사회학적이고 교육학적으로 새롭게 구성하고 보완한다. 그것은 심리적 개념일 뿐만 아니라 일의 공동체적 가치와 나눔을 위한 사회적 개념이고 개인의 성장과 연관된 교육적 개념이다.

장인의 일과 학습을 고원에서의 삶에 비유하는 것이 물론 완벽한 메타포는 아니다. 그럼에도 불구하고 그것은 장인의 길, 일과 배움, 그리고 삶에 관한 또 다른 여러 특징을 잘 보여 준다. 첫째, 고원은 높은 경지와 넓은 지평을 나타낸다. 그만큼 장인의 일의 수준은 높고 폭넓다. 둘째, 고원에 오르기까지의 과정은 매우 힘겹고 고통스러운 여정이다. 장인들은 고통스러운 배움과 일의 과정을 겪었다. 셋째, 고원에서의 삶은 외롭고 춥고 산소와 일상용품의 부족으로 힘겹다. 이처럼 장인들은 주변의 기대와 스스로의 자기만족을 위해 계속 고생스럽게 일한다. 외롭고 고통스럽지만 안 그러면 더 괴롭기 때문이다. 넷째, 고원에서만 가능한 새로운 재배를 할 수도 있고 외딴 공동체로서 마을 사람들과 정겹게 어울릴 수도 있다. 가장 중요하게는 주변의 산들에 자주 오르며 절정 경험을 할 수 있다. 힘겹지만 고원에서의 삶을 즐긴다. 다섯째, 평지로 내려가서 고원에서 재배한 높은 품질의 산물을 거래하기도 하고 공유하기도 한다. 장인들은 자신의 좋은 경험을 확산하여 세상을 변화시키려 노력하고 특히 후학을 널리 육성하려 한다. 여섯째, 구름에 싸여 비 오고 눈 오고 추운 날씨의 영향을 쉽게 받는다. 장인들도 사회적 환경과 수요 변화를 계속해서 받을 수밖에 없다. 장인들은 이런 변화를 극복하기 위해 창조적으로 일한다. 일곱째, 여느 산골 마을과 비슷한 것 같지만 그와는 달리 높은 지대에서 마을과 마을들은 이어져 있다. 길고 험하기는 하지만 마을들을 잇는 마실길이 있다. 장인은 이런 마실길을 걸어 자신의 일을 인접 분야로 확장하고 넓게 배우기도 한다. 여덟째, 세속적인 것보다는 자연적인 재료가 많다. 세상 때가 묻지 않아 맑고 깨끗하다. 자기 것을 누구에게나 내주고 가르쳐 주려는 친절한 사람들이 산다. 장인의 삶도 그렇다. 아홉째, 높은 산들이 주변을 둘러싸고 있음에도 고원에서 보면 완만하고 낮아 보인다. 그래서 쉽게 정상에 오르락내리락할 수 있다. 열째, 고원의 종류는 많다. 지형마다 고원이 형성된 방식도 거기서 살아가는 방법도 다르다. 장인은 스스로 땅을 높여 고원을 만들어서 거기에 살기도 하고 이미 형성된 고원에 치열한 경쟁을 뚫고 올라가 살기도 한다.

장인들은 평지로 내려오기보다는 이런 고원에 거주하는 편을 택하였다. 고원에서의 삶은 높고 외롭고 넓은, 그러나 즐거운 삶이었다. 남들이 보면 괴로운 삶처럼 보일지 모르겠지만, 그리고 스스로도 때로는 무척 힘겨운 삶이지만 말이다. 장인은 고원에 살면서 산 정상에 오르내리고 자기가 본 세상을 널리 이롭게 하려 한다. 정상에서 사회적 가치의 원동력을 자주 느낀다. 고원에서는 그런 가치를 위해 힘겨운 삶이지만 즐기며 살아간다. 고통 속에서도 그것을 극복하고 계속해서 절정들을 경험하기 위해 고원에서의 삶을 유지한다. 고원에 있어야 정상이 가깝고 쉽게 오를 수 있기 때문이다. 한마디로, 장인은 고원 위에서, 고원 안에서 산다. 정상에 오를 만반의 준비를 갖추면서 장인들은 산 위에서 삶의 길을 찾는다. 외롭고 몸이 힘겨운, 그러나 마음은 평안한 고원에서의 삶을 산다.

나는 고원에서의 삶을 개념화하기 위해 실제 고원을 체험해 보았다. 고원에서의 삶을 조금이라도 맛보려고 직접 고원에 다녀왔다. 우리나라의 진안 고원과 네팔의 안나푸르나에서 쓴 나의 일기를 일부 공개한다.

[참고] 나의 고원 체험

우리나라의 지붕인 개마고원을 갈 수는 없어서 일단 장인 연구를 같이 한 학생들과 함께 2013년 1월에 남한에서 가장 높은 진안고원에 다녀왔다. (……) 고원에 오르는 길에 귀가 먹먹함을 느꼈다. (……) 300m부터 진안 고원이었고 숙소는 650m였다. 주변에 산 정상들이 보였다. 언제든 산꼭대기에 오를 수 있었다. 그러나 진안고원에 사는 사람들은 등산객이 아니었다. 고산지대에서 농사를 짓고 삶을 살아가는 생활인이었다. 마을과 마을은 산길로 이어졌다. (……) 고된 고원에서의 삶이었다.

2014년 가을에 약 2주간 세계의 지붕인 히말라야 안나푸르나에 다녀왔다. (……) 비행기에서도 히말라야 설산이 병풍처럼 보였다. 산에 둘러싸인 시내와 집들도 내려다볼 수 있었다. 구름보다 더 높이 하늘 위에 떠 있는 듯한 천상의 산이었다. (……) 비행기에서 내려 버스로 갈 수 있는 데까지 올라갔다. 귀가 먹먹해졌다. 약 1,000m 고지에서 다시 지프를 타고 걸어가기도 힘들 것 같은 비포장 돌길을 1시간가량 올라갔다. 1,400m 고지부터는 드디어 걸었다. (……) 롯지에서 묵었는데, 고산증 때문에 샤워를 안 하는 게 좋다고 하였고 물도 부족하여 물휴지로 대충 씻었다. 기압이 낮아서 너트 봉지가 질소과자처럼 빵빵하게 부풀었다. 해가 떨어지고 전기도 부족하여 일찍 소등을 하는 바람에 저녁 7시부터 잠을 청했다. (……) 해가 떨어지면 자야 하고 해가 뜨면 일어났다. 자연의 리듬에 따라 사는 삶이다. (……) 밤새 죽일 듯이 오던 비도 새벽녘에 그쳐서 밤하늘의 별들이 선명했다. (……) 아침 일찍부터 강행군을 했다. 돌계단, 돌계단이 이어졌다. 당나귀와 포터들이 무거운 짐을 졌다. 한국인이 많았고 외국인도 많았다. 강한 햇살이 비쳤다. 30분마다 쉬며 천천히 내 호흡으로 걸었다. (……) 오후 산행을 시작하자마자 장대비가 퍼붓기 시작했다. 2,300m 고지라는데 머리가 약간 띵한 게 고산증이 오는 듯했다. 비가 억수같이 와서 정신을 못 차리니 오히려 다행인 듯했다. 두 시간을 계속 쏟아졌다. 이러다 죽을 수도 있겠구나 하는 생각이 들기도 했다. 비가 갠 하늘은 정말 맑았다. 2,800m 고라파니에 도착해서 온통 젖은 몸을 얼른 히말라야 복장으로 갈아입고 몸을 녹였다. (……) 고산증 예방을 위해 이뇨제를 먹었더니 밤새 화장실에 왔다 갔다 했다. (……) 새벽 계단을 계속 오른 후 푼힐 전망대에서 여명 속에서 흰 설산들의 병풍을 보았다. 해가 뜨니 황금색 설산이 되었다. 가까이 손에 잡힐 듯했다. 장관이었다. 다시 내려와서 고라파니를 출발하여 계속 올라갔다. 고산지대의 삶은 오르막내리막의 연속이었다. 구름 속으로 눈을 밟으며 걷고 또 걸었다. 고개를 넘어야 옆 마을로 갈 수 있었다. 다시 3,200m 고지의 고라파니에 도착했다. 고라파니는 말을 먹이는 장소다. 사람도 쉬어 간다. 다시 내리막, 다시 오르막이었다. 그것도 아주 가파른 길이었다. 산의 위엄을 느끼며 감탄하며 그러나 힘겹게 걸었다. 야생의 길이었다. 다 왔는가 싶으면 또 오르막과 내리막이었다. 가끔은 짧지만 둘레길 같은 산 옆길이 죽 이어졌다. 또 비가 왔다. 구름이 지나가나 보다. 구름 속 걷기니까. 한 걸음 한 걸음 오르고 내딛다 보면 목표 지점이 나왔다. 그러나 한 발 한 발 신중해야 했고 공짜로 목표를 얻지는 못했다. 또 비가 퍼붓듯이 쏟아졌고 다행히 한 시간 만에 그치고 해가 나서 무지개가 떴다. 해가 뜨고 구름비가 다시 내리더니 또 무지개가 떴다. 남의 집 마당을 가로질러 강을 건너 산기슭으로 걷고 또 걸었다. 이 마을 저 마을로 옮겨 갔다. 산은 장엄하고 인간은 참 작았다. 그러나 위대했다. (……) 밤에 배탈이 났다. 우리 팀의 여러 명이 그렇단다. 고소증이라지만 몸이 점점 힘들어 간다는 뜻이기도 했다. 장비가 고장 난 사람들도 있다. 기운도 없고 이거 해서 뭐하나 그만두고 싶은 마음마저 들었다. 그럼에도 불구하고 천천히, 아주 천천히 내일의 목적지를 향해 고도를 높였다. 네팔인들이 수백 년 수천 년간 만들어 놓은 삶의 길을 걷고 걸었다. 고원에서의 삶을 보았다. 고원의 길이었다. 산을, 고소를 이기려 들면 안 된다는 가이드의 안내에 따라 적응의 길을 걸었다. 계곡을 따라 오르고 내리고 롯지에 왔는데 또 비가 왔다. 이제 3,200m까지 고도를 높이려면 힘을 내야 하는데 여전히 배가 아팠다. 다시 느리게 느리게 걸었다. (……) 드디어 목표한 지점이다. 그러나 힘이 없다. 힘들다. 밤새 뱃속도 부글거리고 가슴도 답답하고 미식거리기도 했다. 어지러운 듯 머리가 아팠다. 고소 증상이었다. 식사도 적게만 했더니 기운도 없다. 3,200m에서 3,700m로 느릿느릿 고도를 높여 갔다. 희박한 공기 속에서 천천히 조금씩 충분히 숨을 쉬며 나아가야 했다. 어쩔 수 없이 느리게 걸었다. 대자연의 경외를 보았다. 나의, 인간의 하찮음을 느꼈다. 마차푸차레 베이스캠프(MBC)에 도착했다. 힘든 것도 잠시 잊은 채 신나서 사진을 찍었다. 바람이 찼다. 구름 속이라서 눅눅했다. 드디어 안나푸르나 베이스캠프(ABC)에 도착했다. 4,130m 고지다. 다들 희색이 만면했다. (……) 새벽 해 뜨는 안나푸르나를 보았다. 베이스캠프를 빙 둘러서 8,000여 미터의 안나푸르나 주봉, 남봉, 마차푸차레 등등이 손에 잡힐 듯 가까이 우뚝 서 있었다. 해 떠오르는 순간에는 황금빛으로 설산이 변했다. 그러다가 다시 은산이 되었다. 그야말로 장관이었다. (……) 이제 다시 어제 그제 오르던 길을 하루에 내려가고 더 갔다. 험한 내리막길이었다. 가끔씩 나오는 평평한 길이 고맙기 그지없었다. 고즈넉한 평탄한 산기슭의 길은 마음을 평안하게 해 주었다. (……) 밖의 풍경은 위대한 자연인 높은 산에서 네팔인의 강팍한 낮은 삶의 현장으로 바뀌었다.

안나푸르나의 아이들: 위험해 보인다.
그러나 태연히 바위 위에 앉아서 과자를 먹고 있다.

3부 장인 사회를 향하여

이제 맺는 글이다. 나는 현대 한국형 장인의 육성을 제안한다. 그럼으로써 우리나라가 장인 사회로 나아가기를 기대한다. 12장은 이 책을 전체적으로 정리하면서 장인성과 그 형성 과정에 대해 살펴본다. 13장은 일본과 독일에서 만난 장인들의 이야기를 들어본다. 14장은 장인 육성의 주요 논점들을 논의하면서 그 방향을 제안한다.

12. 장인의 탄생

요컨대, 그분(하느님)은 보다 고귀한 사람들을 통해서 지금도 계속 작용함으로써 보다 낮은 천성의 사람들을 이끌어 올리고 있는 걸세.

— 괴테

출처: Eckermann(2008b), 괴테와의 대화 2, p. 375.

장인성의 여덟 가지 요소

이 책의 첫 번째 질문은 장인은 누구인가였다. 이제 그 질문에 답해야 할 때다. 장인은 장인성(匠人性)을 가진 사람이다. 장인성은 장인정신보다 폭넓은 개념이다. 게다가 정신만을 똑 떼어 내어 현실과 유리시킨 추상적 개념이 아니라 삶의 구체성과 실제성을 바탕으로 한 개념이다. 그것이 장인을 정인정신이 아닌 장인성으로 규정하는 이유다. 장인은 정신 세계가 아닌 현실 세계의 존재이기 때문이다. 그 삶은 일과 배움의 과정으로 나타난다. 따라서 장인은 일과 배움의 전범(典範)이 된다. 장인성은 다음과 같은 여덟 가지 측면으로 정리할 수 있다.

첫째, 장인은 성장에의 의지를 가진 자다. 비록 우연한 계기로 자신의 일에 입문하게 되었을지라도 장인은 그 기회를 살려서 최고의 위치까지 이르렀다. 처음부터 그 일에 소명의식을 가졌다고 보기는 어려웠다. 그럼에도 불구하고 장인은 고된 과정일지라도 우연을 필연의 길로 만들어 낼 수 있는 열의와 힘을 가지고 있었다.

둘째, 장인은 지독한 학습자다. 아무것도 모르는 상태에서 일을 시작했을지라도 장인은 그 일에서 성장하기 위해 하나하나 배워 나갔다. 이는 혹독한 숙련의 과정이었다. 그 과정에서 누군가의 친절한 안내와 가르침은 찾아보기 어려웠다. 험난한 과정이었기에 더욱 지독한 학습만이 있을 수밖에 없었다.

셋째, 장인은 일의 해방자다. 일을 회피하거나 도망가려 하지 않고 오히려 일 자체에서 재미와 보람을 느끼고 일 그 자체에서 성장한다. 일을 수단시하기보다는 방법론적으로 사랑하여 일과 진정성 있는 관계를 맺는다. 따라서 외적 요구보다는 일 자체의 고유한 리듬에 충실하게 일하고자 한다. 일의 참된 본질을 발견하고 그 일의 리듬을 자신의 리듬으로 만들어 행함으로써 일 그 자체를 해방한다.

넷째, 장인은 창조적으로 일하는 자다. 일의 전통을 새롭게 창조하거나 새로운 일의 전통을 창조한다. 전통을 고수하고 전승하기보다는 오히려 새로운 전통을 창조하고 확장한다. 새로운 일을 찾기보다는 자신의 일에서 새로움을 만들어 낸다. 그럼으로써 일의 지평을 넓히고 새롭게 창조하는 힘을 발휘한다.

다섯째, 장인은 배움을 넓히는 자다. 최고의 숙련과 전문성을 가지고 있음에도 불구하고 장인은 끊임없이 배운다. 장인에게 있어서는 일 자체가 성장의 주요한 발판이 된다. 느슨하지만 열린 관계 맺음을 하면서 배운다. 그럼으로써 틀을 바꾸어 나간다. 일의 확장과 창조는 이런 배움의 넓힘을 통해 가능하였다.

여섯째, 장인은 배움을 베푸는 자다. 장인은 평생에 걸쳐 힘겹게 얻은 배움을 공동체와 후속 세대를 위해 기꺼이 내놓는다. 자신의 기술과 노하우를 나누고 남김으로써 일의 세계를 배려하고 돌본다. 그럼으로써 장인의 배움은 더 넓은 사회와 인류를 위해 펼쳐지고 더 긴 역사를 통해 이어진다.

일곱째, 장인은 정상에 오른 자다. 자신의 분야에서 가장 높은 수준의 숙련도와 전문성을 가졌다. 그 결과는 일에 있어서 큰 성과와 최고의 지위로 나타났다. 장인은 그 정상의 기쁨과 희열을 경험하였다. 물론 정상으로 가는 거친 오르막길과 가파른 내리막길도 겪었기에 그 맛은 더욱 달다.

여덟째, 장인은 고원에 사는 자다. 정상의 맛을 잊지 못하고 계속 그 맛을 보기 위해서는 정상 주변의 높은 지대에 머물러야 한다. 거기서 언제든 정상에 오를 준비를 하고 있어야 한다. 장인은 사회적 기대와 부담을 느끼며 자기와의 경쟁을 계속한다. 그런 고원에서의 고통이 있을지라도 그 고통을 기꺼이 감내하고 즐긴다.

장인에 대해 우리가 가진 고정관념들은 우리의 장인들에게서 찾을 수 있는 장인성은 아니었다. 예를 들어, 롤 모델이 된 스승이 있었을 거다, 그에게서 지독한 훈련을 받았을 거다, 도제 제도를 통해 성장했을 거다, 외골수일 거다, 전통을 고수할 거다, 소수의 제자만 훈련할 거다 등은 우리의 편견일 뿐이지 장인의 주요한 특성은 아니었다. 이와는 다르게 앞서 제시한 여덟 가지 요소가 장인성으로서 더욱 중요했다.

누군가 일하고 배우는 삶의 과정에서 이런 장인성을 보여 준다면 그 사람은 장인이라고 불릴 만하다. 그들이 문화예술인이든 전문직 종사자든 상관없이 장인이라고 불릴 수 있다. 작가로서 장인성을 가졌거나 지식인으로서 장인성을 드러낸다면, 기존에 이미 '장인-작가성'이나 '지적 장인'이라는 말이 있는 것처럼 그들은 장인이다.

내가 이 책에서 소개한 15명의 장인은 일과 배움의 살아 있는 전범이었다. 그들은 여기서 제시한 여덟 가지 요소를 대부분 보여 주었다. 그럼에도 불구하고 그 요소들은 일과 배움의 이상적인 상태 또는 모범적인 수준이다. 따라서 15명 모두가 여덟 가지의 모든 요소를 최상의 수준에서 가지고 있다고 보기는 어려울 수도 있다. 현실 세계를 살아가는 사람 가운데 그런 사람을 찾기는 불가능할런지도 모른다. 다만 그러기 위해 '갈망하고 애쓴다면' (von Goethe, 1999b: 381) 그것으로 충분할 수도 있다. 결국 우리 모두가 장인은 아니다. 그렇지만 대부분의 사람은 제시된 여덟 가지 요소 가운데 일부분만이라도 가지고 있거나 각 요소에 있어서 일정 수준만이라도 드러내고 있다. 이런 점에서 우리 모두는 장인이 될 수 있는 가능성과 잠재력을 지니고 있다고 할 수 있다.

장인 성장의 긍정적 순환 모형

그렇다면 이제 그다음 질문을 해야 한다. 장인은 어떻게 탄생하는가? 어떤 가르치고 배우는 과정을 통해 장인에 이르는가에 대한 답을 해야 한다.

먼저 장인의 삶은 단순히 공식적인 기술교육만으로 가능한 게 아니다. 물론 장인이 되기 위해서는 최고의 숙련도와 전문성이 가장 주요한 기반이 되어야 한다. 그런 점에서 기술교육이나 직업훈련이 반드시 이루어져야 한다. 그러나 기능의 숙달과 기술력은 장인이 되기 위한 필요조건일 뿐이다. 그리고 그것은 어쩌면 타고난 재능만으로도 비교적 쉽게 달성할 수 있을지 모른다.

그러나 일에 혼신을 다하고 일의 가치를 널리 펼치는 장인의 자세는 기술교육으로만 이루어질 수 있는 게 아니다. 그럼에도 불구하고 그런 일과 삶의 방식이야말로 장인의 존재 방식이고, 장인이 되기 위한 충분조건이다. 이를 위해서는 장인성을 함양해야 한다.

장인성 함양을 위한 손쉬운 방법은 학교교육 또는 성인교육이나 기업교육 프로그램으로 장인정신이라는 직업윤리를 가르치는 것이다. 그러나 형식교육 프로그램으로는 한계가 있을 수밖에 없다. 그런 제도나 프로그램은 내가 제시한 장인 모형과는 상반된 공장 모형일 뿐이다. 그것은 장인이 가진 핵심적인 특성으로서 자기 존재의 발현, 자신의 일 리듬, 자기주도성, 가치로운 나눔 같은 측면들을 하나의 지식 내용으로 다룰 가능성이 크다. 기껏해야 '의도적 경험(canned experience)' 학습에 그칠 것이다(장원섭, 2006). 아무튼 장인교육의 공장 모형은 그저 열심히 일하도록 요구하는 이데올로기만을 주입하는, 그래서 노동자의 희생만을 강요하는 훈련으로 전락할 가능성이 농후하다. 그래서 궁극적으로는 개인의 성장보다는 조직이나 전체의 이익을 일방적으로 강조하게 될 것이다. 이럴 경우에는 진정한 장인성을 발현하도록 하기 어렵다. 오히려 그것은 장인이 되기를 방해하는 요소로 작용할 것이다.

장인에게 직업윤리는 윤리 법칙이나 강령의 학습으로 나타나는 것이 아니다. 장인을 만들기 위해서는 시공간의 더 넓은 확장이 필요하다. 장인성은 피에르 브루디외가 말한 일종의 '아비투스'이기 때문이다. 7장에서 이미 논의했듯이, 아비투스는 일정한 방향으로 향하는, 마음과 몸이 통합되어 나타나는 사회화되고 구조화된 행동양식이다. 따라서 장인의 아비투스를 위해서는 공장 모형이 아닌 새로운 확장 모형으로 접근해야 한다.

장인을 얘기할 때 흔히 언급되는 소명의식도 논의거리가 될 수 있다. 우리의 장인들은 처음부터 자신의 일에 대한 소명의식이 있다고 보기는 어려웠다. 그저 우연히 일을 시작했을 뿐이다. 그 일에서 그들을 장인으로 성장시킨 발판은 소명 같은 정신적 요소가 아니었다. 오히려 자격증, 신제품 제작 같은 일의 성취가 그들을 키웠다. 그러고 난 후에 정상을 경험하고 사회적 기대를 구조화하면서 나눔과 베풂 같은 가치를 형성했다. 한마디로, 그들이 장인으로 성장하는 데는 물질적인 요인이 크게 작용했다.

앞서 언급했던 장인정신도 쟁점이다. 장인정신은 장인이 가진 정신을 말한다. 모두가 장인은 아니지만 누구나 장인정신을 가질 수 있다는 말은 장인이 가진 정신과 삶의 자세를 본받을 수 있다는 의미다. 그러나 그런 삶의 태도를 가지더라도 그 일의 결과물은 장인의 품질로 나타나지는 않을 수 있다. 기술력이 충분히 뒷받침되어야 하기 때문이다. 그러나 적어도 태도는 본받아야 그에 가까워질 수 있는 가능성이라도 있다.

소명의식이나 장인정신이 있다는 말은 단지 그것을 머리로 안다는 의미를 넘어선다. 그것은 아비투스, 즉 소명의식이나 장인정신이 몸에 밴 상태를 가리킨다. 머리로 아는 것은 형식교육 프로그램을 통해 가능할 수 있다. 그러나 몸에 배는 것은 오랜 기간의 경험과 보고 듣는 배움의 과정이 있어야 가능하다. 마치 향과 색이 배어 나오는 것처럼 말이다. 향수를 뿌리는 것은 여러 향기를 단지 겉치레로 입히는 것일 뿐이다. 짧은 시간 사람들을 현혹시킬 수 있을지는 몰라도 그 사람 고유의 배어 있는 향은 아니다. 따라서 '머리로 안다'는 '몸에 밴다'나 '손에 익다'는 말과는 대척점에 놓여 있다. 소명의식이나 장인정신은 머릿속의 지식으로 그치면 아무런 가치도 없다. 그것이 몸에 배고 손에 익어 자연스러운 실천의 모습으로 드러나야 비로소 의미를 갖는다. 장인성은 그가 갖고 있지만 머리로 아는 의식이나 정신이 아니라 몸에 배고 손에 익은 현실이고 실재다.

장인성이라는 아비투스는 오랜 시간과 공간의 공유를 통해 형성된다. 다양하게 보고 많이 경험하면서 배우는 과정이 필요하다. 그것이 장인의 배움의 전형이다. 이런 점에서 도제식 교육이 장인을 만드는 가장 전통적인 모형으로 꼽힌다(안주영, 2009). 성악 레슨과 같은 예술 분야에서도 이런 도제교육이 널리 활용되고 있다(김한미, 2012). 실제로, 도제학습은 장인의 본질과 불가분의 친화성을 갖는다. 마치 언어의 습득 과정처럼 말이다. 도제학습은 기술교육을 넘어서는 삶의 배움이다. 기술은 가르침으로 또는 천부적으로 가능할지 모르지만, 삶의 자세는 오랫동안 보고 배우는 자연스러운 과정을 통해 가능하다. 따라서 장인은 자신의 일에 자신이 있기 때문에 제자에게 보여 주고 배우도록 한다. 그럴듯하다. 그리고 실제로 이렇게 장인이 만들어지기도 한다. 아비투스는 오랫동안 이루어 낸 삶의 공유로 형성되기 때문이다.

그러나 장인성에 대한 편견들이 있듯이, 장인교육에도 고정관념이 있다. 장인은 도제교육만을 통해 만들어진다는 오해다. 한마디로, 장인이 되는 과정을 반드시 도제 제도로만 한정할 필요는 없다. 더군다나 장인의 배움과 성장의 과정은 단순히 경험학습의 단계에 따라(이재실, 2011) 순조롭게만 이루어지지도 않는다. 장인의 삶의 과정에는 수없이 다양한 영향 요인이 개입하여 배움과 성장의 원천으로 작용한다. 기술과는 별개로 우연히 장인의 삶의 모습을 배웠을 수도 있다. 일터에서 장인은 스승과 선후배, 동료 같은 공동체 구성원들뿐만 아니라 책, 사물, 날씨 등과도 교섭하고 배울 수 있다. 일하는 공동체에 속한 사람들뿐만 아니라 속하지 않은 많은 사람, 더군다나 여러 비인간 사물마저 그들을 가르친다. 결국 장인성의 형성은 시공간적 확장 속에서 다양한 방식으로 이루어질 수 있다고 폭을 넓혀서 보아야 한다. 시간의 개념뿐만 아니라 공간의 개념까지도 확장해야 한다. 어쩌면 인간뿐만 아니라 비인간 스승을 찾아 헤매는 방랑자의 모습을 상상할 수도 있다.

그렇다면 장인의 여덟 가지 장인성을 어떻게 형성할 수 있을까? 우리의 장인들을 근거로 하여 얘기할 차례다. 우리의 장인들이 장인성을 선천적으로 타고난 것이 아님은 분명하다. 오히려 장인으로의 성장은 후천적으로 만들어져 갔다. 장인의 삶에서 배움과 일은 분리되지 않았다. 이들은 우연한 기회에 배우고 만나고 성장하는 계기를 맞았다. 그리고 피할 수 없는 다양한 경험을 통해서도 배웠다. 이들의 일, 배움, 삶의 시간들은 깊은 숙련이라는 하나의 시간으로 수렴되었다가 다시 창조와 베풂으로 확장되었다.

산을 오르는 데도 여러 길이 있듯이, 우리의 장인들은 계획된 우연으로, 장인-작가성으로, 전문성 교육으로 장인성을 형성하기도 했다. 장인은 일과 배움, 삶의 과정에서 장인성에 이르는 독특한 길들을 걸었다. 그렇게 서로 다른 길로 산을 올랐다. 그들이 걸어간 장인으로의 길은 한번 가면 돌아올 수 없는 외길도 일방통행로도 아니었다. 잘 닦인 탄탄대로는 더더욱 아니었다. 그보다는 구불구불한 시골길이었고, 오르락내리락하는 산길이었으며, 돌고 도는 둘레길에 가까웠다. 그런 험난한 길을 걸어 결국은 정상에 올랐다. 이들은 모두 장인이라는 점에서 통했다.

장인들은 모두 걸어서 정상에 올라갔다는 점에도 공통점을 갖는다. 걷는다는 것은 난다는 것과는 다르다. 샅샅이 훑으면서 정상까지 걸어서 오른 장인과 케이블카를 타거나 헬기로 날아서 정상에 간 사람의 차이는 분명하다. 둘 다 정상에서 드넓은 세계를 조망할 수 있지만, 그 세계가 어떠한지를 세세히 알 수 있는 건 걸어서 정상에 오른 장인뿐이다. 그런 걷는 과정에서 장인으로 성장하는 데는 장인성의 여덟 가지 요소가 복잡하게 얽혀 긍정적인 순환의 과정으로 작동했다.

먼저 성장을 향한 의지와 숙련을 위한 노력은 상호작용하면서 선순환을 이루어 냈다. 즉, 성장 의지는 지독한 학습을 하게 했다. 이와 동시에, 학습의 성취감은 성장 의지를 솟구치게 하고 더 부추겼다. 게다가 그 과정에서 경험한 작은 정상 경험들, 즉 일에서의 성취감과 주변의 공식적 · 비공식적 인정은 성장 의지를 더욱 강화하고 일의 기쁨과 보람 그리고 가치를 인식하게 하였다. 물론 이 과정에서 정상에 오른 후 내리막의 굴곡도 극복해 낼 수 있게 하였다. 그럼으로써 더욱 열심히 학습하여 기능을 숙련하고 전문성을 획득하게 만들었다. 그런 지독한 학습의 습관은 장인을 평생학습인으로 만들어서 최고의 숙련과 전문성을 가진 이후에도 배움을 계속 넓히도록 했다.

다른 한편, 자격증을 취득하건 포상을 받건 아무튼 사회적으로 인정받는 크고 작은 정상의 경험은 장인으로 가는 길을 이끌었을 뿐만 아니라 장인이 된 이후에도 여러 가지 측면에서 중요하게 작용했다. 절정 경험들은 일을 지속하고 성장할 수 있게 하는 원동력이 되었다. 그것은 일회성도 아니고 객관적 최고도 아니었을지 모른다. 어쩌면 주관적 최고이고 그 당시의 최고였을 뿐이었다. 이런 정상의 경험으로 인해 절정의 최고도는 계속 높아졌다. 그것이 성공 의지를 계속 북돋았다. 왜냐하면 정상의 맛은 일의 해방감을 느끼게 했기 때문이다. 또한 그것은 계속 그 희열을 느끼기 위해 고원에 살도록 했다. 또 다른 정상의 경험은 새롭게 일을 창조함으로써 이룰 수밖에 없었으므로 일의 확장을 이끌었다. 이를 위해서 장인들은 배움을 넓혀 나갔다. 물론 일의 창조 그 자체가 또 다른 배움을 낳기도 했다. 게다가 사회적 인정 같은 정상의 경험은 그들이 공동체에 더욱 기여해야겠다는 배움 나눔의 가치를 갖게 했다. 이러한 측면은 개인적 '몰입'의 개념에 그치는 것이 아니라 그 경험을 끊임없이 나누려는 의지에서 동력을 얻고 더욱 성장했다.

또한 정상 경험 이후에 갖게 된 고원에서의 삶은 높고 넓은 지평에서의 배움에 기여했다. 게다가 높은 지대에 거주하기 때문에 쉽게 받게 되는 주위의 많은 시선은 장인으로 하여금 고원에서 내려오지 못하게 만들었고 계속 고원에 거주하면서 배움을 넓게 베풀도록 만들었다. 배움의 나눔과 남김의 과정은 또한 그들이 더욱 성장하도록 북돋았다. 그러면서 더 많이 베풀고 더 넓게 나누는 데 기여했다.

이처럼 장인의 탄생은 이 모든 요소가 뒤얽혀 서로서로 영향을 미치면서 이루어졌다. 그것을 요약하여 시각화하면 다음 그림과 같이 그려질 수 있다. 물론 이 그림도 서로의 영향관계를 완벽하게 보여 주지는 못한다. 솔직히 말해서, 시간적으로 다소 앞서 있는 장인의 성장 과정으로서 길을 제외한다고 하더라도, 장인의 일, 배움, 삶은 온통 뒤얽혀 있어서 내가 이 책을 쓰면서도 이것들을 순서대로 써 내려가기가 무척 힘들었다. 이마저도 장인들이 자주 초심으로 돌아가면서 처음부터 다시 순환하는 과정을 겪었다. 아무튼 어느 한 가지 요소도 순수하게 독립변수라거나 종속변수는 아니었다.

모든 요소가 모든 요소에 상호작용하면서 선순환을 만들어 장인으로 성장하는 데 긍정적 발판으로 작용했다. 그것은 정상을 향해 그리고 고원에서 걷는 한 걸음 한 걸음을 통해서 나타났다. 한마디로, 긍정적 순환 작용을 통해 장인은 조금씩 성장해 나갔다.

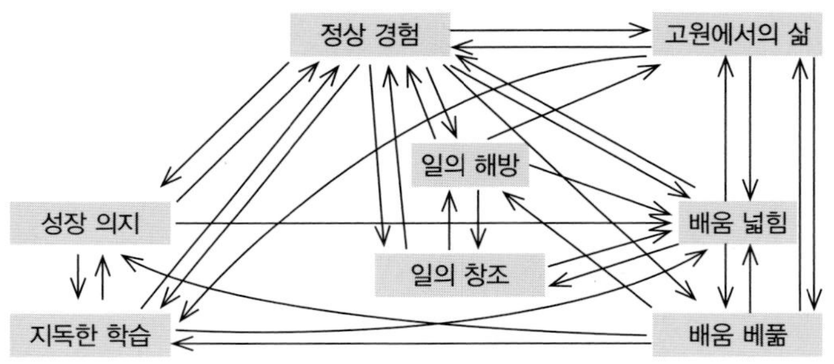

장인 성장의 긍정적 순환 모형

장인은 헤파이스토스인가 프로메테우스인가

나는 장인을 일하고 배우는 사람의 전범으로 규정했다. 장인은 일 자체에서 삶의 목적과 존재의 의미를 찾고, 그 일을 통해 공동체에 기여한다. 이를 위해 일터에서 부단히 배우고 생산하는 고통스러운 노력 끝에 최고의 결과를 낳는다. 현재에 안주하지 않고 일의 지평을 더욱 넓혀 간다. 최고의 품질을 만들어 내기 위한 강박증마저 가지고 있다. 그렇기에 장인은 괴롭다. 어쩌면 스스로를 괴롭힌다. 그러나 그런 가운데 그리고 그 결과로 인해 희열을 느낀다. 그러는 사이에 가족 등 주변의 희생이 따를 수도 있다. 따라서 장인으로서 일하고 삶을 살아가는 것이 편안할 수는 없다. 그럼에도 불구하고 장인은 그럴 수밖에 없어서 그렇게 일을 한다. 자신도 어쩔 수 없는 힘이 작용하여 혼신을 다해 일할 수밖에 없다. 이렇게 장인의 삶은 괴롭다. 역사를 만든 사람들의 속성이 그렇듯이, 그러지 않으면 못 배기는 장인의 혼신을 다한 일은 그로 하여금 지독한 삶을 살도록 만든다. 그렇지만 그런 결과로, 장인은 진정성 있는 일과 세계와 관계 맺고, 그 속에서 배려와 보살핌, 베풂과 나눔을 실천한다.

이러한 장인의 모습은 세넷이 주창한 장인과 유사한 측면도 있으나 다르게 나타나기도 한다. 세넷(Sennett, 2010)은 단순히 '노동하는 동물(Animal Laborans)'이 아니라 이보다 더 이상적인 모습의 '제작하는 존재(Homo Faber)'로서 인간을 지향하면서 장인을 탐구하였다. '생각하는 손'으로 장인을 형상화하면서 그 현대적인 의의를 제시하였다. 그러면서 탁월한 손기술을 가진 동시에 자기 일을 자랑스러워하는 헤파이스토스를 장인의 전형으로 제시했다. 세넷의 말처럼, 장인은 현대판 헤파이스토스다. 그는 정교한 손기술을 가졌고, 창의적 창조물을 만들어 냈다. 헤르메스의 날개 달린 모자와 샌들, 아킬레우스의 갑옷, 에로스의 활과 화살, 제우스의 번개 등이 그의 작품이다.

그럼에도 불구하고 헤파이스토스는 장인성을 전체적으로 보여 주지는 못한다. 무엇보다도 그는 못생겼고 신체적 장애를 가졌지만 신의 아들로 태어났다. 제우스와 헤라가 그의 부모다. 따라서 헤파이스토스는 여전히 신의 영역에 머물렀다. 반면에, 장인은 현실 세계를 살아가는 존재다. 인간을 이롭게 하기 위해 애쓰는 사람이다. 게다가 장인은 못생기지도 않았다. 내가 만나 본 장인들이 다 그랬다. 농담처럼 느꼈을지도 모르겠지만, 지금 이 말은 중요한 의미를 갖는다. 실제로 우리는 직업과 노동 또는 일이라는 개념에 대해 오랫동안 부정적인 인식을 가져 왔다. 신화 속의 대장장이 신 헤파이스토스가 추한 모습을 하고 있다는 사실이 우연만은 아닌 것이다(장원섭,

2006).

이런 점에서 나는 세넷이 헤파이스토스를 장인의 전형으로 본 것에서 한 걸음 더 나아가고자 한다. 그것은 헤파이스토스인 동시에 프로메테우스로서의 장인 상이다. 프로메테우스는 헤파이스토스의 창조와 기술의 근원인 불을 훔쳐 인간에게 주었다. 그는 인간에게 신의 기술을 가져다준 인간의 창조자다. 제우스로부터 박해와 고통을 당하지만 인간을 위해 굴하지 않은 고통의 극복자다. 그래서 프로메테우스가 훔친 불은 신에 대한 반항과 인간에 대한 사랑을 상징한다(이현우, 2012). 장인이 스스로 고통스러운 일하는 삶을 살아가면서도 일의 세계와 사회, 인류를 위해 베풀고 나누는 것처럼 말이다.

결국 장인은 헤파이스토스와 프로메테우스를 결합한 자다. 장인은 헤파이스토스처럼 뛰어난 기술력과 창조력을 가지고 있는 동시에 프로메테우스처럼 자신이 고통을 받더라도 현실 세계에서 인간을 이롭게 하기 위해 애쓰는 자다. 그럼에도 불구하고 장인은 헤파이스토스처럼 신의 아들이라기보다는 프로메테우스처럼 인간 세상을 돕기 위해 고통스럽지만 보람된 삶을 사는 운명을 스스로 만들어 가는 존재다.

13. 외국의 장인

이 장에서는 장인 전통이 가장 잘 이어져 내려오고 있는 일본과 독일의 장인들을 살펴본다. 이 국가들은 장인의 전통을 계속 확장하여 발전시킨 대표적인 국가로, 기능과 기술에 대한 사회적 존중의 풍토가 조성되어 있다. 또한 가업 계승 또는 마이스터 제도 등을 통해 기술과 산업을 지속적으로 발전시키고 있다.

일본은 오래전부터 내려온 장인 전통을 통해 세계적인 공업대국이 되었다. 일본의 기능인들은 그들만의 독특한 직업신을 섬기면서 두터운 신앙심을 가졌다. 가업에 대한 자부심을 가지고 가업을 이어 가며 기술을 배우고 일을 전수하는 전통이 내려오고 있다. 직인 기질을 기능 분야 이외의 분야에까지 더욱 확장적용하여 모든 직업이 가져야 할 보편적인 정신으로 승화하였다(신혜원, 2008).

독일의 장인 전통은 마이스터 제도를 통해 이어지고 있다. 또한 동업조합을 중심으로 도제 제도를 계승하였다. 독일은 젊은 기능인을 마이스터로 육성하는 과정에 드는 비용 대부분을 정부가 부담하는 등 적극적으로 장인 전통을 이어 가고 있다(이상훈, 김군수, 문미성, 신기동, 이수행, 2013).

어느 나라의 장인이든 장인들은 공통된 특성을 공유한다. 그러나 우리나라 장인과는 다른 독특한 특징도 있었다. 그 차이에 주목하면서 내가 직접 방문하여 일터를 관찰하고 인터뷰한 일본 장인 2명과 독일 장인 3명의 이야기를 들어보자.

계승과 창조 일본 장인들의 이야기

나는 일본에서 두 명의 장인을 만났다. 한 명은 도쿄에서 기모노와 스카프 등을 염색하는 공장을 운영하는 아추시 토미타였고, 다른 한 명은 요코하마에서 도자기 그릇을 만들어 파는 가게를 운영하는 히로 마수다였다.

일본 장인 소개

이름	분야	경력	주요 경력
아추시 토미타	염색	45년	• 토미타 소메코게이 대표 • 5대째 전통적으로 내려오는 특허 기술 보유 • '사라키치' 자체 브랜드 개발 및 운영
히로 마수다	그릇	약 25년	• 마수다 아트 대표 • 150년 전통의 '린파' 기술 보유 • 독창적인 디자인 양식 보유 • 고객 맞춤형 주문 제작

두 장인은 모두 가업을 계승하고 있었다. 염색 장인 아추시 토미타는 150년 전부터 시작한 가업을 5대째 이어 오고 있었고, 그릇 장인 히로 마수다는 40년 전에 부친이 창업한 일을 2대째 가족과 함께 하고 있었다. 일본

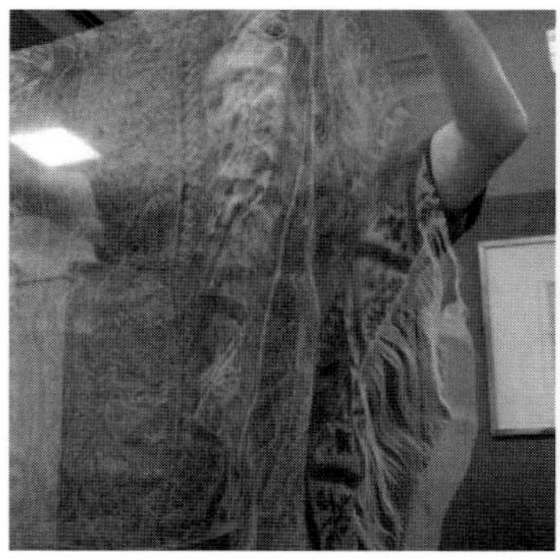

아추시 토미타의 모습

히로 마수다의 모습

에서 널리 퍼져 있는 가업 계승 전통을 확인할 수 있는 사례들이었다. 이것은 어쩌면 우연의 일치였을지도 모른다. 그러나 앞서 소개한 우리나라 장인 15명 가운데는 도자기를 만드는 김진현만이 유일하게 가업을 계승하였다.

아추시 토미타: 원래는 아사쿠사라는 곳에서 메이지 시대에 처음 사업을 시작했는데, 일본 지진도 많고 전쟁도 있었고 그렇게 다 타 버리고 그랬지만 이렇게 지속해가지고 150년 됐어요. 아사쿠사에서 이리로 온 게…… 1941년에 이리로 이사를 왔어요.

히로 마수다: 가족이 다 같이 일하고 있어요, 이 회사에서. 원래 제 아버지가 설립하셨지요. 동생이 영업 쪽을 맡고 있고 여동생하고 아내가 가게를 보고 있어요.

두 장인은 가업을 잇는 것을 자신의 숙명으로 생각하지만은 않았던 것 같다. 그럼에도 불구하고 여러 상황 속에서 자연스럽게 가업을 계승하였다. 염색 장인 아추시 토미타는 일반 학교에 다니면서도 어려서부터 공장에서 염색하는 일을 허드렛일부터 배웠다.

아추시 토미타: 삼형제였는데 장남은 이런 걸 어렸을 때부터 엄하게 시켰어요. 열 살 때부터 장인들하고 같이 일을 했는데…… 4시에 일어나서 청소하거나 전날 했던 일들의 마무리 정리 그런 거를 하고 아침밥을 먹고 학교를 갔어요. 저녁이 되면 다들 장인들은 돌아가잖아요, 집으로. 그런데 나는 남아서 좀 더 여러 가지 해 보다가 자고.

그릇 장인 히로 마수다는 어려서부터 부친의 일이 얼마나 어려운지를 보고 알았기 때문에 그 일을 하고 싶지 않았다고 말했다. 그는 국제학교를 다니고 미국에 유학하여 디자인을 공부했다. 그러나 일본으로 돌아와서는 결국 가업을 잇기 시작했다.

> 히로 마수다: 처음에는 전혀 관련하고 싶지 않았어요. 일이 얼마나 어려운 일인지를 알았기 때문이죠. 어렸을 때부터 그런 것을 봐 왔기 때문에. 또 아버지 성격 때문에 전혀 함께 하고 싶지 않다고 생각을 했어요. 그런데 미국에서 공부를 하면서 만드는 것에 대한 어려움 같은 걸 알게 되었어요. 그러면서 아버지가 만들었던 이런 자기들을 보면서 좋은 물건을 만드는 거니까 나도 함께 해 보고 싶다는 생각이 들었어요. 돌아오고 나서 아버지께서 미국 기술을 배워 왔으니까 일본이 아니라 너는 미국식으로 하기 때문에 제대로 하기 위해서는 일본 전통도 알아야 한다고 이야기를 하셨어요. 그래서 큐슈에 있는 아리타라는 곳이 이제 접시 같은 것의 발상지라고 볼 수 있는데요. 그쪽에서 1년 동안 견습하면서 일을 도왔어요.

두 일본 장인은 가업을 이었을 뿐만 아니라 일의 방식에 있어서도 전통을 계승하고 있었다. 길게는 수백 년간, 짧게도 수십 년간 쌓인 전통은 이들이 일하는 데 있어서 큰 자산이 되었다.

> 아추시 토미타: (오래된 염색본을 보여 주며) 이걸 대고 염색을 하는 건데, 한 십만 가지가 있어요. 예전부터 이걸 다 사 모은 거지요. 찍어내기 위한 본을…… 메이지부터니까 ……(중략)…… 저

기계는 60년 됐는데 고장이 나면 바로바로 고쳐야 해요. 계속 하나하나 고쳐 가면서, 이렇게 볼트 하나 없으면 볼트도 새로 사다 조이고. 오래된 기계일수록 오래된 기계에서 나오는 그러한 맛이 있어요.

히로 마수다: 150년 전에 여기가 항구로 열리게 되면서 외국인이라든지 이런 사람들이 오기 시작했는데 그 사람들이 일본 전통공예품을 가지고 가고 싶어 해서, 그래서 전국에 있는 그릇 장인 같은 사람들이 모여서 만들기 시작했던 게 요코하마 야키의 시작이에요.

그럼에도 불구하고 이 장인들은 전통만을 고수해서는 더 이상 일을 이어가기 어렵다는 것을 잘 알고 있었다. 이들은 새로운 시대의 흐름에 맞게 전통적 방식에 변화를 꾀하면서 창조적으로 일을 하려고 애쓰고 있었다. 염색 장인 아추시 토미타는 처음에는 주로 기모노를 염색하였지만 이제는 스카프 등에도 염색을 한다. 그는 '옆 잔디밭'이라는 표현을 사용하여 조금씩 일을 확장하고자 했다. 그릇 장인 히로 마수다는 원래 가게 근처에 가게를 하나 더 열었는데 거기서는 주로 현대적인 그릇을 실험적으로 만들어 판매하고 있었다.

아추시 토미타: 옛날 기술은 그대로 유지하고 있지요. 하는 방식은 다 똑같은데 재료 같은 게 점점 바뀌기 때문에, 지금은 기모노를 입는 사람이 많이 없기 때문에, 새로운 상품을 개발해서 그런 걸 팔고 있어요. 결국 염색을 하는 거는 어디에 염색하나 다 똑같은 기술을 사용하기 때문에 시대의 흐름에 따라서 어떻게 해

나가느냐에 따라서, 맞춰 가는 게 중요하다고 생각해요. 그러한 시대의 흐름에 맞춰 가지 않으면 전통공예 같은 게 계속 하기에는 참 어렵지 않을까. 옆 잔디밭…… 염색을 하고 있는데 무슨 철강 이런 거 하는 게 아니라 옆 잔디밭이라고, 조금 떨어져 있는 거, 그런 거를 조금 조금씩 개발해 나가는 그런 게 새로운 도전이라고 생각해요.

히로 마수다: 예전에 있던 작품들을 그대로 복사해서 똑같이 만드는 게 아니라 새로운 거를 점점 더 이제 도전을 해가지고. 일본 전통공예라고 하면 그냥 예전부터 대대로 내려오는 것을 전통공예라고 생각을 하는데, 우리 공예는 새로운 것을 개발시키고 싶어 하는 그런 기분, 그러한 정신을 이어받는 게…… 10년 전에 그런 모던적인 것을 해 보고 싶어서 저쪽 아래쪽에 가게를 또 냈어요. 원래 여기가 본점이었고. 이제 점점 더 시대가 변해 가면서 그거에 맞춰서 적극적으로 표현해 나가는 게 맞다고 생각합니다.

이렇게 일본의 두 장인은 가업과 전통을 계승하는 동시에 새로운 시대에 부응하는 새로운 시도를 하고 있었다. 그럼에도 불구하고 사업은 점점 어려워지고 있었고, 자식들이 가업을 계속 이어 나갈지도 미지수였다.

아추시 토미타: (염색 공장이) 예전에는 80개 정도 있었는데 이제 동경 내에는 7개밖에 남아 있지 않아요. (우리 공장도) 예전에는 120명 정도 있었는데 지금은 10명 정도가 일하고 있어요. 이제 기모노도 다 끝났고 했으니까 (아들에게) 이어 줬는데 안 되

면 어떻게…… 그때 되면 또 자기가 자기 나름대로 힘내겠다고…… 대학 졸업해서 아들이 전통공예를 잇고 싶다고 다시 돌아왔어요. 아들이 30세인데, 그 아이가 안 되면 이제…….

히로 마수다: 저는 자식이 없어요. 동생은 애가 두 명 있기는 한데 그 애들이 만약에 하고 싶다면 이어서 해도 할 수 있기는 한데…… 그런데 별로 아직 그거에 대해서 구체적으로 생각해 보지 않았어요.

결국 일본의 두 장인에게서 나타나는 가장 큰 특징은 계승과 창조라고 요약할 수 있다. 그들은 우리의 장인들과는 달리, 대를 이어서 가업을 계승하고 있었다. 오랜 기간 쌓아 온 전통을 유지하기도 했다. 내가 만난 두 사례처럼, 실제로 일본의 장인들은 가업을 대물림하는 경우가 흔하다. 이것은 일본 장인들에게 일은 단순한 직업의 차원을 넘어서 부모가 자식한테 전달하는 한 가문의 일이기 때문일지도 모른다(박종서, 2013).

그럼에도 불구하고 두 일본 장인의 사례에서 보았듯이 앞으로도 계속해서 이런 가업 잇기가 원만하게 이루어질 수 있을지는 미지수다. 특히 사양산업에 해당하는 전통 분야의 일들이 경제적 가치를 잃게 되면 더욱더 그럴 수밖에 없을 것이다. 이런 이유 때문에라도, 우리의 장인들과 마찬가지로 일본 장인들은 시대의 변화와 요구에 발맞추어 창조적으로 일을 하기 위해 노력하고 있었다.

자부심의 근거 독일 장인들의 이야기

내가 만나서 인터뷰한 독일의 장인은 세 명이다. BMW 뮌헨 공장에서 엔진 제조 공정을 담당하는 로버트 프레즐, 뮌헨 근교의 트레인이라는 지역에서 가구를 만드는 안톤 슈레츨마이어, 그리고 뒤셀도르프에서 바이올린, 첼로 등 현악기를 제작하는 김성철이 그들이다.

독일 장인 소개

이름	분야	경력	주요 경력
로버트 프레즐 (Robert Fresl)	자동차	25년	• 자동차 마이스터 • BMW 뮌헨 공장에서 근무
안톤 슈레츨마이어 (Anton Schretzlmeier)	가구	33년	• 가구 마이스터 • 뮌헨 근교에서 가구 공장 운영
김성철 (S. C. Kim)	악기	14년	• 현악기 마이스터 • 뒤셀도르프에서 현악기 제조 공방 운영

독일의 장인들은 우연한 계기로 자신의 일에 입문하였다. 이것은 우리의 장인들이 일에 입문한 경로와 유사했다. 확실히 일본의 가업 계승 방식과는 달랐다. 자동차 마이스터 로버트 프레즐은 폭넓은 직업교육과 삶의 과정 중에 점차 지금의 방향을 잡았고, 가구 마이스터 안톤 슈레츨마이어는 학교를 중도에 포기하고 이런저런 일들을 배우다 목수 일을 시작하게 되었다. 김성철은 음악을 공부하기 위해 독일에 유학을 갔다가 병을 얻어 전공이었던 관악기 연주를 포기하고 현악기 제작 기술을 배웠다.

로버트 프레즐: (일을 시작하게 된 계기는) 우연이었습니다. 직업교육 과정에서는 사실 다른 것을 배웠지요. 직업교육 과정의 과목들

로버트 프레즐의 모습

안톤 슈레츨마이어의 모습

김성철의 모습

은 다양했고, 알루미늄 가공, CNC(컴퓨터 수치 제어) 제작, 압축 등 굉장히 넓은 직업 영역을 다루었습니다. 그런 다양한 방향 안에서 나는 CNC 기술 방향 쪽으로 계속 집중할 수 있었는데, 이것은 컴퓨터 프로그래머가 되겠다 같은 어떤 특정 직업을 겨냥한 것이 아니라 근본적으로 그러한 직업 방향이 나의 관심, 내 능력, 나의 숙련 정도에 의한 것이어서 나에게는 이상적인 직업이라 여겼던 것 같습니다. ……(중략)…… 인생이란 계획된 것과는 다르게 진행되듯이 그렇게 된 것 같습니다. 처음 자동차 운전면허를 따서 자동차에 관심을 가지고, 모터에 관심을 갖게 되었습니다. 20세 정도였다고 봅니다. 사실 어렸을 때는 뭐가 뭔지 잘 몰랐고, 장래 계획도 달랐던 것 같은데, 자라면서 친구들이나 부모가 영향을 끼쳤을 수도 있고, 그러면서 뭔가 구체화되었던 것 같습니다.

안톤 슈레츨마이어: 김나지움에 다녔는데, 9학년에서 중단했어요. 수도원 소속의 기숙학교였는데, 저의 세계가 아니었어요. 아버

지는 농사를 지으시는 분이었는데, 제가 학교를 그만두었을 때 굉장히 슬퍼하셨어요. 나는 아버지에게 이제부터 일하는 것을 배우겠다고 얘기했어요. 먼저 농사를 배우겠다고, 돼지 기르고 소 기르고 이런 걸 하겠다. 그러고는 목수가 되겠다고 했어요. 여기 근처에 엘젠도르프라는 도시에서 좀 나이가 드신 마이스터 밑에서 3년 동안 목공 도제로 일을 배웠습니다.

김성철: 원래 음악을 공부하러 독일에 왔습니다. 개인적으로 신체적 문제가 있고, 음악가들에게 많이 있는 직업병의 일종인 자율신경계에 문제가 생기는 병이 왔습니다. 악기를 더 이상 연주할 수 없게 되었고 다른 길을 찾게 되었습니다. 그렇지만 음악에 관련된 일을 하고 싶은 마음에 제작을 하게 되었습니다.

삶에서의 우연한 계기로 일에 입문하였지만 그 일을 배우는 과정은 매우 체계적이었다. 내가 인터뷰한 장인들은 모두 마이스터 자격증을 가지고 있었다. 그들은 그 자격을 얻기까지 오랜 기간 도제교육 같은 직업교육을 통해 철저한 숙련의 과정을 거쳤다. 이런 점에서 우리의 많은 장인이 스스로 독학을 했던 것과는 달랐다.

로버트 프레즐: 1989년부터 BMW에서 수리공, 그 당시에는 산업기계기술공으로 불리던 직업교육을 받았습니다. 3년 뒤인 1992년에 이 직업교육 과정이 성공적으로 끝났습니다. 직업교육 과정 수료 후 1992년부터 2000년까지 여기 BMW의 기계 제작 CNC 기술공으로 일을 했는데, 개별 조립, 모터 부분, 원형 부분, 대체부품 부분 조립 등과 관련된 일이었습니다. 2000년부

터는 BMW의 포뮬1 기계제작부로 부서를 변경하였고, 그 사이 1998년에 개인적으로 뮌헨 상공회의소에서 주관하는 '산업 마이스터'가 되기 위한 계속교육 과정을 시작했습니다. 내 경우에는 전체 과정이 직장과 병행하는 과정이었고, 보통 두 가지 모델이 있는데, 나처럼 직장을 병행하는 계속교육 과정은 약 2년 9개월 정도 걸리는 과정입니다. 2000년 10월에 과정을 모두 수료하여 '산업 마이스터'가 되었습니다.

안톤 슈레츨마이어: 3년간의 견습공 기간이 끝난 다음 수료시험을 치르고, 그 과정 이후 다시 2년간 기능공을 거쳤습니다. 레겐스부르크과 캄에서 마이스터 슐레 1년 과정을 마쳤습니다. 젊은 마이스터로서 일을 시작했는데 3개월 후에 그 나이 드신 마이스터 선생님이 돌아가셨어요. 그 선생님의 아들이 열다섯 살이었는데, 제가 그 선생님 돌아가실 때 그 선생님하고 약속을 했어요. 그 아들이 커서 마이스터가 될 때까지 그 공장을 떠나지 않겠다고 약속을 했어요. 그래서 7년을 거기서 기다렸어요. 6년째 되던 해에 퇴직을 알렸고, 7년째 되던 해에 그만두었고, (여기서) 다시 시작했죠.

김성철: 1년 반 동안은 마이스터 공방을 이쪽저쪽 많이 돌아다녔죠. 6개월간 견습 기간을 가졌습니다. 예전에는 일단 독일에서 3년 반 동안 직업훈련을 하고 3년 이상 실전 경험을 공방에서 쌓으면 마이스터 시험을 칠 수 있는 자격이 주어졌거든요. 3년 정도를 일을 하고 그다음에 하노버에 있는 공방에 취직이 되어서 다른 마이스터 밑에서 직장 생활처럼 일을 했습니다. 처음부터

대패질하는 것부터 톱질하는 방법, 이런 것부터 시작했죠. 목수의 일부터 해서 색칠 부분에 대해서 색감이나 색깔을 만들어 낸다든지, 또 음향적으로 구조적으로 소리의 울림이 좋으려면 어떤 구조가 되어야 하는지 하는 물리적인 부분이라든지, 어쿠스틱이라든지, 전체적으로 굉장히 광범위해요. 그리고 색깔 같은 경우, 어디서 색감을 사는 것이 아니고 개개인이 색감을 만들어 내야 하는, 그랬을 때 자기만의 특성을 나타내게 되거든요. 소리도 마찬가지이고. 이런 부분이 있기 때문에 기간도 많이 걸리고 쉽게 진도가 빨리 나가진 않죠. 현악기 제작은 3년 반 했다고 해서 다 배울 수 있는 작업은 아닌 거 같아요. 회사를 꾸려 나갈 수 있는, 손님과의 대화라든지 악기 수리가 들어왔을 때 어떻게 대화를 해야 하는지 혹은 견적을 어떻게 내야 하는지에 대한 부분까지도 많이 배웠죠.

길고 엄격한 교육을 거쳐 마이스터가 된 만큼 장인들에게는 그만한 보상이 이루어졌다. 대기업에서 또는 자영업자로서 충분한 경제적 수익을 얻으며 일할 수 있었다. 세 장인은 모두 그런 좋은 조건 속에서 만족스럽고 보람있게 일을 하고 있었다.

로버트 프레즐: 나는 내가 무엇을 하고 있는지 잘 알고 있고, 만족했고, 이 일은 내게 매우 흥미 있었고 나의 숙련된 경험으로 지금 BMW 포뮬1에 소속된 300명, 400명, 500명 소속 직원에 함께 소속되어 일한다는 것은 이러한 큰 기업에서 핵심적인 엘리트와 같은 자부심을 들게 해서 내 인생에 있어서는 매우 소중한 시기라고 할 수 있습니다.

안톤 슈레츨마이어: 나한테 돈은 그리 큰 우선순위는 아닙니다. 얼마나 벌고, 얼마를 받는지에 대한 것이 나한테 문제되지는 않습니다. 돈은 대략 10번째 순위라고나 할까요. 사실 돈은 그 전보다는 많이 법니다. 그렇지만 나한테는 사소한 것입니다. 중요한 것은 마이스터로서 자신의 일과 자신의 작품을 대표하는 것입니다. 납품업자들이 어디서 재료를 가져오는지 체크하고, 전체 과정, 전체 목재의 치수와 상태 등을 확인합니다. 품질 관리라고 할 수가 있겠죠.

김성철: 교수님들, 오케스트라 연주자들, 음대 학생들도 많이 쓰고 있고요. 네, 그게 보람이죠. 좋은 연주자를 만나고 그 연주자가 제가 만든 악기를 연주하게 되고 무대에 올라가게 되면 그게 보람이죠.

이처럼 독일 장인들에게서 발견할 수 있었던 가장 인상적인 점은 그들이 자신의 일에 대한 충만한 자부심을 갖고 있다는 것이었다. 그들은 삶의 여유를 즐기면서 행복하게 일을 하고 있었다. 그러면서 자신이 만든 제품의 품질에 대해서는 매우 강한 자부심을 보여 주었다.

로버트 프레즐: 제일 기뻤던 적은 10년 동안 BMW 포뮬1에서 일 한 것입니다. 거기서 기술과 노하우를 배웠죠. 무엇보다 BMW 포뮬1에서 일하면서 세계적인 타 자동차 제조업체의 경영진, BMW 경영진, 미하엘 슈마허 같은 세계적인 유명인과 저명인사들을 가까이서 보거나 알게 된 것이 기쁨을 주었습니다. ……(중략)…… (공장에 전시된 자동차들을 보여 주면서 자랑스럽게)

이 자동차 안에 내가 만든 엔진이 들어 있습니다.

안톤 슈레츨마이어: 가구 시장은 경쟁이 굉장히 심해요. 그래서 잘 해야만 합니다. 요즘 일이 굉장히 많고, 100% 잘 돌아가고 있습니다. 일을 하면서 굉장히 기억에 남고 기뻤던 게 뭐냐면 로마 교황청에 베네딕트 그분이 교황이 되시고 나서 책상 12개를 특별히 주문을 받았어요. 그게 굉장히 자부심을 느끼고 기쁜 일이었고…… 입소문을 타고 그런 것입니다. 선전이나 광고는 하지 않아요. (자신의 이름과 연락처를 새긴 스탬프를 가리키며) 이게 오로지 유일한 저의 광고입니다.

김성철: 악기가 공장형 악기가 되는 건데, 가격 면에서는 저렴하게 보급할 수 있는 거죠. 저 같은 경우 공장에서 대량 생산되는 것은 분야가 다르다고 생각합니다. 대량 생산된 악기가 아닌 고급 악기를 사용하는 사람들하고 일을 많이 하기 때문에 특별히 (경쟁) 관계는 없다고 생각하고요.

세 명의 독일 장인은 품질 좋은 제품을 자신의 가장 큰 자랑거리로 생각했다. 계속해서 그런 제품을 만들어 내기 위해 노력하고 있었다. 자신을 끊임없이 개발하고 더욱 완벽해지려고 애쓰고 있었다.

로버트 프레즐: 여기에는 계속교육을 받을 수 있는 기회와 장치들이 있습니다. 필요한 세미나들이 제공되고 있고, 특별한 주제와 관련된 교육들이 제공되고 있기 때문에 직원들이 그냥 정체되어 있지 않고, 스스로 지속적으로 학습하도록 참석을 요구하고 있

습니다.

안톤 슈레츨마이어: 끊임없이 시도해 보고 만들어 봅니다. 지속적으로 새로운 것, 창조적인 것을 만들 수 있다는 것입니다. 모든 주문이 다 다르죠. 우리 작업은 대량생산으로 만들어 지는 것이 아니니까, 다 개별적으로 완성되어야 하는 일이죠. 또한 독립적으로 일하는 것은 내게는 자유를 뜻합니다. 내가 하고자 하는 것을 하도록 하는 거죠. 내가 하고자 하는 것을 내가 하도록 해야만 하는 거죠.

김성철: 일에 대한 자기 자부심과 어떤 물질만 생각하고 추구하는 것이 아니고 일 자체의 완벽함을 많이 생각하는 거죠.

결국 독일의 장인들은 체계적이고 엄격한 교육을 통해 최고의 마이스터 자격을 얻었고, 그것이 기반이 되어 충분한 보상을 받으며 세계 최고 품질의 제품을 만들어 내고 있었다. 이런 사실들이 그들 스스로 충만한 자부심을 가지게 하는 근거였다. 물론 국가와 사회, 기업 역시 독일 장인들을 그렇게 인정하고 대우하고 있지만 말이다.

14. 장인 육성의 주요 논점

마지막 장이다. 이 책을 마무리할 차례다. 이 장에서는 장인에 관련한 주요 논점들을 논의한다. 나는 그동안 장인 연구를 하면서 장인들로부터 우리 사회와 교육이 당면한 많은 문제를 해결할 수 있을 것이라는 희망을 보았다. 그것은 행복이나 가치, 창조력 같은 추상적이고 원대한 일의 문제에서부터 진로교육, 일의 학습 같은 구체적이고 지금 직면한 장인 육성의 문제에 이르기까지 다양하다. 그렇지만 아직 남아 있는 구조적 한계들도 있다. 해결할 수 있는 여러 문제와 아직 남아 있는 과제들을 논의해 보자.

장인의 일이란

일과 행복

> 나의 참다운 행복은 마음속에 시를 떠올리고 창작하는 데 있었네. …… 매너리즘이란 언제나 완성만을 염두에 두면서 창작의 기쁨을 누리지 못하는 태도야.
>
> — 괴테
>
> 출처: Eckermann(2008a). 괴테와의 대화 1, p. 110, 135.

일을 하면서 행복하지 못하다면 참 불행한 삶을 살아가는 것이다. 일은 여전히 인간 삶의 중심에 놓여 있기 때문이다. 그러나 실제로 많은 사람이 일에서 행복을 찾지 못한다. 일이 단순히 먹고살기 위해 어쩔 수 없이 갖는 직업이나 피로하고 지치게 하는 노동으로 퇴락하였기 때문이다(장원섭, 2006).

일(work)은 행위의 실체이며 본질이다. 그 일에 대한 현실적 표출인 직업(occupation)과는 구분된다. 직업이 일의 현실적 껍데기 또는 경제사회적 포장이고 개인의 사회적 소유라는 특징을 갖는 반면, 일은 직업의 내적 본질로서 직업 활동의 실체이고 인간 삶의 가치 지향성을 내재하고 있다. 또한 일은 단순히 힘과 능력의 행사로서 생계를 위한 경제적 보상을 획득하려는 노동(labor) 개념과도 차이가 있다. 노동은 소외되고 고통스러운, 반인간적인, 부정적이고 파괴적인 의미를 내포한 개념인 반면, 일은 인간 활동의 의미를 통한 자기실현 및 사회 공동체 지향적 성격을 더 강하게 갖고 있다. 그렇다고 신으로부터 부여받은 직업을 의미하는 소명(vocation)만도 아니다. 그런 개념으로는 현대사회의 다양한 일의 형식과 유동성을 담지하지 못한다. 결국 경제적 수단으로서 먹고 살기 위해 또는 자신의 의지와는 상관없이 하기 싫지만 어쩔 수 없이 수행하는 직업노동과는 달리, 일은 개인과 사회에 기여하는 활동으로서 그 자체로서 인간과 사회에 본질적인 의미와 내재적인 가치를 가진다(장원섭, 2006).

삶의 기초이고 중심으로서 일은 인간에게 존재성과 유의미성을 확인시켜 준다. 그런 일은 안정되고 보수가 많은 일자리와는 다른 차원의 의미를 갖는다. 일은 단순한 생계 유지 수단을 넘어서기 때문이다. 카트라이트와 홈스(Cartwright & Holmes, 2006)는 경제적인 측면만 강조하는 것에서 벗어나 일의 사회적 · 교육적 · 영적 측면을 회복해야 진정한 의미에서 근로자들을 일하게 할 수 있다고 말한다. 라탐과 언스트(Latham & Ernst, 2006)도 일의 본질적 의미에 더 밀접하게 닿아 있는 요소들이 미래 인재를 위한 주요한 동기부여 수단이 될 것이라고 주장한다. 로소, 데카스와 브제스니에프스키(Rosso, Dekas, & Wrzesniewski, 2010)는 자아, 타인, 일의 맥락, 영적인 삶이 일의 의미의 원천이고, 이것들이 자기효능감, 자아존중감, 소속감, 진정성,

목적성 등을 매개로 하여 일에 의미를 부여한다고 했다.

결국 일다운 일이란 자신의 존재성과 삶의 의미를 발견하고 공동체성을 회복하며 인간 성장을 위한 토대가 되는 일을 말한다. 그것은 일을 함으로써 일하는 인간의 본성을 다시 발견하고 그 가능성을 충분히 실현하는 과정이다. 인간은 일을 통해 효능감, 소속감과 같은 다양한 사회 · 심리적 욕구도 동시에 충족한다. 이런 점에서 일의 교육적 회복은 일의 본질적 의미와 가치를 발견하고 실현하는 것이며, 일다운 일의 회복은 인간 성장의 기초가 된다(장원섭, 2006).

하지만 오늘날의 일은 생계 문제와 결부된 경제적 이익 추구를 위한 하나의 수단으로 전락함으로써 그 의미와 가치가 희석되었다. 이런 경향은 우리나라에서 더욱 심각하게 나타난다. 국제사회조사연합(International Social Survey Program: ISSP)은 우리나라, 스페인, 미국, 일본, 프랑스 등 주요 국가의 근로자를 대상으로 근로관에 관한 설문을 실시하였는데 그 결과 우리나라는 일을 돈벌이와 생계 수단으로 간주하는 대표적 국가로 분류되었다(최숙희, 강우란, 2008). 이는 일을 자아실현의 방편으로 생각하는 미국이나 일

근로관 유형 분류

구분	국가	근로관
생계수단형	한국, 스페인	• 돈벌이 수단으로서의 근로관 - 돈과 일을 가장 중시 - 만족이나 흥미보다 경제성을 중시
자아실현형	미국	• 일과 관계 지향적 근로관 - 일의 흥미, 발전 가능성, 관계 만족도를 고루 중시
관계지향형	일본	• 관계지향적 근로관 - 일의 흥미와 사회적 기여는 상대적으로 덜 중시 - 직장 내 관계와 회사에 대한 충성심 중시
보람중시형	프랑스	• 일의 흥미지향적 근로관 - 일의 흥미와 발전 가능성을 중시 - 직장에 대한 충성심, 관계 등을 덜 중시

출처: 최숙희, 강우란(2008).

의 흥미와 발전 가능성을 중시하는 보람중시형의 프랑스와도 구분된다. 이런 조사 결과는 우리나라 사람들이 특히 먹고 살기 위해 어쩔 수없이 일을 하는 경향이 강하다는 사실을 보여 준다.

이런 현실 속에서 요즘 젊은이들에게는 참 아이러니한 현상을 발견할 수 있다. 회사에서 돈 주면서 하라는 일은 안 하면서 돈을 안 줘도 날밤 새며 몰두하는 일을 따로 가지고 있는 사람이 많다는 것이다. 블로그나 위키피디아도 어쩌면 그렇게 해서 만들어진 것이라고 볼 수 있다. 금전적 또는 외적 인센티브가 없더라도, 아니 오히려 없으니까 더욱 열심히 일한다(Pink, 2011). 그 일이 재미나니까 더 몰두한다(Shirky, 2008). 일이 직업이나 노동과는 다르다는 것을 보여 주는 매우 흥미로운 현상이다.

이런 점에서는 장인의 일은 중요한 의미를 갖는다. 장인은 일을 직업이나 노동과 일치시킨 사람들이다. 그들이 일하는 이유는 오로지 돈을 많이 벌기 위해서거나 평가를 잘 받기 위해서가 아니다. 누군가가 통제하거나 관리하기 때문에 어쩔 수 없이 일하는 게 아니다. 장인은 재미와 보람으로 일한다. 일하는 게 기쁘고 일하면서 삶의 의미를 찾는다.

사람들은 누구나 행복한 삶을 살아가기를 바란다. 이때 등장한 현대적 화두가 '일과 삶의 균형(work-life balance)'이다. 엄밀히 따지면, 일과 삶의 균형은 잘못된 말이다. 일과 일 이외의 삶 사이의 조화가 더 정확한 표현이다. 아무튼 그것은 개인의 삶을 일뿐만 아니라 일 이외의 영역인 가족이나 친구 관계, 여가, 자기개발 등과 조화롭게 이루어 나가는 것을 의미한다(천혜정, 한나, 2009). 사실, 누구에게나 일과 배움은 삶의 중심에 있다(장원섭, 2006). 벡(Beck, 1999)의 말처럼, 일이라는 쓴 커피 위에 여가라는 달콤한 크림이 더해져야 삶이라는 맛있는 카푸치노가 완성되는 것처럼 말이다. 장인은 특히 일과 배움에 집중하는 삶을 살아간다. 따라서 그들의 삶에서는 여가와 인간관계가 불균형을 이룰 수 있다. 그런데 우리 장인들의 사례를 통해 보았듯이, 장인 개인적으로는 이런 불균형이 큰 문제가 아닌 듯하다. 그들은 일하면서 배울 뿐만 아니라 그 과정을 즐긴다. 짧은 여가 시간에도 일을 위한 통찰을 얻고 배운다. 일을 통해 사회적 관계도 형성한다. 결국 남은 건 가정생활의 문제다. 우리의 장인들은 가족과의 관계가 적어도 양적으로는 문제가 있어 보였다. 그러나 그들은 가족과의 여가 시간 등을 압축적으로 효율적이게 보내고 있다고 강변하였다. 결국 장인들에게 일과 일 이외의 삶이 적어도 질적으로는 불균형하다고 말하기 어렵다.

많은 사람이 자신만의 여유로운 시간을 갖고 개인적인 또는 가족과의 여가를 즐기기를 원한다. 어쩌면 일로부터 어떻게든 벗어나기를 바란다. 오히려 그 균형을 쉼과 여가 쪽으로 기울이려 한다. 일이 강요되는 사회이기 때문일 것이다. 20 대 80의 불평등, 고용 불안정, 직무 성과를 위한 스트레스, 오히려 더 길어진 노동 시간, '노동 중독증' 등의 위협이 도사리고 있기 때문일 것이다(Heide, 2000). 따라서 일을 줄이고 제한하는 방식으로 일과 삶의 균형을 유지하는 것이 행복한 삶을 살아가는 길이라고 생각한다.

더 나아가 일로부터 벗어남으로써 행복할 수 있다고까지 여긴다. 대다수의 사람은 여행을 할 때 가장 행복하다고 말한다. 여행은 매우 의미 있고 즐거운 활동이다. 여행할 때 우리는 일로부터 떨어져서 자유로운 시간을 보낸다. 그러나 많은 경우에 여행을 원하는 가장 원초적 이유는 현실로부터 도피하기 위해서다. 생계 활동으로부터 잠시라도 멀리 있고 싶기 때문이다. 그런데 그것은 일의 회피일 뿐이다. 9장에서도 언급했듯이, 일의 회피를 일의 해방이라고 착각한 것이다.

행복이란 무엇인가? 행복이라는 말은 사실 너무 추상적인 개념이다. 그것을 조금 구체화하면 재미와 보람이 될 것이다. 삶에서 재미와 보람을 느끼는 것이 곧 행복이다. 장인은 일에서 그런 행복을 찾은 사람이다. 일과 삶의 균형이라는 관점에서 장인을 보면 어쩌면 그들은 일 중독자에 가까울 수 있다. 이 책에서 소개한 우리의 장인들도 대부분 일을 삶의 중심으로 삼고 있었다. 가정생활과 휴식이나 여가는 뒷전인 경우가 많았다. 정시 퇴근이나 휴가는커녕 매일의 삶의 전 과정에서 일을 떨쳐내지 못하는 삶을 살았다. 일과 삶의 균형이 아니라 일로 쏠린 완벽한 불균형이었다. 이런 점에서 장인은 생활인으로서 한계를 가질지도 모른다. 그럼에도 불구하고 장인들은 여가의 양보다는 질을 주장했다. 한마디로, 일과 삶은 시간상의 양적인 균형이 문제가 아니라 질적인 조화의 문제라고 볼 수 있다.

더욱 중요하게는, 장인은 일 그 자체에서 해방을 얻었다. 장인들은 괴테가 말한 대로 완성만이 아니라 일 그 자체의 즐거움을 통해 일의 해방을 실현하고 있다. 장인은 일할 때 가장 행복한 사람이다. 더 정확하게는 일에 몰입하면서 기쁨을 얻고 그 일을 통해 보람을 느낀다. 일로부터의 자유는 일에서 떨어져 있을 때가 아니라 일에 더욱 깊이 들어갔을 때 얻어지는 것이다. 그리고 어쩌면 그런 필연적인 결과로 일의 보람을 느낄 때 달성된다.

결국 자라는 세대들이 또는 일하는 사람들이 그런 행복한 일과 삶을 찾고 만들어 가도록 해야 한다. 그래야만 우리나라는 행복한 사람들이 사는 사회가 될 수 있다. 그리고 지금처럼 어쩔 수 없이 일하는 생계형 노동의 사회로부터 벗어날 수 있다.

일의 창조력

> 자연으로부터 비슷한 재능을 받기는 했어도 그것을 제대로 계발하지 않고 내버려 두는 자라면, 이 대가로부터 기껏해야 아주 단편적인 부분들만을 배우게 될 것이고 또 그것들을 기교적으로만 부려먹게 될 테지.
>
> — 괴테
>
> 출처: Eckermann(2008a). 괴테와의 대화 1, p. 518.

창조적 일을 했을 때 개인은 재미와 희열을 느끼고 행복하게 일한다고 생각할 가능성이 크다. 창조적으로 일하면 그 결과는 사회적으로 가치롭고 후세에까지 그 유용성을 인정받을 수 있다. 더군다나 지금의 경제사회는 우리가 창조적으로 일할 수밖에 없도록 만든다. 창조력을 요구하는 환경으로 일의 세계가 변화했기 때문이다. 창조력은 현대 일터에서 매우 중요한 요소로 누구나 가져야 할 기본 역량으로 강조된다. 지금처럼 변화가 빠른 시대에는 새로운 조류에 적응하는 것만으로는 부족하다. 창조력을 바탕으로 기회를 선점하고 트렌드와 시장을 스스로 창출해 내는 것만이 유일한 생존의 길이 될 수 있다(노풍두, 조용곤, 조근태, 2011).

그렇다면 창조적으로 일한다는 것은 무엇을 의미하는가? 그렇게 일할 수 있는 힘, 즉 창조력이란 과연 무엇인가? 창조력은 일반적으로 “새롭고 질적으로 수준이 높으며 적절한 산출물을 생산해 내는 능력”이라고 정의된다(Sternberg, Kaufman, & Pretz, 2002). 그렇지만 창조적이라고 인정받기 위해 그 산출물이 얼마나 새로워야 하는지, 질적으로 얼마나 수준이 높아야 하는지 등에 대해서는 아직 합의되지 않고 있다. 더군다나 창조력은 어떤 사람들이 발휘하는지, 그리고 어떤 영역에서 어떻게 발현하는지에 대해서는 여전히 논쟁이 벌어지고 있다. 창조력에 관한 두 가지 쟁점을 살펴보자.

첫 번째 쟁점은 창조력이 특별한 사람들에게만 나타나는 특별한 재능인지, 일반인에게도 나타나는 재능인지다. 창조력은 종종 큰 창조력(Big C)과 작은 창조력(little c)으로 구분된다. 큰 창조력이란 한 분야를 완전히 바꿔 버릴 수 있는 소수의 사람에게만 나타나는 창조력인 반면, 작은 창조력은 일반 사람과 관련된 창조력을 의미한다. 이러한 구분은 특정한 사회적 맥락 안에서 이해 관계자들이 창조적인지 아닌지를 결정하게 된다는 사실 때문에 발생한다. 새로움이라는 것, 유용하다는 것 자체가 맥락과 사회적 요소로 결정되기 때문이다. 이에 따라 창조력은 더 이상 질적으로서가 아니라 단지 규모 면에서 상이한 것이 된다. 큰 창조력은 아주 큰 사회와 같이 보다 넓은 사회적 맥락에서 결정되는 반면, 작은 창조력은 특정 사회 맥락의 좁은 범위에서 결정된다고 할 수 있다.

과거에는 창조력이 주로 큰 창조력의 측면에서 고려되어 왔다. 창조적인 사람들의 일생이나 특성에 관심을 갖는 경향이 있었다. 칙센트미하이(Csikszentmihalyi, 2003)는 매우 창조적인 사람들은 모두 다음과 같은 복합적인 특성을 가지고 있다고 했다. ① 창조적인 사람들은 대단한 활력을 가지면서도 조용히 휴식을 취한다. ② 창조적인 사람들은 명석하기도 하지만 한편으로 천진난만하다. ③ 창조적인 사람들은 장난기와 극기, 책임감과 무책임이 혼합된 모순된 성향을 가진다. ④ 창조적인 사람들은 한편으로는 상상과 공상, 한편으로는 현실에 뿌리박은 의식 사이를 오고간다. ⑤ 창조적인 사람들은 외향성과 내향성을 함께 가진다. ⑥ 창조적인 사람들은 매우 겸손하면서도 동시에 자존심이 강하다. ⑦ 창조적인 사람들은 전형적인 성의 역할에서 벗어나 있다. ⑧ 창조적인 사람들은 반항적이고 개혁적이면서 동시에 보수적이고 전통적이다. ⑨ 창조적인 사람들은 매우 열정적인 동시에 극히 객관적이 될 수 있다. ⑩ 창조적인 사람들은 개방적이며 감성적인 성향으로 인해 즐거움뿐 아니라 고통과 역경을 겪는다.

반면, 또 다른 많은 학자는 누가 창조적인지 묻는 질문에 모든 사람이라고 답한다. 룬코(Runco, 1996, 2004)는 '개인적 창조력' 이론을 제안했다. 개인적 창조력이란 '객관적 세계를 독창적으로 해석하려는 의도와 동기를 나타내며, 자신의 해석이 유용한 경우와 그렇지 않은 경우를 판단할 수 있는 능력을 포함하는 것'으로 정의된다. 사람은 누구나 자신의 경험을 의미 있는 해석으로 변형시킬 수 있을 뿐만 아니라 언제 그러한 것을 하고 하지 말아야 하는지도 알고 있다는 것이다. 창조적 통찰이란 개인이 독창성이나 독립적인 사고 혹은 매우 놀라운 것 중 어느 하나에 가중치를 둘 때 발생한다. 기계적이고 비독창적인 관습적 사고는 적절성이나 타인과의 조화 등에 중요성을 부여할 때 발생한다. 창조적인 사고는 독창성과 적절성 모두를 동시에 중요하게 생각할 때 이루어질 수 있다.

원래 인간은 창조적이고자 하는 본성을 타고났으며, 우리 생활을 윤택하게 하는 거의 모든 것은 이러한 인간의 창조적 본성의 결과물이다. 창조력을 예술이나 과학 분야에서나 필요한 것으로 생각한다든지, 지적 능력이 매우 높은 특별한 사람들에게서만 나타나는 것으로 본다든지, 또는 정신이상과 관련이 있는 것으로 생각한다든지 하는 것은 잘못된 것이다(박주용, 2002). 창조력은 누구나 가진 재능이고, 이러한 특성은 매우 다양하게 나타난다.

창조력에 관한 두 번째 이슈는 영역 일반성과 영역 특수성의 문제다. 카우프만과 베어(Kaufman & Baer, 2004)는 하이젠버그가 양자역학을 연구하지 않고 시인이 되었다면 시인으로 성공했을지 묻는다. 누구나 인정하고 있는 천재들의 경우에 하나 이상의 영역에서 천재성을 인정받는 경우가 거의 없다는 사실에서 창조력이 영역 특수적이라는 주장이 강력하게 지지받는다. 고도로 높은 수준의 창조력에 초점을 둔 연구들은 창조력이 영역 특수적이라는 결론을 내린다(Csikszentmihalyi, 1988, 1990; Gruber, 1981; Gruber & Wallace, 1999; Policastro & Gardner, 1999; Simonton, 1994, 1999).

여러 영역에서 능력을 나타내는 천재가 흔치 않은 이유는 '10년의 법칙'(Hayes, 1989) 때문이라고 주장되기도 한다(Weisberg, 1999). 10년은 '신중하게 훈련하고 전문가적인 수행을 발달시키는 데' 소요되는 기간을 의미한다. 즉, 패러다임을 바꿀 수 있는 창조적 업적이 어느 순간 그 사람에게 찾아오게 될 그날을 위한 준비의 시간이다. 어떤 영역에서 진정한 탁월함을 보이고 창조적인 업적을 내기 위해서는 오랜 준비 기간이 필요하다는 것이다(Gruber & Davis, 1988).

따라서 사람들은 자신이 오랜 기간 일해 온 영역에서 더욱 창조적일 수 있다. 건축가와 작가에게 창조성의 정의는 상이할 것이다. 그 상황 내에서 창조력과 관련된 행동과 기술, 특질은 서로 다르게 표출할 것이다.

우리 장인들의 사례를 통해서 이런 쟁점들에 대해 한마디로 대답하기에는 무리가 있다. 더군다나 그들이 타고난 재능을 가지고 있을지 그렇지 않을지를 판단할 수 있는 근거도 불분명하다. 그럼에도 불구하고 확실한 것은 그들이 창조적으로 일하고 있다는 사실이다. 특히 장인들은 특수한 영역에서 크고 작은 창조력을 발휘했다. 그들은 새로운 일을 찾은 것이 아니라 자신이 하는 일에서 새로운 것들을 찾아냈다. 깊은 숙련 속에서 일과 배움을 넓혀 갔다. 그런 과정 속에서 새롭고 유용한 창조적 결과물을 만들어 냈다. 결국 장인들의 일과 배움으로부터 확인할 수 있는 것은 장인성이 창조를 위한 충분조건이라는 사실이다. 어쩌면 타고났을지도 모를 천재성은 기껏해야 창조를 위한 필요조건의 하나일 뿐이었을 것이다.

가치로운 일

모든 의의 있는 노력이란 내면에서 출발하여 세계로 향하는 것이야.

— 괴테

출처: Eckermann(2008a). 괴테와의 대화 1, p. 240.

2014년 4월에 벌어진 세월호 참사는 우리로 하여금 직업윤리에 대해서도 다시 돌아보게 하였다. 혼자만 살겠다고 빠져나온 선장이나 비상 상황에 대처할 준비를 갖추지 못한 선원들은 모두 자신의 일에 대한 최소한의 도덕도 숙련도 없었다. 그러나 이런 문제는 비단 이들에게만 해당되지 않는다. 많은 사람, 특히 앞서 언급했듯이 생계를 위해 시간과 공간을 때우는 방식으로 노동을 하는 대부분의 사람은 자신의 일에 대해 철두철미하지 못할 수밖에 없다.

자신이 맡은 일에 대한 신용은 직업윤리의 바탕이 된다. 직업윤리는 단지 개별 직업인이 일하면서 직면하는 범죄나 도덕의 문제를 넘어선다. 그것은 직업에 대한 의식, 신념, 가치, 태도 등을 포괄한다. 한마디로, 직업윤리는 고객과의 관계에서 발생하는 윤리 문제와 고객을 위해서 행한 직업적 행위가 제삼자 등 사회 전반에 끼치는 영향 등을 포함한다(이관춘, 2000).

장인의 일은 훌륭한 결과물로 나타난다. 그러나 장인의 일은 외부로부터 주어진 요구나 기대에 맞춰 실행한 결과로서의 성과에만 그치는 게 아니다. 그 이상의 무엇이 있다. 성과는 단지 높은 숙련도만을 필요로 할 뿐이다. 물론 장인은 최고 수준의 기능과 숙련도 또는 전문성(expertise)을 갖는다. 그러고 나서 이것을 넘어선다. 장인의 일에는 눈에 보이지 않는 유의미성이나 신념과 영혼 같은 숭고함마저 내재되어 있다. 일의 가치를 일의 과정 속에서 지속적으로 실현하고 그 결과로도 보여 준다. 그렇게 일하는 이유는 단순히 금전적 이익을 얻기 위해서가 아니다. 장인은 일 그 자체를 발전시키고 그 일을 통해 사회 공동체에 공헌하려고 끊임없이 노력한다. 일이 존재하는 근본적인 이유를 알고 실천하는 것이다(장원섭, 2011).

장인은 자신의 일에 성실하고 일 자체의 고유한 리듬을 지킨다. 일에 대한 철두철미함과 윤리는 그것으로부터 나온다. 일을 충분하게 잘 해낼 수 있는 숙련도를 가지고 있을 뿐만 아니라 그 일을 맡은 자로서의 도리도 행한다. 한마디로, 장인은 일 그 자체의 의미와 가치를 발견하고 실천한다.

게다가 장인은 가치로운 일을 시공간적으로 확장한다. 일하는 공동체와 그 공동체를 넘어 인류를 위한 배려 및 돌봄을 실천하고 기꺼이 나눈다. 자신의 일을 세대를 이어서 전수함으로써 일의 가치가 계승되고 더욱 발전되는 데 기여한다. 결국 장인은 사회적이고 역사적인 차원에서 가치로운 일을 하고 있다.

그렇다면 장인들은 어떻게 해서 그런 가치로운 일을 하게 되었는가? 물론 타고난 성품이 남다르게 선할 수도 있다. 그러나 그것이 어느 정도로 영향을 미쳤는지는 확인하기 어렵다. 개인적인 선의는 교육의 결과일 수도 있다. 그렇다면 장인들은 장인정신을 강조하는 도덕이나 윤리 교육을 잘 받아서 그렇게 된 것일까? 이 역시 검증하기 어렵다. 더군다나 일부 학교교육의 기회를 많이 갖지 못한 장인들에게 이것은 적절한 설명 방식이 아니다.

나는 그것을 장인들이 겪은 일하는 삶의 과정으로 설명할 수 있다고 본다. 특히 정상의 경험과 고원에서의 삶은 장인들로 하여금 가치로운 일을 하게 만들었다. 11장에서 언급했듯이, 매슬로(2012)에 따르면, 정상은 그 자체로 바람직한 지점이다. 게다가 한번 그런 정상에 오른 자들이 느끼는 희열은 그들로 하여금 또다시 정상에 오르도록 노력하게 만든다. 우리의 장인들은 언제든 정상에 다시 오르기 위해서 힘겹지만 고원에서의 삶을 살아간다.

장인이 일의 가치를 실현하는 이유는 정상에 오르고자 하는 개인적인 욕구뿐만 아니라 정상과 고원의 구조를 통해서도 설명할 수 있다. 정상과 고원은 쉽게 다른 사람들의 눈에 띄는 높은 곳이다. 따라서 정상에 올랐고 고원에서 사는 장인은 자연스럽게 주변에서 우러러 바라보는 시선을 받게 된다. 이런 시선들을 의식하면서 살아갈 수밖에 없는 장인은 구조적으로 가치로운 일을 할 수밖에 없는 것이다.

결국 장인은 그들이 걸어온 삶의 과정을 통해서 직업적으로 맡은 일을 잘 해낼 수 있는 사람일 뿐만 아니라 그 일이 가진 의미와 가치를 사회와 역사를 통해 실현하고자 하는 사람이다. 이런 점에서 오늘날 우리가 회복해야 하는 직업윤리의 실천은 장인에게 있어서는 이미 배어 있는 일의 바탕이고 자연스러운 일의 과정일 뿐이다.

장인 일의 구조적 한계

언제나 갈망하며 애쓰는 자, 그를 우리는 구원할 수 있다.

출처: von Goethe(1999b). 파우스트 2, p. 381.

장인은 창조적으로 일하면서 스스로 행복하고 사회와 인류에 가치를 실현한다. 이런 점에서 장인의 일하기는 숭고함과 성스러움마저 느껴진다. 그럼에도 불구하고 장인은 성인(聖人)이거나 천사가 아니다. 천재도 아닐 수 있다. 그들이 아무리 높은 정상에 올랐고 고원에 산다고 하더라도 그곳 역시 땅이다. 장인은 현실에 발을 붙이고 사는 사람이다. 이런 점에서 장인의 일하기는 현실적인 의의뿐만 아니라 한계도 가질 수밖에 없다. 여기서 잠깐 멈추어 장인의 일에 대해 비판적으로 반추해 보자.

첫째, 일과 행복의 문제다. 장인도 먹고사는 문제로부터 자유로울 수 없고 그것이 충족되지 않으면 살아갈 수 없는 생활인이다. 따라서 장인이 일하는 행복한 삶을 살기 위해서는 주관적인 동시에 객관적인 일의 조건을 모두 갖추어야 한다.

이런 점에서 일에 동기를 부여하고 몰두하도록 한다는 미명 아래 단지 일에 대한 주인정신만을 강조하거나 열정을 착취하려하는 구조적 문제를 유의해야 한다. 일의 해방은 다음과 같은 두 가지 측면에서 모두 이루어져야 한다. 먼저 주관적 측면으로서 일에 대한 유의미성과 가치다. 그러기 위해서 일에 대한 주인의식을 가지게 하는 것이 필요하다. 또한 일터의 분위기가 우호적이어서 동료들과 함께 일하면서 행복감을 느끼는 것도 중요하다.

그러나 이와 동시에 일한 결과에 대한 공정한 보상 같은 객관적 측면도 중요하게 고려하여야 한다. 물론 보상이 능사인 것만은 절대로 아니다. 그런 외적 인센티브는 오히려 일의 의미나 창조력을 훼손할 우려마저 있다(Pink,

2011). 그럼에도 불구하고 주관적 유의미감이 착취나 속임수가 아니려면 공정한 보상이 반드시 필요하다. 이를 획득하기 위해서는 구조적이고 비판적인 자활력(critical empowerment)이 있어야 한다(장원섭, 2006).

그런데 우리의 장인들에게서 자본주의 사회에서의 노동 착취나 재벌 또는 대기업의 지배 구조 같은 경제 구조의 모순에 대한 의식 또는 저항 같은 모습을 찾아보기는 어려웠다. 우리의 장인들이 사회경제의 모순에 대해 비판적으로 의식화하거나 구조적 문제들을 해결하기 위해 집단적인 노력을 하였다는 증거는 없었다. 근본적 비판과 행동(activism)과는 거리가 있었다. 물론 우리의 장인들은 개인적인 차원에서 공동체와 세상 사람들에게 나눔과 배려를 실천하였다. 그러나 장인들에게서 일의 해방과 사회적 가치는 개인적 수준에서 머무르는 경향이 있었다. 결국 집단적 수준에서의 사회비판적 해방의 개념을 발견하기는 어려웠다. 이렇게 자본주의 경제의 구조적이고 근본적인 모순 속에서 장인의 일하기가 갖는 가치로움은 한계를 가질 수 있다.

현대 자본주의 사회에서 일의 억압은 최대의 이윤을 추구하려는 욕구와, 그것은 고객을 무조건 만족시켜야 가능하다는 구조로부터 온다. 이런 억압적 시장 구조로 인해 일의 순수한 본질과 가치가 왜곡될 수 있다. 따라서 일의 해방은 일을 억압하는 이런 구조로부터 자유로워지고, 일의 고유하고 진정한 리듬을 되찾는 것이다. 그래야만 일하는 사람이 일하는 그 자체에서 기쁨과 보람을 느끼고 행복할 수 있다. 그렇게 될 때 비로소 일의 해방은 완성된다.

결국 불공정하고 구조적인 문제들로 인해 발생할 수 있는 여러 일의 억압 요인들을 극복할 수 있어야만 기능적 자활력에 기초한 장인의 일이 해방을 향해 더욱 상승할 수 있는 선순환의 구조가 이룩될 수 있다. 이런 점에서 우리의 장인들이 보여 준 기능적 자활력뿐만 아니라 구조적이고 비판적인 자활력도 필요할 것이다. 그럼에도 불구하고 장인이 개인적이고 기능적인 자활력을 갖추는 것은 비록 필요충분조건은 아닐지라도 적어도 기본적이고 필수적이다. 구조적 문제를 기능적 자활력이 뒷받침되지 않은 채 집단적 정치적 힘만으로 깨려는 것 역시 일의 해방을 낳지는 못하기 때문이다. 기능적 자활력이 지지되지 않는 한 구조를 깬 이후에도 구조적 문제는 반복될 수 있다.

다른 한편, 앞서 살펴본 일과 삶의 조화 및 가족과의 관계 역시 생활인으로서의 장인의 행복한 삶과 관련하여 중요한 문제가 될 수 있다. 이 문제는 어쩌면 우리 사회에서 내려오는 가부장제와도 연결된다. 실제로, 내가 이 연구를 처음 시작할 때 여성 장인을 찾기가 쉽지 않았다. 가부장제가 지배적이었던 지난 세월을 고려하면 납득할 만하다. 남성 장인들의 경우에는 오히려 그런 가부장제적인 사회에서 이득을 얻었을지도 모른다. 왜냐하면 지난 30~40여 년간 우리의 장인들은 지금과 같은 '일과 삶의 균형'보다는 고도의 경제성장 모형에 따라 일하였기 때문이다. 일 중독에 가까울 정도로 여가는 즐기지 않았다. 그렇게 일에만 빠져 있더라도 다른 가족이 그것을 감내하고 지원해 주었다. 그런 희생을 바탕으로 오늘날의 장인들이 탄생했다고 볼 여지마저 있다. 따라서 점차 가부장제가 철폐되는 사회 변화 속에서 장인의 일하기가 어떻게 바뀌어 갈지 그리고 그런 가운데 장인의 탄생은 어떻게 이루어질지는 더 지켜보아야 한다.

둘째, 일과 창조의 문제다. 우리의 장인들은 고통스러운 숙련과 배움의 과정을 거치는 개인적 노고에 힘입어 자신의 일에서 창조력을 발휘했다. 그러나 창조력은 개인 숙련의 문제일 뿐만 아니라 그것을 발현하는 구조와 체제, 문화의 문제이기도 하다. 따라서 우리 장인들의 사례로는 답할 수 없는 다음과 같은 문제들을 앞으로 더 고려하고 연구해야 한다.

첫째, 창조력에 영향을 미치는 '행운(luck)'이라는 요소를 어떻게 보아야 하는가? 우리의 장인들도 우연한 계기들을 많이 언급했는데, 이런 우연적인 요소에 어떻게 대응할 수 있을까? 이것은 효율성의 원리를 따르던 산업사회의 모형으로부터 비정형성과 비선형성이 지배하는 새로운 모형을 주목하게 한다. 현대사회에서 나타나는 다양한 삶의 굴절성과 중첩성에 적절히 대응하기 위한 심각한 고민을 제기한다. 이런 점에서 노나카와 히로타카(野中郁次郎, 宏崇武内, 1998)의 지식창조 이론에서 얘기하는 '여유(redundancy)'의 원리를 충분히 고려할 필요가 있다.

둘째, 창조적인 일상은 어떻게 형성할 수 있는가? 더 구체적으로, 삶의 과정과 일터에서 창조력은 어떻게 발현할 수 있는가? 이에 대해 엥게스트룀(Engeström, 2014)의 문화역사적 활동 이론에서는 근접발달영역(ZPD)과 활동 체계 안과 밖의 모순, 그리고 확장학습(expansive learning)과 놋워킹(knotworking)을 제시하였다. 실제로 창조력과 관련된 문제 가운데 한 가지가 구조적 주변성에 관한 것이다. 예를 들어, 제조2.0 시대에 레고사는 소비자가 참여하는 플랫폼 기업으로 변모했다. 테슬라사는 전기자동차 생태계를 형성하기 위해 모든 특허를 공개하는 오픈소스를 했다. 그 밖에도 오픈이노베이션, 오픈플랫폼 같은 열린 구조를 만들고 있다. 이런 점에서 창조력에 대해 활동 체계들이 얽히고설키는 놋워킹의 관계를 역사적이고 구조적으로 접근하는 문화역사적 활동 이론은 주목할 만한 이론이다.

그렇다면, 셋째, 미래와 현재를 위한 창조적 인재 육성을 위해서 학교교육과 성인교육 또는 일터학습 등을 어떻게 재구성할 수 있겠는가? 구체적으로, 일방향적이고 효율적인 학교중심 교육으로부터 벗어나 창조력을 형성하는 학습 경험과 이를 지원하는 총체적 학습 체제는 무엇인가? 창조적인 역량을 기를 수 있는 삶과 일의 학습 패러다임을 구현할 수 있는 구체적인 방법은 무엇인가? 이런 문제에 대해서는 다음 절에서 조금 더 살펴보겠다.

셋째, 일과 가치의 문제다. 앞서도 언급했듯이, 장인을 성인이나 천사라고 보아서는 곤란하다. 그들은 자선사업가가 아니다. 장인은 일과 배움의 전범

일 뿐이다. 그럼에도 불구하고 그들은 일의 세계에서 공동체와 인류에 널리 기여하고자 노력하고 있다.

나는 장인들에게서 일과 배움에 있어서의 이상형을 찾아냈다. 장인성이 바로 그것이다. 이것은 마치 막스 베버가 전문직의 이상형(ideal type)을 제시한 것과 유사한 과정이었다. 이상형은 어디까지나 이상형이다. 베버의 전문직에 대한 논의처럼, 현실의 모든 장인이 이상형적 장인성을 전부 갖추고 있는 것은 아니다. 우리와 함께 이 땅에서 삶을 살아가고 있는 장인들은 가치롭고 유의미한 일을 끊임없이 추구하는 사람일 뿐이라고 보는 것이 현실적이다. 그럼에도 불구하고 장인은, 괴테가 『파우스트』에서 말했듯이, 일의 세계에서 '언제나 갈망하며 애쓰는 자'다.

이러한 장인의 일하기가 갖는 개인적 차원의 공동체적 가치 실현 노력이 현실적인 한계들을 어떻게 극복할 수 있을지에 대한 논의거리는 여전히 남아 있다. 이 책에서는 그런 구조적인 차원에 집중하지는 않았다. 장인의 일하기가 사회경제적 구조와 어떻게 연결될 수 있을지에 관한 탐구가 앞으로 더 이루어질 필요가 있다.

장인 육성하기*

새로운 고숙련사회의 현대 장인

고숙련의 패러다임이 변화했다. 전통적으로 숙련은 육체적인 작동의 성과에 초점이 맞춰져 있었다. 손끝 기술과 경험적이고 암묵적인 지식을 중

* 이 절의 장인 육성 정책과 관련한 내용 가운데 일부는 장원섭, 김형만(2014). 한국형 현대 장인 육성 체제 제안. 미래한국사회 전망 참고자료집Ⅱ. 경제 · 인문사회연구회 미래사회 협동연구총서 14-52-01, 198-231쪽에 수록된 글을 수정, 보완한 것이다.

시했다. 새로운 숙련 개념은 인지적인 지식을 기반으로 하여 변화하는 생산 방식에 유연하게 대응하는 개념으로 나타나고 있다. 기술과 산업의 변화에 따라 문제해결 능력과 공정 전체에 대한 이해, 그리고 사회적 숙련과 이론적 기반, IT 기술에 대한 이해 등이 더욱 중요해지고 있다(김영생, 정무권, 최영섭, 2006; 조성재, 박준식, 전명숙, 전인, 김기웅, 2013).

우리나라에서 최고 수준의 숙련 기술자로 일컬어지는 명장의 숙련 내용을 보더라도 이것을 확인할 수 있다. 그것은 전통적인 것에서 이론적 기반을 갖춘 것으로, 그리고 사회적 숙련과 문제해결 능력에 초점을 두는 것으로 변화해 가고 있다. 전통적인 도제 제도 형식과는 무관한 새로운 숙련이 형성되기 시작하였다. 특히 자동화 기계의 도입을 오히려 새로운 세대가 주도함으로써 숙련의 진화가 이루어졌다(조성재 외, 2013).

고숙련사회는 사회적 차원에서 사회 구성원들이 고숙련 인력이 될 수 있도록 지원해 주는 인재 양성과 활용 시스템이 갖추어진 사회를 말한다(박동열, 조은상, 윤형한, 이용길, 2011; 조성재 외, 2013). 박동열 등(2011)은 숙련 기술인에 대해 특정 분야에서 일정 수준 이상의 경험과 전문 지식을 갖추고 탁월한 기술을 보유한 자로 정의하고 있다. 여기에서 더 나아가 현대적 의미의 장인은 지식과 기술뿐만 아니라 일에 대한 자부심, 공동체에 대한 책임감, 사회에 대한 기여 등과 같은 이 책에서 발견한 장인들의 특성을 추가하여야 한다. 그래야만 산업과 기술 그리고 사회적 요구에 부합하는 현대적 의미의 장인 육성이 가능하다.

이에 따라 나는 다음과 같이 제안한다. 일하는 사람 모두가 장인이 되고, 사회 전반적으로 장인성이 고취될 수 있도록 하여야 한다. 대한민국을 '장인의 나라'로 건설하여야 한다. 이를 위해 다음과 같은 방식으로 장인을 육성하여야 한다.

장인의 발굴과 인정

장인 육성은 일방적 훈련의 방식을 넘어서는 것이어야 한다. 장인의 여러 가치와 장인성을 고려했을 때 훈련 프로그램은 손기술에 한정하는 한계를 가질 수밖에 없다. 따라서 장인의 육성은 교육 프로그램만이 아니라 '발굴(detection)'과 '인정(recognition)'을 통해서 먼저 이루어져야 한다(Brown & Duguid, 2000). 이미 사회 곳곳에 숨겨진 고수들이 존재하고 또 자라고 있다. 그들이 겪은 비형식적이고 우발적인 또는 자연발생적인 학습과 성장의 과정에 주목하여야 한다. 그런 장인들을 찾아내서 인정하며 지원하여야 한다. 그럼으로써 우리 사회에 자발적으로 장인으로 성장할 수 있는 분위기와 문화를 형성하고 촉진하여야 한다. 한마디로, 자연스럽게 형성되어 드러난 장인성을 발굴하고 인정하여 확산하는 정책이 진정으로 장인의 나라를 만드는 더 올바른 방향이다.

우리나라에는 장인을 육성하기 위한 국가 차원의 정책들이 있다. 그 가운데 대표적인 정책들로는 마이스터 고등학교, 국가역량제도, 그리고 대한민국 명장 제도가 있다. 마이스터 고등학교가 교육 프로그램인 반면, 국가역량제도와 대한민국 명장 제도는 인정의 방식을 취한다. 각각에 대해 살펴보자.

2010년에 도입된 마이스터 고등학교는 '유망 분야의 특화된 산업 수요와 연계하여 안정적 취업을 통해 경력 개발이 가능한 영마이스터(young meister)를 양성하는 특성화고등학교'다. 궁극적으로는 한국형 마이스터를 육성하려는 목표를 가지고 있다. 마이스터 고등학교졸업생의 성장 경로는 선취업 후계속교육을 통한 학위 취득이다(장명희, 김종우, 최수정, 2011). 이를 통해 중등 단계 직업교육에 대한 부정적 인식을 타파하고자 한다. 교육과정 및 교과서를 전면 자율화하는 등의 교육 규제를 개혁하고, 학비 면제, 외국어 교육과 해외 연수 등 국가적 지원을 강화하고 있다(김종우, 장명희,

변숙영, 2009).

2013년 12월 기준 전국의 마이스터 고등학교는 총 35개교가 지정되어 운영 중이다(표 참조). 2013년 4월 1일 기준 취업률은 90.3%다. 이것은 특성화 고등학교 38.4%와 종합고등학교의 직업반 19.3%에 비해 월등히 높은 수치다(교육부 보도자료, 2013. 5. 15).

마이스터 고등학교 현황(2013년 기준)

구분			학교명	시도	산업분야	모집인원	근로관
1	사	2차	미림여자정보과학고	서울	뉴미디어콘텐츠	120	삼성SDS
2	사	1차	수도전기공업고		에너지	200	한국전력공사
3	공	1차	부산자동차고	부산	자동차	120	르노삼성자동차, 넥센타이어
4	국	2차	부산기계공업고		기계	300	㈜선보공업, ㈜엘에치이
5	공	1차	경북기계공업고	대구	메카트로닉스	300	㈜SJ이노텍, ㈜쉘라인
6	공	2차	인천전자마이스터고	인천	전자 · 통신	160	ODATech, 세일전자
7	공	2차	광주자동화설비공업고	광주	자동화설비	80	㈜링크라인아이엔씨
8	사	2차	동아마이스터고	대전	전자기계산업	200	삼성SMD, 지멘스
9	공	2차	울산마이스터고	울산	기계 · 자동화	120	풍산금속, 고려아연
10	공	2차	수원하이텍고	경기	메카트로닉스	160	㈜이렌택, 에이테크솔루션
11	공	2차	평택기계공업고		자동차 · 기계	160	㈜대승, ㈜만도
12	공	1차	원주의료고	강원	의료기기	160	㈜리스템, ㈜누가의료기
13	공	1차	충북반도체고	충북	반도체장비	100	하이닉스반도체, ㈜세미텍
14	공	1차	합덕제철고	충남	철강	100	㈜현대제철, ㈜동부제철
15	공	1차	군산기계공업고	전북	조선 · 기계	180	현대중공업, 두산인프라코어
16	국	2차	전북기계공업고		산업기계	300	만도(주), ㈜이엘케이
17	공	2차	한국항만물류고	전남	항만물류	100	동부익스프레스, 대한통운
18	국	1차	구미전자공업고	경북	전자	280	㈜LG이노텍, LG전자
19	공	2차	금오공업고		모바일제품	200	㈜메인텍, ㈜세영정보통신
20	공	1차	거제공업고	경남	조선	160	㈜삼성중공업
21	공	2차	삼천포공업고		항공 · 조선	100	㈜한국항공우주산업, ㈜대신항공
22	국	3차	부산해사고	부산	해양	160	(주)범진상운, (주)신성해운

23	국	4차	인천해사고	인천	해양	120	에스제이탱커, KSS해운
24	공	3차	울산에너지고	울산	에너지	120	한라전기, 삼보전력
25	공	4차	한국바이오마이스터고	충북	바이오	100	CJ제일제당
26	공	3차	공주마이스터고	충남	SMT장비	80	삼성SMD, 하나마이크론
27	공	4차	연무대기계공고	경남	자동차부품제조	100	충남테크노파크, 삼성전기
28	국	4차	공군항공과학고		항공기술	150	공군교육사령부, KAI
29	공	5차	서울로봇고	서울	로봇	160	현대로템, 현대중공업
30	공	5차	삼척전자공고	강원	발전산업	80	남부발전, STX
31	공	5차	전남생명과학고	전남	친환경농축산	100	전남도내 영농조합법인
32	사	5차	포항제철공고	경북	철강	180	포스코, 포스코특수강
33	공	5차	평해공고		원자력발전설비	80	한국수력원자력, 한전KPS
34	공	6차	미원공고	충북	차세대전지	80	LG화학, 더블유스코프코리아
35	공	6차	여수전자화학고	전남	석유화학제조	100	GS칼텍스, 호남석유화학

출처: 교육부 보도자료(2013. 5. 15.).

아직 마이스터 고등학교에 대한 평가를 하기는 이르다. 앞으로 마이스터 고등학교에서 이름 그대로 장인으로 성장할 수 있는 인재가 많이 배출되기를 바랄 뿐이다. 그럼에도 불구하고 시작하는 단계부터 드러난 몇 가지 문제점을 지적할 수 있다.

먼저, 마이스터 고등학교의 교육 분야는 산업 전반을 포괄할 만큼 다양하지 못하고 국가에서 전략적으로 중요하다고 판단하는 분야에 편중되어 있다. 소수의 학교만 지정하여 집중적으로 육성하기 때문에 어쩔 수 없을지도 모른다. 그럼에도 불구하고 우리 사회에서는 특정 분야에서만 장인이 필요한 것이 아니다. 장인은 우리 사회 곳곳에 모두 존재해야 한다. 이런 점에서 볼 때 마이스터 고등학교 제도가 장인은 마이스터 고등학교를 통해서만 육성된다든가, 장인은 특정 분야에만 한정되는 것으로 오해하게 할 수도 있다. 마이스터 고등학교에 제한하지 않는, 모든 학교와 교육 제도를 통한 장인 육성 정책이 필요하다.

더욱 근본적으로, 둘째, 마이스터 고등학교의 교육으로 장인이 육성될 수 있을지에 대한 문제다. 정부는 마이스터 고등학교에 교육과정 개편, 산학연계 강화 등과 같은 여러 가지 획기적인 교육정책을 적용했다. 그럼에도 불구하고 여전히 학교 제도의 틀 내에서 교육의 과정이 운영될 수밖에 없다(장원섭, 김지영, 진유림, 장소현, 장덕붕, 2014). 교사도 교과서도 제한을 받을 수밖에 없다. 따라서 기능적 숙련 이외에 장인으로서 가져야 할 장인성을 충분히 육성할 수 있을지는 의문이다. 이것이 많은 사람이 '마이스터 고등학교에 마이스터가 없다'는 농담을 하곤 하는 이유다.

셋째, 장인 육성을 위한 '선취업 후진학'의 구조가 확립되어 있지 못하다는 문제를 지적할 수 있다. 마이스터 고등학교 학생들은 학비를 면제받는 등의 혜택을 받는 대신에 졸업 후에 반드시 취업을 하도록 요구 받는다. 그래서 앞서 본 바와 같이 취업률이 매우 높을 수밖에 없다. 그러나 어쩔 수 없이 취업했던 많은 졸업생이 짧은 기간 안에 직장을 그만두었다. 실제로, 마이스터 고등학교 1기 졸업생 중 94.6%가 취업한 상태였으나 약 10개월 후에는 취업자의 18.1%가 회사를 그만두거나 이직한 것으로 나타났다(한겨레신문, 2013. 10. 1.). 이에 대해 마이스터 고등학교의 졸업 직후 취업 성과에만 급급할 게 아니라 취업의 질을 개선해야 할 필요가 있다는 주장이 제기되기도 한다(장명희 외, 2011). 그러나 더욱 근본적으로는 이런 강제적인 취업 같은 방식이 과연 장인을 육성할 수 있는 길일지 상당한 의문으로 남는다. 게다가 마이스터 고등학교 졸업생들이 계속해서 학습할 수 있는 '후진학'의 체제가 우리나라 고등교육과 평생교육 제도에서 충분하게 확립되어 있지도 못한 실정이다.

다음으로 국가역량제도로 넘어가보자. 박근혜 정부는 능력중심 사회를 구현하기 위한 핵심 정책으로 국가직무능력표준을 강력하게 추진하고 있다. 국가직무능력표준(National Competency Standards: NCS)은 일과 학습을 연계하기 위한 궁극적인 목적을 갖는다. 현장에서 필요로 하는 직무수행 능력에 기초하여 직무능력표준을 개발하고, 이를 교육 및 훈련 과정과 자격 기준으로 활용하고자 한다(주인중, 조정윤, 임경범, 2010). 산업 또는 직무가 요구하는 숙련에 대한 정보를 표준화함으로써 산업이 필요로 하는 인력을 양성하려고 한다. NCS의 개발과 활용을 통해 청년 실업과 일자리 불합치 문제를 해결하고, 더 나아가 스펙과 학벌 문화를 넘어 능력중심 사회로 발돋움할 수 있다고 주장한다(오계택, 김덕기, 박윤희, 2013; 정향진 외, 2013).

이런 기대는 산업과 직업 그리고 숙련이 크게 변화하지 않는 경우에 유용할 수 있다. 지식기반 경제에서는 기술과 지식이 매우 빠르게 변화한다. 이런 상황에서는 숙련에 대한 표준을 만들고 그것을 인력 양성에 활용하기가 상당히 어렵다. 개발과 적용 시점에서 이미 지식과 기술이 낡은 것이 되어 버리기 때문이다. 더군다나 기업 특수적 숙련은 표준화될 수 없다. 한마디로, NCS가 숙련의 수요에 대한 신호 기능을 제대로 하기는 어렵다. 따라서 표준화된 숙련 수요를 바탕으로 교육과정 또는 학습 모듈이 설계되고 이를 통해 인력이 양성될 경우에, 양성된 인력이 습득한 숙련에 대한 신호 기능이 잘 작동하지 못하면 노동시장에서 숙련 불일치의 문제에 직면하게 된다.

특히 장인에게 요구되는 역량과 관련하여 NCS의 문제를 생각해 볼 수 있다. 고혜원, 나현미, 한애리, 문진우(2013)는 대한민국 명장 239명을 대상으로 역량 요구도와 우선순위를 분석하였다. 그 결과, '목표설정'이 최우선 순위 역량으로 도출되었다. 그리고 사업 및 시장 통찰력, 비전 수립 및 제시, 전략적 계획수립, 변화주도, 정보 수집과 분석, 업무의사결정, 전문지식, 고객지향, 자기계발, 창의성 역량이 차순위 역량으로 분석되었다. 이 책에서 살펴본 우리의 장인들에게서 발견되는 장인성과도 유사한 점이 상당 부분 있다. 그런데 문제는 이러한 역량들이 과연 가시적으로 드러난 표준화되고 획일화된 역량 접근법인 NCS를 통해 표준화가 가능할지에 대한 의문이 제기될 수 있다는 것이다.

나는 최근에 장인의 기능을 전수하기 위해 기록하는 프로젝트에 참여한 적이 있다. 기능을 낱낱이 문자화하여 기록할 뿐만 아니라 작업 과정을 동영상으로 촬영하여 남겼다. 기능 전수와 관련한 논의 과정에서 한 장인이 이런 의문을 제기했다. '기능은 그렇다고 하더라도 정신이나 가치는 어떻게 할 건가?' NCS와 같이 역량을 표준화하는 제도뿐만 아니라, 앞서 살펴본 마이스터 고등학교의 교육에도 그대로 해당하는 질문이다. 한마디로, 장인 육성을 위한 학교교육이나 훈련 프로그램, 그리고 NCS 같은 자격 제도에서 이런 장인성이 어떻게 육성될 수 있을지의 문제는 여전히 남아 있다.

12장에서 나는 장인의 길, 일과 배움, 그리고 삶의 과정에서 겪은 다양한 요소가 서로가 서로를 강화하여 선순환적으로 장인성을 형성하였다고 했다. 따라서 장인 또는 장인성의 육성은 특정 훈련이나 자격만으로는 역부족이다. 이와 더불어 새로운 전략이 필요하다. 이 절의 서두에서 언급했듯이 그것은 삶의 전 과정에서 이미 형성된 장인성을 가진 장인들을 발굴하고 인정하는 방식이다. 이를 통해 이들과 이들이 가진 장인성을 확산할 필요가 있다. 그럼으로써 이들을 모범으로 하여 사람들이 본받아서 스스로를 장인으로 성장하도록 해야 한다. 그것이 장인이 일과 배움의 전범인 이유이기도 하다.

이와 관련하여, 마지막으로 대한민국 명장 제도를 살펴보겠다. 이 제도는 우리나라의 가장 대표적인 장인 제도다. 이 책에 나온 우리의 장인 가운데 7명이 대한민국 명장이었다. '대한민국 명장'이란 산업 현장에서 최고 수준의 숙련 기술을 보유한 기술자이자 산업 현장에 장기간 종사함으로써 숙련 기술 발전 및 숙련 기술자의 지위 향상에 크게 공헌한 사람으로서 「숙련기술장려법」에 의해 선정된 장인을 칭한다. 고용노동부와 한국산업인력공단은 1986년부터 산업 현장에서 장기 근속하고, 그 분야의 최고 수준의 기능을 보유한 기능인을 선정하여 명장 호칭을 수여하고 있다.

'대한민국 명장'의 자격 요건은 '산업 현장에서 최고 수준의 숙련 기술을 보유하고 동일 직종에 20년 이상 종사하였으며 접수일 현재 생산 업무에 직접 종사하는 자'였다. 2012년에 개정된 법에서는 해당분야 근속년수를 20년에서 15년으로 변경하였다. 또한 2012년도부터는 당초 24개 분야 167직종에서 22개 분야 96직종으로 통폐합하였다. 심사 기준은 숙련 기술 보유 정도, 숙련 기술의 발전에 기여한 정도, 숙련 기술자의 지위 향상에 기여한 정도, 공예 분야에 한하여 산업화 및 현대화 노력 정도이고, 현장 확인을 거쳐 선정한다. 대한민국 명장으로 선정된 자에게는 일시장려금 2,000만 원과 계속 종사 장려금 지급, 대한민국 명장 증서 및 대한민국 명장패의 수여, 국외 선진국 산업 시찰 기회 부여 등이 이루어진다.

대한민국 명장 제도를 통해 2014년까지 총 587명의 명장이 배출되었다(표 참조). 그러나 제도적으로 더 보완할 점들도 지적되고 있다. 서양열(2006)은 명장 제도가 우수한 기술인을 선정하여 국가 산업 발전에 기여한다는 소기의 목적을 달성하고 있는 것으로 보이지만, 명장을 배출한 분야가 한정되어 있고 산업 변화를 반영하지 못하고 있다고 지적하였다. 박동열, 윤형한, 전희선(2011)은 명장을 포함한 숙련 기술인에 대한 명확한 개념 설정과 환경적 지원이 미흡하다고 보고하였다. 고혜원, 윤형한, 전희선(2010)은 기능인 양성을 위해 추진되었던 숙련 기술 장려 사업들이 기능 및 기능인에 대한 부정적 인식 해소 미흡, 정책의 체계성 부족, 재원 미흡 및 안정성 저하, 소수 엘리트 위주의 사업 방식의 지속, 숙련 향상의 유인 체계 형성을 위한 지원 부재와 같은 한계가 있었음을 지적하였다. 오영민(2011)은 기존의 「숙련기술장려법」 및 정부의 숙련 기술 관련 사업들을 분석하여 새로운 사업 개편 및 법 제도 개선을 통해 변화하는 산업 구조에 부합하는 발전된 제도적 여건을 마련할 것을 제안하였다.

다른 국가들에도 우리나라의 명장 제도와 유사한 제도들이 있다. 일본에는 '명공' 제도가 있다. 장인을 우대하는 오랜 전통과 사회 분위기로 인해 '명공'이라는 타이틀은 최고의 명예로 평가된다. 매년 150명 정도의 명공을 선정하여 150만 원의 상금을 수여한다. 명공들은 공업고등학교에 파견되어 학생과 선생님들의 교육을 담당하기도 한다(이상훈, 김군수, 문미성, 신기동, 이수행, 2013).

독일에는 기능인을 우대하고 장려하는 마이스터 제도가 있다. 독일은 장인을 육성하는 공인된 도제 직종이 467개, 마이스터 양성 교육기관이 2,800개에 이른다. 독일인에게 직업의식은 일종의 종교적 신념으로서 모든 직업에 대한 존경심과 충성심을 가지고 있다. 자기 직업에 대한 긍지 또한 대단하다(미래정책자문그룹, 2011).

2012년 기준 일본의 명공은 5,480명이고, 독일의 마이스터는 약 66만 명이다. 반면에, 우리나라의 명장은 2012년까지 547명에 그치는 수준이다. 이는 일본의 10%, 독일의 0.1%에도 못 미치는 수치다(이상훈 외, 2013). 물론 우리나라에는 대한민국 명장 제도 이외에도 우수기능전승자, 무형문화재, 신지식인 같은 제도를 국가와 지역 차원에서 운영하고 있다. 그러나 이런 장인 관련 제도들이 중복되는 경우도 많고, 선정된 장인에 대한 인센티브도 제도에 따라 또는 지역에 따라 천차만별인 실정이다. 물론 대한민국 명장의 수가 매우 적기 때문에 상대적으로 가치를 더 높게 평가한다고 볼 수도 있다(조성재 외, 2013). 그럼에도 불구하고 더욱 다양한 산업 분야에서 더 많은 장인을 발굴하고 인정함으로써 사회 전반적으로 장인성을 함양하고 장인을 육성할 수 있어야 한다.

대한민국 명장 현황(2014년 기준)

분야 \ 연도	'86	'87	'88	'89	'90	'91	'92	'93	'94	'95	'96	'97	'98	'99	'00	'01	'02	'03	'04	'05	'06	'07	'08	'09	'10	'11	'12	'13	'14	계
총인원	1	3	9	7	7	41	24	17	23	28	29	27	27	21	34	29	26	22	22	23	17	12	14	12	21	24	27	23	17	587
기계	1	2	3	2	2	6	10	5	9	9	12	9	12	7	10	9	7	7	6	7	4	3	6	4	7	8	7	4	5	183
금속					1	6	2	2	4	5	4	2	3	2	2	4	3		1	2	2	1	1		4					51
화공 및 세라믹								1			2	1		1	1	1	1	1		1	1					1				12
재료																											5	4	4	13
전기			1			2	2	1	1	1	1	1	1	1	1	2	1	1	1	1					1	1		1	1	23
전자		1	1	1									1	1	2	1			1									1		10
통신											1								1	1	1								2	6
조선						1				1		2	1	1	2	2	1	1		1	1				1	2		1		18
항공												1			1				1		1						1			5
토목																														-
건축						1			2			1							1						1	2		2		10
섬유						9	4	1	1	1	2	2	2	1	3	2	3	2	1	3	2	2		1		3	1	1	1	48
광업자원						1	2	2	2	1		2		1																11
정보처리																														-
농림						1				1					1		1							1			2	1		8
해양															1	1	1		1							1	1	1		7
산업디자인																														-
에너지																									1					1
안전관리						2	1	2		2	1		1		1											1		1	1	13
환경											1														1					2
산업응용												1						1	1	1		2	1	1			2	2		12
공예			4	4	4	12	3	3	4	7	5	5	6	6	7	4	4	4	5	3	4	3	4	3	3	3	4	2		116
서비스															2	3	4	5	2	3	1	1	2	2	2	2	4	2	3	38

출처: 고용노동부(2014)의 표를 재구성함.

깊은 숙련의 힘

> 폭포는 단지 물방울들이 모여 이룬 것이고, 반복에 대한 보상일 뿐이다.
>
> — 존 암스트롱
>
> 출처: de Botton & Armstrong(2013).
> 알랭 드 보통의 영혼의 미술관: 예술은 우리를 어떻게 치유하는가, p. 110.

이제 더 미시적으로 들어가서 장인 육성에 대해 논의한다. 직업교육 과정, 진로체험 학습, 창조인재 육성 같은 일련의 교육 문제를 검토함으로써 구체적으로 장인 육성을 위한 교수학습의 방식을 살펴보겠다.

먼저 직업교육 과정의 문제다. 나는 김지영 등과 함께 마이스터 고등학교에서 이루어지는 교육의 과정을 심층적으로 살펴보았다(장원섭 외, 2014). 전공교과 교사 4명과 졸업생 4명을 대상으로 심층면담과 수업참여 관찰 등을 통해 자료를 수집하고 분석하였다. 앞에서도 언급했듯이, 마이스터 고등학교의 교육과정은 산업계의 요구를 적극적으로 수용함으로써 이를 교육과정에 반영하고 있었다. 학교와 교사는 방과후학교, 수준별 학습 등의 다양한 프로그램을 실행함으로써 산업계의 요구를 수용하여 학생들의 직무 역량을 기르는 데 중점을 두고 있었다. 이에 따라 '실행되는 교육과정'과 학생이 실제 취업을 통해 산업 현장에서 체감하는 학교에서의 '경험된 교육과정'은 어느 정도 일치하는 것으로 보였다.

그럼에도 불구하고 그런 일치는 불완전할 뿐이었다. 구체적으로, 고시된 훈령에서 마이스터 고등학교는 자율적으로 교육과정을 편성하여 운영할 수 있다고 명시했다. 그러나 교육과정을 구성하는 교과서, 필수이수 요건, 학생 평가 등은 교육부의 관할에 있고, 고정된 '계획된 교육과정'의 영향에서 벗어나지 못했다. 이에 따라 계획된 교육과정, 실행된 교육과정, 그리고 경험된 교육과정 사이에는 간극이 발생할 수밖에 없었다(Billett, 2011).

학교 교사들은 이러한 고정되고 공식화된 계획된 교육과정을 극복하기 위해 실행된 교육과정에서 자체적으로 교과서를 제작하였다. 다양한 외부 자료를 활용하는 방식의 비공식적 기제들을 통해 간극을 메우고자 노력하고 있었다. 그렇지만 여전히 어려움이 존재했다.

이러한 과정에서 학생들이 학교에서 경험한 교육과정은 산업 현장과 여전히 일치되지 않거나, 불가피하게 일치될 수 없는 부분들이 존재했다. 이는 학교와 산업 현장이 기본적으로 상황이나 맥락이 다른 체제이기 때문에 일치될 수 없는 것이기도 하다. 단순한 직무, 과업 등에 초점을 맞춘 교육과정을 통해 학교와 산업의 두 체제 간 간극을 좁히기란 더더욱 어렵다.

결국 직업교육을 받는 학생들이 학교교육 과정을 이수하는 것만으로도 원활하게 노동시장으로 진입하기 위해서는 근본적으로 다른 접근법이 필요하다. 여전히 고정되고 공식적이고 계획적인 기존의 상위 체제로부터의 요구(top-down)에 의한 단편적인 직업교육 과정의 접근 방식에서 벗어나야 한다. 그리고 아래로부터의 직업교육(bottom-up)으로의 접근 방식이 필요하다. 그 대표적인 접근법으로 체험학습 또는 경험학습을 이어서 논의하겠다.

둘째, 진로체험 학습의 문제다. 근래 들어 진로교육이 큰 화두가 되고 있다. 중학생을 대상으로 확대하고 있는 '자유학기제'는 체험학습을 체계화한 진로교육의 한 방식이다. 나는 이미 십여 년 전에 테스트와 텍스트 중심의 진로교육에서 콘텍스트 중심의 진로교육으로의 전환을 제안한 바 있다(장원섭, 2007). 추상적이고 머리로 아는 진로교육이 아니라 구체적이고 몸소 경험하는 진로교육이어야 한다는 것이다. '자유학기제'에서도 보듯이, 지금은 진로교육이 체험 중심으로 많이 이루어지고 있다.

2년 전에 나는 학교 현장에서 이루어지는 진로교육 실천 사례들을 평가한 적이 있다. 교사들의 많은 노력으로 기발한 아이디어들과 교육적으로 우수한 사례들도 많았다. 특히 진로 체험은 필수적으로 이루어지고 있는 듯했다. 그런데 아직 뭔가 부족했다. 형식적이고 때우기 식인 경우도 있었지만, 그렇지 않다고 하더라도 겉핥기식의 진로체험 학습이라는 인상을 지우기 어려웠기 때문이다.

19세기에서 20세기로 넘어가는 전환기에 미국에서는 직업교육에 대한 큰 논쟁이 있었다(장원섭, 2006). 듀이(Dewey)와 스네덴(Snedden)과 프로서(Prosser)가 각각 그 논쟁의 대표자였다. 듀이는 민주시민을 육성하기 위한 삶의 경험학습을 주장했다. 이를 위해 폭넓고 다양한 직업을 체험하는 교육이 이루어져야 한다고 보았다. 반면에, 스네덴과 프로서는 교육을 통해 숙련된 직업인을 양성하고자 했다. 따라서 구체적인 직무훈련이 필요하다고 맞섰다. 일반 직업교육과 특수 직업교육의 논쟁이었다. 그 당시 미국에서는 특수 직업교육이 교육 현장에 공식적으로 도입되었다.

21세기로 넘어간 지금은 듀이 식의 일반적이고 광범위한 직업교육이 공감을 얻고 있다. 사람들은 일생을 통해 더 이상 한 직장에만 그리고 한 직업에만 몸담지 않게 되었기 때문이다. 개인의 경력이 계속 바뀌고 달라질 가능성이 커진 상황에서 변화에 유연하게 대응할 수 있는 역량이 요구되기 때문이다. 게다가 현대사회가 강력하게 요구하는 창조력까지 가지려면 다양한 분야의 지식을 섭렵하는 융·복합적 학습이 중요하기 때문이다. 따라서 타당한 주장이라 하겠다.

그러나 이제는 질문이 달라져야 한다. 일반적인가 특수적인가 또는 광범위한가 구체적인가 하는 문제보다 더 근본적인 질문이 있다. 그것은 교육이 맥락적인가 탈맥락적인가 하는 기준이다. 진로교육 또는 직업교육은 맥락을 재맥락화하는 과정이어야 한다. 학생들이 진로와 직업 체험을 통해 맥락을 얻는 것은 중요하다. 그러나 이를 재맥락화할 수 있어야 한다. 그렇지 않으면 한번 얻은 맥락은 금세 사라져 버린다. 이런 점에서 여러 맥락을 많이 모으는 것, 즉 다양한 직업을 체험하는 것도 필요하다. 그렇지만 그보다 더 중요한 것은 이를 재맥락화할 수 있는 능력이다. 그것이 진로구성 역량이다.

이 문제는 진로교육이나 직업교육을 넘어서 교육 일반에까지 적용할 수도 있다. 진로구성 역량은 문제해결력, 대인관계 능력, 의사소통 능력, 창조력 같은 일반적 기초 역량들과 큰 관련성을 갖기 때문이다. 다만 일반 숙련을 일반교육으로 주입하려는 것이 문제다. 이런 역량들을 지필 시험으로 테스트하려는 것이 문제다. 이런 일반 숙련도 맥락과 관련될 수밖에 없고 맥락 속에서 의미를 가질 수밖에 없다(Sandberg, 2000). 따라서 깊은 숙련 속에서 맥락적으로 형성될 수 있다.

장인은 넓고 일반적인 교육보다는 좁고 특수한 분야에서 숙련된 사람들이다. 따라서 우리 장인들의 사례에서는 드러나지 않은, 넓고 일반적인 경험학습이 어떤 효과를 가질 것인지에 대해서 단언할 수는 없다. 그렇지만 좁고 특수한 숙련이 어떤 효과를 가졌는지는 알 수 있었다. 그것은 그들이 깊은 숙련의 끝에서 창조적으로 일할 수 있었다는 사실이다. 그런 결과는 맥락화의 지속적인 재맥락화를 통해 가능했다. 장인들은 자신의 분야에서 깊이 숙련된 다음에 그 안에서 또 다른 인접 분야들을 접목시킴으로써 재맥락화했다. 그리고 그것이 장인의 창조력으로 나타났다.

재맥락화와 창조는 온 몸과 마음을 합쳤을 때 일어난다. 우리의 장인들에게서 자신의 일의 내적 확장을 통한 창조의 기반 가운데 하나는 일 학습에서 이론과 경험의 섞임(blurring)에 있었다. 기능직이냐 전문직이냐 하는 고정관념은 버려야 했다. 그들은 손기술자만도 정신노동자만도 아니었다. 일과 배움의 과정에서 손과 머리, 육체와 정신은 확실히 통합되어 있었다. 온 몸과 마음을 자신의 일에 깊이 참여한 결과로 숙련도 창조도 이루어졌다.

따라서 경험학습만으로 장인을 육성하려는 것은 무리다. 선행 연구들이 주장하듯이(이재실, 2011; Ericsson, 2008), 장인의 배움과 성장의 과정은 경험학습의 단계별로 순조롭게 이루어지는 것도 아니다. 그저 배우는 사람의 경험만으로 배움의 과정을 파악해서는 불충분한 설명만이 가능할 뿐이다. 배움에는 지극히 많은 여러 원천이 있기 때문이다. 우리는 스승들에게뿐만 아니라 책, 그림, TV, 인터넷, 공간, 날씨 등 수없이 많은 인간 및 비인간 요소와도 교섭하고 학습한다. 여러 사건뿐만 아니라 다양한 사물도 배움에 개입하고 가르침을 준다(Fenwick, Edwards, & Sawchunk, 2011).

결국 장인의 육성은 경험학습에서 가정하는 것처럼 연속적인 또는 단계적인 과정이 아니다. 오히려 그것은 단속적인 확장의 과정을 거친다고 볼 수 있다. 이 모든 것이 깊은 숙련의 과정 가운데 일과 배움, 그리고 삶의 상황에서 일어난다. 이런 깊은 숙련의 힘은 다음에 논의할 창조력으로 발현한다.

끝으로, 창조인재 육성의 문제다. 앞 절에서 이미 장인의 창조력에 대해서는 살펴보았다. 여기서는 창조인재를 어떻게 육성할지에 초점을 두고 논의하겠다. 창조인재 육성에서 정답은 '큰 창조력(Big C)'과 '작은 창조력(little c)'을 모두 육성하는 전략이 필요하다는 것이다. 특정 분야에서의 소수의 천재를 육성하는 동시에, 일상에서 모든 사람이 창조적으로 일하면서 살아가도록 교육하는 것이다.

그렇지만 지금 내가 확실히 제시할 수 있는 답은 장인들의 사례들에 근거할 수밖에 없다. 그것은 일상의 작은 창조 경험(little c)을 목표로 하여, 영역 특수적인 내용을 가지고, 맥락 의존적인 방법으로 교육이 이루어져야 한다는 것이다. 한마디로, 모든 사람이 깊은 숙련의 경험을 가질 수 있도록 기회를 조성해야 한다. 장인들이 자신의 일에서 창조력을 발휘하고 더 넓게 배우는 현상은 한 분야에서 오랜 숙련을 거침으로써 가능했다는 사실이 이를 지지한다.

우리 교육이 창조력 개발에 끊임없이 목말라 하면서도 여전히 실패한다고 느끼는 이유는 교육의 목표, 내용, 방법이 지금 내가 제시한 것과는 전혀 상반되기 때문으로 보인다. 천재의 창조력(Big C)을 지향하면서, 이것저것 일반적인 내용을 머리로 알도록 가르치는 탈맥락적인 교육을 하고 있는 것이다. 창조력을 범용 및 탈맥락적으로 표준화하거나 측정하려는 시도들 역시 실패할 수밖에 없다. 아무리 자기 분야에서 창조적으로 일하는 장인이라고 할지라도 그런 시험에서는 낙제할 것이다. 우리 사회 또는 기업이 창조력을 가진 사람을 원한다면, 그 사람이 어떤 분야든 작은 창조의 절정 경험이라도 한 적이 있는지, 그리고 앞으로 새로운 일에서도 그럴 의욕을 가지고 있는지를 관찰하는 것이 더 확실한 방법이 될 것이다.

우리 시대의 화두인 창조를 위해 융·복합이 유행이다. 여러 학문이 섞이고 다양한 관점이 만나는 것은 창조를 위해 매우 중요하다. 앞서 언급한 넓은 체험학습이 필요한 이유이기도 하다. 그러나 어설픈 융·복합은 죽도 밥도 아닌 것으로 끝날 수 있다. 폭넓은 경험은 그저 수박 겉핥기에 그칠 수 있다. 중심을 잡지 않은 채 주변으로 확장한다는 말은 어불성설이다. 줏대 없는 한눈팔기는 그저 어지럽게 휘둘릴 뿐이다.

우리의 장인들은 수십 년간 한 가지 일에 종사한 사람들이다. 그들이 장인의 지위에 오르기까지 이런저런 다양한 분야를 융·복합적으로 배웠다는 것을 발견하지는 못했다. 어쩌면 그들은 자기 분야만을 고집한 외골수일는지도 모른다. 그럼에도 불구하고 그들은 창조적으로 일한다. 깊은 숙련이 그들의 창조력을 위한 기반이었다. 골똘한 생각과 자기 일에의 몰입이 먼저였다. 그러고 나서 거기서 만나는 문제들을 해결하면서 일을 더욱 확장하고 배움을 넓혀 나갔다. 그 결과로 새로운 창조물을 얻었다. 깊은 숙련의 힘이었다.

현대 한국형 장인 육성 제안

우리나라는 전통적으로 장인의 사회적 지위가 낮았다. 일에 대한 적절한 보상과 사회적 인정이 부족했다. 사농공상의 신분 질서에 영향을 받아 손으로 일하는 장인들을 천시하는 경향이 강했다(김영애, 2010; 이순혁, 1987).

게다가 일제강점기를 겪고 근대화 · 산업화 과정을 거치면서 우수한 전통 기술마저 단절되었다. 값싼 대량생산품조차 소비하기 어려울 정도로 극심한 가난을 겪었기 때문에 장인의 고품질 제품을 향유할 수 있는 소비자가 많을 리 없었다. 역사 속의 장인들은 오늘날 중요 무형문화재 등으로 지정받아 국가의 보호를 받으며 그 명맥을 겨우 잇고 있다(김영애, 2010; 이순혁, 1987; 황선명, 2000; 조성진, 1985).

이제 우리는 새롭게 장인을 육성하여야 한다. 그것은 현대적 장인이고 한국적 장인이어야 한다. 미래를 지향하는 육성 체제가 갖추어져야 한다. 이러한 장인 육성의 기본 방향은 다음과 같다.

첫째, 현대적 의미의 장인을 육성하여야 한다. 현대적 의미라 함은 ① 전통적인 기술의 전수나 계승을 넘어서 새로운 창조적 생산을 하는 것을 말하고, ② 1, 2차 산업 중심의 기능 인력뿐만 아니라 서비스 산업 또는 지식 산업과 전문직까지를 모두 포괄하는 것을 뜻한다. 이는 산업 구조의 변화에 따라 유연적 생산 모델이 확산되었기 때문이다. 이에 따라 기술 구조의 성격이 크게 변하면서 직무 구조, 작업 조직의 특성, 숙련의 특성 또한 바뀌고 있다. 전통방식에서 중요시되던 손끝 기술을 넘어 정보 기술, 경영 지식, 작업공정 지식, OJT 능력, 커뮤니케이션 능력, 문제해결 능력의 중요성이 더욱 증가하였다. 따라서 기존의 전통적 기술 및 산업을 기반으로 하는 기능 인력 양성뿐만 아니라 현대 산업과 기술, 사회적 요구에 부합하는 현대적 의미의 장인 육성이 필요하다.

둘째, 한국형 장인 육성 체제를 구축하여야 한다. 한국형이라 함은 독일의 마이스터 제도나 일본의 가업 계승형 장인 전통 등과 차별화된다. 우리나라는 역사적으로 근대화 초기에 식민지배와 전쟁을 겪으면서 기능, 기술, 숙련 등이 단절되었다. 우리나라 고도성장기의 숙련은 서구나 일본에서 발견되는 전통적 숙련과는 다르다. 한편으로 전통적인 숙련을 익히는 집단이 성숙하면서 이론적 기반과 사회적 숙련, 문제해결 능력 등을 기반으로 한 새로운 생산 방식과 새로운 숙련 개념이 더욱 요청된다. 이는 우리나라의 경제적 · 사회적 · 교육적 · 문화적 · 역사적 상황에 맞는 독특하고 고유한 장인 육성 체제를 도입할 필요가 있음을 의미한다.

셋째, 지방적이고 분권적으로 장인을 육성하여야 한다. 미래 지향적 장인 육성 체제는 중앙집중적인 · 인적자원 개발에서 지역과 산업 중심 인재 육성으로 나아가는 것이어야 한다. 그것은 개인의 주도적 노력과 역량 발휘, 개별 산업과 지역의 특성을 기반으로 하는 인재 육성의 방식을 말한다. 중앙 정부의 일방적 주도권보다는 개인과 지역, 개별 기업과 산업이 장인 육성의 주도적 주체로서 그 역할을 하여야 한다.

현대 한국형 장인 육성 체제를 구축하기 위한 구체적인 방안은 다음과 같다. 그것은 자격 체제, 직업 교육과 훈련, 지역 인재 육성 등의 측면에서 제시할 수 있다.

먼저, 자격 체제의 측면에서는 무엇보다 자기 분야에서 고숙련과 창조성, 자부심과 사명감을 동시에 가진 장인을 일터에서 육성하고 이들이 직장과 사회에서 인정받을 수 있게 해야 한다. 이를 위해 장인 육성은 자격 제도 등 사회적 인정 체제와 연계할 필요가 있다. 예를 들어, 교육훈련 과정과 자격 기준으로 활용하기 위해 진행되고 있는 국가직무능력표준(NCS) 등 자격 체제를 장인 육성과 연계할 수 있도록 개편하여 인력 양성 체제를 구축하여야 한다.

구체적으로, 장인 육성이 한국의 새로운 자격 체제의 한 축으로서 기능을 하도록 한다. 한국의 자격 제도는 자격 종목 중심으로 설계되고 있고, 자격의 부여도 의료계 및 법조계 등 일부를 제외하면 검정형 자격이 주류를 이루고 있다. 직업 세계의 다원화, 인구의 감소 등에 대비해 국가의 생산성을 향상시키기 위한 고숙련 창출을 주도하기 위해서는 인적자원의 거래에 있어서 신호 기능을 하는 장인 육성에 초점을 맞추는 자격 제도의 한 축이 새롭게 설계될 필요가 있다. 기존의 대한민국 명장제도 이외에도 산업에서의 숙련 고수인 장인을 발굴하고 이들에게 자격을 부여하여야 한다. 또한 장인들이 학교를 졸업하고 노동시장에 진입하는 신규 노동력의 숙련을 형성하는 데 주도자가 되게 하여 신규 노동력이 일을 하면서 자격을 획득할 수 있는 자격부여 시스템을 새롭게 설계할 필요가 있다. 이러한 자격 제도는 검정형이 아닌 과정이수형의 변형된 형태로서 장인육성형 자격이라고 할 수 있다.

또한 장인이 국가직무능력표준 개발의 주도자로서 역할을 할 수 있는 시스템을 구축하는 것이다. 현재 산업인력공단에서 개발하고 있는 830여 개의 국가직무능력표준은 직업의 세분류 수준의 분류 기준에 따라 개발되고 있다. 전문대학과 특성화 고등학교 그리고 직업훈련에 적용하기 위한 학습모듈을 개발하는 것도 이러한 직업의 분류 기준에 따르고 있다. 그러나 개발된 국가직무능력표준이 활용되지 못하면 산업의 숙련을 인력 양성에 활용하기 위한 신호 기제의 역할을 제대로 할 수 없게 된다. 이와 같이 사전에 정해진 틀의 분류 기준에 따라 개발되는 국가직무능력표준의 한계를 극복하기 위해서 장인이 가지고 있는 숙련을 중심으로 국가직무능력표준을 개발하도록 하여야 한다. 장인이 개발하는 국가직무능력표준을 바탕으로 교육과정을 개발하게 하고 이를 전문대학과 직업학교에서 활용하도록 하는 것이다.

둘째, 직업교육과 훈련의 측면이다. 마이스터 고등학교와 특성화 고등학교, 전문대학, 폴리텍대학 같은 전형적인 직업학교와 훈련기관들에서뿐만 아니라 모든 초·중등교육과 고등교육 기관을 포괄하는 장인 육성 학습이 이루어져야 한다. 우리나라의 직업 교육과 훈련은 대체적으로 국가 주도적으로 이루어지면서 직업교육 또는 직업훈련을 표방하는 전통적인 기관이나 프로그램을 통해 기능인을 양성하는 것으로 간주되어 왔다. 앞으로는 특정 기관, 특정 대상을 중심으로 한 직업 교육과 훈련을 넘어서 K-12에서부터 고등교육과 평생학습에 이르기까지 단계적이면서도 총체적으로 장인을 육성하는 학습 시스템이 마련되어야 한다.

구체적인 한 예로, 장인이 주도하는 숙련 형성으로서 일-학습 병행제를 구축하는 것이다. 장인이 가지고 있는 숙련 형성 과정을 졸업생 또는 재학생의 능력 개발을 위한 인력 양성 과정에 정형화된 형태로 구조화하는 것이다. 현재 고용노동부가 추진하는 일-학습 병행제는 기업이 주도하는 구조를 가지고 있으나 이 외에도 한국형 장인에 의한 일-학습 병행제를 새롭게 구축하는 것이다. 장인이 졸업생의 학습과 숙련 형성의 정규 과정을 주도하고, 학습 과정을 설계하고 아울러 일을 가르치는 것이다. 장기적으로 재학생을 위한 전문대학 및 마이스터 고등학교 등에서 장인에 의한 일-학습 병행 과정을 설치하고, 정규 교육에서 장인에 의한 일-학습을 병행할 수 있도록 발전시킬 필요가 있다.

또한 장인이 보유한 기능 및 기술을 활용한 학습이 활성화될 수 있는 체계를 구축한다. 이를 위해 장인들이 보유한 독특한 기능 및 기술의 터득과 학습 과정을 탐색하여 후속 세대가 배울 수 있도록 한다. 구체적으로, 장인을 직업 및 진로 교육의 교·강사로서 활용할 뿐만 아니라 그들이 손끝에 체화한 스킬과 노하우를 채록하여 전승하고 채록된 결과물을 교육에 이용하는 방안을 마련하고 확산하여야 한다.

셋째, 지역 인재 육성의 측면이다. 전통문화 산업과 기술을 계승할 수 있도록 지역 중심의 장인 및 산업 클러스터를 형성하여야 한다. 그럼으로써 지역 고유의 문화와 산업 장인이 육성되고, 그런 장인을 통해 지역 산업이

전승되고 더욱 발전할 수 있도록 해야 한다.

이를 위해 장인이 지역 인재 개발의 한 축을 형성하도록 한다. 지방대학 등은 학령인구의 감소에 따라 학교 운영의 어려움에 직면할 것으로 예상된다. 따라서 교육부는 지역의 대학 또는 전문대학이 지역 공동체를 유지·발전시키는 중요한 역할을 하는 지역 인재를 개발하는 데 중추적인 역할을 하도록 구조 개편을 추진하고 있다. 대학의 구조 개편은 대학의 특성화가 중요한 관건이라고 할 수 있는데 장인이 가지고 있는 숙련의 영역은 지방대학의 특성화와 연결시킬 수 있다. 대학을 특성화하는 데 장인의 역량을 활용하고 지역의 대학에서 장인이 주도하는 학습 시스템을 마련하는 것이다. 이러한 장인이 주도하는 학습 시스템은 성인이 학습자로 참여할 수 있도록 구조화함으로써 학령인구의 감소에 대한 대책으로 학습 수요자를 확대하는 역할을 할 수 있다.

또한 장인이 지식의 전도사로서 역할을 하는 새로운 형태의 사회교육훈련(social education and training) 시스템을 구축하는 것이다. 지역의 평생학습이 생산 지향적인, 즉 일자리 지향적인 직업교육훈련의 전통적인 틀을 벗어나 소비와 여가에 대한 지식을 축적하는 데 있어서도 장인이 중요한 역할을 할 수 있도록 하는 것이다. 사회교육훈련 시스템을 구축하는 것은 기존의 직업교육훈련을 새로운 형태로 발전시키면서도 고령화시대에 대비한 고령자의 학습 체계를 구축하는 것이다. 장인이 주도하는 사회교육훈련 시스템은 지역의 다양한 학습 동아리 등과 같은 자생적인 모임이 가진 지식 축적의 기능을 정책의 대상으로서 구조화하는 것을 의미한다.

향토 산업 또는 전통문화 산업은 영세한 소규모의 특성을 가지는 것이 일반적이며, 이들은 지역의 특성과도 밀접하게 관계를 가진다. 향토 또는 전통문화 산업의 영역에서 장인을 육성하는 전략을 마련하고, 이들이 지역의 향토 또는 전통문화 산업의 발전을 주도하도록 함으로써 지역 발전을 도모하는 것이 필요하다. 앞에서 제시한 자격 제도도 중앙 정부가 주도하던 것에서 지방자치단체가 숙련의 수준을 인증하는 미래의 자격 시스템으로 설계하여 추진하게 함으로써 자격의 생성 · 소멸이 지역의 특성과 연계되도록 하는 것이 중요하다.

장인의 사회물질론적 이론화 가능성

나는 이 책 전체를 통틀어서 장인을 새로운 관점에서 바라보았다. 살아 있는 장인들을 연구하면서 나의 고정관념을 허물었다. 특히 정신을 중심으로 장인을 생각했던 편견을 물질론적 시각으로 바꾸었다. 장인은 정신 세계가 아닌 현실 세계의 존재였기 때문이다. 이런 관점은 이미 앞 장들에서 여러 주제를 논의하면서 부분적으로 밝혔다. 여기서는 몇 가지 주요한 논의점을 정리하면서 사회물질론적 이론화의 가능성을 제시하겠다.

첫째, 장인의 개념을 물질론적으로 보아야 한다. 장인은 교과서에서 소개하듯이 역사 속의 위인만이 아니다. 장영실이나 허준과 같이 우리와는 동떨어진, 어쩌면 머릿속에서만 그려지는 그런 인물들이 아니다. 그들은 우리와 함께 일하고 우리 속에서 살아 숨 쉬며 살아가는 사람들이다. 또한 장인은 하늘로부터 부여받은 소명에 충실한 신의 자식이 아니다. 그들은 일하고 배우는 과정에서 그저 열심히 숙련을 형성하였다. 그런 숙련의 과정에서 취득한 자격증 하나, 새로운 제품 하나가 그들에게 성취감을 주었다. 그 성취감에 취해 더욱 큰 성취를 이루려고 배움을 넓혀 갔다. 그리고 끝내는 그것을 베푸는 위치에까지 올랐다. 장인은 그런 성장의 길을 걷고, 일하고 배우며, 삶을 살아가는 사람들이다. 게다가 장인은, 그들의 정신이라기보다는, 그들이 일하고 배우는 구체적이고 실제적인 실천 과정과 그 속에서 그들이 성장하고 형성하여 몸에 밴 행동양식으로서의 아비투스가 바로 그들의 존재이고 실체다. 이런 점에서 우리는 장인을 이상적이고 추상적이기보다는 현실적이고 구체적인, 현실에서 살아 있는 의미로 개념화해야 한다.

둘째, 장인의 삶은 심리학 이론들을 사회구조적으로 재구성할 수 있게 한다. 매슬로의 절정 경험 및 칙센트미하이의 몰입과 창의성 개념은 장인의 일하는 삶에서 중요한 시사점을 제공한다. 그럼에도 불구하고 그 이론들은 장인의 일하고 배우는 삶을 개인 차원의 심리적 현상으로만 해석하는 데 머무르도록 한다. 장인의 정상 경험은 이들이 설명하듯이 일 그 자체에서 올 수 있다. 그뿐만 아니라 그것은 일의 결과로 얻은 자격증, 박수갈채, 타이틀 같은 사회적 인정으로부터도 온다. 장인의 정상 경험은 주관적 경험이기는 하지만 객관적 인정도 중요하게 작용한다. 또한 그것은 하나의 정상만이 있는 일회적 사건이 아니다. 그 당시에 최고일 뿐이고, 계속 그런 최고도는 높아진다. 그런 경험과 기대가 장인의 성공 의지를 계속 북돋운다. 특히 장인의 삶은 정상을 경험한 이후에 고원에서의 삶을 유지하도록 한다. 정상을 준비하기 위해서다. 이런 삶은 개인적이고 심리적인 차원에서 주관적으로 절정의 희열을 다시 경험하기 위해서이기도 하다. 이와 동시에 주변의 시선과 기대라는 사회적 가시성(visibility)이 구조화된 형태라고 볼 수 있다. 결국 이런 점들에서 장인 연구는 기존 심리학의 절정 이론과 몰입을 재해석하고 고원에 이르도록 확장하며 사회구조적으로 다시 설명할 수 있는 살아 있는 근거를 제공한다.

셋째, 장인의 일의 해방론이다. 해방이란 억압하던 그 무엇으로부터 자유로워짐을 의미한다. 이런 점에서 해방은 언제나 이미 사회구조적인 문제를 제기하는 구체적 현실의 개념이다. 일로부터의 도피는 해방이 아닌 일시적 회피일 뿐이다. 현실은 그대로 둔 채 눈만 감고 있는 것일 뿐이다. 진정한 의미의 일의 해방은 일을 억압하고 있는 구조로부터 자유로워지는 것이다.

일 그 자체를 해방시키는 것이다. 현대 자본주의 사회에서 일은 금전적 이윤과 고객의 요구에 의해 왜곡된다. 따라서 일의 해방은 이윤과 고객으로부터 자유로워지는 것이 된다. 장인은 자신의 숙련과 전문성을 바탕으로 일의 고유한 리듬을 지키고, 그것을 자신의 일의 리듬으로 만들어서 일을 해방한 사람들이다. 이런 점에서 장인이 이룬 일의 해방은 자본주의 경제 구조에서 적어도 개인적인 차원의 일의 해방이 이루어질 수 있다는 가능성을 보여 준 살아 있는 증거다.

넷째, 장인의 창조력이다. 나는 의도적으로 널리 사용하는 창의성 대신 창조력이라는 용어를 사용했다. 그 이유는 좀 더 실체가 분명한 결과물을 만들어 내는 힘을 강조하고 싶었기 때문이다. 장인은 살아서 일하는 사람이다. 그들은 일하면서 구체적인 결과물을 만들어 낸다. 단지 머릿속으로만 새로운 생각을 하기보다는 창조물을 세상에 내놓고 있다. 그런 성격적 특성을 가지고 있는 데 그치는 것이 아니라, 그들은 그런 힘을 그들의 결과물로 내보이고 있다. 장인의 그런 창조력은 깊은 숙련으로부터 온다. 깊은 숙련의 힘은 현장성을 기반으로 한다. 그리스신화에서 안타이오스는 대지로부터 힘을 얻는 장사다. 장인은 일하는 현장에서 힘을 얻는 안타이오스다. 단지 어설픈 융·복합적 이론과 지식을 통해서 그들이 창조적이 되지는 않았다. 새로운 지식을 찾기보다는 자신의 일에서 새로움을 찾아냈다. 자신의 일을 확고한 중심으로 삼고, 더 넓게 확장하고 배움을 넓히면서 자신의 일에서 창조를 하였다. 이런 점에서 장인의 창조력은 기존의 창의성 이론에 생생한 하나의 관점을 제공할 수 있다.

마지막으로, 장인의 배움은 사회물질론적 시각으로 새롭게 접근하여야 한다. 그동안 장인의 학습에 관해서는 주로 성인학습 이론, 경험 학습 이론 또는 실행공동체 이론 등으로 설명해 왔다. 그러나 이 이론들은 매우 단순하거나 부분적인 설명만을 할 수 있을 뿐이다. 안드라고지 이론은 성인학습에 대해 지나치게 낙관적이다. 경험학습 이론에서는 경험을 통해 순조롭게 학습이 이루어질 것이라고 과장하는 경향이 있다. 이 이론들은 모두 장인의 배움을 설명하기에는 너무나 단편적일 뿐이다.

실행공동체 이론에서 장인이 도제 공동체에 참여하고 거기서 다른 구성원들과 시간과 공간을 공유함으로써(Lave & Wenger, 2000) 구조화된 성향체계로서의 장인성이라는 아비투스를 형성할 수 있다고 설명하는 것은 그럴듯하다. 그러나 우리의 장인들은 도제로 실행공동체에 참여하여 주변으로부터 일을 시작한 경우가 드물었다. 그런 공동체에 들어간 경우라도 처음부터 적극적으로 참여하고 일의 배움을 주도하기도 했다. 더군다나 우리의 장인들은 독립적으로 일하면서 스스로의 소속감을 만들어 냈다. 결국 장인의 배움이 반드시 도제 공동체 속에서만 이루어진다는 편견을 가질 필요는 없다. 우리의 장인들에게서 일에 대한 성실함이나 철저함의 아비투스, 특히 일의 해방과 창조력은 스승과의 관계 속에서 공동체적 구조에 의해 일방적으로 형성되는 것이라고 보기 어려웠다.

장인들의 배움은 단선적 과정을 통해 순조롭게 이루어지지 않았다. 장인의 성장에는 적어도 12장에서 제시한 여덟 가지 장인성이, 또는 그보다 훨씬 더 많은 삶의 다양한 요소가 모두 뒤얽혀 서로서로 영향을 미쳤다. 어느 한 가지 요소도 순수하게 독립변수라거나 종속변수는 아니었다. 하나의 작은 계기도 전체 체계에 영향을 미치며 새로운 구조적 변화를 일으켰다(Fenwick et al., 2011). 한마디로, 모든 요소가 모든 요소에 긍정적 발판으로 작용했다.

결국 장인의 배움은 개인 또는 공동체에서의 학습만으로 설명하기에는 역부족이다. 학습에서 의식, 의도, 의미, 간주관성, 사회적 관계 등과 같은 인간적 요소들만이 아니라 도구, 기술, 객체, 사물, 담론 같은 물질적 요소를 동시에 강조하는 사회물질적 관점(sociomaterial perspective)을 가질 필요가 있다. 일의 세계는 이런 물질들로 가득 차 있고 인간과 비인간은 서로 분리되어 존재하고 있지 않기 때문이다(Fenwick, 2010; Fenwick et al., 2011). 따라서 그것들 사이의 역동적 과정을 면밀히 분석해야만 장인의 배움을 적절히 이해할 수 있다.

실제로 '무료 티켓'이라는 작은 단초 하나가 인생을 바꾸는 큰 결과를 낳기도 했다. '자격증'이나 '수상' 같은 목표가 객체로서 삶을 이끌고 일과 배움을 계속적으로 확장시켜 나가도록 했다(Engeström, 2014). 자신의 말이 객관적 실체가 되어 오히려 스스로를 규제하고 행동을 그 방향으로 이끌기도 했다. 이런 현상들은 모두 인간뿐만 아니라 비인간이 하나의 행위자로서 복잡하게 네트워크를 형성하여 서로가 서로를 구성하면서 변화하는 현상으로 설명할 수 있다(Latour, 2010). 결국 장인의 배움은 이런 인간과 비인간이 함께 구축한 네트워크의 효과로 이루어진 것이다(Fenwick et al., 2011).

다양한 학습 이론이 장인의 배움을 설명하는 데 기여한다. 특히 문화역사적 활동 이론, 행위자 관계망 이론, 복잡성 이론, 공간 이론 같은 사회물질론적 이론은 장인이 성장한 길, 일과 배움의 과정, 그리고 삶의 모습에서 나타나는 장인성의 물질적 특성이라는 측면에서 볼 때 그 설명력이 매우 클 수 있다. 이 책에서 이런 측면들을 부분적으로 다루었다. 그러나 처음부터 이런 관점에서 문제 제기를 하지도 않았고, 그 이론들의 틀에 따라 분석하지도 않았다. 따라서 이 책에서는 장인의 배움에 관해 사회물질론적 시각에서 본격적으로 이론화를 할 수는 없었다. 이를 위해서는 또 다른 연구가 필요하다. 이 책은 장인에 관한 사회물질론적 이론화의 가능성만을 언급하며 마친다.

짧은 후기

나무

한결같은 빗속에 서서 젖는
나무를 보며
황금색 햇빛과 개인 하늘을
나는 잊었다

누가 날 찾지 않는다
또
기다리지도 않는다

한결같은 망각 속에
나는 구태여 움직이지 않아도 좋다
나는 소리쳐 부르지 않아도 좋다
시작도 끝도 없는 나의 침묵은
아무도 건드리지 못한다

무서운 것이 내게는 없다
누구에게 감사받을 생각도 없이
나는 나에게 황홀을 느낄 뿐이다

나는 하늘을 찌를 때까지
자랄려고 한다
무성한 가지와 그늘을 펼려고 한다.

출처: 김윤성(2013). 그냥 그대로: 김윤성 시선집, pp. 13-14.

아직도 못 다한 말이 있나? 그렇다. 그만큼 장인 연구는 지난 5년간 나의 전부였다고 해도 과언이 아니다. 몇 년간 보고 듣고 읽고 공부하고 생각했던 것을 한 권의 책에 담기에는 아직도 아쉬움이 남아 있다. 그렇지만 머리글이 길었으니 후기는 짧게 마치겠다.

세상을 떠난 가수 김광석의 노래로도 유명한 시인 김윤성의 시 '나무'는 장인의 길, 일과 배움 그리고 삶을 잘 노래한다. 나무처럼, 장인은 자신이 뿌린내린 곳에서 한결같이 자란다. 비바람을 맞으며, 그러나 그것을 양분으로 삼아 더 커 간다. 그 누구와의 경쟁도 아닌, 자기 자신을 치열하게 극복해 나갈 뿐이다. 누군가에게 잘 보일 필요도 없이, 묵묵하게 꿋꿋이 성장한다. 그저 스스로가 대견하고 희열을 느낄 따름이다. 그럼에도 불구하고 더 높고 더 넓게 뻗어서 향기를 펼치고 세상을 돌보려 한다.

이 책의 초고를 거의 마무리할 무렵이었다. 한강 산책을 하며 늘 즐겨 듣던, 그러나 흘려듣던 김광석의 노래 가사가 귀에 들어왔다. 김윤성의 시를 다시 찾아보았다. 나는 깜짝 놀랄 수밖에 없었다. 이 책의 줄거리가 시 한 편에 다 들어 있었기 때문이다.

나는 세르반테스, 괴테, 헤세의 글들을 이 책의 각 장과 절의 에피그라프로 많이 인용하였다. 이 책을 쓰면서 틈틈이 읽었던 그들의 책에서 발견한 문장들이다. 나는 그 책들을 감탄하며 읽었다. 내가 쓰려고 하는 장인을 이미 매우 잘 묘사하고 있었기 때문이다.

이런 경험에서 나는 적어도 두 가지 사실을 확인할 수 있었다. 하나는 대가들은 역시 서로 통한다는 점이었다. 나는 세계적인 문호들의 글에서 장인성을 발견했다. 그들은 이미 오래전부터 그런 전범(典範)을 그리고 있었다. 그들이 지향한 인간상은 많은 사람에게 공감을 얻고 있다. 그들의 책이 고전(古典)으로 여전히 읽히는 이유다.

다른 하나의 사실은 내가 장인에 온통 빠져 있었다는 것이었다. 그래서 소설도 시도 노래도 드라마도 온통 그렇게 읽혔으리라. 마치 돈키호테가 기사 소설에 빠져 분별력조차 잃었던 것처럼 말이다. 어쩌면 나는 기사도 대신 장인성을 실현하려는 이상한 생각을 가지고 이를 실천에 옮기려 세상으로 떠나는 돈키호테일는지도 모른다. 그럼에도 불구하고 내가 만난 장인들에게서 찾은 장인성을 대문호들의 글에서 발견하고 세상 곳곳에서 확인할 때마다 스스로 위안을 얻었다.

사실 나는 '지적 장인'이고 싶었다. 밀즈가 『사회학적 상상력』에서 학자는 관료적 연구기술자가 아니라 지적 장인이어야 한다고 한 말을 따르고 싶었다. 장인 연구는 나의 학자로서의 일을 되돌아보게 했다. 그리고 지적 장인으로서의 삶으로 나아가게 했다. "결론적으로, 오늘날 이 땅에 살고 있는 그 무엇보다도 편력 기사도여, 영원하라!"라고 세르반테스가 돈키호테의 입을 빌려 외친 것처럼(de Cervantes, 2014b: 343), '결론적으로, 오늘날 이 땅에 살고 있는 그 무엇보다도 장인성이여, 영원하라!'라고 나는 이 책을 통해 외치고 싶었다.

끝으로, 고마움을 전해야 할 대상들이 또 있다. 장인 연구의 과정을 함께 한 사람들은 머리글에서 이미 적었다. 책을 쓰는 동안에 원고를 교정하고 참고문헌을 정리해 준 젊은 교육학도 최솔과 장웅현이 지적 장인으로 크게 성장하기를 기대한다. 이 책의 출판을 기꺼이 허락해 준 학지사 김진환 사장께도 감사한다. 이 책을 쓰는 데는 '비인간' 사물의 도움도 컸다. 에버노트 앱은 지난 수년간 나의 생각을 언제 어디서나 메모하고 언제 어디서나 찾아

보며 수정 · 보완할 수 있게 해 주었다. 그런 메모들이 모여 이 책이 되었다. 와이드 모니터는 두 개의 문서를 동시에 띄워 놓고 자유롭게 왔다 갔다 하면서 훨씬 효율적으로 작업할 수 있게 해 주었다. 계획했던 것보다 한참 늦었지만 지금이라도 이 책이 나올 수 있게 도움을 준 데 대해 모두에게 고마움을 전한다. 이제야 비로소 홀가분하다.

2015. 6. 3.

누에 치던 동네에서

문천(文泉) 씀

참고문헌

강상균, 조상범(2014). 젊은 장인, 몸으로 부딪쳐! 서울: 토토북.

고미영(2009). 질적 사례 연구. 서울: 청목출판사.

고용노동부 직업능력정책관실(2011). 직업능력개발사업현황. 서울: 고용노동부.

고용노동부, 교육부(2013). 국가직무능력표준 개발 및 활용계획. 세종: 고용노동부, 교육부.

고은(2012). 마치 잔칫날처럼: 고은 시선집. 서울: 창비.

고현범(2011). 직업과 자아실현: 직업관과 노동윤리를 중심으로. 생명연구, 19, 51-81.

고혜원(2010). 21세기 산업구조에 부합하는 숙련기술장려사업 개편방안. 서울: 고용노동부.

고혜원, 나현미, 한애리(2012). 대한민국명장 제도 선진화 방안. 울산: 한국산업인력공단.

고혜원, 나현미, 한애리, 문진우(2013). 대한민국명장의 역량 요구 분석. 직업교육연구, 32(2), 165-181.

고혜원, 윤형한, 전희선(2010). 21세기 산업구조에 부합하는 숙련기술장려 사업 개편방안. 서울: 고용노동부.

길임주(2008). 미래 직업사회의 변화에 대비한 청소년의 효율적인 사회화 촉진방안. 한국청소년연구, 19(4), 5-31.

김석우, 최태진(2007). 교육연구방법론. 서울: 학지사.

김승옥(2004). 무진기행. 서울: 문학동네.

김영생, 정무권, 최영섭(2006). 고숙련사회와 혁신전략. 서울: 한국직업능력개발원.

김영애(2010). 전통수공업과 장인사회의 변천에 관한 연구. 이화여자대학교 디자인 대학원 석사학위논문.

김윤성(2013). **그냥 그대로: 김윤성 시선집**. 서울: 마을.

김윤아(2010). **예술로서의 애니메이션**. 서울: 일지사.

김정아, 오헌석(2007). 전문성 구성요소의 발달에 관한 연구: 방송사 PD를 중심으로. **직업능력개발연구, 10**(3), 111-134.

김정원(2007). 인적자원개발을 위한 마이스터 자격제도: 의미와 운영시스템. **인적자원관리연구, 14**(2), 1-11.

김종선, 박상옥(2013). 시민참여 실천조직으로서 남양주시 평생학습매니저의 확장학습 연구. **평생교육학연구, 19**(2), 1-32.

김종우, 장명희, 변숙영(2009). **마이스터고의 성공적인 운영을 위한 지원 시스템 구축**. 서울: 한국직업능력개발원.

김종우, 장명희, 변숙영(2010). **마이스터고 성과관리 시스템 구축**. 서울: 한국직업능력개발원.

김종찬(2012). 일인자: 장인 50선. 서울: 참글세상.

김지선, 이훈(2008). 삶의 지향성에 따른 일과 여가의 의미 분석. **관광연구논총, 20**(1), 79-100.

김진화, 강은이, 전은선(2012). 평생교육과 평생학습 용어의 분리적 탐구와 학문적 개념화. **평생교육학연구, 18**(2), 49-79.

김창엽(2001). 전문직 인적자원개발 중장기 계획 정책연구. 서울: 교육인적자원부.

김한미(2012). **도제식 교육으로 본 성악 레슨**. 서울: 서울대학교출판문화원.

김헌선(1997). 한국 장인의 예술과 정신세계: 나전칠기 인간문화재를 중심으로. **한국학연구, 9**, 207-240.

김현수, 김미숙(2003). **전문직 자격제도의 현황과 과제**. 한국직업능력개발원.

김혜영, 이희수(2009). 간호사들의 무형식학습에 양상에 관한 사례연구. **직업교육연구, 28**(3), 181-207.

김희봉(2007). 잘삶을 위한 일의 교육. **교육철학, 40**, 85-107.

노풍두, 조용곤, 조근태(2011). 조직의 창의성 수준 평가 모델 개발. **기술혁신학회지,**

14(1), 109-138.

미래정책자문그룹(2011). 숙련기술장려기본계획 수립방안 연구. 서울: 고용노동부.

박기안(2004). 마이스터: 세계 최고 제조업 경쟁력의 원천. *World Village, 1*(4), 80-82.

박동열, 조은상, 윤형한, 이용길(2011). 고숙련사회에서의 숙련기술인 육성 방안. 서울: 한국직업능력개발원.

박범신(2010). 은교. 서울: 문학동네.

박성제(2014). 어쩌다 보니, 그러다 보니: 그저 살다보니 해직된 MBC기자, 어쩌다 보니 스피커 장인이 된 쿠르베 이야기. 서울: 푸른숲.

박세연, 조남욱(2009). IT 인력의 개인과 조직특성이 경력만족, 경력전망 및 경력몰입에 미치는 영향에 관한 연구. 한국전자거래학회, 14(3), 87-105.

박세훈, 조미애(2011). 국립마이스터고등학교 교육과정의 편성・운영 실태 및 과제. 교육종합연구, 9(3), 155-176.

박순용(2006). 연구자의 위치와 연구윤리에 관한 소고: 문화기술지연구를 중심으로. 미래교육연구, 19(1), 1-29.

박영희(2007). 사라져가는 수공업자, 우리 시대의 장인들. 서울: 삶이보이는창.

박제성(2014). 어쩌다 보니, 그러다 보니. 파주: 푸른숲.

박종서(2013). 일본 장인정신 형성의 사회적 배경 연구. 이화여자대학교 대학원 석사학위논문.

박종연(1993). 한국 의사의 전문직업성 추이: 의사에 대한 사회적 인식 및 태도 변화를 중심으로. 한국사회학, 27, 219-244.

박주용(2002). 창의성, 개인차를 보이는 하나의 인지적 기술인가? 인지과학, 13(4), 25-41.

박태순(2009). 장인: 우리 전승 공예의 장인들을 만나다. 서울: 현암사.

배을규(2007). 일터 학습이론의 한계와 방향: 세 가지 실천기반 학습이론의 관점에서. 교육의 이론과 실천, 12(1), 189-208.

배을규, 동미정, 이호진(2011). 전문성 연구 문헌의 비판적 고찰: 성과, 한계, 그리고 HRD 함의. HRD연구, 13(1), 1-26.

배한성(2006). 열정을 담은 천의 목소리. 서울: 예문.

변순용, 지준호, 김남준, 이희평, 임상수, 최준화, 김오섭, 윤영돈, 황광욱(2012). 생활과 윤리. 서울: 천재교육.

서양열(2006). 기능장려제도의 개선 방안에 대한 연구. 호남대학교 복지행정대학원 석사학위논문.

서주희(2013). 장인 44. 서울: 한국방송출판.

서진영(2010). 몰라봐주어 너무도 미안한 그 아름다움. 서울: 시드페이퍼.

손은령(2009). 진로선택과정에서 우연 혹은 기회의 역할 고찰. 상담학연구, 10(1), 385-397.

손은령(2012). 직업 성취과정에 미치는 우연 혹은 기회의 영향. 상담학연구, 13(2), 437-453.

신경림(2004). 질적연구방법론. 서울: 이화여자대학교출판부.

신경림, 조명옥, 양진향(2004). 질적연구방법론. 서울: 이화여자대학교출판부.

신현석, 정주영(2009). 전문계 직업교육의 대안으로서 마이스터고 정책의 방향과 과제. 직업교육연구, 28(4), 157-182.

신혜원(2008). 일본의 장인정신에 대한 연구. 경기대학교 대학원 박사학위논문.

심보선(2011). 눈앞에 없는 사람. 서울: 문학과지성사.

심윤정, 유홍준, 박승희(1992). 산업사회학. 서울: 경문사.

안윤정, 오현주(2012). 직업상담사의 직업선택과정에서 '계획된 우연'의 역할. 진로교육연구, 25(4), 117-140.

안주영(2009). 무형문화재의 도제제도에서 나타난 상황 학습에 대한 고찰: 경기도 무형문화재의 세 사례를 중심으로. 중앙민속학, (14), 123-175.

오계택, 김덕기, 박윤희(2013). NCS 기반 직무별 요구역량에 기초한 민간분야 적용사례 발굴. 세종: 한국직업능력개발원.

오영민(2011). 숙련기술장려 기본계획 수립방안 연구. 서울: 고용노동부.

오헌석(2006). 전문성 개발과정 및 핵심요인에 관한 연구. 직업능력개발연구, 9(2), 193-216.

오헌석, 김정아(2007). 전문성 연구의 주요 쟁점과 전망. 기업교육연구, 9(1), 143-168.

오헌석, 성은모(2010). 전문직종의 변화에 따른 전문가 사회의 특성 및 동향 분석. 직업교육연구, 29(2), 205-223.

오헌석, 성은모, 배진현, 성문주(2009). 최고 수준 전문가와 보통 수준 전문가의 특성 비교 분석. 아시아교육연구, 10(4), 105-135.

우천식, 임영재, 김태종, 박헌주, 김정호, 이원영, 이경영, 박진희, 신희영, 임보배(2014). 미래한국사회 전망: 참고자료집 Ⅱ. 서울: 경제 · 인문사회연구회

유홍준, 김영일, 배병우, 정구호, 김봉렬, 조희숙(2010). 우리 시대의 장인정신을 말하다. 아름지기 편. 서울: 북노마드.

이관춘(2000). 직업은 직업이고 윤리는 윤리인가. 서울: 학지사.

이기형(2010). 직업세계의 변화와 상업계 고등학교 직업교육 개선 방안. 상업교육연구, 24(1), 139-172.

이덕현(2012). 비정규직 초기 경력자의 학습과정과 정체성 형성. 일터학습: 함께 배우기(장원섭, 장지현, 김민영 편저, pp. 141-188). 서울: 럭스미디어.

이문구(1996). 관촌수필. 서울: 문학과지성사.

이상훈(2010). 1만 시간의 법칙. 고양: 위즈덤하우스.

이상훈, 김군수, 문미성, 신기동, 이수행(2013). 세대잇기와 명장 · 명품 산업 육성. 이슈&진단, 86, 1-20.

이순혁(1987). 장인에 대한 일반적 고찰. 도예연구, 9, 16-31.

이영희(2004). 고대 삼국 통일신라의 장인. 미술사학연구, 241, 143-169.

이재실(2011). 일터경험학습을 통한 명장의 성장과정 연구. 아주대학교 대학원 박사학위논문.

이종하(2006). 문화사회에서 노동과 여가: 아도르노와 마르쿠제 '노동과 여가' 논의의 현재성과 한계. 철학과 현상학 연구, 29, 147-172.

이현세(2006). 신화가 된 만화가. 서울: 예문.

이현우(2012). 로쟈의 세계문학 다시 읽기: 세계명작을 고쳐 읽고 다시 쓰는 즐거움. 서울: 오월의봄.

장명희, 김종우, 민상기(2010). 마이스터고 육성 정책 성과분석. 직업교육연구, 29(4), 215-235.

장명희, 김종우, 최수정(2011). 마이스터고 운영 현황과 과제. The HRD Review, Autumn, 127-147.

장영철, 신창훈, 이정용(2010). 지식근로자 인적자원관리 및 개발. 경영사학, 25(4), 265-305.

장원섭(2006). 일의 교육학. 서울: 학지사.

장원섭(2007). 맥락중심의 평생 진로교육 제안. 진로교육연구, 20(2), 1-13.

장원섭(2011). 인적자원개발: 이론과 실천. 서울: 학지사.

장원섭, 김지영(2013). 명장(明匠)의 길: 우연에서 필연으로. 진로교육연구, 26(3), 23-41.

장원섭, 김지영, 진유림, 장소현, 장덕붕(2014). 마이스터고등학교의 직업교육과정 간극 분석. 미간행 원고.

장원섭, 김형만(2014). 한국형 현대장인 육성 체제 제안. 미래한국사회 전망 참고자료집 Ⅱ. 경제 · 인문사회연구회 미래사회 협동연구총서 14-52-01. 198-231.

장원섭, 장지현, 김민영(2012). 일터학습: 함께 배우기. 서울: 럭스미디어.

장인온, 장원섭(2013). 전통 수공업 장인의 학습 과정과 특성에 관한 질적 사례연구. 직업교육연구, 32(4), 59-78.

전국귀농운동본부(2003). 자연의 빛깔을 닮은 장인들. 파주: 들녘.

전호진, 이영주, 이정훈(2012). 소프트웨어 개발인력의 직무만족이 조직몰입도와 이직의도에 미치는 영향에 관한 연구. 한국전자거래학회지, 17(4), 221-242.

정승국(2010). 숙련과 임금체계: 독일 자동차산업을 중심으로. 산업관계연구, 20(3), 83-114.

정연순(2004). 지식 노동자의 조직 학습 연구-정보통신 분야를 중심으로. 평생교육학연구, 10(3), 31-54.

정향진, 김덕기, 김미숙, 김종우, 김현수, 이동임, 최동선, 이유진(2013). 국가직무능력표준의 핵심 과제와 추진 전략. 세종: 한국직업능력개발원.

정혜령(2006). 사회적 책임에 대한 전문가들의 갈등과 학습: 사회운동 참여 경험을 중심으로. 평생교육학연구, 12(4), 95-120.

정호웅(2002). 새로운 문체미학: 성석제의 『황만근은 이렇게 말했다』. 황만근은 이렇게 말했다. 성석제 저. 서울: 창비. 291-300.

조경동(2006). 직업세계의 변화와 유망직업에 관한 고찰. 산업경영논총, 제13집, 87-109.

조동기, 조희경(2002). 지식정보화에 따른 직업구조의 변화와 특성. 충북: 정보통신정책연구원.

조성재, 박준식, 전명숙, 전인, 김기웅(2013). 한국의 산업발전과 숙련노동: 명장의 생애사를 중심으로. 세종: 한국노동연구원.

조성진(1985). 수공업을 중심으로 본 한국 자본주의의 맹아. 보운-충남대학교, 15, 132-144.

조영남(2001). 질적 연구와 양적 연구. 초등교육연구논총, 17(2), 307-329.

조정윤, 이동임, 배을규, 최돈민(2009). 전문직 자격취득자의 계속전문교육 개선방안 연구. 서울: 한국직업능력개발원.

주성철(2013). 우리 시대 영화 장인. 서울: 열화당.

주인중, 조정윤, 임경범(2010). 국가직무능력표준(NCS) 사업의 현안 및 정책방안. The HRD Review, Autumn, 21-39.

채연주, 윤세준(2013). 전문가들의 사회적 정체성과 친사회적 행동: 경영컨설턴트와 변호사의 비교연구. 인사조직연구, 21(1), 139-184.

천정임, 김태철(2010). 장인정신을 통해 본 디자인의 정신과 태도. 디자인지식저널, 15, 51-60.

천혜정, 한나(2009). 근로자의 일 지향성, 일 스트레스 및 조직문화가 일과 삶의 조화에 미치는 영향. 한국가족자원경영학회지, 13(4), 53-72.

최숙희, 강우란(2008). 중고령자의 근로관(Work Orientations)에 관한 국제비교. 서울: 삼성경제연구소.

최지영(2008). 여성과학자의 성장과정 연구: 전문성 발달과정에 영향을 미치는 개인 및 환경 요인을 중심으로. 한국심리학회지: 여성, 13(2), 153-176.

통계청(2009). 제9차 한국표준산업분류. 대전: 통계청.

통계청(2010). 제6차 한국표준직업분류(KSCO). 대전: 통계청.

한국고용정보원(2012). 색다른 직업 생생한 인터뷰: 2013 신생 및 이색직업. 충북: 한국고용정보원.

한준상(2001). 학습학. 서울: 학지사.

행복이 가득한 집 편집부(2011). 한국의 식품 장인: 명품 밥상을 만드는 사람들. 서울: 디자인하우스.

혜민스님(2012). 멈추면 비로소 보이는 것들. 파주: 쌤앤파커스.

황선명(2000). 장인의 세계. 파주: 지구문화사.

林黛羚, 詹雅蘭(2013). 나무를 닮아가다: 나무를 품은 목공 장인 16인의 풍경(이은미 역). 서울: 다빈치. (원저는 2011년에 출판).

西岡常一, 鹽野米松(2013). 나무에게 배운다(최성현 역). 경남: 상추쌈. (원저는 1993년에 출판).

小宮一慶(2013). 프로의 경지: 아주 당연한 일을 바보처럼 철저히 하라(김윤경 역). 파주: 다산북스. (원저는 2009년에 출판).

小川三夫, 塩野米松(2014). 다시, 나무에게 배운다: 몸의 기억을 물리며 사람됨을 길러 온 장인들의 교육법, 그 어제와 오늘(정영희 역). 서울: 상추쌈. (원저는 1993년에 출판).

野中郁次郎(2010). 창조적 루틴: 1등 기업의 특별한 지식 습관(김무겸 역). 서울: 북스넛. (원저는 2008년에 출판).

野中郁次郎, 宏崇武内(1998). 지식창조 기업(장은영 역). 서울: 세종서적. (원저는 1995년에 출판).

永六輔(2005). 아름다운 외길 장인(양은숙 역). 서울: 지훈. (원저는 1996년에 출판).

陳舜臣(1996). 중국 장인전(서석연 역). 서울: 서울출판미디어.

Achebe, A. C. (2011). 신의 화살(이소영 역). 서울: 민음사. (원저는 1989년에 출판).

Alexander, P. A. (2003). The development of expertise: The journey from acclimation to proficiency. *Educational Researcher, 32*(8), 10-14.

Amabile, T. M. (1983). *The social psychology of creativity*. New York: Springer-Verlag.

Amabile, T. M. (1996). *Creativity in context*. Boulder, CO: Westview Press.

Barton, D., & K. Tusting (2005). *Beyond community of practice: Language, power, and social context*. Cambridge: Cambridge University Press.

Beck, U. (1999). 아름답고 새로운 노동세계(홍윤기 역). 서울: 생각의나무. (원저는 1999년에 출판).

Billet, S., & Pavlova, M. (2005). Learning through working life: self and individuals' agentic action. *International Journal of Lifelong Education, 24*(3), 195-211.

Billett, S. (2011). *Vocational education: Purposes, traditions and prospects*. London:

Springer.

Billett, S. R. (1994). Situated learning-a workplace experience. *Australian Journal of Adult and Community Education, 34*(2), 112-130.

Blanchard, K. (2010). *Bringing love to leadership: Servant leadership in action at southwest airlines*. Chicago, IL: ASTD.

Bloom, H. (2008). **세계문학의 천재들: 사람이 알아야 할 모든 것**(손태수 역). 파주: 들녘. (원저는 2003년에 출판).

Borgatta, E., & Borgatta, M. (1992). *Encyclopedia of sociology, Vol. 2*. New York: Macmillan.

Bourdieu, P. (2005). **구별짓기: 문화와 취향의 사회학**(최종철 역). 서울: 새물결. (원저는 1979년에 출판).

Brande, D. (2010). **작가 수업: 글 잘 쓰는 독창적인 작가가 되는 법**(강미경 역). 서울: 공존. (원저는 1934년에 출판).

Bransford, J. D., Brown, A. L., & Cocking, R. R. (2000). *How people learn*. Washington, DC: National Academic Press.

Bright, J. E., Pryor, R. G., & Harpham, L. (2005). The role of chance events in career decision making. *Journal of Vocational Behavior, 66*(3), 561-576.

Bright, J. E., Pryor, R. G., Wilkenfeld, S., & Earl, J. (2005). The role of social context and serendipitous events in career decision making. *International Journal for Educational and Vocational Guidance, 5*(1), 19-36.

Brown, J. S., & Duguid, P. (2000). Organizational learning and communities-of-practice: Toward a unified view of working, learning, and innovation. In R. Cross & S. Israelit (Eds.), *Strategic learning in knowledge economy: Individual, collective, and organizational learning* (pp. 143-165). Boston, MA: Butterworth Heinemann.

Cartwright, S., & Holmes, N. (2006). The meaning of work: The challenge of regaining employee engagement and reducing cynicism. *Human Resource Management Review, 16*(2), 199-208.

Couger, J. D., Adelsberger, H., Borovits, I., Zviran, M., & Motiwalla, J. (1990). Commonalities in motivating environments for programmer/analysts in Austria, Israel, Singapore, and the USA. *Information & Management, 18*(1), 41-46.

Crepeau, R. G., Crook, C. W., Goslar, M. D., & McMurtrey, M. E. (1992). Career anchors of information systems personnel. *Journal of Management Information Systems, 9*(2), 145-160.

Cresswell, J. (2010). **질적 연구방법론: 다섯 가지 접근**(조흥식, 정선욱, 김진숙, 권지성 역). 서울: 학지사. (원저는 2007년에 출판).

Csikszentmihalyi, M. (1988). Motivation and creativity: Toward a synthesis of structural and energistic approaches to cognition. *New Ideas in Psychology, 6*(2), 159-176.

Csikszentmihalyi, M. (1990). The domain of creativity. In M. A. Runco & R. S. Albert (Eds.), *Theories of creativity* (pp. 190-212). Newbury Park, C.A: Sage.

Csikszentmihalyi, M. (2003). **창의성의 즐거움: 창의적 인간은 어떻게 만들어지는가?**(노혜숙 역). 서울: 더난. (원저는 1996년에 출판).

Csikszentmihalyi, M. (2010). **몰입의 즐거움**(이희재 역). 서울: 해냄. (원저는 1997년에 출판).

Daley, B. J. (1999). Novice to expert: An exploration of how professionals learn. *Adult Education Quarterly, 49*(4), 133-147.

de Botton, A., & Armstrong, J. (2013). **알랭 드 보통의 영혼의 미술관: 예술은 우리를 어떻게 치유하는가**(김한영 역). 파주: 문학동네. (원저는 2013년에 출판).

de Cervantes, M. S. (2014a). **돈키호테 1**(안영옥 역). 파주: 열린책들. (원저는 1605년에 출판).

de Cervantes, M. S. (2014b). **돈키호테 2**(안영옥 역). 파주: 열린책들. (원저는 1615년에 출판).

Degroot, A. D., & de Groot, A. D. (1978). *Thought and choice in chess, Vol. 4*. New York: Mouton.

Dreyfus, H. L., Dreyfus, S. E., & Athanasiou, T. (1987). *Mind over machine: The power of human intuition and expertise in the era of the computer*. New York: Free Press.

Eckermann, J. P. (2008a). 괴테와의 대화 1(장희창 역). 파주: 민음사. (원저는 1836년에 출판).

Eckermann, J. P. (2008b). 괴테와의 대화 2(장희창 역). 파주: 민음사. (원저는 1848년에 출판).

Engeström, Y. (2001). Expansive learning at work: Toward an activity-theoretical reconceptualization. *Journal of Education and Work, 14*(1), 133-156.

Engeström, Y. (2014). 팀의 해체와 놋워킹: 활동이론으로 보는 일터의 협력과 학습(장원섭, 구유정 역). 서울: 학이시습. (원저는 2008년에 출판).

Ericsson, K. A. (2008). Deliberate practice and acquisition of expert performance: A general overview. *Academic Emergency Medicine, 15*(11), 988-994.

Ericsson, K. A., & Lehmann, A. C. (1996). Expert and exceptional performance: Evidence on maximal adaptations on task constraints. *Annual Review of Psychology, 47*(1), 273-305.

Ericsson, K. A., Charness, N., Feltovich, P. J., & Hoffman, R. R. (Eds.), (2006). *The Cambridge handbook of expertise and expert performance*. New York: Cambridge University Press.

Ericsson, K. A., Prietula, M. J., & Cokely, E. T. (2007). The making of an expert. *Harvard business review, 85*(7/8), 114.

Ettinger, E. (2013). 한나 아렌트와 마틴 하이데거: 행간에 놓인 사랑과 철학, 위대한 대화들(황은덕 역). 부산: 산지니. (원저는 1995년에 출판).

Fenwick, T. (2001). Tides of change: New themes and question in workplace learning. *New Directions for Adult and Continuing Education, 92*(1), 3-17.

Fenwick, T. (2010). Re-thinking the "Thing": Sociomaterial approaches to understanding and researching learning in work. *Journal of Workplace Learning, 22*(1/2): 104-116.

Fenwick, T., Edwards, R., & Sawchunk, P. (2011). *Emerging approaches to* educational research: Tracing the sociomaterial*. London: Routledge.

Fleck, J. (1998). Expertise, knowledge, power and tradeability. In R. Williams, W. Faulkner, & J. Fleck (Eds.), *Exploring expertise: Issues and perspectives* (pp. 143-171). London: Macmillan Press.

Freidson, E. (1970). *Profession of medicine: A study of the sociology of applied knowledge with a new afterword*. Chicago, IL: The University of Chicago Press.

Gladwell, M. (2009). **아웃라이어**(노정태 역). 서울: 김영사. (원저는 2008년에 출판).

Greenwood, E. (1981). Attributes of a profession revisited. In N. Gilbert & H. Specht (Eds.), *The emergence of social welfare and social work* (2nd ed.). Itasca, IL : F. E. Peacock.

Gruber, H. E. (1981). *Darwin on man: A psychological study of scientific creativity*. Chicago, IL: Chicago University Press.

Gruber, H. E., & Davis, S. N. (1988). Inching our way up Mount Olympus: The evolving systems approach to creative thinking. In R. J. Sternberg (Ed.), *The nature of creativity* (pp. 243-270). New York: Cambridge University Press.

Gruber, H. E., & Wallace, D. B. (1999). The case study method and evolving system approach understanding unique creative people at work. In R. J. Sternberg (Ed.), *Handbook of creativity* (pp. 93-105). New York: Cambridge University Press.

Ha, T. S. (2008). How IT workers learn in the workplace. *Studies on Continuing Education, 30*(2), 129-143.

Hall, R. (1968). Professionalization and bureaucratization. *American Sociological Review, 33*(1), 92-104.

Hart, D. H., Rayner, K., & Christensen, E. R. (1971). Planning, preparation, and chance in occupational entry. *Journal of Vocational Behavior, 1*(3), 279-285.

Hayes, J. R. (1989). *The complete problem solver* (2nd ed.). Hillsdale, NJ: Erlbaum.

Heide, H. (2000). **노동 사회에서 벗어나기**(강수돌, 김수석, 김호균, 황기돈 역). 서울: 박종철출판사.

Heidegger, M. (2008). **존재와 시간**(전양범 역). 서울: 동서문화사. (원저는 1927년에 출판).

Hemingway, E. (2012). 노인과 바다(김욱동 역). 파주: 민음사. (원저는 1952년에 출판).

Herrigel, E. (2004). 활쏘기의 선(정창호 역). 서울: 삼우반. (원저는 1951년에 출판).

Hesse, H. (2002). 나르치스와 골드문트(임홍배 역). 파주: 민음사. (원저는 1930년에 출판).

Hesse, H. (2011a). 유리알 유희 1(이영임 역). 서울: 민음사. (원저는 1943년에 출판).

Hesse, H. (2011b). 유리알 유희 2(이영임 역). 서울: 민음사. (원저는 1943년에 출판).

Hodson, R., & Sullivan, T. A. (1990). *The social organization of work* (5th ed.). Belmont, CA: Wadsworth printing.

Holyoak, K. J. (1991). Symbolic connectionism: Toward a third-generation theories of expertise. In K. A. Ericssion & J. Smith (Eds.), *Toward a general theory of expertise* (pp. 301-336). Cambridge: Cambridge University Press.

Isaacson, W. (2011). 스티브 잡스(안진환 역). 서울: 민음사. (원저는 2011년에 출판).

Ituma, A. (2006). The internal career: An explorative study of the career anchors of information technology workers in Nigeria. Proceedings of the 2006 ACM SIGMIS CPR conference on computer personnel research: Forty four years of computer personnel research: achievements, challenges & the future (pp. 205-212). ACM.

Kaufman, J. C., & Baer, J. (2004). Heisenberg's haiku, Madonna's math: Why it's hard to be creative in every room of the house. In R. J. Sternberg, E. L. Grigorenko, & J. L. Singer (Eds.), *Creativity: From potential to realization* (pp. 3-20). Washington, DC: American Psychological Association.

Kazantzakis, N. (2009). 그리스인 조르바(이윤기 역). 파주: 열린책들. (원저는 1946년에 출판).

Keat, R., & Urry, J. (1975). *Social theory as science*. London: Routledge & Kegan Paul.

Knowles, M. S., Holton III, R. A. (2005). *The adult learner: The definitive classic in adult education and human resource development*. (6th ed.). London: Elsevier.

Kolb, D. A. (1984). *Experiential learning: Experience as the source of learning and development*. Englewood Cliffs, NJ: Prentice Hall.

Krieger, V. (2010). **예술가란 무엇인가: 문화사의 패러다임을 바꾼 천재 예술가들**(조이한, 김정근 역). 서울: 휴머니스트. (원저는 2007년에 출판).

Krumboltz, J. D. (2009). The happenstance learning. *Journal of Career Assessment, 17*(2), 135-154.

Krumboltz, J. D., & Levin, A. S. (2012). **굿럭: 행운은 왜 나만 비켜 가냐고 묻는 당신에게**(이수경 역). 서울: 새움출판사. (원저는 2010년에 출판).

Kuchinke, K. P. (2009). Changing meanings of work in Germany, Korea, and the United States in historical perspectives. *Advances in Developing Human Resources, 11*(2), 168-188.

Larson, M. S. (1977). *The rise of professionalism: a sociological analysis*. Berkeley, CA: University of California Press.

Latham, G, P., & Ernst, C. T. (2006). Keys to motivating tomorrow's workforce. *Human Resource Management Review, 16*, 181-198.

Latour, B., Law, J., Callon, M., Hardie, I., MacKenzie, D., & Robins, R. (2010). **인간·사물·동맹: 행위자네트워크 이론과 테크노사이언스**(홍성욱, 안형준, 감환석 역). 서울: 이음.

Lave, J., & Wenger, E. (2000). **상황학습**(전평국, 박성선 역). 서울: 교우사. (원저는 1991년에 출판).

Lieberman, M. H. (1956) *Education as a profession*. New York: John Wiley.

Marsick, V. J., & Watkins, K. E. (2001). Informal and incidental learning. *New directions for adult and continuing education, 2001*(89), 25-34.

Maslow, A. (2012). **존재의 심리학**(정태연, 노현정 역). 서울: 문예출판사. (원저는 1999년에 출판).

Merriam, S. B., Caffarella, R. S., & Baumgartner, L. M. (2007). *Learning in adulthood: A comprehensive guide*. (3rd ed.). San Francisco, CA: Jossey-Bass.

Mills, W. (1978). **사회학적 상상력**(강희경, 이해찬 역). 서울: 홍성사. (원저는 1959년에 출판).

Mitchell, K. E., Levin, S., & Krumboltz, J. D. (1999). Planned happenstance: Constructing unexpected career opportunities. *Journal of counseling & development, 77*(2), 115-124.

Neruda, P. (2008). 파블로 네루다 자서전: 사랑하고 노래하고 투쟁하다(박병규 역). 파주: 민음사. (원저는 1974년에 출판).

Noon, M., & Blyton, P. (1997). *The Realities of Work*. Basingstoke: Macmillan.

Nunn, R. (2008). A network model of expertise. *Bulletin of Science, Technology & Society, 28*(5), 414-427.

Park, Y-S., Glenn, J., Gorden, T., & Florescu, E. (2011). 유엔미래보고서 2025(이종국, 박세훈, 유형우 역). 서울: 교보문고. (원저는 2011년에 출판).

Pimmer, C., Pachler, N., & Genewein, U. (2013). Contextual dynamics in clinical workplaces: Learning from doctor-doctor consultations. *Medical Education, 47*(5), 463-475.

Pink, D. (2011). 드라이브(김주환 역). 서울: 청림출판. (원저는 2011년에 출판).

Policastro, E., & Gardner, H. (1999). From case studies to robust generalizations: An approach to the study of creativity. In R. J. Sternberg (Ed.), *Handbook of creativity* (pp. 213-225). New York: Cambridge University Press.

Postman, N. (2001). 테크노폴리: 기술에 정복당한 오늘의 문화(김균 역). 서울: 민음사. (원저는 1992년에 출판).

Pusey, M. (2003). *The experience of Middle Australia*. Cambridge: Cambridge University Press.

Queeney, D. S. (2000). Continuing professional education. In A. L. Wilson & E. R. Hayes (Eds.), *Handbook of adult and continuing education* (pp. 375-391). San Francisco, CA: Jossey-Bass.

Ragin, C. C. (1987). *The comparative method: Moving beyond qualitative and quantitative strategies*. Berkeley: University of California Press.

Rosso, B. D., Dekas, K. H., & Wrzesniewski, A. (2010). On the meaning of work: A theoretical integration and review. *Research in Organizational Behavior, 30*, 91-127.

Runco, M. A. (2004) Creativity. *Annual Review of Psychology, 55*, 657-687.

Runco, M. A. (Eds.). (1996). *Creativity from childhood through adulthood: The developmental issues*. San Francisco, CA: Jossey-Bass.

Sandberg, J. (2000). Understanding human competence at work: An interpretive approach. *Academy of Management Journal, 43*(1), 9-25.

Schön. D. A. (1987). *Educating the reflective practitioner*. New York: Basic Books.

Seidman, I. (2009). **질적 연구 방법으로서의 면담: 교육학과 사회과학 분야의 연구자들을 위한 안내서**(박혜준, 이승연 역). 서울: 학지사. (원저는 2006년에 출판).

Sennett, R. (2010). **장인: 현대문명이 잃어버린 생각하는 손**(김홍식 역). 파주: 21세기북스. (원저는 2009년에 출판).

Shirky, C. (2008). **끌리고 쏠리고 들끓다: 새로운 사회와 대중의 탄생**(송연석 역). 서울: 갤리온. (원저는 2008년에 출판).

Simonton, D. K. (1994). *Greatness: Who makes history and why*. New York: Guilford Press.

Simonton, D. K. (1999). *Origins of genius: Darwinian perspectives on creativity*. New York: Oxford University Press.

Spengler, O. (1998). **인간과 기술**(양우석 역). 서울: 서광사. (원저는 1932년에 출판).

Spradley, J. P. (1979). *The ethnographic interview*. New York: Holt, Rinehart and Winston.

Stake, R. (2000). **질적 사례 연구**(홍용희, 노경주, 심종희 역). 서울: 창지사. (원저는 1995년에 출판).

Sternberg, R. J., & Lubart, T. I. (1995). *Defying the crowd: Cultivating creativity in a culture of conformity*. New York: Free Press.

Sternberg, R. J., Kaufman, J. C., & Pretz, J. E. (2002). *The creativity conundrum*. New York: Psychology Press.

Swanson, R. A., & Holton, E. F. (2001). *Foundations of human resource development*. San Francisco, CA: Berrett-Koehler Publishers.

Torvalds, L., Himanen, P., & Castells, M. (2002). **해커, 디지털 시대의 장인들**(신현승 역). 서울: 세종서적. (원저는 2002년에 출판).

von Goethe, J. W. (1999a). **파우스트 1**(정서웅 역). 파주: 민음사. (원저는 1808년에 출판).

von Goethe, J. W. (1999b). **파우스트 2**(정서웅 역). 파주: 민음사. (원저는 1808년에 출판).

Weisberg, R. W. (1999). Creativity and knowledge: A challenge to theories. In R. J. Sternberg (Ed.), *Handbook of creativity* (pp. 189-212). Cambridge: Cambridge University Press.

Wenger, E., Mcdermott, R., & Snyder, W. M. (2004). **COP 혁명**(황숙경 역). 서울: 물푸레. (원저는 2002년에 출판).

Williams, E. N., Soeprapto, E., Like, K., Touradji, P., Hess, S., & Hill, C. E. (1998). Perceptions of serendipity: Career paths of prominent academic women in counseling psychology. *Journal of Counseling Psychology, 45*(4), 379-389.

Woodman, R. W., Sawyer, J. E., & Griffin, R. W. (1993). Toward a theory of organizational creativity. *Academy of Management Review, 18*, 293-321.

찾아 보기

인 명

*** 내 용 ***

저자 소개

장원섭(Chang, Wonsup)

연세대학교 교육학과에서 학사 과정을 마치고 동 대학원에서 교육학 석사학위를, University of Iowa에서 교육학 박사학위를 받았다. 이후 1997년부터 2001년까지 한국직업능력개발원에서 책임연구원으로 일하였고, 2001년부터 현재까지 연세대학교에서 교육학부 교수로 재직하고 있다. 1999년부터 2000년까지는 대통령자문 새교육공동체위원회 전문위원, 2000년부터 2001년까지는 University of Wisconsin(Madison)에서 방문 연구원, 2007년부터 2008년까지 University of Illinois(Urbana-Champaign)에서 방문 교수를 지냈고, 2012년부터 2014년까지는 연세대학교 교육연구소 소장을 역임하였다. 주요 저서 및 역서로는 『한국성인인력개조론』(공저, 학지사, 1997), 『교육과 일의 사회학』(학지사, 1997), 『앤드라고지: 현실과 가능성』(공저, 학지사, 1998), 『고학력 실업자 인력개발 정책』(공저, 교육과학사, 2000), 『인적자원개발론』(역, 학지사, 2003), 『일의 교육학』(학지사, 2006), 『교육과 일』(공역, 원미사, 2007), *Theories, Policy, and Practice of Lifelong Learning in East Asia*(공저, Routledge, 2010), 『일터학습: 함께 배우기』(편저, 럭스미디어, 2012), 『팀의 해체와 놋워킹』(공역, 학이시습, 2014), 『인적자원개발(2판)』(학지사, 2015) 등이 있다.

장인(匠人)의 탄생
The Master Craftsperson

2015년 10월 30일 1판 1쇄 발행
2020년 9월 25일 1판 5쇄 발행

지은이 • 장 원 섭
펴낸이 • 김 진 환
펴낸곳 • (주) 학지사
04031 서울특별시 마포구 양화로 15길 20 마인드월드빌딩 5층
대표전화 • 02) 330-5114 팩스 • 02) 324-2345
등록번호 • 제313-2006-000265호
홈페이지 • http://www.hakjisa.co.kr
페이스북 • https://www.facebook.com/hakjisabook

ISBN 978-89-997-0819-0 03370

정가 20,000원

저자와의 협약으로 인지는 생략합니다.
파본은 구입처에서 교환하여 드립니다.

이 도서의 국립중앙도서관 출판시도서목록(CIP)은 서지정보유통지원시스템 홈페이지(http://seoji.nl.go.kr)와 국가자료공동목록시스템(http://www.nl.go.kr/kolisnet)에서 이용하실 수 있습니다.
(CIP제어번호: CIP2015027280)